イギリス初等教育における英語(国語)科教育改革の史的展開
―― ナショナル・カリキュラム制定への諸状況の素描 ――

松山 雅子【著】

溪水社

序　文

　いよいよ松山雅子さんが、これまで蓄積してきたイギリスの国語科教育について、まとめられることになった。近くで、そのたゆまない足どりを見てきた者にとって、これほどうれしいことはない。

　一口に国語科教育といっても、長い歴史をもつイギリスである。日本と関係の深い国ではあるが、地理的遠さと等しく、文化の具体的な局面となると、その実態把握は容易でない。もともとイギリスは、不文法を国是としている。教育制度においても、フランスの国家統一的な制度とも、ドイツの州単位のそれともおおいに異なる。自由を基礎におき、多様性を尊重し、複雑さをいとわない。それは、制度的整備の無視を意味しない。それどころか、現実の多様性にあやまたず対応していくための最善の方法だとして、堅持している態度である。したがって、この姿勢は、対象のいかんをとわず、どこにも見出せる。20世紀後半からはじまる初等国語科教育の改革の歴史もまた、松山さんのこの著作によって、細かくその過程を見ていくと、その各所で、この基本精神に基づいて推進されてきたことがわかる。

　世界の教育界において「爆発的」という語で形容された60年代から、どの国においても教育制度の改革は国家的政策の重要な１つとなっていった。教育人口の急増に対応する制度改革は、何世紀もの伝統をもつ国ほど、簡単ではない。一挙に新しい制度を導入することなどは、とうていできない。年数がかかる。それは、歴史的積み上げのある既存の制度をどう生かすか、どこに新しい制度をいれる可能性があるかなど、解決すべき（つまり、検討すべき）具体的な問題が山積しているからである。時間をかけて築いた制度は、時間をかけた討議を要求するのであろうか。

　イギリスにも、改革すべき要請がわき起こったのは当然であろう。その結果はどうか。不文法のイギリスに国家集権的性格をもたざるをえないナショナル・カリキュラムが成立する。歴史上はじめてといっていい改革である。故に、成立にいたるまでの過程は、いかほどに紆余曲折したことか。十分に推測される。ある国々に見られる能率よく成案を世に問うのでなく、多面的な検討を経て、具体的な方策まで準備せねばならない。が、多様な課題に幅広く対応せんとしたその足どりは、成果をめざす改革運動に、必要不可欠の要因・契機を示してくる特性をえている。他の国にとっての、貴重な参考資料になっている。

　制度の改革は、当然のことながら、その実現事項（教育課程）もまた新たな目標・内容・方法・評価など、公文書の成案だけで終わらない。そこにかかげた理念を可能なかぎり具現化する力（技能）が育成されないと、期待に反する結果となる。学力テストの成績が、それを証明する。そこから、価値高い改革についての調査・考察は、大は制度から、教材化の構造把握、指導・学習方法のモデル検討などの具体におよび、小は、授業の発問・課題・作業の１つ１つにいたって初めて、一通りの展望がえられるものである。いわば、マクロの構造把握から、ミクロの具現化までが対象となる。本書では、まずマクロの歴史が取りあげられている。

　国家単位の改革が真に改革の質をそなえる場合、もう１つ大きな要件がある。それは、従来にない教材構成、活用方法が教室において、ねらいどおりの実効をあげるには、改革の実演者（指導者）の再教育がなくてはならない、ということである。フランスでは、一種の総合学習が実施されたが、10年でもって廃止され

た。新しい教育（学習・指導）方法は、指導者の新しい能力を前提とする。その用意なしに実践にうつせば、効果よりも問題的がより鮮明になる。優れた改革であればあるほど、要請される課題である。この点、ミクロの調査・考察対象となる。イギリスでは、授業実施にむけての「モデル」、「モデルのいくつかの活用実例」、「実践案」が用意され、ナショナル・カリキュラムの実施と同時に現職教師が対応できるようにしつつ、その普及と指導力向上をはかる再教育でもって、改革の実をあげる体制を整えようとしている。

　以上は、松山さんの著作から、私がえた情報をごくごく簡略にまとめたものにすぎない。国語科教育の研究者がさらに注目する、イギリスの具体的な姿——細部の見事さ、ミクロのミクロ——も、近く公にされると聞く。それと合わせて、今は、ひたすら待つ楽しみを味わっているところ（です）。

大阪教育大学名誉教授　中西　一弘

まえがき

　本稿は、イギリス（イングランドとウェールズ）の教育界において、21世紀にいたるまで大きな影響力をもつ「1988年教育法」を軸として、その前後、すなわち1970年代から2010年を視座として、初等教育における英語（国語）科教育の史的経緯を展望しようとするものである。

　総合制中等学校の導入、11歳＋試験の廃止といった、初等から中等への移行期に深くかかわる根本的な変化が起こったのが、60年代後半から70年代前半である。中等学校への準備期ではなく、初等教育として自律した教育環境、目標、内容、学習指導法、評価があらためて整備されようとした時期である。この動きは、60年代半ばのヨーロッパ系以外の移民の大量受け入れと無関係ではない。学校に通う子どもの言語文化背景や社会経済的状況が多様化することによって、エリート養成を主眼とした教授目的、内容、教授法、評価法の根本的転換が不可避のものとなったのは、時代の必然であり、社会的要望であった。

　地方教育局は、積極的に初等教育にかかわる専門的な教科教育センターを設置し、時代の要請に応えていった。当時最大の地方教育局は、ILEA、内ロンドン教育局である。ILEA は、複数教科の教育センターを立ち上げ、その中に Centre for Language in Primary Education（小学校英語（国語）科教育センター、CLPE ①）を設けた。センターは、2004年独立採算制の教育団体と運営母体を変え、名称も Centre for Literacy in Primary Education（小学校リテラシー教育センター、CLPE ②）とし、2013年現在まで、内ロンドンを中心に、全国的に、国際的に活動を続けている。

　ロンドン中心部という大都市そのものである内ロンドンは、その社会地理的状況から、地方区であって、全国区である。その特殊条件ゆえに、イギリスの数年後の英語（国語）科教育の方向性を常に先取りし、最先端である宿命として時代の変化や揺り戻しの矢面に立ってきた。こうした条件下にあって CLPE ①②の現職教育は、45年余影響力を保ち続け、現在に至っている。この間、イギリスの初等英語（国語）科教育観は、こうしたセンターを通して、現職教育という形で現場に反映された。

　成文憲法をもたぬ経験主義のイギリスにあっては、決められた制度が上から下への一方向のベクトルで動くわけではない。ナショナル・カリキュラムが現場に認知される過程においても、現職教育における実態調査や開発研究、プロジェクト等で実験的試みが頻繁になされ、それと対となって英語（国語）科教育の研究史も編まれていったといえるほどである。公文書による政策はすぐさま実態調査にかけられ、多方面から意見や反応が交わされ、再考、変更、修正が加わり、修正案がつぎの調査対象となるのが常である。この教育改革の動的なありようが、立場の異なる意見を社会として集約していく伝統的な知恵ともいえようか。

　本稿は、その意味において、網羅的なイギリス英語（国語）科教育史を意図していない。イギリスにおいて初等教育が初等教育として自律の歩みを始めた70年代以降、現職教育に反映された文教政策の動向を俯瞰することをめざしている。初等教育の改革運動を、大きく70年代、80年代、90年代以降の三段階に分けてとらえ、CLPE ①②の現職研修の背景を整理、概括する。歴史的展開において核となる公文書等は時系列にそって前面に出して押さえていく。が、それらと影響関係にあった実地調査等は、年代順に取り上げるというよりも、後からまとめて準備段階を述べた方がわかりやすく、史的展開にみられる回帰性や複線型の動き

などもとらえやすいと考えた場合は、時系列的に交互して述べている。また、史的展開の資料として、文学の学習指導の具体例を第4章として置いた。

イギリス初等教育における英語（国語）科教育改革の史的展開
―ナショナル・カリキュラム制定への諸状況の素描―

目　次

序　　文 .... 中西　一弘 i
まえがき iii

第1章　初等教育改革のはじまり―60年代から70年代へ―
　第1節　プローデン・レポート *Children and their Primary Schools (England)*
　　　　　（通称　*Plowden Report*）の提言 1
　第2節　バロック・レポート *Language for Life*（通称　*Bullock Report*, 1975）の提唱する言語政策 3
　　2・1　70年代―教育改革のきざし―　3
　　2・2　*Bullock Report* の構成と基本的性格　5
　　2・3　就学前から小学校入門期の児童のリテラシー学習指導環境　7
　　2・4　就学前教育における家庭および社会的機関との連携　8
　　2・5　初等教育における読みの入門期指導―全語法的アプローチの推奨―　12
　　2・6　入門期に適した読みの教材と指導法―折衷型の実態―　13
　　2・7　読むことの学習指導にかかわる提唱―文学を軸とした学校図書の拡充と教師の意識改革―　18

第2章　イギリス初のナショナル・カリキュラム制定（1989）への胎動期―70年代から80年代へ―
　第1節　学習者実態の把握に始まる全国的英語（国語）科カリキュラム・モデルの模索 26
　　1・1　70年代の学習者実態把握調査―小学校教室ドキュメント調査『小学校児童の言語
　　　　　（*The Language of Primary School Children*）』（1973年）―　26
　　1・2　1976年10月「教育大討論」会の基本方針と事後の提唱―学力低下実態評価の反応―　27
　　1・3　75年度・76年度の本格的な言語教育実態調査『イギリスの小学校教育（*Primary Education
　　　　　in England*（1978））』　30
　　1・4　1970年代中盤の読むことの実態調査『入門期読書の展開（*Extending Beginning Reading*（1981））』　31
　第2節　調査結果を踏まえた初の英語（国語）科カリキュラム 39
　　2・1　『5歳から16歳の英語（国語）（*English for 5 to 16*（1984））』にみる英語（国語）科
　　　　　カリキュラムへの提言　39
　　2・2　「言語についての学習指導」―*Kingman Report*（1988）への流れ―　41
　　2・3　小学校7歳児、11歳児の読むことと書くことの学習指導目的の提案　42

第3章　ナショナル・カリキュラム制定（1989）と実施後の動向―90年代から2010年へ―
　第1節　1989年 NC 導入期 48
　　1・1　NC 第一次草案 *English for ages 5 to 11*（1988.11）、第2次草案 *English for ages 5 to 16*（1989.6）
　　　　　にみる学習対象領域・到達レベル・標準英語と言語学習　48
　　1・2　標準英語と言語学習　59

第2節　1999年改訂版 NC とリテラシー指針導入期　　　　　　　　　　　　　　　　　　　　68
　　2・1　就学前教育から義務教育終了後までを統括するカリキュラム構造　68
　　2・2　語・文・テクストレベルの相関にみる「リテラシー指針」—第1教育段階における
　　　　　「フィクション・詩」領域を中心に—　79
　　2・3　語・文・テクストレベルの相関にみる「リテラシー指針」—第2教育段階における
　　　　　「フィクション・詩」領域を中心に—　94
　第3節　2000年代の動向—問い直された「98年指針」と創造性の希求—　　　　　　　　　125
　　3・1　めざされた創造性　125
　　3・2　2000年代の英語（国語）科教育の枠組みの拡張　128
　　3・3　「98年指針」の成果と課題　129

第4章　英語（国語）科教材における文学の学習指導の具体例
　第1節　文学の学習指導　　　　　　　　　　　　　　　　　　　　　　　　　　　　　　　135
　　1・1　イギリスにおける読みの教材—入門期における物語の活用：L.Waterland の実践（1985年）を
　　　　　中心に—　135
　　1・2　イギリス初等教育における読みの学習指導—オックスフォード小学校教科書
　　　　　（1992年・1993年）の対比法を軸にした物語単元の体系化—　148
　　1・3　イギリスの文学教育—文学を核とした GCSE 国語科カリキュラム（第4・5学年、
　　　　　1988年9月～1989年6月）—　157
　　1・4　イギリス英語（国語）科教育におけるメディア解釈—新たなよみの教育の模索（1992年）—　185
　第2節　シェイクスピア（イギリスの古典（伝統的言語文化））作品の学習指導　　　　　　　　194
　　2・1　イギリス初等教育における音声表現指導—シェイクスピア・プロジェクト（1989年4月20日）
　　　　　の一例—　194
　　2・2　イギリス中等教育における文学体験の可能性—テキスト『マクベス』（1981年）の試み—　202

掲載図表リスト　　　　　　　　　　　　　　　　　　　　　　　　　　　　　　　　　　　　219
参考文献　　　　　　　　　　　　　　　　　　　　　　　　　　　　　　　　　　　　　　　221
あとがき　　　　　　　　　　　　　　　　　　　　　　　　　　　　　　　　　　　　　　　225
索　引　　227

イギリス初等教育における
英語（国語）科教育改革の史的展開
―ナショナル・カリキュラム制定への諸状況の素描―

第1章　初等教育改革のはじまり
―60年代から70年代へ―

　CLPE ①創設の1970年は、主権政党の転換期に当たる。1970年2月、時の労働党政府は、地方教育局に、総合制中等学校（comprehensive school）への再編成計画提出の義務付けを可能にする法案を議会に提出した。同年6月、総選挙の末、6年ぶりに第一党に返り咲いた保守党の当時の教育科学相、サッチャーは、労働党通達「11年選別をやめ、中等学校の分離主義をなくすのが、本政府の目的」（通達10/65）を撤回、「政府は、地方教育局に画一的な中等教育パターンを強制しない。」（通達10/70）と通達を行った[1]。このように同じ1年のうちに正反対の政府通達が出され、新たに、1974年労働党が政権を奪回するや、総合制中等学校への再編成を促進。79年に保守党が勝利し、サッチャーが首相になると、これを再度撤回。それでも、最初の通達が出た1965年には、8.5％に過ぎなかった総合制中等学校は、1979年には、全体の4分の3にまで数を伸ばしたと言われる。政党間のめまぐるしいオピニオン合戦のただなかで、CLPE ①は、11歳＋試験準備課程というかせを脱し、初等教育が初等教育として機能するための理論構築と実践による試行、フィードバックによる定着を積み重ね、70年代の先陣をきる地方現職教育機関の一つであった。

　表1に、70年代の英語（国語）科教育に関する略年譜を作成した。左から政権政党、教育にかかわる主な社会事象、主要教育白書・調査・研究文献、小学校国語教育センター関連事象、ならびに特徴的なミニ解説である。

第1節　プローデン・レポート *Children and their Primary Schools: A report of the Central Advisory Council for Education (England)*（通称　*Plowden Report*）の提言

　初等教育固有の教育課程の再構築が始動した70年代の大前提となったのが、1967年、教育白書プローデン・レポート *Children and their Primary Schools: A report of the Central Advisory Council for Education (England)*（通称　*Plowden Report*）（HMSO, 1967）である。そこでは、初等教育における英語（国語）科教育の望ましいあり方を厳に問うとともに、その実現に寄与する教員養成の拡充が提唱された。

　Plowden Report は、1963年8月、当時の教育相（the Minister of Education）Sir Edward Boyle によって、the Central Advisory Council for Education (England)（中央教育審議会）に、小学校教育の全面的見直しと中学校教育への移行について検討することが要請されたものである。The Council は、Lady Plowden を座長とし、その名をとって *Plowden Report* と呼ばれる。教育科学者の諮問機関である中央教育審議会（イングランド担当）が、任意に選出した2500の初等・中等学校のアンケート調査と学校ならびに各種教育センターの訪問、数多くのインタビューをもとにまとめた報告書で、初等教育における全教科の実態、ならびに、中等教育に連動する初等教育のあり方を探り、イギリスの今日の初等教育制度に多大な影響を及ぼしたものとして知ら

れている。その主な勧告の一つが就学前教育拡充の提唱である。「5歳以下の幼児は、1944年以来、いかなる教育的配慮も与えられていない唯一の年齢集団と言ってよいだろう。(略) 母親が我が子に就学前教育を受けさせることができるか否か、地域によってまちまちである。就学前教育機関の設置は、今日の必要性や要望を全く満していない。」[2]と述べ、就学前教育の現状を明らかにし、整備拡充に向けての様々な示唆ならびに財政上の課題等を具体的に明示した。

英語（国語）科教育とかかわって留意すべきは、11歳試験廃止の提言と学校と家庭の連携を強化し、就学前教育が連動していったことである。試験廃止は、その実現までなお時間を要したが、少数の中学校受験者を対象とした受験準備期間としての初等教育から全員のための初等教育へと舵をきる端緒となった。教育の機会均等への舵取りにほかならない。少数児童の出口ばかりに偏重していた初等教育の出発点にも目を向けさせたのが、学校と家庭の連携強化である。就学前教育への着目は、学びのスタート地点を明確に意識した体系的学習指導への助走として歓迎すべき必須条件であったといえよう。

報告書の主たる勧告は、以下のとおりである[3]。
1) 貧困地域の教育水準を引き上げるために最優先権を与え、教育の機会均等の徹底。
2) 3～5歳児の就学前教育の徹底。
3) 中学校移行年齢の1年引き上げ。12歳に。それに伴い、11歳試験の廃止。
4) 初等教育における体罰の禁止。
5) 教員不足解消のために初等学校の補助教員採用の実施。
6) 教科ごとの能力別グループ分け（ストリーミング）の廃止。
7) 1クラスあたりの児童数を減少させ、個人指導を強化。
8) 学校と家庭の連携を強化し、保護者の学校教育に果たす役割の強化。

以上の中から次の3点を中心に具体を掲げる。
1. 就学前教育の明確な位置づけ
2. 両親への働きかけの重視
3. 初等教育へのスムーズな移行

まず、第1点に関しては、急に幼児を母親から長時間引きはなすのは好ましくないという見解を明らかにした。週5日の内、数日の午前から午後のいずれかに就学前教育を受けさせるのが望ましいとされた。それに伴い、保育グループやセンターの組織化、スタッフのあり方等にも具体的な提案が見受けられる。とりわけ、保育グループ在籍幼児数の到達目標を具体的な数字で掲げ、1970年代における就学前教育の普及目標を設定したことが、今日の関心の高まりへの大きな契機となったと考えられる[4]。

次に、第2の就学前教育への保護者の参加を促そうという動きは、「参加」という言葉の解釈が、学校運営の意志決定に関与するといった「参加」から、教師と親しく挨拶をかわすという程度の「参加」まで千差万別であるとはいうものの、今日、広く初等・中等教育との関わりにおいても、学校の重要な教育方針となっている。1975年に、教育科学者が、Tizardらに就学前教育への両親の関わりをテーマに研究調査を依頼した[5]のも、そうした傾向の表れであろう。

Plowden Report は、これらの先がけとなった最初の政府刊行物による勧告である。レポートが家庭と連携

表1　イギリス初等英語（国語）科教育関連年譜　70年代

政権政党	教育にかかわる社会事象		主要教育白書、調査、研究文献ほか	小学校英語(国語)科教育センター関連事象	特徴的事項のミニ解説
*1915-16 第一次連立政府 1916-22 ロンドン=ジョージ連立政府 1922-23 保守党政府 1924　労働党 1924-29 保守党政府 1929-31　労働党 1931-40 挙国一致政府 1940-45　連立政府 1945　保守党 1945-51　労働党 1951-64 保守党（ウィンストン・チャーチル他） 1964-70 労働党（ハロルド・ウィルソン）	1917-50 1931 1944 1951 1965 1963 1963	1917-50 SC(School Certificate)5教科総合評価法、文学が初めて中等教育試験科目に導入。 ハドウ・レポート(Hadow Report) 1944年教育法 （義務教育年限15歳、72年、16歳に） 1951 GCE/Oレベル導入（一斉記述試験・教科単位の資格認定） CSE（上位0％に続く40％の能力差に対応）導入され、GCE・Oレベル（上位20％）との二本立てに NATE(National Association of Teachers of English全国国語教育者連盟)創立。 UKRA(The United Kingdom of Reading Association)創立。(2003年 名称変更。UKLAに)			1926年ハドウ・レポートによって、「初歩学校」としての基礎学校を廃止し、初等学校と中等学校の2段階教育梯の再編。グラマースクールとモダンスクールの2種類の中等学校設置を勧告。1931年、7歳児〜11歳児にふさわしい教授課程の検証と児童中心カリキュラムの推奨。
			1966 Peaker. G F.Progress in Reading, 1943-1964,(Educational Pamphlet 50,HMSO)(NFERの16年間の調査結果として、11歳児の読みの年齢(reading age)は17ヶ月前進し、15歳児のそれは、23ヶ月前進したと報告。)		60年代の中学校再編成の動き(1965年7月大臣通達によって地方教育当局に再編への協力要請)、70年代初頭の11歳+試験(イレブン・プラス)の成績低下が、それまで初等教育における教授内容の質を一律に制御してきた時代の終わりを意味していた。
		11歳+試験廃止			
	1948〜64	NFER(National Foundation for Educational Research)は、DES(Department of Education and Science)のために、定期的な読みの力の実態調査を施行。	1967 プローデン・レポート(Central Advisory Council(England,Children and Their Primary Schools（通称Plowden Report,HMSO)		プローデン・レポートは、1963年8月、当時の教育相(the Minister of Education) Sir Edward Boyleによって、the Central Advisory Council for Education(England)（中央教育審議会）に、小学校教育の全面的見直しと中学校教育への移行について検討することが要請されたもの。
1970〜74　保守党（エドワード・ヒース）	1970年2月 1970 1970	労働党政府は、地方教育局に、総合制中等学校(comprehensive school)への再編成計画提出の義務付け、導入を図る。 NFERの次回の読みの力の調査は1970年まで施行されず。 スクールズ・カウンシル(Schools Council,イングランドとウェールズ初等・中等学校カリキュラムおよび試験の編成に関与する独立協議会。82年解散、再編成し、2団体に。)16歳試験の一本化を提案、GCSE実施に向け中心的な役割を果たす。	1970 NFER1970年調査は、回収率が悪く、不十分な試験であったとの理由で、不発に終わる。(Start, K B and Wells, BK (1972) The Trend of Reading Standards. (NFER-Nelson) 1970 Language and Learning(James Britton)/ Understanding Reading(Frank Smith)/ Pedagogy of the Opressed (Paolo Freire)児童文学批評誌Signal(Nancy & Aidan Chambers)創刊	1970 1972〜73	内ロンドン教育局(ILEA)の現職教育機関(Teachers' Centre)の一つとして、小学校国語教育センター(Centre for Language in Primary Education)の設立。WardenとしてDavid Mackayを初代所長として運営。 1972-3(2回)および1973-4(2回)教師のための言語理論と実践への応用に関する研修開催(センターは、言語とリテラシーに関する6週間研修に最大の力点を置く。特に従来手薄であった言語研究に対して教師の関心を喚起し、引いては、言語学、社会学、心理学の概念や研究成果を授業実践の場にいかに応用するかを研修で示す必要があると考えた。)	
1974〜79　労働党（ハロルド・ウィルソン→ジェイムズ・キャラハン）	1975	APU(The Assessment of Performance Unit)設立。	1973 The Schools Council、the English CommitteeによるLanguage Development in the Primary Schoolプロジェクト(1969年〜71年、C.&H Rosenの児童の言語活動実態の観察調査)の結果報告書、The Language of Primary School Children : School Council Project on Language Development.(Penguin Education for the school Council)		70年代の半ばの教育的政治的事情を背景に、APU(The Assessment of Performance Unit)設立。 Dr. C. Gipps、Prof. Harvey Goldsteinを中軸とするthe Evaluation of Testing in Schools ProjectメンバーがMonitoring Pupils Performance(Brian Kay, UNITの初代所長)を編纂。 APU設立の背景として、70年代の半ばの教育的政治的事情を考慮すべき。いわゆる"Great Debate"が巻き起こったこと、70年代の説明責任(Machure, S (1978) in Becher.A R and Maclure S (eds)." Accountqability in Education ," NFER - Nelsonによる)
	1976	William Tyndale事件		1974	入門期・低学年におけるコミュニケーション能力育成に関するリーズ大学スクールカウンシル・プロジェクトの一環として、ワーキング・グループが組織され、Joan Tough博士とその研究チームが起案したプロジェクト計画の運営、推進をセンター職員が補助。	イズリントン(ILEAに所属)のWilliam Tyndale Junior School (7歳から11歳までの200名の児童を教育するジュニア・スクール)において、1974年に任命された校長テリー・エリスが導入した進歩主義教育により起こった学校運営の劇的な変化に馴染めない保護者、教師が市政行政当局に訴え、校長派教師、批判的教師／保護者、理事会、ロンドン市当局の間で約三年間続いた係争。
1977年2月〜3月末	教育大討論会(The Great Debate)	1977年2月 1977	Education Our Children(DES.教育大討論会資料) 教育・科学省の要請で委員会が招集され、77年9月通称テイラー・レポート(Taylor report) A New Partnership for Our school を編纂。（各校の理事会権限の強化が軸になっており、地方教育当局および教師集団から決定権を軽減する論調で、当該側からの批判が相次ぐ。）	1975 バロック・レポート(DES.Language for Life (Bullock Report)、HMSO 1977.7 グリーン・レポート(DES. The 1977 Green Paper(学校教育)) (1931年にThe Hadow Reportによってレールが引かれて以来はじめて教育科学省庁が打ち出した初等教育発展にかかわる有効性についての批判。1977年以降、省庁も、視学部も、「児童中心主義の発達の有効性を真の意味で損なうことなく硬直化した状態を復活させる」努力をなした。) 1978 Primary Education in England: a Survey by HM Inspectors of Schools (Language and literacyおよびAttainments in reading and mathsを二軸として75年度〜76年度調査にかけ、542校1127名の児童を実際に観察した視学官による全国的調査記録) 1979 Holdaway、D.The .Foundations of Literacy.	1975 1975〜2003	新Wardenに、M G McKenzie (Mrs)就任。研修のねらいが、学校全体における言語活動の一環としてリテラシーをとらえる方向へと移る。それまでの研修講座内容(言語学者、教員、作家、心理学者等の講義から成る)のみならず、研修の最終成果として、各学校の言語教育ポリシーを実地に即し作り上げることが加わった。 CLPE機関誌Language Matters創刊(2003からCLPE news letterに変更。2008からweb刊行に)	「教育大討論会」は、1977年初頭、8箇所で行われた教育に関する公開討論会。1976年10月教育・科学大臣ウィリアムズが首相の要請で編んだ機密文書が漏洩し問題となったことが発端。文書中には、初等・中等教育におけるカリキュラム編成に中央政府が積極的に関与する必要性と教師の指導実施に対する批判が含まれた論調の進言が見られた。

注：複数の参考文献をもとに、本論に合わせて、松山雅子が再編集した年譜である。

を保つために初等学校がとるべき措置として勧告したものには、次の6点がある。①就学前児をもつ両親が、校長や教師と顔見知りになれるような機会を設ける、②教師との懇談の場を年に2回位は設けることが望ましい、③オープン・デイを設け、学校見学の機会を作る、④学校案内の小冊子を作り、両親が学校を選ぶ際の一助とする、⑤児童の学習情況がわかるよう、年一回通知簿を作成する、⑥学校と疎遠な両親の積極的な参加を促す[6]。6点とも常識的な提案ではあるが、60年代に至るまで、「父兄の立ち入りを禁ず」の立て札がほとんどの公立学校の門前に掲げてあった情況を思えば、*Plowden Report* の勧告が当時の教育界に大きな波紋を投げかけたのも頷けよう。Tizard は、勧告の中身は、私立学校に師弟を通学させている保護者がすでに当然のこととして受け止めている学校案内や学校選択の自由を、すべての保護者に与えることが望ましいといった程度の提案にとどまっていると述べ、その裏には、公立学校制度の中にこうした措置を取りこむことで、それまで中産階級の保護者が私立学校を援助してきたように、労働者階級の保護者も学校に理解を示してくれるのではないかという希望的観測があったと指摘している[7]。これは、*Plowden Report* 刊行後直ちに、教育優先地域プロジェクト[8]（The Educational Priority Area (EPA) Research Project, 1968-1971）が編成され、レポートの提案したコミュニティ・スクール[9]作りが実行に移されたことによく表れている。

第2節　バロック・レポート *Language for Life:Report of the Committee of Inquiry appointed by the Secretary of State for Education and Science under the Chairmanship of Sir Alan Bullock.F. B. A.*（通称　*Bullock Report*, 1975）の提唱する言語政策

2・1　70年代―教育改革のきざし―

　70年代から80年代にかけてイギリスで注目された学習者の話し合いを軸にする協働学習法、コラボレーティブ・ラーニング提唱者の一人であり、当時ロンドン大学教育研究所教育学教授の H. Rosen（1982）[10] は、70年代を次のように概括している。初等教育の教授内容の再編成が求められていた当時の状況をよく表している。

　　APU（The Assessment of Performance Unit　教育科学省学力調査）[11] 設立の背景として、70年代の半ばの教育界にかかわる政治的事情を考慮すべきであろう。"Great Debate"（キャラハン首相主導の教育大討論会）[12] が巻き起こったこと、ならびに70年代の説明責任[13]を求める動きが、批評家諸氏のみならず一般人にまで広く受け止められ、教育制度の維持に関して様々な疑問や問いかけが沸き起こったことである。
　　60年代の中学校再編成の動き（1965年7月大臣通達によって地方教育当局に再編への協力要請―引用者注）、70年代初頭の11歳＋試験（イレブン・プラス）の成績低下が、それまで初等教育における教授内容の質を一律に制御してきた時代の終わりを意味していた。それまでの40年以上の間、11歳＋試験が初等教育の教授内容に大きな影響を与えていた。つまり、11歳＋試験に関わる算数・英語（国語）とリーディング（English と reading）、知能テストに重点が置かれてきた。コンプリヘンシブ・スクール（総合制中学校）が導入され、11歳＋試験の重要性が減少すると、初等教育は、それまでの拘束から解き放たれていった。この11歳＋試験からの解放（liberation）と *Plowden Report*（1967）によって、一挙に、学習

者主体の教授法へと関心がよせられ、この学齢の児童のカリキュラムの拡大促進が図られた。標準学力の低下に対する一般の関心の高さに由来するところが大きい。算数と英語（国語）の力の弱い児童が中学に進学するようになると、矢継ぎ早に批判する批評家もあったが、根拠のない批判であった。一方、11歳＋試験の終焉は、全国的な評価制度を提唱する人々の結束を強める結果ともなっていった。

　　NFER（全国教育調査財団）[14]は、1948年から1964年まで、教育科学省（DES: Department of Education and Science）の要請に基づき、定期的な読みの力の実態調査を行っていた。16年に渡る調査によれば、11歳児の読みの年齢（reading age）は17ヶ月前進し、15歳児のそれは、23ヶ月進展したと報告されている[15]。さまざまな議論は交わされたものの、一般的には、読みの力は落ちていないと受け止められた。

　つぎに同団体による読みの力の調査は1970年まで行われなかった。Start, K B and Wells, BK(1972)[16]よれば、1970年調査は回収率が芳しくなく、また不満足な試験等の理由で不発に終わったという。しかし、調査結果は、標準が落ちたのではなく、伸びが止まったと解釈され、進歩主義教育評論家には、学力劣化の証拠として迎えられた。

　この読みの調査結果を踏まえ、批判の渦巻く中、また一般的にもリテラシーの標準への関心が高まる中、Sir Allan Bullock のもと1972年に委員会が召集された。その役割は、英語（国語）科教育のすべての面について検討し、一般的な到達レベルをモニターする調査システムをいかに導入できるか、もしくは改善できるかを検討することにあった。*Bullock Report* は、よりよい定期的な試験制度についての議論に火をつけた。最優先の提唱事項は、モニター調査システムならびにより多様な到達度を評価する新しい手段に向けられていた。委員会は、過度のテストをすることなく、調査レビューに耐えるだけの標準を維持できるような、ある程度のサンプル（light sample）を用いた継続的なプログラムを組むことを提唱した。つまり、カリキュラムへの波及を最小限にとどめながら、定期的にテストらしきものを実施することを目指そうというのである。この報告書が脱稿した時期と、AUP が設立時が重なっていた。

　1975年、初等教育は、William Tyndale 事件（チンデール小学校事件）[17]によって、一歩前進した態度を取ることになる。イスリングトン（ILEA に所属する地区）の William Tyndale Junior School の保護者から、当時の校長や副校長らの進歩主義的な教育方針に対する不満が噴出。職員服務審査会によって諮問の場がもたれ、結果、校長ほか職員数人が解雇となったが、この国では先例のないことであった。この判定がもたらした衝撃は、教育制度全体に波紋を広げていく。それぞれの地区において同様の事態が起きないかと、多くの教育長や教育委員会は戦々恐々としていた。そして、多くの地方教育当局は、この事件や *Bullock Report* [18]を、11歳＋試験終焉とともに霧散したかに感じていた、基礎力の標準にかかわる情報提供に向けた地方独自のテスト・プログラムの作成へと進む好機ではないかと捉え始めていた。

　60年代、70年代初頭の急速な教育の発展がその速度を落としたことによって、教育の内外において、質に対する時間を惜しまぬ検討が始まったのである。

　この Rosen（1982）の概括をみると、新たな評価基準および方法の模索と初等教育としてのカリキュラムの自律は、軌を一にしていたのがよくわかる。目的的行為である教育にかかわって、その成果（評価）が問われるのは至極当然のことである。

　イギリス（イングランドとウェールズ）において当時最大の地方教育局は、ILEA、内ロンドン教育局であった。その傘下の小学校英語（国語）科教育センター、CLPE ①の現職教育に、こうした教育事情が如実に反

映したことは容易に推察できる。1970年代を代表する言語政策にかかわる実態調査報告書は、*Bullock Report*（DES. 1975）である。CLPE 開設が1970年、センター機関誌 *Language Matters* が創刊されたのは1975年であった。内ロンドン教育局の教科教育センターである CLPE ①にあって、*Bullock Report* の提言が、指導者教育の指針として有形無形の影響力をもった。

2・2 *Bullock Report* の構成と基本的性格

まず *Bullock Report* の基本的性格をまとめておきたい。表2に、レポートの構成と内容の概観を示した。*Bullock Report* が、学校教育全体において総合的に言語活動をとらえ、幼児期（就学前）から中学校にいたる義務教育期間を横軸とし、言語活動とその指導、なかでも読みの力の発達とその学習指導をとらえようとした大規模な実態調査報告書である。

調査の二大目的は、

①言語の諸領域間に見られる有機的な関連の把握

②学校生活における、児童・生徒の一貫した言語発達の必要性の強調[19]

であった。調査対象は、就学前の幼児から義務教育修了時までの児童・生徒、義務教育は修了したが読みに支障をもつ一般成人、海外からの移住者の子弟、ならびに、読みに支障のある児童（一般校在学の者）と多岐に渡る。

調査にあたっては、2種のアンケートが作成され、1973年1月、任意に選出した1415校の初等学校と、392校の中等学校からアンケートを回収した。アンケートは、初等学校用と中等学校用から成り、ともに学校長を対象とした第1部と担任教師を対象とした第2部から成っている。初等学校向けアンケートは、6歳児と9歳児を扱うクラス担任に、中等学校向けのものは、12歳児と14歳児を扱う教師に向けて、それぞれ作成され、中等学校の場合、英語（国語）科教師が実際の解答にあたったと言われる。一例として、6歳児のクラス担任向けの質問事項を下記に示す。

1．クラスの概要（年齢構成等）
2．教師経験（教授経験ならびに英語（国語）科教育に関する研修参加の有無）
3．1973年1月22日から始まる1週間に英語（国語）に費された学習時間
　（①詩・韻文　②読み聞かせ・物語の放送を聴く　③話し言葉に関する学習（話し合い　言葉遊び　ゲーム等）
　④即興劇　⑤作文（物語創作　経験作文等）　⑥課題学習（参考図書を用いた読み書き関連学習）　⑦読書
　⑧読みのスキル練習　⑨語彙指導　⑩文法　⑪綴り　⑫書写　以上12項目のそれぞれに費した時間を問う。）
4．読みの指導法
5．児童図書の供給の実態
6．児童の学習記録の有無
7．児童作文の種類とその指導[20]

学校生活における多様な学習場面において、読み書き能力（リテラシー）を中心にすえ、児童の達成度と学習状況ならびに指導法を含め、言語教育の実際を可能なかぎり俯瞰しようとした *Bullock Report* の意図が

明らかである。

　Moyle（1982）は、こうして編纂されたレポートを、次のように価値づけている。

　　1975年に発表された *Bullock Report* は、どのような観点から今日の学校教育における言語力や読み書き能力の達成度を見ても、児童は、一層高度で、かつ、将来の社会人としての必要性により適した言語力を身につけなければならないと述べている。では、なぜ高度な言語力でなければならないのか。3つ

表2　*Bullock Report* の構成と内容の概観

構成	概略
第1部　英語（国語）科教育観と読みの水準 ①章　英語科教育観 ②〃　読みの水準 ③〃　実態調査	*Bullock Report* 以前の調査に基づく読みの水準を示し，かつ本レポートの国語教育観の概要を述べる。
第2部　入門期における言語教育と言語環境 ④章　言語と学習 ⑤〃　入門期の言語	就学前の幼児および幼年学校低学年の児童をもつ両親ならびに教師の果たす役割を論ず。社会全体の中で入門期指導を据えようとした，言語環境づくりに重点が置かれている。
第3部　読みの指導 ⑥章　読みのプロセス ⑦〃　入門期の読み ⑧〃　初等・中等学校における読み ⑨〃　文学教育	読みの入門期指導を中心に，中等学校の文学教育にいたるまでの一貫した読みの指導を問題にする。
第4部　初等学校中高学年および中等学校における英語科教育 ⑩章　話すこと，聞くことの教育（含劇指導） ⑪〃　書くことの教育 ⑫〃　全カリキュラムに一貫した英語科教育	話す・聞く・書く領域への示唆と助言が見い出せる。
第5部　学校組織 ⑬〃　就学前の教育と初等教育 ⑭〃　学校間の縦のつながり ⑮〃　中等学校 ⑯〃　LEA（地方教育当局）アドヴァイス・サービス	学校間の縦のつながりと学校内での横のつながりの両側面を有機的に据え直そうと試みる。
第6部　読みの困難さと障害 ⑰章　読みの障害と診断，記録 ⑱〃　読みの困難な児童 ⑲〃　　〃　　一般成人 ⑳〃　移民者の子弟	読みの問題に直面する児童，一般成人，移民者の子弟をとり上げる。
第7部　英語教材 ㉑章　図書 ㉒〃　AV教材	英語科教育の多様な課題に応じた教材をいかに提供するか。SLS（学校図書館サービス），学校図書館等との連携の必要性を強調する。
第8部　教員養成課程および現場研修 ㉓章　教員養成課程 ㉔〃　現場研修	幅広く有機的な英語科教育を可能にする指導者づくりを強く要望する。
第9部　実態調査資料概観 ㉕章　　〃	
第10部　結論ならびに勧告 ㉖章　　〃	

（*Bullock Report*, p.p.ix-xxiv をもとに、引用者が各部の概略を付したもの。）

の要素が考えられよう。まず、状況の変化がある。今世紀初頭には、成人の80％近くが読み書く力や言語力をほとんど必要としない仕事に携わっていた。けれども、今日、そういった仕事に従事する者は10％にも満たない。（略）第2に、社会の意志決定に参加し、より多くの情報に接している必要性が高まるにつれ、新しい情報や考え方を取り入れるために、より広範に言語が用いられるようになった。（略）更には、人間が蓄積してきた知識の限りない広がりといやます知識量、そしてその多様さがある。知識を活用し、かつ貢献するためには、一人ひとりが、より幅広い語彙力を身につけ、多様な語の意味に対応するに十分な語彙を養い、一層複雑化する文章構成に対処する力を発展させていかなければならない。（略）現代に生きる社会人が必要とされる読みの水準に見合った新しい教育の目標が必要だというのである[21]。

社会に生き、社会の求むところに応じた個性豊かな英語（国語）生活者の育成という *Bullock Report* の基本的な言語観、英語（国語）科教育観が、ここに指摘されている。急激に情報社会へと移行していった70年代は、折しも、イギリスが多民族国家へと著しく様相を異にしていった時期と重なり、移民の子弟の教育、とりわけ言語教育が社会問題として表面化し、具体的な対策を迫られた時期でもある。こうした多様な社会の要請と過去の教育への反省が相俟って、勢い、入門期の読みへと関心が向けられていったのである。

2・3　就学前から小学校入門期の児童のリテラシー学習指導環境

イギリスの教育改革は、入門期改革のこころみでもあった。70年代以降、とりわけ読みの力の伸び悩みが問題にされてきたことを考え合わせると、これは当然の成り行きである。読みに関する実態調査・研究が各所で試みられ、そこから学校と家庭のより有機的な連関を図ろうという動きが高まってきた。「1980年教育法（*Education Act 1980*）」[22]は、各地方教育当局に、地域内の学校便覧および入学状況、地域の教育方針等に関する小冊子を出版するよう要請した[23]。この要請そのものには意図されていなかったが、学校と家庭の連携を深めようという動きは、この要請をいち早くとらえて、家庭への情報提供の量的質的向上の一大契機となったと言われている[24]。

読みの力の伸び悩み、それに伴って一層重要視されてきた家庭の役割、これらの背景に潜む社会的変容著しい70年代以降のイギリスの社会的要請等が相俟って、以来、今日に至るまで、入門期教育に熱い視線が注がれていると考えられる。こうした教育界の動向が形をなした一つが、1975年、教育科学省委託調査委員会によってまとめられた英語（国語）教育に関する実態調査報告書、*Bullock Report* であった。このレポートについては、その重要性を認め、すでに示唆に富む論考が報告されている[25]。70年代以降のイギリスにおける読みの問題を検討するうえで欠かすことのできない資料として読みの入門期指導を中心に考察する。

ここでいう入門期指導とは、次の *Bullock Report* の一節にも伺えるように非常に様々な様相を孕んでいる。

　　昨今、就学前児童をとりまく情況は驚くほど多種多様である。それに伴って、就学前児童の経験の広がりと質もさまざまである。彼らは、こうした経験をひっさげて幼年学校へと上がっていく。就学前の時期を、保護者や親類縁者、もしくは、登録または無登録のオペアガールやチャイルド・マインダー（報酬を受けて自宅に子どもを預かり世話をする女性―引用者注）とともに自宅ですごす幼児がいる。一

表3　就学前教育在籍率

	年齢	1969	1970	1971	1972	1973	1974
	歳	人	人	人	人	人	人
①該当年齢人口	3	841,000	827,000	808,000	791,000	769,000	761,000
	4	853,000	838,000	823,000	792,000	780,000	767,000
	3〜4	1,694,000	1,665,000	1,631,000	1,583,000	1,549,000	1,528,000
在籍者数	3	18,656	18,774	18,294	20,021	20,947	21,254
	4	235,984	243,533	258,840	277,747	305,525	314,858
	3〜4	254,640	262,347	287,134	297,768	326,472	336,112
	歳	%	%	%	%	%	%
②在籍率	3	2.2	2.3	2.3	2.5	2.7	2.8
	4	27.7	29.1	31.5	35.1	39.2	41.1
	3〜4	15.0	15.8	17.6	18.8	21.1	22.0

①(注)　イングランド・ウェールズ。各年1月現在。在籍者数は、学齢（5歳）前の3〜4歳の幼児で、保育学校・初等学校（保育学級・幼児学級）・特殊学校の在籍者（全日制のみ）。保育所その他の福祉施設の在籍者を含まない。
(資料) Statistics of Education, の各年版 Vol.1 による。
②(備考)　算定方式：$\frac{在園（籍）者数}{該当年齢人口}$
（この表は、『教育指標の国際比較　昭和51年版』（文部省大臣官房調査統計課、1976年6月）のp.2からp.3に掲載された「就学前教育の在園（籍）率」に基づき、引用者が再編成したものである。）

方、週6時間ほどをプレイ・グループですごす者、週45時間もの時間を保育所（day nursery—地方当局の社会福祉部の所轄—引用者注）ですごす者もいる。また、全日制もしくは時間制の就学前教育を、保育学校（nursery school）や幼年学校に併設された保育クラス（nursery class）で週15時間から38時間の割で受けている子どももいる。（略）こうした様々な環境の中で育つ子どもには、言語経験の内容と質にかなりの開きが認められる。（略）就学前の経験が多様であればあるほど、幼年学校、保育学校、プレイ・グループと家族を結ぶ必要性が高まってくるのである[26]。

　合わせて、*Bullock Report* 発表当時の就学前教育在籍率を示した表3を見ると、就学前教育の有様が多岐に渡っていると同時に、5歳で義務教育に組みこまれるまで、公的、私的な就学前教育施設のいずれにも参加しない幼児の多いことがわかる。
　このようなイギリスの教育制度から、レポートの示唆する入門期指導は、わが国でいう就学前教育に相当するものと、初等教育の場でのいわゆる入門期指導の両方を含んでいる。個々の児童の出発点に応じて、多様な場で重層的になされる3歳から6歳に渡る幅広い教育と言えよう。無理のない義務教育への導入、家庭と教育機関の連携が、児童の言語発達を考えるうえで、レポートの主たる考察の観点となっているのもそれ故である。

2・4　就学前教育における家庭および社会的機関との連携

　Plouden Report が提唱した、教育の機会均等、環境の格差是正を背景に生まれた就学前教育の早期拡充の提唱、それに伴う学校と家庭との連携、初等学校への無理のない導入といった問題提起を、より具体的に、組織的に、就学前児童をとりまく言語環境づくりという観点から拡大継承していったのが、1975年の

第1章　初等教育改革のはじまり

Bullock Report であった。

　Bullock Report は、読みのレディネスと保護者の関わりについて次のように述べている。

　　何歳から読みの学習を始めたらよいかという問題は、繰り返し話題に上ぼり、物議を醸してきた。幼児をもつ保護者にとっては、一大関心事である。なぜなら、わが子の読みにどう関わっていくべきか、彼等にはわからないからである。（略）入門期の読みは様々な学習経験によって成り立つもので、「読みのレディネス」という言葉が当てはまる唯一の学習方法などあり得ない。それ故、いつ読みの準備段階に導いていくか、十分な検討を経て決定されなければならないのである。（略）これまで、幼いわが子を見事に読みの学習に導いていった保護者の例が数多く紹介されてきた。だが、案外見すごされがちなのが、保護者の努力が無駄に終わった例やかえって害を及ぼした場合である。（略）どのような形にしろ、幼児の読みの入門期に保護者が関わっていくことは間違いない。考えられるべきは、その関わり方であり、質なのである[27]。

　また、読みのレディネスに関して一般に取りざたされる精神年齢について、こう述べている。

　　もし子どもがそこに意味と満足を見出せるなら、どんな早い時期に子どもを読みに導くこともためらう必要はないだろう。（略）だが、カードを掲げ、わが子が正しく読むのをじっと待つ真剣なまなざしの若い親を思うと、身の縮む思いがする。こうした保護者への助言がいかに大切か明らかである。放っておけば、子どもは親の不安な思いを敏感に感じとり、読みへの意欲を失っていくだけだ。子どもの心をとらえて放さぬような読み物を通して、読みの世界へといざなっていくような環境をこそ、子どもに与えたい。そうすれば、読みの学習の精神年齢など思い煩う必要もなくなり、見当違いの心配りということにもなろう[28]。

　ここで強調されるのは、まず、子どもへの動機づけである。興味と満足をもってなされるなら、幼児の段階から読みの経験に導くことが可能だということ。そのためには、読みのプロセスを漸層的にとらえ、唯一の読みのレディネスの方法といった概念を捨て、どのような方法であれ単一で取り扱わないという柔軟な姿勢をとる必要があるということである。そして、この子どもの学ぶ権利と可能性を具現化するための家庭環境づくりが第2のポイントである。これについては、さらに二つの留意点が見い出せよう。第一に、保護者のわが子の読みに対する認識を拡げること。第二に、児童の興味を引き、読む意欲を喚起するような読み物の提供である。*Plawden Report* は、保護者を、学校からの均等な情報の受け手として位置づけていたのに対し、*Bullock Report* では、保護者側からの教育への「参加」の質を問題にする。安易な保護者の関与が引き起こす弊害を繰り返し強調するのも、それ故である。家庭内の就学前教育における保護者の教育的役割や家庭での読みの指導法をことさら問題にするというよりは、保護者自身の読みそのものへの認識の開発をいかに行うべきかに重きが置かれ、具体的な勧告がなされている。レポートが打ち出した家庭におけるより良い読書環境づくりは、幼児だけでなく保護者も含みこんだ言語環境づくりであった。

家庭へ子どもの本を広めていこうという一連の動きは、読みの入門期にはおざなりの本を与えておけばよいという既成概念を打ち破るために生まれてきた。事実、この時期の子どもは、発達上最も重要な時期にあり、将来の読書態度を決定づける様々な周囲の環境に最も敏感に反応する。可能なかぎり手をつくし、この事実を保護者に理解してもらわねばならない。わが子の読みの入門期に、保護者が何らかの役割を果すよう仕向けたいならば、多様な社会的規模の活動が不可欠である[29]。

　ここには、就学前児の読書の質を保証し、書き言葉への移行の素地として、豊かな読みの世界への導入が図れるような社会的補助機関と家族とのつながりが示唆されている。
　家庭を支える言語環境づくりという視点から、コミュニティ社会の中に家庭を位置づけると図1のように

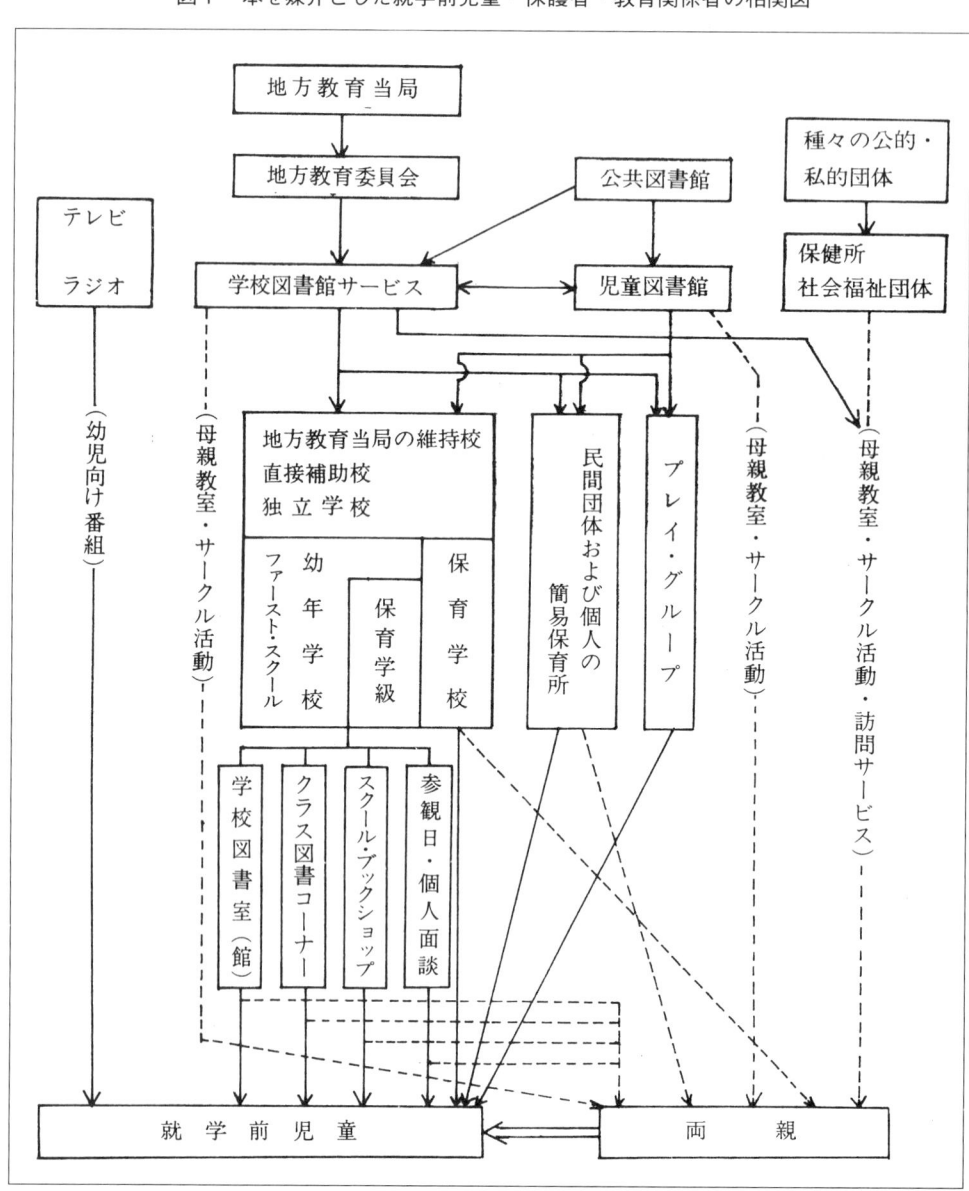

図1　本を媒介とした就学前児童・保護者・教育関係者の相関図

（*Bullock Report* にもとづき、稿者が作成。）

なると考えられる。

　家庭での読みの環境づくりの第一歩として、児童の身近に多くの適切な本を用意するということがあろう。*Bullock Report* は、最も重要な社会的補助機関として児童図書館員の活動を掲げ、地域の行政当局が押しなべて図書館サービスを支援するよう強く要望している[30]。また、児童図書館の貸出サービスに止まらず、学校図書館サービスならびに公共図書館の指導、援助のもと、幼年学校や保育学校等の教育施設も同様に、図書の供給に一役買うよう位置づけられている[31]。こうした本を媒介とした言語環境づくりの提唱が、本レポートの大きな特色の一つであり、関係団体に与えた影響は非常に大きなものであった。

　図1の実線と破線は、その図書の供給システムを示すとともに、本を媒介とした、就学前児童、保護者、教育関係者の三者交流の場の可能性を表そうとしたものである。すなわち、初等教育機関、図書館、社会福祉団体等の公共団体、それらが地域別に催す母親学級や小規模な私的プレイ・グループ等の準公共団体、さらには、テレビ・ラジオ等のマスメディアといった三層から、家庭をとりまく言語環境を構築していこうというのが、レポートの主たる主張と言えよう。学校教育の枠を越え、国全体をあげての読みの入門期指導であることがわかる。*Plawden Report* が掲げたコミュニティ・スクールの概念を、より多角的に、家庭を軸に再構成し、発展させた提案と言ってもよい。

　Bullock Report は、読みの入門期における家庭学習について次のように述べている。

　　親が大きな声で子どもにお話を読んでやるたびに、子どもは、目の前の数行の文字が楽しいお話に姿を変えていくことを巧みに学びとっていく。料理を手伝おうとする子どもに、母親が作り方を声に出して読んでやれば、子どもは、自分が今夢中になってやっていることが、文字によって書き表されることを知るだろう。手紙、広告、ラベル、交通標識といったものは、親が、わが子に読む目的を理解させたり、一般的な日常語を示してやれるほんの一例にすぎない。こうした機会は、自然に生まれるべきもので、強制されるべきものでもないし、また、結果として読む価値のあるものでなければならない。こうして、子どもは、両親との関わりを通して文字に対する正しい態度を身につけつつ成長することができる。この正しい態度は、放っておけばひとりでに育成されるというものでは決してない。（略）子どもが自分で文字を追って読み始める前に、読むという行為が一つの目的活動であることを認識させておくことが大切なのである。しかも、それは、読みの入門期の段階から、一つの思考過程として育まれていくべきもので、単なる字形や音の違いを判断するだけの練習に終わってしまってはならないだろう[32]。

　ここには、本格的な読みの学習に入る以前に、多様な言語活動を体験し、繰り返し、子どもと言葉が出会える場としての家庭づくりの必要性が掲げられている。子どもは、ここで、言葉と事物の関係を無理なく学び、豊かな物語世界との出会いを通して抽象化された言語の使用を育んでいくのである。子どもとの何気ない日常の関わりの中で、思考と結びついた言語活動、目的意識をもった読みを可能にするような保護者のあり方を求め、そうした家庭づくりを有形無形に援助する社会的システムの構築が *Bullock Report* の主張するところと言えよう。

2・5　初等教育における読みの入門期指導―全語法的アプローチの推奨―

　次に、初等教育における読みの入門期指導へと目を転じたい。*Bullock Report* では、読みを、(1)初歩的スキル（個々の文字や文字のまとまりの識別と文字と発音の関係の認識）、(2)基本的スキル（(1)を踏まえ、単語から句、句から文へ読み広げ、意味のまとまりを読みとる）、(3)応用スキル（文脈から筆者の意図を理解し、学習者の個人的体験や見解、読む目的意識に応じ、筆者の意図に反応する）という３つの観点からとらえている[33]。すなわち、形態的、音韻的、統語法的側面に、意味のレベルが呼応して重層的に関わりあった、ひと続きの複雑な有機体として、「読み」がとらえられる。中でも、入門期の読みと関わりの深い初歩的スキルについて、①文字の形、向き、字体、語形、②書記素（grapheme）と音素（phoneme）の不規則な関連に伴う問題という２つの留意点から様々な読みの問題を論じている[34]。

　まず、①に掲げたような文字の基本的性質を認識する際の最も深刻な問題として、単語認識の段階で生ずる混乱を、図２のような視覚認識のずれを例[35]に掲げ説明する。

　図２に見られるように、視覚認識は、同一単語（and, go）においても微妙な字体に左右され、異義語（hot, hat）の視覚認識のずれと同一単語のそれとがほとんど大差のないことを指摘する。レポートは、変化に富んだ字形が一単語中に複数に連続しているからだと理由を述べて、下記のような文字認識を助長する練習法を紹介している。

　①アルファベットの本を用いて字形に注意を促す。
　②同形の文字探しをする。
　③文字をなぞったり、文字の塗絵をする。
　④文字の違いに留意しながら、筆順に従って文字を書く。
　⑤スクラップ帳の切り抜きを見ながら、一つの文字について様々な字体を探す。
　⑥暗記法を用いる。（例えば、「"s-s-snake"」「"o" は "orange" 形が似ているね。」というように。）[36]

　なかでも、②の文字と音の関連の認識については、発話中に飛びかう44の音素を正しく識別することがなによりも児童の読みを左右すると指摘し、以下の練習を掲げている。

　①脚韻、同音・類似音の反復、頭韻などに注目させる
　②語の語頭音でグループ分けする絵カードゲーム

図２　単語認識課程で生ずる視覚認識のずれ

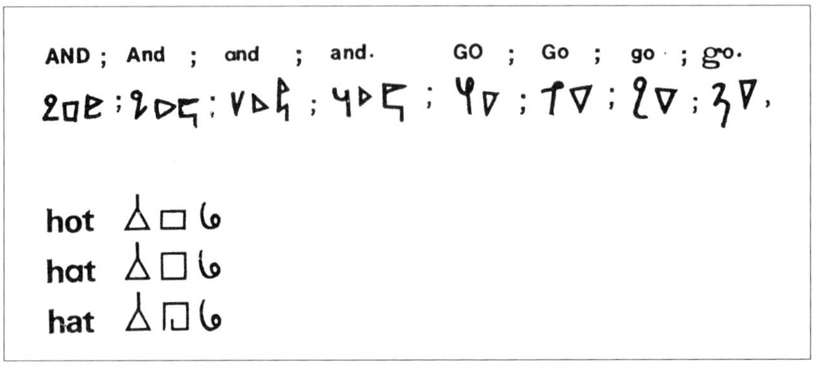

— 12 —

③ "I-spy"、"knock-knock" などの言葉遊び[37]

分析的指導法ではなく、児童の語感や直感的理解の開発やより有効な動機づけに注意が向けられているのがわかる。また、最も混乱を招きやすい文字と音の関連の指導法に関しては、単語を一つの語形全体としてとらえ、反復練習によって二者の一般的関連の規則性にまで気づかせようとする全語法的アプローチと、文字や語と音の関係を個々の事例に沿って押さえていく音声法的アプローチを等しく論じ、以下のように述べている。

> 分析の結果、本レポートは、少なくとも読みの入門期の段階では、全語認識を図りながら、書記素と音素の関連を身につけていく方が望ましいという見解に達した。このとき、念入りな音声法の指導プログラムは、就学前児に文法を教えこもうとするのと同様、無意味なものとなろう。だが、子どもは、書記素と音素の関連について自分なりの予測がつくようになっていくものである。適切な機会をとらえて、それを助長してやることは極めて大切である[38]。

入門期の読みの学習においても、機械的な綴り（文字）と発音の関係把握にとどまらず、単語の意味するところをも踏まえた有機的な学習法の模索を促す。実際の文脈にあたり、二者の関係を予測し読み進んでいく過程は、レポートのいう基本的スキルの中心となるところで、初歩的スキルと基本的スキルが無理なく重層的に見込まれた入門期教材のあり方が、次の問題として浮び上がってくる。

2・6 入門期に適した読みの教材と指導法―折衷型の実態―

Bullock Report の入門期に教材に関する勧告は、次に掲げる読みの入門期指導の一般原則に基づいている。

> 読みの入門期においては、個々の文字、個々の音、そして、少なくともある程度の文字と音との関係が理解できるようになるべきである。これは、ちょうど初めてクリケットをやるとき、まずボールとバットを持たせて遊ばせるのに似ている。（略）入門期の読みの指導における問題は、クリケットに匹敵するものを探し出すこと――すなわち、子どもが読みの力を十分身につけていないこの時期においても、読むという行為が彼等にとって確かにやりがいのある、おもしろい活動とならねばならないということである。ある子どもは、一人読みを始める前に、読むことの楽しさ、価値に気づいている。すべての子どもが一人で読みすすんでいけるように、読むことの目的、意味、喜びについて慎重な配慮が必要であろう[39]。

就学前教育における家庭での読みのあり方から一貫して提唱されてきた、児童への動機づけの重視と目的行為としての読みの設定が、ここにも再確認されている。いよいよ一人読みへと移っていく就学後の児童にあって、この原則をいかに具現化してやるか、*Bullock Report* は、その一つの鍵をサイト・ボキャブラリーに見出し、書くことと読むことの関連学習を通じて、その定着を図ろうとした。

> こうしたジレンマ（未知の単語が多すぎても、少なすぎても、読本（reading scheme）学習がうまくいかな

い―引用者注）から抜け出すために、自分の書いた作文や友達の書いた作文を活用してはどうだろう。（略）これは、我々が求めている読みという行為に迫っていくための言語経験の本質である。個々の児童作品が、読みのクラスの学習教材の一役をかう。作文を書くことと自分の作文を読むことの利点は、この二つの行為がともに目的と意味に根ざした行為だということである。使用語彙は児童によく知られている。文や文章構成は、児童が使いこなしたものである。しかも、作文やクラスでの発表前後の話し合いは、児童の言語発達を促す貴重な場となるのである[40]。

児童が既に身につけた言語能力を十二分に駆使しうる場として、児童の作文の教材化を高く評価するのである。また、入門期の段階から既習の単語を児童一人ひとりのワードバンクに体系化できるよう教師が働きかけるべきだ[41]という指摘も見られる。これらはともに、一人読みに向かう児童のつまづきを最小限にとどめる一助であり、基本的スキルの習得へとつながる配慮である。

それでは、既存の入門期用読本について、*Bullock Report* はどのようなとらえ方をしているのであろうか。レポートは、読本を、入門期の中心的教材としながら、それを取り扱う際の問題点として、

1．児童の必要に応じた個別指導があって、読本は初めて本来の価値を発揮するものだが、現在の教師の指導体制では、そのための十分な時間がさけないこと、
2．読みの入門期の中心教材として、内容、構成、使用言語ならびにその活用法について慎重に吟味されなければならないこと[42]、

の2点を掲げている。第2点については、さらに、4つの内容チェック・ポイントが読みとれる。

①読本の絵と文章が有機的に関わりあって一つのまとまった世界を創り出しているか
②児童の話し言葉のレベルと読本の単語の統語法や文構成がうまく関連し合っているか
③読本の内容が、児童の身近な生活、社会の実際から著しくかけ離れてはいないか
④読本の使用語彙に極端な片寄りはないか[43]

限られた表現形態と児童の現実から遊離した内容、個々の必要性に応じきれない指導法などによって、奥行きの浅い読みの体験がパターン化されるのを恐れるのである。

他方、入門期読本の活用状況については、次のように概括する。

　児童が新出単語を読もうとすると、教師は、文の前後関係、語頭音、語頭子音の組み合わせ、単語の長さ、語の輪郭等、読みの有効な手がかりに児童の注意を向けようとする。Look-and-say 読本を用いる教師は、一般に、発音中心の読本が用いる練習を取り入れた副読本を併用している。一方、Phonic 読本を用いる教師は、発音上の規則によって語彙が限定されていない多様な副読本を与えている。両者ともに、変化に富んだ読みの経験の場を作り出そうとする努力が見受けられる。すなわち、調査の結果、教師の大半が折衷法を取っていることがわかった。教師の指導に差が生じるのは、どの指導法に固執しているかではなく、児童への関わり方の質、専門的知識の度合、学習事項に適した指導法か否かを見極める感度・洞察力に違いが生じるからである[44]。

現場では、複数の指導法とそれに応じた読本を併用するという折衷法がとられ、各読本および指導法の欠点を補おうとする教師の努力が報告されている。これは、表4、表5の調査結果からも明らかであろう。

表4　6歳児の読むことの指導法

方　　　法	各方法の教師の使用頻度
アルファベット	59.5 %
Look－and－say（単語の識別）	96.6
音声法1（文字の音読，二重字・二重母音の理解）	97.2
〃　　2（文節を基にした理解）	69.7
センテンス・メソッド	51.3
読みのレディネス（眼球運動など）	35.4
調査クラス　合計（100%）	1,417（クラス）

(*Bullock Report*, p.372)

表5　使用読本の年齢別利用度

使用読本の種類	6歳児	9歳児
①読みの練習に市販の読本のみ使用	19 %	6 %
②数々の読本と教師自身が難易度によって分類した読本	53	37
③市販の読本と必ずしも段階別に分類されていない副読本	28	54
④その他の練習帳	0.4	2.9

(*Bullock Report*, p.372をもとに稿者が表にまとめたもの。)

　加えて、*Bullock Report* は、「今一つ心しておくべきは、児童もまた折衷主義であるということだ。」[45]と述べ、「自分の興味を引く言葉なら、菓子のパッケージや食品の包装、テレビ番組名等から、一つの意味のまとまりとして単語をとらえる機会を逃しはしない。同様に、学校で習おうが習うまいが、新しい単語を発音からとらえていく力を身につけていくものだ。」[46]と、時に全語法的に、時に音声法的に貪欲に語をとらえていく児童の柔軟な言語の吸収力を指摘する。レポートは、指導者と学習者双方の折衷主義を踏まえ、入門期用読本を選ぶ際に留意すべき事柄として、一定の読本に固執するとのではなく、「総合的な読みの学習の一端として、かつまたカリキュラムにおける多様な読みの学習の一助として、どうすれば読本を最大限に活用しうるかということである。」[47]と問題提起する。

　これに応える読本学習とは、どのようなものでなければならないか。レポートでは、読本学習の原則を、一人ひとりの児童が、既習の読みの力を、一層体系的に発達させることができること[48]に置く。この原則から、全語法的な Look-and-say 読本を見れば、

　Look-and-say 読本では発音に関する直接的な手がかりを与えることは不可能である。文脈を手がかりに読もうとしても、教師の適切な助言が得られなければ、読本だけではほとんど意味をなさない[49]

という欠点が浮かび、音声法的な Phonic 読本を見れば、

　我々は、音声（phonic）重視から意味の最小単位である形態素の構造（morphemic structure）に、早い時期に学習の主点を移し換えていくべきだと考える。児童が新しい綴りの単語に出会ったとしても、文

脈から有効な手がかりを得られるはずである。このような未知の単語を解く手がかりをどのように見い出すかという方法論も次第に進展してきてはいるものの、今だ、発音中心の読本では有効性に欠ける[50]と、限界を指摘する。それでは、原則にかなった望ましい入門期用読本とは、どのようなものなのか。

　優れた読本とは、総合学習方法によって、あらゆる読みのスキルを発達させるために十分な基盤を与えるような読本である。読本学習を通して、教師は、個々の児童の実態を判断する手がかりが得られなければならない。また、特別な手助けを必要とする児童に対して多種多様な補助教材も用意されていなければならない。（略）読本は、読みの学習教材の一部分であって全体ではない。児童の作文が最も発展的に活用しうる教材となるし、幅広い種類の図書や学校図書館サービスから提供される教材等も、入門期指導には不可欠なものなのである[51]。

多様な補助教材と複数の指導法が混在し、連動していく実際の教室にあって、児童のつまづきを的確に知らせ、総合的な読みの学習と指導の拠り所となるような読本の出現が望まれている。と同時に、より多岐に渡る入門期教材の開発の必要性が説かれている。事実、表6に見られるように、種々の読本類は入門期教材の中軸となっている。が、一方、少数ながら、色別符号やi.t.aの活用等、幅広い教材選択に、先程の折衷主義を認めることができる。1週間の調査期間中に、99％、ほぼ全員の6歳児が読みのスキル練習に時間をさき、その内3/4の児童が毎日、残り1/4も少なくとも週3、4回は、読みのスキル練習のために何らかの本を手に取ったと報告されている[52]。従って、6歳児のほぼ全員が、表5に掲げられた幅広い入門期教材を重層的に用いて、読みのスキル練習に携っていたことになる。さらには、6歳児の90％が自由な読書にも時間をさいていたこと[53]から、読みの学習が、入門期の児童にとって大きな比重を占めていることがわかる。それ故、より良い教材の開発が強く望まれているのである。

表6においては少数派ながら、たびたびその是非が問題となる色別符号とi.t.aについても、レポートの

表6　教材別利用度

使　用　教　材	幼年学校/ファースト・スクール	幼年学校と下級学校 ファースト・スクールとミドルスクール
i. t. a	11.9 %	9.2 %
色別読本	3.6	6.3
診断用の記号	1.2	1.5
キィー・ワード読本	64.7	1.7
入門期用に語彙の配慮された種々の読本	89.7	88.8
文字カード・単語カード	33.7	29.6
読みのドリル・練習カード	8.7	25.4
スコットの読みの練習プログラム	19.8	27.9
総　学　校　数	252	480

(*Bullock Report*, p.375)

第1章　初等教育改革のはじまり

意図するところは同様である。色別符号および読み分け発音符に関しては、黙字や二重字など基本的要素の理解に果す役割を認めながらも、今後、現場での一層の研究が望まれている[54]。i.t.a の場合も同様で、発音と綴りの関係を単純化することにより、入門期の読みの学習へ導きやすいという利点を認め、かつ書くことの学習へと発展させられる点を評価するが、今後の研究に最終的評価を委ねている[55]。実践に直結する実態調査・研究の推奨である。

　以上、*Bullock Report* の掲げる入門期教材のあり方と課題を素描したが、レポートが読みの入門期指導において最も留意するのは、これら教材を用いて授業を編成する教師の主体性であり指導性である。

　　我々は、ここで、読みの指導を系統づけるための核とすべき事柄に触れておきたい。まず、これまで述べてきたような教材、指導上のテクニックをもっていること、そして、第2に、全体学習および個別学習の適切な読みのカリキュラムを生みだすために、これらの教材と指導上のテクニックを首尾一貫して系統づけることである。すなわち、一貫した指導の流れと体系的構造についての明確な考えをもたねばならない。教師は、小集団学習や全体学習の場で、個々の児童の学習を通して、選び与えた教材がもっとも効果的な方法で学習目的を達しうるか否かを決定しなければならない。つまり、教師は、指導案を立てるときに、読みの学習プログラムの体系化に関わる多くの問題の決定者なのである[56]。

各読本ならびに他の入門期教材の限界と効果を見据え、個々の児童の能力と必要に応じた指導、助言を適時に与え、授業を編成しうる教師の指導性は、就学前児およびその両親への助言から初等教育における入門期指導にいたるまでの一貫した指導力として求められているのである。先の実態調査・研究の促進とともに、教科教育センター CLPE ①の多面的な現職教育が求められていったゆえんである。

　　本レポートは、目的に応じた個別学習、グループ学習、全体学習の中で、教師が、学習経験を様々に変化させるところに、読むことの学習を系統づける最上の方法があると考えている。その基本は、個々の児童の進歩の度合と学習の必要性についての正確な知識につきる。ここで言えることは、特に重要な指導力は、児童が読みこなしうるか否かを判断し、教材の難易度を判定する力だということである[57]。

この言葉に、児童を知り、教材を知る教師による、多様な読みの側面に応じた多様な学習の場の創造と体系化が強く求められているのがよくわかる。教師育成のための現職教育の場や教員養成課程の拡充など、社会的制度の一端として教員養成を組みこんでいこうとする提唱が強く打ち出されている[58]のも、*Bullock Report* の教師観に基づくものである。

　以上、今日のイギリスにおける入門期指導への関心の高まりを培ってきた一要素である *Bullock Report* を取りあげ、その読みの入門期指導に関する勧告を、就学前教育における読み、初等教育の場での読みの入門期指導、入門教材のあり方、指導法、教師の指導性といった観点から検討してきた。就学前教育から初等教育にいたる流れの中で、いかに有機的に包括的に豊かな読みの学習を位置づけていくか。レポートは、その解答を得るための手がかりとして、就学前教育では、児童図書館員を中心とした地域ぐるみの言語環境づくりを、初等教育においては、多様な児童の必要性と指導法ならびに教材を操れる教師の指導力を打ち出した。より質の高い教育を求めようとするとき、より高度な指導力とそれを支える環境づくりが問題となって

くるのは当然のことである。*Bullock Report* は、これを、全国規模で、コミュニティ社会全体に入門期教育を位置づけ、具現化を図ろうとしたのである。

2・7　読むことの学習指導にかかわる提唱—文学を軸とした学校図書の拡充と教師の意識改革—

　以上のようなレポートの基本姿勢は、読むことにかかわる他の項目にも通底するものである。ここでは、*Plowden Report*（1967）とのかかわりを踏まえながら、*Bullock Report*（1975）の読むことの学習指導にかかわる提唱の基本となるところを、①リテラシー教育における（児童）文学テクストの価値と②めざすリテラシーと評価を中心に報告する。

　Plowden Report、17章「カリキュラムの諸相（Aspects of the Curriculum）」の（B）英語（国語）科において、「読むことの指導（Teaching Children to Read）」の項目が掲げられている。幼年学校（Infant school）でのリテラシー入門期をとりあげ、多様な社会的言語的背景をもつすべての児童がリテラシーを身に付けていくことを標榜するとき、児童みずからが読むという営みに意味を見出すことが重視される。なぜなら、読むことは、学校におけるすべての学びに通じる鍵であり、ひとり学びの鍵になるからである[59]。

　話し言葉の延長線上に読むことと書くことの指導を行うという伝統的なあり方はかわらぬものの、家庭における読みの環境差に十分対応する授業環境の工夫の重要性を説く。学校外で遊びながら十分な言語体験がつめない児童、少人数で、個人で絵本や絵読みものを読む日常的な機会が少ない児童等に対して、指導者がどうあるべきかが問われている。具体的には、家への連絡、休んだ児童への手紙、物品をあるべきところに返却するために貼られたラベル他、学校の日常のすべてに読むことと書くことが求められる。また、家庭環境のいかんにかかわらず、学校での読み聞かせが、読むことの楽しみを出発点であるとする。それゆえ、指導者が何を読み聞かせるかが問題となるのは言うまでもない[60]。

　　　児童の生活や言語を基にした教師手作りの本は、児童に人気が高い。手作りの本に助けられながら、児童は読みの中に意味を見出していき、文字によって記録される目的を理解していくのである。読みに対する興味は抱いてはいるが、段階別に編集された読本に従った体系的学習には至っていない児童にとっては、こうした手作りの本や絵本を活用することから得られることが多い。語彙がすべてわからなくても、多くの興味が引き起こされる。次々と新しい読本へ読み進んでいけない児童が、自分が劣っているといった感情をもたずにすむことにもなろう[61]。

　特筆すべき幼年学校の成功例では、この導入段階から次第に体系的な読みの学習指導に推移していく過程で、教師は、一時の流行にとらわれたり、一つの方法に縛られることを注意深く避けていると報告されている。年齢、関心、個々の児童の能力に応じた方法と図書を選ぶ。語句の視覚的な形態を覚える、絵の助けを活用する、文脈から推測する、頭韻に着目したフォニックスの活用などが有効で、トライできるすべての方法を試してみることが助長され、一つの方法に縛ることはしない。一種類の読本に固執するのではなく、児童の実態に応じて、複数の読本から個々に適した本を選んで組み合わせていく。レポートは、読本によって、すべての児童の学習内容が規定されることは許されないとし、個別の対応が推奨されている[62]。

第1章　初等教育改革のはじまり

　Bullock Report は、これら *Plowden Report* の提言を継承し、読みの学習過程に対して「鍵を握る、唯一の方法、手段、指導法、試案、および理論的概念はない。」と述べ、「読みの教育にかかわる指導法について、偏った意見に過剰な関心を寄せてきた。必要なことは、すべての要素にかかわる総合的な研究とそれら要素に及ぼしうる影響力である。」それゆえ、授業の構想、初任者研修や現職教育、資料の活用のありかたの判断にあたり、読みの過程についての深い理解が要となるとしている[63]。

　また、何を読ませるかについては、もし段階的読本を用いるなら、読みの学習プログラムの初期段階に限定して活用されるべきである。読みの学習プログラム自体は、多様な他の資料から組み合わせられるべきものだとする。また読本を始める前に、児童はさまざまな読みの予備体験といったものを経験しておくべきで、一定の「学習のためのセット」が用意できることを奨励している。また、読本の限られた語彙によって、文脈から展開を予測する力の発達を妨げる事例を挙げ、読本の選択に当たっては、「統辞的構造、使用語彙指針、内容に包含された暗示的意味合い」[64]について注意深く配慮すべきだと述べている。前述を繰り返すことになるが、*Bullock Report* が幾度も強調する推奨する読本のありかたとは、以下のようなものである。

　　　よい読本とは、統合的な方法ですべての読みのスキルが発達していく良質の基盤を与えるものである。Look-and-say 読本では、フォニックスへの支援が全く得られないし、フォニックス読本の場合、狭くゆがめられた基本信条に則ってデザインされている。どちらの場合にも、読みの努力を無為にする限界がある[65]。

　　　ほとんどの教師は、Look-and-say 読本やフォニックス法を活用しながら、読みの指導において折衷案を取っている。それが効果的かどうかは、唯一の方法に徹するということではなく、児童との関係性の質の高さ、教師の専門的知識、個々の児童の学習実態とニーズに指導が適応するような細やかな配慮にかかっている。体系的連続性と構造についての明確な判断に基づく細心の注意を払った体系化こそ、クラス全体にとっても個々の学習者にとっても適切な読みのカリキュラム構想の根幹をなす[66]。

　これらを踏まえ、読みの入門期段階では特に、毎日の授業の中で読みの機会および読みの予備段階の経験をコンスタントに積ませるべきで、1週間に数回は、個々の児童の読みを支援するとともに、発達の細やかなチェックを続けるべきだと、指導的行為と成果のフィードバックの両輪の必要性を述べている。それは、最善の読みの力のはぐくみを目指す限り、読みの力が弱い児童のみならず、平均的な児童、読みの得意な児童においても同様である[67]。

　こうした姿勢は、読みの実態を記録する評価法にもつながっていくと考えられる。9章「文学（Literature）」において、教師は、個々の児童の読みのパターン（傾向）を知っていなければならず、そのためにその幅を拡げてやるために、その記録をつけていなければならないと述べる[68]。これは、読書傾向の把握を述べた箇所である。これら小学校における記録は、中学校教師に伝えられるべきで、かれらは、生徒の小学校の読書経験から育まれてきた読みの質を知らなければならないとしている[69]。義務教育期間を一貫する学習者の学びの推移を記録、継承し、授業に役立てる態度の必要性の指摘である。

　これら読書傾向の観察記録の姿勢は、段階別読本の形骸化防止と表裏一体をなしている。何を読んでいるのか、どのように読んでいるのかに注意を向けるということは、文字が読めるか読めないかという実態を超

えて、一人の読者として読みを行っているかどうかに、指導者の関心を向けさせることに他ならないからである。

　　多くのジュニア・スクール（小学校中高学年に相当―稿者注）では、児童が自由に「現実にある本（'real book'）」を選ぶ以前に、段階別読本を完全に読み終えなければならないとされている。なかには、そのような段階別のハードルを意識させず読むことを許容している学校もあるが、一般に、段階別読本の読破は、その児童が読めるようになったということを意味すると考えている学校が多かった。教師は、児童は「読むことを学ばなければ」ならないという命題に、わき目も振らず邁進する。けれども、自分の満足のために解読できたとき、みずからを自律した読み手と見なすようになるのである。学校の中には、補助的な読本に頼りっきりで、時間ばかり費やされ、そこでは、児童は、質のいい児童文学を読む経験をほとんどしていなかった。事実、我々が見たところ、よく読める読み手でさえも、学校では1冊の本も読んでいないこともあった。参考書や知識・情報の本ばかりを読む。その多くは、発展的な読みにつながっていかない。また文学は手に取っていない。そして、これは、教師が、何らかの児童の読書記録を継続的につけていないことと無関係ではなかった。いったん、児童が段階別読本や補助リーダーを読みはじめると、教師は、たいてい読みの力の推移を読本の段階で測ろうとするものだ。けれども、読本の後、児童がどのような読書をしたかをメモに取る教師には、ほとんど出会わなかった。児童の読書パターンや読書のバランスのとり方について知っている指導者は、きわめて異例であった。我々は、こうした記録こそが、読みの教育の幅を拡張していく指針の根本的なあり方のひとつだと考えている[70]。

Plowden Report においても、こうした教師の傾向を早くも見て取り、教育センターの機能の充実として、児童図書コレクションの収集、刷新、提供を奨励した。後のCLPE①②の図書コレクション構想と実地指導に通じる基本的指針が、すでにここに見出せる。

　　教育センターの役割の一つに、児童図書を収集、保管し、つねに新刊にも目を配り、図書コレクションを最適な状態に保っておく、そのれが、いかに児童が本に反応していくかについて、教師が話し合う機会を提供することになる。これまで、どちらかといえば大人の自分が読んで面白い本や、一部の本好きの児童には受け入れられるような多くの本ばかりを提供しがちであった教師にとって、この話し合いは重要である。読みの力の弱い児童に対する質のいい読みやすい文学の提供がなお不十分である[71]。
　　奨励すべきは、ある一定期間しか必要のないような種類の図書からの脱皮である。（略）図書室の本はもっとも的確で読む価値のあるものではあるが、一つの学習単元が終わると、不必要なものに格下げされてしまうことが多い。必要な時に必要なものとして活用される図書がある、そういうシンプルな実用性を確保したい。もちろんクラスのセット本が必要な場合もある。往々にして、過剰な一般化、不正確さ、子どもの鑑賞に堪えない挿絵の貧しさというのが、一般的な教科書観であり、読本観である[72]。

さらに、教師の果たすべき役割として、間接体験と直接体験のかかわりにも触れている。

第 1 章　初等教育改革のはじまり

　当然ながら、図書の活用と選択は千差万別である。本をぱらぱらと見てみる場合もあれば、特定の情報を得るために目的をもった読書の時間も必要であろう。こうした読書への関心を抱かせる端緒は、教師個々の知識と熱意である。それが、児童が思いもよらなかったところまでも連れていってくれるのである。事実、読書は、既知のことがらをさらに耕すのみならず、新たな関心を喚起する。事実の探求に飽くことを知らぬ関心を示し、次々と本を読み重ねたり、百科事典を端から端まで引く児童も目にすることがある。けれども、どれほど潤沢に資料が身近にあろうとも、これらは、直接体験の代用品というよりは、補助的な手掛かりにすぎないことを心に留めておかなければならない。これが教師の責務である[73]。

　そのうえで、一般大人向けの参考書のほうが、児童向けの知識科学の本よりも適している場合のあること、自分自身が子ども時代に親しんだ古典的作品ばかりでなく、今日的な作品も吟味すべきであることを述べ、小学校には、適切な文学のコレクションに欠けるきらいのあることを指摘した。*Plowden Report* では、文学としての児童文学の価値を繰り返し重視するとともに[74]、1つの学期、もしくは次の学期も引き続き、同じ古典作品をクラスで読み回す、良質の作品であっても抜粋だけを読解練習に活用するといったことが、過去の遺物ではなく、今日も目の当たりにする光景だと、改善すべき実態を報告している[75]。小学校における質のそろった（古典から現代までの）児童文学が十分に揃っていないことは、*Bullock Report* においても指摘されるところである。「とりわけ良質の現代作品（物語の本—引用者注）を増やすべきである。知識・情報の図書に偏りがちで、往々にして児童文学書が無視されているのである。」[76] 当時トピック学習が盛んに行われていたイギリスの小学校において、調べ学習のための資料優先の図書内容の再考を求める発言と考えられる。

　こうした小学校における望ましい読みの学習環境整備に、児童文学を重要視しようとする提言は、同時代の Meek（1977）*"The Cool Web: The Pattern of Children's Reading"* [77] という論稿集によって補強、拡張される。Meek（1977）は、スクールズ・カウンシルの行った言語学習や児童の読解力と書く力に関する調査や研究を掲げながら、児童文学とリテラシーに関する論稿集を編纂し、その序文で、リテラシー教育における文学の占める位置についての理論的研究の必要性を、奥付ならびに序文において、つぎのように説いている。ちなみに、当時ロンドン大学教育研究所 Reader であった Meek は CLPE ①②を通じ、一貫して理論的支柱の一翼を担い、共編者 Warlow は CLPE ①センター職員として機関誌の編集委員を務め、Barton は、センター付設の教師向け図書館開設時の資料構築にあたり具体的指針を与えた人物である。

　　本書（*The Cool Web*—引用者注）は、1975年に *Bullock Report* が刊行されるのに伴走する形で、1974年に編纂が始められ、当初1975年にオックスフォード大学出版局から刊行されるはずであった。が、校正段階で支障が生じ、ボドリーヘッド社に引き継がれ出版の運びとなった。リテラシー教育における文学の占める位置についての理論的研究に寄与することを標榜するにあたり、付随して起こる関心事をレポートと同時代的に共有するものである。（奥付の添え書き）

Meek（1977）は、*Bullock Report* に掲げられた児童生徒の読書環境拡充の必要性と物語体験とリテラシー教育の相関性をつぎのように重視している。

児童文学に関する関心事が、作家や題材から、その本の読者へと移行するとき、強調されるべきところも同様に移っていった。1969年、優れた児童文学評論集 *"Only Connect"*（Egoff, S., ed. OUP）が出版されて以降の変化である。一般書物の批評研究も昔と同じではなく、より社会的な関心を抱くようになり、ある文学グループやサロンといった仲間内の関心から、より国際的な視野に立ったものになってきている。もはや、大人の標準を児童文学に押しつけてみる時代ではない。より児童文学としての特性へと探求の関心が移行している。作家に関する深い洞察や児童書の批評は、やむことなく裾野を広げ、そうした多くの評論はより広い読者に供されるに値もする。けれども、このような評論集を今日新たに刊行するということは容易に首肯できない。作家と批評家が相互に支えあって、いともたやすく児童文学が読者のことを忘れてしまうといった、マイナーな仲間意識から一歩前に踏み出す方法を切り開かないかぎりむずかしい。作品に対して、大人の反応と子どもの反応が全く同じということはありえない。大人は、子ども時代の記憶に基づき、経験をくま取りして類別し、それを判断する。子どもは、子ども時代そのものであり、毎日子ども時代を紡ぎ出しているのであって、かれらにとって記憶とは、読書経験が創造するものの一つなのである。

　教師は、子どもに読むことを教える過程の中で、それを発見し、幾度と無く問い直す自分自身に気づくものだ。「なんのために読むのか」図書選択の手立ては山ほどあり、書評として活用できるメディアも多い。『ツバメ号とアマゾン号』よりも『ウォーターシップダウンのウサギたち』のほうが、劇的に短時間のうちに確固たる居場所を確保し、多くの読者を得てしまうのもそのためである。その結果、教師は、人生と文学の関係を問う問いかけに新たな熱情を燃やし始める。作家や批評家諸氏に止まらず、かれらに洞察の手掛かりを与えてくれるものを捜し求めるのである。

　つぎに、教育の専門家がやってくる。かつては見向きもしなかった児童文学の世界へ入り込んで、心理学、社会学、言語学、図書館学の豊かな調査や研究をまるで成長産業のようなものにしてしまう。

　一方スクールズ・カウンシルは、二つの調査、男児と女児の読書傾向の調査と読書人としての子どもの実態調査を始めた。言語学習や児童の読解力、児童の書く力と結びついたこれら調査や研究が示しているのは、文学を通して文化的遺産の価値を学ぶことによって、人間としての特別な成長を促がす牽引力となるというテーゼが、あまりにも視野の狭いものだということである。似通ったことがらに、子ども向けの良書の判断をすることによって、かえってわけがわからなくなることがある。その判断を見なおさなければならない羽目にすらなる。大人の文学モデルに依拠した、寓話、童話、ファンタジーやリアリズムといったかつて人気の高かったジャンル論も、かつでそうであったようには有効ではないことに気づくのである。

　以上のようなものの見方は、より広範で特殊な状況に立ち向かおうとするには、再検討を要する。読み手が、物語（narrative）とかかわって、何を学ばなければならないのかを検討することを通して、探っていかねばならない。また、夢や空想を含む読み手の経験を、どのように語りの約束ごとを用いて組織立て、世界観へとつなげていくのかを探求することを通して始めなければならないのである。こうした問題は、芸術形態である「物語」に対するとき、より特殊さを増す。幼子が記憶に留めるような経験とはどのような本質をもっているのか、自分の経験でもないのに、過去を記憶に留めるとはどういう経験なのか。もしくは、夢想だにせぬ未来へ誘われていくとは、どういう経験であろうか。読むという行為は、現実の外界での経験といかに関わり、心の内奥とどのように関係付けられ、人格形成といかに切り

第1章　初等教育改革のはじまり

結ぶものなのか。読みの経験のある特殊な面が有する本質を考究することは、子どもの読みの指導に関わるすべての者が担うべき責任である[78]。

こうした時代の提言が、のちに、CLPE ①②の literacy teaching through literature approach に、ひいては読書力向上プロジェクト（Power of Reading）へと繋がり、創造性を核としたセンターのリテラシー学習指導プログラムの提案に結実していく。それはまた、2003年以降を中心として、教育界を席巻する学習指導の「創造性」とも密接にかかわって展開していくのである。Meek の助言を反映したプログラムの開発当初から、CLPE ①はプログラムに付随するブックリストが刊行し、そのすべてのリスト上の資料がセンター内図書室に開架されたことも、当時の内ロンドンの小学校図書室、学級文庫の実情を加味したものと思われる。文学に対する教師の実践的意識改革の試みにレポートの提唱の具現化の一例が指摘できる。

注
1　水野國利（1991）『各年史／イギリス戦後教育の展開』エムティ出版、p.97. p.104にもとづく。
2　D.E.S. (1967) *Children and their primary schools: a report of the Central Advisory Council for Education* (England)（通称、*Plowden Report*）, H.M.S.O., London. p.116.
3　同注1、pp.66-67にもとづく。
4　同注2、pp.116-132に基づく。
5　Tizard, B. et al. (1981) *Involving parents in nursery and infant schools: a source book for teachers*, Grant McIntyre, London
6　同注2、p.48に基づく。
7　同注2、p.24に基づく。
8　教育優先地域（教育科学省によって、教育的に恵まれぬために特別な措置を必要とする地域と指定されたもの）プロジェクトは、1968年から71年にかけて、バーミンガム、ダンディー、リバプール、ロンドン、ヨークシャーの5地区で、初等教育の向上をめざして行われた調査研究である。
9　コミュニティ・スクールとは、児童、保護者、地域住民のために通常の開校時間の枠を越えて、学校を開放することである。（前掲書17、p.44. に基づく。）
10　Rosen, H. (Professor of Education, the Teaching of English As a Mother Tongue at the Institute of Education, University of London), Bedford Way Paper 11 '*The Language monitors: A Critique of the APU's Primary Survey Report language Performance in Schools*', Institute of Education, University of London 1982. pp.7-9
11　The Assessment of Performance Unit（教育・科学省学力調査）
12　1977年2月末から3月末にかけて8箇所で行われた教育に関する公開討論会。1976年10月教育・科学大臣ウィリアムズがキャラハン首相の要請で編んだ機密文書が漏洩し問題となったことが発端。文書中には、初等・中等教育におけるカリキュラム編成に中央政府が積極的に関与する必要性と教師の指導実態に対する批判が含まれた論調の進言が見られた。当時イギリス病と呼ばれた経済の地盤沈下を国家主導の教育再建によって是正することをめざした労働党政府の思惑を反映していたと言われる。けれども、教育実践における学校および個々の教師の自治を重んじるところに意味を見出してきたイギリスの教育伝統とは馴染みにくく、論議を呼ぶこととなった。キャラハン首相は、初等・中等学校の児童生徒の学力水準の向上と有用な知識・技術教育がイギリスの発展に不可欠だと主張し、教師間のみならず政府・産業界・保護者等広く検討しあう必要性を説き、教育大討論会の開催を提唱。討論会議題として提示されたものに、（ア）コア・カリキュラムの目的・内容・効果的実施法、（イ）学力習得の実態とその評価、（ウ）教員養成コースにおいて提供すべき学問的・専門的必須事項の検討、（エ）科学・技術時代に生きる社会構成員としての資質の理解と産業界の貢献、があった。この成果は "Education in Schools"（1977.7）にまとめられ、カリキュラムの全国基準の設定ならびに産業界と教育界の提携強化に向けた政策が実施に移されていくこととなった。

13　Machure, S (1978) in Becher.A R and Maclure S (eds). *"Accountability in Education ,"* NFER-Nelson、による。
14　NFER: National Foundation for Educational Research（全国教育調査財団）
15　Peaker G F (1966) *"Progress in Reading, 1943-1964"* Educational Pamphlet 50, HMSO、による。
16　Start, K B and Wells, BK (1972) *"The Trend of Reading Standards"* (NFER-Nelson)、による。
17　ウィリアム・チンデール小学校事件。7歳から11歳までの200名の児童を教育するジュニア・スクール。1974年に任命された当該校の校長テリー・エリスは、進歩主義教育を導入し、学校運営において劇的な変化を起こし、それに馴染めない保護者、教師が市政行政当局に訴え、校長派教師、批判的教師／保護者、理事会、ロンドン市当局の間で約三年間に渡る係争が起こった。学校のすべての意思決定は職員会議の多数決、時間割の廃止、子どもの自由選択に任せた遊びと学習（フリーチョイス制）の採用、リテラシーの習得度による学習組織計画の導入などが、主な変更事項である。学校内外の児童の規律の乱れ、極端な学力低下等が、反対派の問題とした点であった。77年に服務規程違反で6人を解雇する判断が下りたが、地裁の場へと係争は持ち越された。この後、学校の管理運営が問題視されるようになり、教育・科学省の要請で委員会が招集され、77年9月 "A New Partnership for Our school" (*Taylor report*) が編まれ、各校の理事会権限の強化が軸になっており、地方教育当局および教師集団から決定権を軽減する論調で、当該側からの批判が相次いだ。
18　Blackstone, T and Wood, R (1981) *"Making Schools More Accountable"* New Society, 24/31 December、による。
19　D.E.S. (1975) *A language for life: report of the Committee of Inquiry appointed by the Secretary of State for Education and Science under the Chairmanship of Sir Alan Bullock*, H.M.S.O., London.（通称、*Bullock Report*）1972年当時の教育科学大臣、Margaret Thatcher によって諮問委員会（the Committee of Inquiry）が立ち上げられ、歴史家 Alan Bullock 卿が委員長に就任。母語としての英語（国語）指導にすべての側面を調査し、授業実践改善の方策を示し、初任者研修及び現職研修の果たす役割を助言し、かつ児童・生徒の到達段階のモニターする際の推奨方法を提案した。ナショナル・カリキュラム施行後もなお影響力をもつ。レポートは、*Plowden Report*（1967）の強調点をさらに補強し反復ドリル練習ではなく、児童・生徒の話す・聞く、読む、書く行為の過程を重視し、実の場における必然的な言語活動を強く推奨した。各校に英語（国語）学習指導指針の作成を推奨し、教師は、学校教育全体において言語にかかわるすべてのことがらをコーディネートする特別な責任を担うよう提言された。(Mallett, M. *The Primary English Encyclopedia: the heart of the curriculum.* (3rd ed.) David Fulton. 2008. p.39. p.163を参照。)
20　同注19、pp.452-462
21　Moyle, D. (1982) *Children's words*, Grant McIntyre Ltd, London, pp.6-7
22　*Education Act 1980* H.M.S.O., London
23　同注22、Section 8. pp.8-9に基づく。
24　*What the law requires. Where to find out more about Education.* 1984.5 p.24
25　たとえば、首藤久義（1980）「イギリスにおける入門期の読みの教育」『文教大学国文』第9号、pp.(1)-(10)、等がある。
26　同注19、pp.197-198
27　同注19、p.97
28　同注19、p.100
29　同注19、p.99
30　同注19、p.98
31　同注19、p.98. なお、学校図書館サービスの活動に関しては、拙稿「イギリスの読書指導―学校図書館サービスを中心に―」『国語教育学研究誌』第5、6号に述べている。
32　同注19、pp.99-110
33　同注19、pp.79-80に基づく。
34　同注19、pp.80-89で論じている主たる2点を抽出した。
35　同注19、pp.82-83
36　同注19、p.84
37　同注19、p.84
38　同注19、p.89

39　同注19、p.102
40　同注19、p.102
41　同注19、p.103に基づく。
42　同注19、p.104に基づく。
43　同注19、pp.104-106に基づく。
44　同注19、p.106
45／46／47　同注19、p.106
48　同注19、p.107
49　同注19、p.107
50　同注19、p.108
51　同注19、p.109
52／53　同注19、pp.388-389に基づく。
54　同注19、pp.109-110に基づく。
55　同注19、pp.110-112に基づく。
56　同注19、p.112
57　同注19、p.113
58　同注19、第8章に、教員養成に関する報告がまとめられている。
59／60　同注2、p.211にもとづく。17章 Aspects of the Curriculum (B) English は、Speech ／ Standards of reading ／ A Range of Books ／ Poetry ／ Drama ／ Children's Writing の項目からなる。
61　同注2、pp.211-212
62　同注2、pp.212
63　同注19、pp.77-79／p.521にもとづく。
64　同注19、p.523／pp.102-109にもとづく。
65／66　同注19、p.523
67　同注19、pp.523-524
68／69　同注19、p.126、p.134にもとづく。
70　同注19、p.127
71　同注2、pp.214-215
72　同注2、p.215
73　同注2、pp.215-216
74／75　同注1、p.216にもとづく。
76　同注19、p.525　これと関連する箇所（pp.127-129）には、児童に関心を寄せさせたい本のカバーの展示、つづきが読みたくなるような箇所を抜粋して掲示するほか、新刊本の予告をテープに吹き込んで、児童が自由に聞けるように準備するなどの読書プロモーション活動を、教師が積極的に行うことで、児童の読みの営みの活性化が図られると具体的な推奨事項が掲げられている。
77　Meek, M. Walow, A, & Barton, G., *The Cool Web: The Pattern of Children's Reading*. The Bodley Head, 1977
78　同注77、'Introduction'、pp.4-5

第2章　イギリス初のナショナル・カリキュラム制定（1989）への胎動期
　　　―70年代から80年代へ―

　80年代のイギリス初等英語（国語）科教育を取りまく多様な事象のうち、主なものをとりあげ、70年代同様略年譜に整理した（表1）。ナショナル・カリキュラム（NC）導入に向けた具体的な動きが、教育白書や調査報告書を通じて、次々と具現化されていった10年である。

第1節　学習者実態の把握に始まる全国的英語（国語）科カリキュラム・モデルの模索

1・1　70年代の学習者実態把握調査―小学校教室ドキュメント調査『小学校児童の言語（*The Language of Primary School Children*）』（1973年）―

　70年代末には、保守党サッチャー政権が登場する。その10年後、イギリス初のNCが導入される。理想とする学習者の学力向上をめざした全国的な学校教育課程の制定に向けて、学習者の実態把握調査に着手されるのが、70年代である。

　早い時期のものに、The Schools Council の the English Committee による Language Development in the Primary School プロジェクトがある。1969年から71年の2年間にわたる C. & H. Rosen（1973）[1]の調査である。統計的分析・整理を意図したものではなく、言語活動のただ中にいる児童のありようを観察し、言語化し、児童の会話のプロトコルを掲げるなど、個別的ではあるが検証性に富む資料を提供した調査報告である。

　たとえば、書くことについて、つぎのような叙述がある。

> 　本書は、児童の実際の talk、writing、reading の実態調査の結果の素描をすることで、言葉が学びの中でいかに働いているかを明確に映し出そうとした。子どもの作文例をみてみると、家庭教育で十分に書き言葉を耕してこない児童、経済的に困難な地域の児童でも、たとえ文として間違いがあっても、何かを書こうとし、書いた営みの時間があり、それをあとから、もしくは、その書いているただなかで、説明しようとする言葉が発揮されている事例を目にした。こうした事例に着目したい。そこに生まれる **talk** の重要性を指摘する。短いが、しっかりとした文章を綴っている児童は多いのに、十分にその才能がとりたてられず、教師は、正確に形式的に順守して書かれているという点のみ評価するだけで、そこに見られる言語活動が見過ごされていくのは残念である[2]。

　意訳したこの一節のなかに、筆者が観察しえた言語活動をていねいに書き起こすことそのものに価値を置いた報告スタイルが指摘できる。統計処理によるデータの客観性とは質の異なる実証的研究姿勢が窺える。

　筆者 Colin Rosen は、豊富な小学校教育の経験をもとに、Manchester Plytechnic の主任講師を務め、本プ

表1　イギリス初等英語（国語）科教育関連年譜　80年代

政権政党	教育にかかわる社会事象	主要教育白書、調査、研究文献ほか	小学校英語(国語)教育センター関連事象	特徴的事項のミニ解説
1979-97　保守党(マーガレット・サッチャー→ジョン・メイジャー(90〜))	1985　前期中等教育修了資格公試験GCSE(General Certificate of Secondary English)概要　GCSE全国評価基準 1988　GCSE導入 1987.7　DES.*The National Curriculum 5-16:A Consultation Document*('broad and balanced'カリキュラムを標榜し、10の教科の教授課程が示され、英(国)・数・理が基礎科目(core subject)と明示した全国教授課程審議案)　TGAT(10レベルの到達段階評価の推奨)	1984.10.2　教育科学大臣Keith Josephは、*English for 5 to 16*(Curriculum Matters1An HMI Series)を刊行。(HM視学官文書で、カリキュラムのねらい、目的を扱う一連の刊行物の最初のもの) 1985　内ロンドン教育局トーマス・レポート(*The Thomas Report:Improving Primary Scools*(ILEA)(教員の日々の実践を補助する必須情報源として学習記録を取る必要性を最優先し、3歳から11歳の言語とリテラシーの発達を見通す営みとしても重要視。) 1982　Smith,F *Writing in the Writer*　Meek, M *Learning to Read* 1985-88　National Writing project 1985　Chambers, A *Booktalk* 1988　Meek,M.*How texts teach what readers learn*. Thimble Press.	1980年代は、機関誌*Language Matters*において、現職教員とセンター・スタッフ共同のワーキング・グループの手になる、入門期の書く力の育成(Early writing)に関する先端的な仕事の黎明期。一貫したセンター推奨リテラシー指導法であるshared approach(指導者と学習者が協働する場を意識的に作り、テクスト読解、表出の方略を教授していく方法)が、＜shared writing＞として入門期の書くことの指導とともに機関誌紙上に明確に取り上げられた。	1981年、DES通達により、すべての地方教育局がカリキュラムに関する方針を明確化するよう求められる。
	1988　教育改革法(Education Reform Act) 1988.11　ナショナル・カリキュラム第一次草案(コックス・レポート①)*English for ages 5 to 11,* 1989.6　ナショナル・カリキュラム第2次草案(コックス・レポート②)Cox *National Curriculum Working Group for English Report:English for ages 5 to 16*	1988.3　キングマン・レポート(*Report of the Committee of Inquiry into the Teaching of English Language*)(通称 Kingman Report,1988.3)(学ぶべき英語(国語)モデルにかかわる提言) 1989.4　全国教授課程における言語学習(Language in the National Curriculum(LINC)project)開始(キングマン・レポート推奨事項の後付。言語についての学習向上をはかる教材開発)	学校と家庭の連携強化による言語学習の効果について研究に着手。 85から86にかけて、センター・スタッフの新旧交代 M G McKenzieを含む7名が退職。Myra Barrs(機関誌編集担当)、Hilary Hester, Ann Thomas , Sue Ellisが新チームを結成。	教育改革法において、全国教授課程委員会(National Curriculum Council.(NCC.D.Graham委員長)の設立、および The Curriculum Council for Wales(CCW)の設立、合わせて、The School Examinations and Assessment Council(SEAC,P.Halsey委員長)の設立。 1988年 M.サッチャー、内ロンドン地方教育局(ILEA)廃止。
1989.7 教育科学省大臣(K.Baker退任、J.MacGregor新任) 1990.11 教育科学省大臣(K.Clarke新任)	1990.3　初のナショナル・カリキュラム制定(DES. Statutory Order:English in the National Curriculum.(90-94年において学校で施行されるものと発表)	1991.11　LINC開発教材、T.Eggarによって出版差し止め。	1985〜88　Primary Language Recordの制作、刊行、検証と実地指導に携わる。 1988 *The Primary Language Record : handbook for teachers*.ILEA	1991.8NCC委員長にD.Pascall新任、SEAC委員長にLordB.Groffiths新任。 LINCは、18か月で教材を開発し、教材資料が公刊されぬ前から研修を開始。M.Hallidayの社会言語モデルに基づく教材で、この学習指導法は、言語が活用される営みそのものを検討し、正確さよりも意味するものに強調が置かれそれを丁寧に描出する立場を主とした。旧来のグラマースクールに戻ることではなく、言語機能の開発・発展をめざしたもの。政府干渉としてマスコミに取り上げられ、教材刊行前に、1993年LINC廃止。

注：複数の参考文献をもとに、本論稿に合わせて、松山雅子が再編集した年譜である。

ロジェクトのディレクターであり、唯一のフルタイム従事者であった。Harold Rosen は、中学校での教師経験を踏まえ、ロンドン大学教育研究所の主任講師である。刊行書の序文は、同僚の James Britton の手になり、「本書には、児童と教師がともにある多くの事例がドキュメンタリーのようにまとめてある。」と述べ、微妙で複雑な日々の学習指導の実態を、教師自身が読むことで、教室の「声」に耳を傾け、「これまでなかったような会話」が誘発されることを願うと結んでいる。このような教室実践のドキュメンタリーが、70年代初頭においてパイオニア的な仕事であり、児童の言葉や教師の実の言葉を再現するところから、新たな検討が始まるという授業研究方法の提案ととらえたい。

1・2　1976年10月「教育大討論」会の基本方針と事後の提唱―学力低下実態評価の反応―

70年代半ば、児童生徒の学力低下が大きな社会問題となり、教員の資質向上は、一般的に教育政策の中心課題となる。1976年10月、教育科学省がキャラハン新首相（James Callaghan, 1976－79）の求めに応じ編纂した機密文書イエローブックが漏えいし、物議を醸す。そこには、教育政策についての教育科学大臣への進言が盛られていた。1　初等教育のあり方、2　中等教育のカリキュラム、3　中等教育修了資格試験、4　大学に進学しない青少年の教育、の4点についての政策であった。初等・中等のカリキュラム編成に対する中央政府の積極的関与の必要性、現在の教師の仕事一般に対する不満の指摘といった、この国の教育伝統に馴染みにくいものであったことから、教育界に与えた衝撃は大きかったと言われる。イギリス病からの脱却を目指す労働党の願望がその背景にあったことは否めない。キャラハンは、国民参加の「教育大討論」会を開催し、学習者の実態、学校教育の現在と課題を国民全体の問題意識へと押し広げる政治的広報戦略をとった。

教育大討論会の資料として、シャリー・ウィリアムズ教育科学大臣が、大臣の立場から討論会の意義を述べ、教育政策の基本構想を開陳した。そこには、8つの討議テーマが掲げられていた。

1カリキュラム（1－1　コアカリキュラムの目的と内容のあるべき姿／1－2　このカリキュラムのもっとも効果的な実施方法）／2学力評価（2－1　基礎的学力や技能を、個々の生徒はいかに習得しているか／2－2　習得した学力技能を効果的に活用するために学校全体として果たすべき役割）／3教員養成（3－1　養成コースで提供すべき楽音的・専門的必要事項とは何か／3－2　それはこのコースへの十鍔資格にいかなる要件を付与することになるか）／4学校と職業生活（4－1　子どもたちは、いかにすれば現代の科学・技術時代に生きる自身の役割を理解できるようになるか／4－2　企業はいかに学卒者を効率よく活用しうるか。産業界は学校教育に対し、いかなる貢献が可能か）、である[3]。

大討論会の終了後公刊された『学校の教育（*Education in Schools: A Consultative Document.* (1977)）』[4]から、当時の小学校教育の実情が垣間見られる。

2.1　小学校は近年、二つのことがらに変化が見られた。一つは、初等教育は、これで十分だと考えられてきた以上にかなり広範なカリキュラムを含むということ。二つには、いわゆる「児童中心主義」の指導方法の急増である。小学校のカリキュラムは、色彩、デザインや音楽に対する情操教育や初歩的な科学的考え方の導入によって、豊かになってきた。児童は、想像力を喚起し、自分の知識や理解を拡げるために、身体的に、精神的に、自主的に自分を制御するようデザインされた活動を行っている。児童

中心主義指導法は、個々の発達段階や興味関心の個人的レベルを最大限活用する。ただ情報に辟易するのではなく、自ら努力して学ぶという児童の自然な熱意の発露を動力源として、広範なカリキュラムを補完していく。適切に運用された場合、個の指導法は、3Rs（読み書き計算）などの犠牲になることなく、自信に満ちた、幸せなリラックスした児童を生み出してきた。実際、学力水準において、安定した向上を示しながらである。世界各国から、このイングランドとウェールズの小学校改革の参観に訪れ、賞賛している。

2.2　けれども、残念ながら、この学習指導は、つねに経験豊かで意識的な教師によって行われたわけではなかった。ほんの一握りの学校が、他の指導法をやめて児童中心主義指導を採用した。その影響力は広く知れ渡った。それは、まだ経験の浅い、もしくは力のない教師にとっての落とし穴となった。より自由度の多い方法を無批判に採用してしまう。もしくは、教師は児童にそうした学習の機会を提供するためには注意深い計画が必要で、かつ個々の児童の進歩の度合いをはかる体系的なモニタリングが必要であることを理解しようとしないままなのである。小学校教師の大半は、どのような指導法を取ろうとも、読む、綴る、計算するといった基本スキルの習得の重要性を理解している一方で、そうしたことをうまくやりこなせなかった教師もあった。そうした学級、学校においては、児童中心主義の指導法の採用は、学びの秩序と適応を損なってきたのである。

2.3　今挑戦すべきことは、児童の主体的な発達のよい点を損なうことなく、硬直化した状態を復活させることである。今指導している事柄の範囲を大きく変えることを意味してはいない。優れた学校にすでに認められている以下のような特徴を、一貫して教育システムに導入しようと提案するものである。

(i)すべての学校において、教師は、学習の多様な側面において児童がみせる進歩や発達のあり方を明解にわかっていなければならない。

(ii)教師は、児童の学習によって示された到達のレベルを、一定程度の正確さでわからなければならない。算数のようなカリキュラムにおいては、難易度に応じて、児童のためのターゲットを体系的に設定するのは比較的たやすいことである。一方、児童の創造性と社会的認知を発達させるためのカリキュラムにおいては、それほど正確であることはできないかもしれない。教師は、これらカリキュラムのさまざまな部分において、児童の発達を体系化し、児童の教育に適切な貢献をしていると確信することができる。

(iii)学年間や小学校から中学校への進学において、教師は学習事項を熟知している必要がある。専門職の慣習として、教師は、既習事項とその到達レベルについて明確な情報を受け渡していく必要がある。

(iv)地域的、個人的必要性を加味したとしても、イングランドとウェールズの児童の学習必須事項の多くは、共通である。それゆえ、あるコミュニティの小学校からその他の地域の小学校へ転校する児童でも、細部は違ったとしても、多くは既知の事柄を見出すことになる。

(v)小学校が中核となって圧倒的な責務を担うスキルがある。リテラシーと計算力は、その最重要スキルである。どのようなカリキュラムの目的も、教師の目を、これらから逸らすべきではない。あきらかに、リテラシーと計算力は、学習の中核の一端を形作らなければならない。カリキュラムの中で守らなければならい領域である[5]。

一方、個人的な見解の一例として、C. Richards（1980）は、「小学校教育の脱神話化」[6]と題する一文をカ

第 2 章　イギリス初のナショナル・カリキュラム制定（1989）への胎動期

リキュラム研究誌に発表している。

　　20世紀のイギリスの小学校教育史を書き留めるとすると、3つの年が特に重要なものと考えられる。すなわち、the Hadow Report によって「小学校」の概念が公的に認知された1931年、イギリスの小学校教育において（定義があいまいであったとしても）「児童中心主義教育」が、公文書で正統であると認められた1967年、そして、the Hadow Report 以来、初の公表された厳密な全体評価を提示した『イギリスの小学校教育（Primary Education in England: a Survey by HM Inspectors of Schools）』が公刊された1978年である。（Plowden 委員会の視学官によって評価が実施されたが、筆者（Richards—引用者注）としては、ここに掲げる選定基準には合わないと判断した）1978年の調査報告書は、1976年ティンデール事件以後の行き過ぎた主張や人心の不安を駆りたてるような噂に対して効果的に立ち向かうこととなった。1976年は、小学校の命運も尽きた年である。けれども、本報告書は、カリキュラム開発者には、お寒いなぐさめとなり、「児童中心主義教育」の主張者にも批判者にも、同様であった。学習指導法に対するあまりに簡略的な扱いを除けば、筆者としては、この報告書は、小学校現場の複雑さ、成功事例と欠落点、ならびに一筋縄ではいかない微妙な事柄の多くを的確に判断したと捉えている。

　　（略）もっとも重要なことには、1978年、小学校教育においてカリキュラムの求心性に留意したことがある。適切にデザインされたカリキュラムを通して育まれる知的発達に対する関心は、Plowden Report よりもはるかに、重要な見直しの強調点とされている。学校組織、児童の成長、学習指導法、教員配置や教材の配当には、重要なことではあるものの、小学校においては、これまで当たり前とされてきた一定の判断がある。それによって、どのようなスキル、概念、知識や態度を小学校児童は身に付けるべきなのかを決定するという中核的課題、ならびに、十分構想された学習・指導過程にいかにそれらを組み込むかを判断する課題から、目を背けてきた。報告書は、この点を焦点化し問題視した。未完ではあるが、価値のある専門的な検討の結果を引き出している。また、報告書は、カリキュラム開発研究においては、どちらかといえば貧弱な小学校カリキュラムを見直し、洗練し、価値を高めるための機会を提供した。

　　（略）Plowden 委員会は、幼児学校、ジュニア学校のトップクラスの学校を実質的な基準で具体的に表したわけではない。（Plowden 委員会が見て取った）「小学校改革」のありようは、新たなフレームとして機能したわけではなかった。望ましいこととして見なされたが、一部の少数派の小学校を除いては、試みすらされなかった。愚直に主張したカリキュラム開発研究者に対して、多くの小学校教師は、「開かれた」柔軟な想像的方法では反応を返さなかったのである。特に、60年代から70年代初頭に出されたカリキュラム改革の勧告のほとんどが、学習・指導、知識、児童についての主張にもとづいたものであったが、それらは、大方の小学校教師の実践に周知されるようには示されなかった。（略）。Primary Education in England（1978）は、必ずしも明瞭には書かれていない公刊書ではあったが、小学校教育の過程そのものもまた、微妙なのである。

　Richards（1980）の言説には、ある程度の筆者のバイアスを感じさせられるが、The Study of Primary Education: A source book. volume 1 に所収された資料であることから、小学校教育に関する検討や考察を試みる者が読むべき資料の一つとして判断されたものと解し、取り上げた。当時の状況に対する批判的な発言を

代弁する一資料であろう。

1・3　75年度・76年度の本格的な言語教育実態調査『イギリスの小学校教育（*Primary Education in England*（1978））』

　先の引用にあった調査報告書 *Primary Education in England* は、'Language and literacy'（言語とリテラシー）および 'Attainments in reading and mathematics'（読むことと算数の到達度）を二軸として、1975年秋学期から1977年春学期（75年度と76年度調査）にかけて、視学官が542校1127名の児童を実際に観察した全国的調査記録である。読むことと書くことにかかわる事項の一端を「カリキュラム─基礎スキル（*The Curriculum: The Basic Skills*）」から訳出紹介する。

　　8.16　最重要事項は、読むこと、書くことの指導と算数の学習に置かれている。
　　8.17　読むことの教育は、教師にとってきわめて重要で、読みのスキルの基礎的学びは体系的に行われるべきものと認知されている。児童の能力のレベルは当然ながら多様である。読みの学習困難児は、より力のある読み手の児童よりも、みずからの能力に適応する学習を与えられている場合が多い。
　　8.18　調査は、また、つぎのことも明らかにする。NFER 読みのテスト、NS6 の点数において、1955年以来実施された調査結果は、一貫して、11歳児の読みの標準が徐々に向上してきたことを示していた。初期のデータが本調査の収集データと統計的な比較対象となるのは、11歳児の読みのパフォーマンスにおいてのみである。
　　8.19　児童のリテラシー習得を確かなものとするために、注意深い学習指導は今後も持続されるべきであり、さらに発展させるべきものである。これは、生命線ともいうべき要である。けれども、一般的な読みのパフォーマンスのレベルにおいて、将来的な発展は、おそらく、平均的な読み手や力のある読み手の指導に対するより体系的な指導法の改善にかかっている。必要な本を探す、ざっと読むか、丁寧に研究的に読むかを決めるために目次やインデックスを活用する、批判的に文章中の議論にそって読んでいく、段落が表す明確な情報に気づくだけではなく、文章の暗示するものを探究していくための読みの育みである。これを達成するためには、学習の多くの場面とかかわって広範な読書資料を児童に紹介していく必要がある。
　　8.20　書くことにおいては、統辞法と綴りの指導にかなりの努力がはらわれている。この学習の場合、たいていは単独練習を基本とするので、機会を得て、いざ自分で書く段になると、規則を忘れてしまったということも起こりやすい。往々にして、重要視されるのは、描写的形式もしくは物語的形式である。11歳児までに、今日（1978年当時─引用者注）よりもより多くの児童が議論文を書く力を育んだり、考えを探求することを期待されているに違いない。さらには、書くことの学習指導において、第一次稿を推敲するための時間をもつべきである[7]。

　調査では、平均的、もしくは、力のある読み手に対しては、読みの困難児に対する手厚い指導と同等のものが行われていないことが憂慮されている。書くことにおいては、単純作業的な文章作成練習では実の場に対応しえないこと、ならびに、推敲段階の必要性を明言している。

第 2 章　イギリス初のナショナル・カリキュラム制定（1989）への胎動期

1・4　1970年代中盤の読むことの実態調査『入門期読書の展開（Extending Beginning Reading (1981)）』

　読みの教育への関心の高まりは、『読みの水準の現状』（The Trend of Reading Standards, 1972）[8] が読みの力の低下を示したことに端を発すると言われる。Bullock Report と前後して、二つの調査計画がスクールズ・カウンシル[9]に申請されたのも、これによるところが大きい。
　発達段階にそった継続教育と教科の枠を超えた統合カリキュラムという、縦横二軸に支えられた有機的な言語活動とその教育が、Bullock Report の提起した読みの教育である。
　Bullock Report [10] が提起する問題から読みの教育にかかわる主たるものを整理すると、4項目になる。
1　読むという行為を、話す・聞く・書くという他の言語活動との有機的な関連のなかにとらえ直し、就学前から義務教育修了まで一貫した教育システムに組み込まれた発展継続学習として位置づけること。
2　そのとき、単一的な読みのスキル学習としてではなく、機能的読み（functional reading）と楽しみ読み（recreational reading）がバランスよく体験しうる生きた読みの場を創出すること。
3　その生きた読みの場は国語科の枠内にとどまらず、全カリキュラムにわたる言語教育（language across the curriculum、以下 LAC）の一端として各学校の実情に応じた対応が工夫されること。
4　公共図書館、学校図書館サービス等の諸機関との連携を密にし、以上の提案を可能にしうる豊かな言語環境を整えること。

　とりわけ、十分条件である言語環境の拡充は、図書館側との積極的な連携を喚起したが、70年代の中盤以降のイギリス経済の悪化によって見るべき成果が上がらない状態が続く。以上の4項目を検証、考察した調査結果が、『入門期読書の開発』（Extending Beginning Reading, 1981）[11]、『効果的な読みの活用』（The Effective Use of Reading, 1979）[12] という2冊の報告書となって80年代に継承されていく。
　前者は、一人読みの入口に立つ7歳児から9歳児（ジュニア・スクール（junior school）1・2年）の読みの学習状況に光をあて、主に機能的読みと楽しみ読みの両立を問題とした。一方、後者は、多様な学習活動に組みこまれた読みについて、ジュニア・スクールの高学年から中等学校（10-15歳児）にわたる実態を示し、カリキュラムの枠を越えた読みの学習と展開を示唆している。ともに、地域の多くの教師、児童・生徒の協力のもとに長期に渡って継続調査され、Bullock Report の提唱を地域に結びつけるきっかけともなった。読みの発達段階にそって、小学校にかかわる『入門期読書の開発』をとりあげ、調査の概要とそこに浮かぶ問題点を検討したい。

（1）『入門期読書の開発』――目標・対象・方法
　本調査の特色は、なによりも対象年令にある。読みの教育と言えば、入門期や遅進児の指導に関心が寄せられていたイギリスにあって、幼年学校（infant school）を終えた7歳児から9歳児というジュニア・スクールの低学年に目を向けたことは注目に値する。

　　読書年令（reading age）およそ7歳で、読みの安定期（plateau）に達する子どもが多い。それ以後、発達が緩慢になる者、ほとんどそこで止まってしまう者さまざまである。考えられる要因としては、入門

期読本がひととおり終わると、教師の関心が遅進児に集中しやすいこと。また、この段階の読みの指導について、教師の認識が不足していることがあろう。実生活に有効な大人の読みへと発展していく継続的なプロセスにおいて、この時期は極めて重要だという見地から、本調査では、ジュニア・スクールの1・2年生（7－9歳）の平均的な読みの力の持ち主を主な対象に研究調査を行うこととした[13]。

先の *Primary Education in England* (1978) でも指摘された読みの困難児以外の児童への教育の必要性は、この調査対象の選考にも窺える。本格的な一人読みへの移行期にある平均的7歳児（以下、平均的読みの力を備えた児童を示す）が、その後の2年間の学校教育でいかに発達していくものか。この基本的な課題をもとに、本調査の目標とすべき事柄をつぎの4点に定めている。
・児童の能力とその活用方法を的確に据える。
・読みに支障をきたしたとき、どう対処するか、その具体的方略をつかむ。
・低学年2年間に、読みの発達のために教師が用いる指導法と児童の伸びを記録する。
・学校生活のなかで積極的に読みの力を活用するような態度、習慣を観察し、記録する[14]。

教師の指導法ならびに児童の読みの力の実態、とりわけ学習の場で生きて働く読みの力を捉えることをめざしている。本調査の究極の目的は、実生活に有効な読みの力の習得と読む生活がごく自然に習慣化された読み手の育成に置かれ、そのための具体的な示唆を現場教師に与えることにあった[15]。

調査の要は、マンチェスター大学教育学部に置かれ、Vera Southgate の総指揮のもと、4名の共同研究者が核となるプロジェクトチームを構成。このチームは、先の『効果的な読みの活用』研究グループと同じ諮問委員会に属し、意見を交換しあうとともに、地域の教師、指導主事、研究者、読みの矯正指導員から成る委員会の支援を受けて運営にあたった。調査協力校は、マンチェスターから半径30マイル以内で、ランカシャー他14の近隣の地方教育局に属するジュニア・スクール。調査期間は1973年9月から1977年8月におよぶ4年間である。

4年間の調査の概要はつぎのとおりである。
・1年目：調査校の概括、教師の協力グループとの共同調査、予備調査（2件）
・2年目：教師の協力グループとの共同調査、翌年の徹底調査のために調査プランと調査方法の検討、徹底調査の予備作業
・3年目：精選した12校を対象に年間を通じた徹底調査の実施
・4年目：先の12校中8校で試みられた読書環境調査の完結、調査資料の整理・分析、報告書の執筆開始[16]

まず、1973年から74年にかけて、119校440名の教師からなる調査団が、この段階の児童の読みに対する指導者の関心、要望などをとりまとめた。この教師の意識調査の結果、次の2点が特徴的であった。第一に、平均的7－9歳児の読みの学習内容と学習方法、ならびに、指導法に最も強い関心が示され、そのための実際的な知識・情報の必要性が大きく取り上げられていた。とりわけ、個別指導に役立つ読みの評価・診断・記録の方法、個々の能力に応じた図書に関する情報が強く求められていた。これが第二点である[17]。これらの現場の声にもとづき、2年目、1974年から75年の調査では、64校258名の教師の協力を得て、約3,380名の児童を対象に読みの能力診断を中心とする実態調査が試みられた。その結果は、児童の実態を明示したのみならず、その評価、診断の方法をも明らかにすることとなった。

一方、7－9歳児において、機能的読みと楽しみ読みをともに支えるしっかりとした基盤づくりの必要性

を説いた教師は、きわめて少なかった。これも、先の意識調査の特徴の一つである。*Bullock Report* が、全カリキュラムにわたる言語教育（Language across the Curriculum. 以下 LAC）とともにその重要性を強く打ち出したのは1975年のことで、1976年の集中調査に寄せられた学校長の意識調査には、その影響が顕著に現れていたと言われる[18]。

また、同じ2年間に、20校750名の児童の協力を得て、クラス状況、読みの能力評価、読みへの関心ならびに態度を継続的に調査し、協力校の学校長および教職員へ児童の学習状況の具体的なありようを示した。これはまた、3年目の集中調査のためのアンケート方法、インタビュー事項等の検討、教師のスケジュール表等の開発といった予備実験の意味を担っていた。

こうして迎えた3年目の集中調査は、対象をしぼり、密度の濃い調査、観察を通して、個々の読みの学習と生活に迫ろうとしたものであった。1975年9月から翌年6月まで、精選された12校、35クラス、1127名（1年生587名・2年生540名）を対象に実施。3名からなる調査チームが詳細な研究を行える最大限の数として12校が選ばれている。協力校選出に関しては、2年間の予備調査にもとづき、地方教育局の指導主事の助言も参考に、簡単な読みの評価テスト（Southgate Group Reading Test 2）[19] の結果を主な選定基準として選出した。テストに基づき、1年生の平均的読書年令を7^1〜8^0歳、2年生のそれを8^1〜9^0歳と定め、そこに属する児童が少なくとも5名はいること、加えて、マンチェスター大学から近いという外的条件を兼ねそなえている学校、12校が最終的に選出された。なかでも、詳細な調査・観察の対象となったのは、各クラスから選び出した平均的児童4名（男女2名ずつが原則）、計140名であった。

集中調査によって集められた情報は次のように多岐に渡っている。

・学校に関するもの：一般的概要（組織・規模、社会的経済的背景）、読みの教育に関する体系的な指導状況、目的・目標の概括、読書環境の詳細（学校長との面談による）
・学級に関するもの：一般的概要（生徒数・組織）、読むこと・書くこと、言語スキルの練習に費やした時間、使用読本、副読本および学級文庫、図書室の蔵書状況
・教師に関するもの：略歴・教職経験、読みの教授目標と関連指導計画、1学期と3学期の調査期間中の指導状況の詳細、具体的な読みの指導法、学年末の自己評価
・児童に関するもの：各種読みの評価テスト結果、年間読書記録、感想文（「私の読んだ本」）、計10週間にわたる詳細な観察記録、インタビュー記録（読みの態度・問題点・読後感）、音読（つまづき）の分析[20]

これらの調査と平行して、12校中8校の読書環境調査が実施され、より具体的な読みの教育の全体像を据えようと試みている。

このように、多くの教師と児童の協力を得、教師の意識調査にもとづき、可能な限り現場に即した広範な実態調査が行われたことがわかる。こうした予備段階を踏まえ、12校を対象とした通年の集中調査、読書環境調査が続くという、段階的重層的なアプローチが試みられたのである。以下、ここから浮かびあがってきた数々の問題点のうち、

1　授業形態の見直し
2　個人的な自由読書の促進
3　機能的読みの指導
4　読書環境の拡充

の4点を中心に80年代に向けて、*Extending Beginning Reading (1981)* が提示した実態と課題を検討したい。

（2）7歳児から9歳児における読みの実態と課題
（2）－1　授業形態の見直し

　調査中、最も一般的な読みの授業形態は次のようであった。教師が一人ひとりの児童の音読を聴いている間に、他の児童は読本にもとづく読み書く学習課題にあたり、教師のチェックや助言を求めて、折にふれ、教師のもとへいく。教師の机の両側には、音読の順番を待つ者と助言を求める者が列をなすこともしばしばであった。たいてい1週間に少なくとも1回は全員が音読のチェックを受けるよう配慮されており、授業中、指導者は忙しく複数の児童とかかわる。このとき、指導者と学習者双方に問題点が報告されている。

　表2、表3は、20分間の読みの授業中に観察された教師と児童（1年生、平均的女児）の活動記録の一端である。まず目につくのは、両者の集中度の問題である。報告によれば、1、2年生の20分の学習時間のうち、1/3は指示された学習以外の活動に費やされ、極端な場合には、12％の時間しか学習に使われていない[21]。また、教師から課せられた読本1冊を、3、4ケ月で読み終えるのが普通だが、たやすく一人読みできるよう配慮された読本ですら、1年かからねば読みあげられない児童もいた。様々な読みの力が混在するクラスにあって、個別指導のかなわぬ状況では、読みの遅進児の集中度はかなり低いものと予測される。しかも、平均的女児（表2）の場合ですら、読みの学習に携わった時間は20分中2分という少なさであった。

　他方、指導者の主たる活動は児童の音読を聴くことにある。1日平均20～40分をこれに当てる教師が大半を占め、60～100分という例も少数派ながら存在するという[22]。これと平行して、児童のスペルのつまづき

表2　20分間に観察された学習活動（1年生平均的女児）

指示された学習活動	指示された以外の活動
絵を描く　2 本を読む　1 絵を描く　3 絵を描く　1 絵を描く　5 書く　2 絵を描く　3 絵を描く　2 絵を描く　1 書く　1 先生の指導を受ける　1	1 1（他の子に話しかける） 1 1 1（他の子と交わる） 1 7（先生に見てもらう順番を待つ） 1 4（先生が手があくのを待つ）
※22	※18

（注）※の数字は、表2・表3ともに、観察者によって、30秒ごとに確認され、記録された行動の回数を示す。（Table 10-4, 10-6, *Extending Beginning Reading,* p.140, 143に基づく。）

に答える作業が頻繁に観察された。これら2つの主たる活動が、この種の授業をつき動かしていくのである。表3の場合、20分間に18人の児童と関わりをもち、その内の9人の読みに耳を傾け、残り9人の作業のチェックや質問に答えたことになる。平均すると1人につき30秒の指導時間である。報告によれば、20分間に、20回から30回は、A児からB児へ、個人からグループへと注意を移していくのが普通で、1人あたりの音読指導にさいた時間はやはり30秒足らずだといわれる[23]。

皮肉にも、児童の学習量と教師の仕事量とは比例しないという結果が示され、反対に、個別指導に当てる時間の少なさが問題視された[24]。読みのつまづきの的確な診断、内容理解の評価、児童が用いた読みの力や技術・方法の把握、読みについての関心や問題点の話し合い等に充分な配慮を欠くというのである。

本調査を通して明らかになった読みのスキルに関する問題点は、以下のようである。例えば、頻出単語200語を用いた評価テスト（Key Words to Literacy）[25]のうち、完全に読めた者は平均的8歳児の1/5、9歳児の1/3であった。一方、平均的児童にも、8歳児の17％、9歳児の4％近くが10以上の頻出語を読むことが

表3　20分間に観察された指導事項

異なる児童に注意を向けた頻度	指導事項	※	指導以外の活動
1	児童の読むのを聴く	2	
1	児童の読みおよび書いたものへの助言	1	
			1
1	児童の読むのを聴く	1	
			1
	同じ児童の読みを聴く	4	
			2
1	注意・助言を与える	1	
1	注意・助言を与える	1	
			1
1	児童の読むのを聴く	2	
1	読みの学習をチェックする	1	
1	児童の読むのを聴く	1	
			1
	同じ児童の読みを聴く	1	
	同じ児童に助言を与える	1	
1	次の児童の学習物に助言を与える	1	
1	他の児童の意見を求める	1	
	先程の児童の学習物に助言を与える	2	
1	児童の読むのを聴く	2	1
1	児童の学習物に助言を与える	1	
1	次の児童の学習物に助言を与える	2	
1	児童の読むのを聴く	3	
1	他の児童の学習物に助言を与える	1	
			1
1	次の児童の学習物に助言を与える	1	
1	次の児童の学習物に助言を与える	1	
1	児童の読むのを聴く	1	
18		32	8

できなかった。また、実際の文章に応じて音声法の規則を使いこなせる力は、平均以上の児童には見られるものの、平均以下の児童の場合、ほとんど身についていない。同様に、1年生でマスターしえなかった音声法の規則は、2年生でも、つまづきとしてあることがわかった。

　加えて、音読については、平均的1年生のほとんどが音読の技術を一応身につけているものの、一語一語のたどり読みが多く、自然なイントネーションに欠けていた。また、音読の途中でわからない単語にぶつかったとき、前後の文脈からではなく、音声法の規則をまず当てはめてみようとする子が多かった。2年生ともなると、本文の構文的特徴を手がかりに、単語の意味や文法構造に気づく例も観察されている[26]。

　以上の実態を踏まえ、報告書は、個別指導の時間の拡張、綴りを自学自習する態度の育成の2点を掲げ、それぞれ具体的な示唆を与えている。まず、個別指導の拡充については、それまで児童全員の音読を聴くために当ててきた週2時間半から3時間の時間を、8、9人の音読指導に用いれば、1人あたり15〜20分の個別指導が可能であると指摘した。つまり、児童は、3、4週毎に1回、まとまった個別指導が受けられるわけである。そのための次のような指導上のアイディアが示された。

　　a．児童自ら選びだした本を音読する。
　　b．その本の内容や読書への興味、本の選択方法などを児童とともに話しあう。
　　c．Key Words to Literacy を用いて診断する。
　　e．音声法的能力を診断する。
　　f．選んだ本の文章を活用して語彙を増す。
　　g．音読に用いられた読みの技術、方法を探り、つまづきを分析（miscue analysis）する。
　　h．語意や構文・文法構造についての既習知識を活用し、未知の語句の意味を判断するよう促す。
　　i．個別指導の記録をとることで読みの実態と伸びを示す個人ファイルを作る。
　　j．数週間ごとの児童の読書記録をもとに、読後感や意見をかわす。
　　k．児童とともに、次の数週間の読書プランをたてる[27]。

読みの診断、評価、個人カルテの作成、読書生活指導、読解など、広範な読みの個別指導の可能性が示されている。

　他方、綴りのつまづきを自分で対処する態度を育成するため、次の8つのアイディアが示された。

　　a．綴りがわからないときは、まず板書、チャート、インデックス、辞書を用いて、正しい綴りが確かめる、もしくは試すように仕向け、だめな場合は自分で綴ってみるなど、自分で学ぶ姿勢を促す。
　　b．不規則な綴りの単語を一覧表にして常時掲げておく。
　　c．全員が同じテーマで書く作業をするときには、キーワードをいくつか板書しておく。
　　d．絵入りの単語カードや辞書をいつも手近に用意する。
　　e．たとえ間違っても自分で綴ってみることがいかに大切かを徹底させる。
　　f．綴りの力が弱い児童はグループ学習を通して、つまづきの診断と指導を怠らない。
　　g．段階を追って辞書の活用を練習する。
　　h．同時に書く作業に携わる児童数を少なくすることも、教師の負担を軽減する一助である[28]。

　これらの活動の積み重ねが、自ら学ぶ方法を学習する態度を養成し、授業形態そのものを変革していく土台となるのである。

（2）－2　個人的な自由読書の拡充

インタビューによれば、3/4の児童が誰かに読んで聞かせるよりも、ひとりで静かに読書するのを好むという。また、2/3の児童は、家庭での読書量が学校でのそれを上回り、読書の楽しさを見い出している。児童は、学校での読みの活動はスキル習得のためという思いが強いようである。

事実、表4に見られるように、自分で選んだ本の読書時間は2学年を通じてきわめて限られている。

また、第1学年と2学年を比較すると、学習活動の中心が読本学習やトピック学習へと移行していくのがわかる。1年生では、ストーリーテリングや自由作文が主体であったのが、2年生になると、参考図書の調べ読みにもとづく書く作業が学習の中心となる。いずれにせよ、授業中、児童が揃って静かに、誰からも邪魔されず自由な読書をおこなう機会がほとんどない。一般に、能力のある児童が学習課題を手早く片づけ、残りを自由読書に費やすという場合を除けば、自由読書に当てられた時間は断片的で、力の弱い児童ほど個人的な楽しみ読みの機会が限られていた。だが、一人あたりの読書量は、これら能力差よりもむしろ、教師の指導方針に大きく左右される傾向が強い。個人的読書に重きをおくクラスの場合、そうでないクラスの児童に比べ、すべての児童が多読であったと報告されている[29]。

自由読書において能力と興味の双方を満たす選書はたやすいことではない。一般に、読本よりも難度の高い本を選ぶ傾向があり、とりわけノン・フィクションは手に余る場合が多い。読みたいという熱意だけではどうにもしがたい読みの難しさがある。

読書時間は少ないが、児童の読書に対する教師の関心は強く、さまざまな興味づけを行っている。学級文庫・学校図書室への自由な出入を勧める、公共図書館の活用を促す、テーマ別の本の展示会を催すなど、工夫の跡が伺える。なかでも、児童への読み聞かせが最良の方法と考える教師が多く、フィクション・詩・聖書・雑誌・新聞・百科事典からの抜粋、児童作文など、週1～2.5時間をあてる教師が大半を占める。一方で、まとまった自由読書の時間が取りにくいというのが実情であった。

表4　20分間に観察された学習活動の傾向

種類	学習活動	所要時間（%）1年生	所要時間（%）2年生
1	先生やAV機器のストーリーテリングを聴く。読みについての説明を聴く。	17.3	11.0
2	友達のよみを聴く。	1.3	1.8
3	テキストの読本をよむ。	5.8	11.5
4	自分が選んだ本をよむ。	2.2	4.0
5	本を参考にしながら書く。	7.0	20.2
6	本を使わずに書く。	19.8	7.2
7	その他の学習活動。（絵を描く、構想を練る etc.）	9.8	8.5
8	読むことや書くことに関する質問をする。	1.0	1.0
9	読むことや書くことに関する質問に答える。	0.5	0.5
10	手をあげて答える。	1.5	1.5
11	自発的に読んだり書いたりする。	—	—
12	その他（目的のはっきりしない活動）。	33.3	32.8

（注）—は、177回の記録中、9の実例しか見あたらなかったためである。
（Table 10-5, *Extending Beginning Reading*, p.141）

これまでの単なる音読のチェックや綴り字の指導を再検討し、ゆったりと誰にも邪魔されない自由読書の場を生みだすこと。これこそ有効な一人読みの開発に不可欠な要素として、その具体的な実施案を次のように掲げている。
- a．毎日の朝礼または終礼時に、決められた自由読書の時間を定める。
- b．個々の能力に応じた図書選択がなされているか注意し、1冊読み終えたら次を選ぶという態度を身につけさせる。
- c．少なくとも10分は、誰にも邪魔されず好きな本を楽しめる時間が全員に保証されているか確認する。
- d．教師も自分の机で読書をしながら、静かに読書がなされているかどうか気を配っておく。
- e．席を立ったり、おしゃべりしたりすることのない読書の態度を習慣づける。
- f．クラスの戸口に「読書中邪魔するべからず」といった貼り紙で注意を促すのもよい。
- g．読書の時間が定着すれば、時間を徐々にのばしていく[30]。

　細切れの空き時間の活用ではなく、独立した学習時間として自由読書を定着させ、教師をふくめ全員の児童が、ゆったりと読書を楽しむ態度とその環境づくりがめざされている。わが国の朝の読書タイムを思わせる時間的工夫と読書環境の拡充が求められている。

（2）－3　機能的読みの指導拡充

　読みの教育への関心が、単一の言語スキル学習から、カリキュラムを組織し動かす核となる学習行為へと移りつつあった80年代、機能的読みの指導には、以前にも増して大きな関心が寄せられていた。1981年小冊子『中等学校のカリキュラムにおける情報学習能力』（*Information Skills in the secondary curriculum*）[31] が、イングランドとウェールズのすべての中等学校に配布されたのも、そうした動きをもの語っていた。

　機能的読みの問題は、ジュニア・スクールの低学年からトピック学習に多くの時間を当てるにもかかわらず、学習効果に直結する機能的読みのスキル指導がほとんどなされていなかったところにある。最も身近な辞書ですら、9歳児においても、綴り字学習に活用されることはめったになく、2学年を通じて、図書の配架、選択、活用方法といった情報検索の基本をほとんどの児童が知らずに過ごしていた。教師の時間的余裕のなさ、指導法の認識不足、読書環境の不備が、主な理由として掲げられている。

　トピック学習にともなう情報の要約や抜粋といった活動は、低学年の多くの児童にとって高度な学習活動である。自ずと教師の関心も高く、その指導法についての情報や助言を求める声が強い。また、学級文庫と中央図書室の連携が *Bullock Report* で提唱されたが、実際に、クラス全員がいつでも自由に出入しうる充分な規模と設備を兼ねそなえた中央図書室を有する学校は、ほとんど見あたらなかった。いたずらに本が分散しているといった状況も見受けられる。この調査が行われて初めて、それぞれの蔵書内容と関連性に気づいたという事例も少なくない。そのため、書誌的スキル、図書の分類・配架システムに関する指導の場がないままに放置されてきたのである。報告書では、まず機能的読みの学習の場を整備する努力を呼びかけている。
- a．まず、1年生から、学校図書室・学級文庫のノンフィクションの分類システムを周知させる。
- b．どの分類の棚にも、読みやすいノンフィクションが必ずいく冊か用意されているようにする。
- c．インデックスの使い方を教える。
- d．文章を要約する第一歩として、興味を喚起する課題を与え、短い文章を読んで大意を話し合う。（全

体学習もしくはグループ学習）要約に不慣れな児童に書いてまとめることは困難なため、まず口頭で表現させる。
　e．関連図書リストや要約の仕方についてまとめられた、情報検索の手引書やカードを用意する[32]。
　ノンフィクションを中心とした図書利用指導の基本を第1学年から徹底させる一方で、必要と対象に応じた読み方を工夫する態度を徐々に身につけさせていこうという配慮が窺える。

（2）－4　読書環境の拡充

　調査校8校の学級文庫ならびに学校図書室の蔵書状況は、以下の3点に集約される。
・フィクションの不足。とりわけ、低学年向けの適切な本を欠く。
・ノンフィクションは量的に多いが、低学年の児童が手軽に読みこなせるものが不足。
・内容の難易度によって段階別に編制されたフィクションを用意していた学校は多少見受けられたが、ノンフィクションに対する同様の配慮は全く見られなかった。

　絵本から本格的な本へと向かう移行期の児童の能力・興味・必要性にかなった適書が著しく不足している。遅進児を配慮したコレクションは、なおさらであった。報告書は、*Bullock Report* の主張を継承し、学校図書館サービスや公共図書館との連携を図るよう求めるとともに、フィクション、ノンフィクションを段階別に分類する簡易なシステムを工夫することで、より豊かな読書指導の場が可能になると結んでいる[33]。

　Bullock Report に伴走する形で実施された、マンチェスターを中心とする地域の実態研究調査『入門期読書の展開』は、今まさに一人読みの楽しさと難しさの渦中にいる7歳児から9歳児を捉えて、この段階の読みの教育の重要性と可能性、ならびに難しさを如実に報告した。指導方法を含む授業形態の問題、それにともなう教師の果たす役割、適切な教材や段階別の図書コレクションの欠落など、一人読みの入口に立つ彼らをとりまく課題は、移行期ゆえの可能性と難しさをはらんで、今日なお新鮮な研究課題を示している。

第2節　調査結果を踏まえた初の英語（国語）科カリキュラム

2・1　『5歳から16歳の英語（国語）(*English for 5 to 16*（1984))』にみる英語（国語）科カリキュラムへの提言

　1984年は、教育科学大臣が、中等学校修了試験の統一の正式決定を発表した年である。義務教育の到達点の評価基準が明確に設定されることは、それに至る教育課程の体系化、整備が同時進行的に加速されていくことを意味する。教育科学大臣 Keith Joseph は、1984年10月2日付で、以下のような声明を添え、*English for 5 to 16*（Curriculum Matters1An HMI Series）[34] を刊行した。

　　英語（国語）科は、学校カリキュラムの要の教科である。個人として、社会の一員としての児童の発達において、英語（国語）科は根本的なものである。そして、イングランドとウェールズの大多数の児童にとって、英語（国語）科はすべての教科学習の手立てであり経路でもある。全国的に承認された英語（国語）科教育の明確な目的は、1月6日、北イングランド大会で行ったスピーチで概要を述べた学

校教育の水準の向上を目指す政府指針の中でも特に重要な部分を占めている。

　HM視学官文書 *English for 5 to 16* を、本日刊行する。これは、カリキュラムのねらいや目的を扱う一連の刊行物の最初のものであり、英語（国語）科教育のねらいと目的について一つの観点を提示し、解説をなすものである[35]。

英語（国語）科のカリキュラムへの提言は、以下のように構成されている。
1　序文 – 英語（国語）科教育（English teaching）のねらい
2　目的 – 7歳児、11歳児、16歳児（聞くこと・話すこと・読むこと・書くことの4モードからなる）
3　英語（国語）科教育の指針
4　評価指針
5　まとめ

英語（国語）科教育のねらい（the aims of English）について、まず「我々の言語の多様で変化に富む活用に応じた言語能力を習得することは、学校にあって児童・生徒の教育の根本的なものである。どのような諸処の職責にあろうと、どの学年を担当していようと、すべての教師は、その習得の過程に寄与する立場にある。なぜなら、教師と児童・生徒は、英語（国語）を用いて、カリキュラムのすべての領域に関与するからである。児童・生徒が英語（国語）を活用するよう仕向ける方法において、また、児童・生徒のパフォーマンスの言語的側面に主体的な注意を促すことにおいて、教師の責務は、彼らが提供する言語モデルに依拠している。(1.1)」[36]と、教師の責任の所在を明示するところから始まる。続く、1.2項では[37]、どの学校にも、英語（国語）科教育を専門とする教師がおり、本書の中心読者であるとするとともに、各校の管理職、地方教育局主事、初任者研修や現職研修の責任者、ひいては、保護者や企業の雇用係にも関心を寄せてもらうことを望むと述べる。*Bullock Report* にも、英語（国語）科の主任的立場やリーダーとして活躍する教師の育成と必要性が謳われたが、ここにも各学校の実の場で機能する専門職の重視が読み取れる。以下、言語領域ごとに、ねらいとすべきところを引用する。

1.6　これら4つ（聞く・話す・読む・書く）のモードは、絶えず相互にかかわり合っている。*Bullock Report* が述べたように、「言語能力は、書くこと、話し聞くこと（talk）、読むことの相互関係を通じて、つまり言語経験を通して、結果として一つの有機的な総体を形作る活動を通して、漸増的に育まれる」[38]。そうした相互関係を促進することが、教育の基本指針でなければならない。これらのモードに関係して、英語（国語）科教育のねらいはどうあるべきかを検討していくのに有効であろう。我々は、以下の事柄を提唱する。
　○話し言葉の教育は、以下のことをねらいとすべきである。
　　自信をもって、明瞭に、流暢に、適切な話の形式を用いて話す児童の能力、多様な聞き手に対する様々な状況や集団において話す児童の能力、いや増す複雑さや要求に応じた広範な目的のために話す児童の能力を発達させ、それに呼応するように、似通った様々な状況、広範な目的において注意と理解をもって聞く能力を発達させること。
　○読むことの領域では、以下のことをねらいとすべきである。
　　流暢に、さまざまな種類の対象資料を理解しながら、読む対象となる資料の質や目的に適切な読み

の方法を用いて読むことができること。

　　読み手としての自分の許容力に自信を持つことができること。

　　情報を得るために、関心に応じて、楽しみのために、経験の拡大のために、質の高い詩や物語が可能とする経験や洞察力の拡がりのために、読書に喜びを見出し、自ら進んで読むことを活用する読み手になることができること。

　　個人の生活において、カリキュラム全体における学習において、社会生活や職業の求めるところに応じて、読書は必要なものであるとわかることができること。

　○書くことにおいては、以下のことをねらいとすべきである。

　　幅広い目的のために書くことができること。

　　目的に適応した方法で書かれた内容を組み立てられること。

　　目的と想定される読者に適応した文章形式を活用できること。

　　綴り、句読点、統辞法を正確に、自信をもって行えること。

2・2　「言語についての学習指導」—*Kingman Report*（1988）への流れ—

　加えて、すべての言語モードにかかわる第4のねらいがある。それは、言語について児童に教えることである。それによって、言語構造ならびに意味生成の多様な方法について活用できる知識（a working knowledge）を身に付けることになる。また、それによって言語について話し合うための語彙を蓄えることにもなる。そして、言葉をより大きな関心とともに活用することができるようになる、なぜなら、言葉そのものに興味がわくからである[39]。

　後に、89年版NC、99年改訂版、ならびに「89年リテラシー指針」の基盤となる言語教育モデルを提示した *Report of the Committee of Inquiry into the Teaching of English Language*（通称、*Kingman Report*）[40] は、この4つ目の目的を特に引用し、「言語の構造と機能のモデルの重要性を説明するために必要」なことがらだと重点的に言及し、発展的に主張を展開していく。

　1.1（前略）われわれの研究では、時代遅れの文法教育や丸暗記による学習へ逆戻りすることを望んでいるわけではない。（略）われわれは、正しい、もしくは正しくない言語使用といったものによって、個人の自由が侵されるという見解をとらない。また、話し言葉における専門用語の活用法を知ることは望ましくないという考え方も受け入れがたい。言語は、周知の事実として、多種多様なオーディエンス、コンテクスト、使用目的に適応した一連の慣例によって営まれているものである。有効に働くコミュニケーションであるかぎり、その規則と慣例を認識し、正確に活用することに依拠している。これらの規則と慣例を自在に用いる力は、個人の自由を狭めるどころか、拡張していくものと考える。(1.1)[41]

　1.2　教育制度最優先すべき目的は、すべての子どもが、話すこと、書くこと、聞くこと、読むことにおいて最大の効果を生むように英語（言語）を用いることを可能にし、積極的に促すことでなければならない。われわれは、これを、自明のことと捉えている[42]。

このように、*Kingman Report* は、*English for 5 to 16* の提言を受け、効果的なコミュニケーションを成り立たせるための言語能力の基盤としての「言語についての知識」を重視し、英語（国語）科教育モデルの中軸に据え、現職教育の要として提唱されることとなる。多様なコミュニケーション状況を成り立たせている要素（目的・コンテクスト・オーディエンス）を認識し、社会的効果を生むコミュニケーションたらせる規則性と慣例的使用についての知識、「言語についての知識」を踏まえることを、言語教育モデル提案の起点とした。
　このレポートについては、山元隆春（1990）[43]、安直哉（2005）[44]らの丁寧な報告がある。山元隆春（1990）は、イギリスの文学教育とのかかわりに視座を置き、レポートの「国語（に関する）モデル」を詳述し、「きわめて、実用論的・機能主義的な傾向の強いモデル」だと総括し、学習対象としての文学言語の守備範囲とでもいうべきものの再考が促されるのではないかと時代の方向付けを行っている。安直哉（2005）は、山元論稿を受けながら、音声言語教育の観点から、レポートのありようを「言語知識主義」の提唱と命名し、「言語教育を文学教育と並立するものとしてとらえるのではなく、言語一元論を展開していこうとしている」と述べている。
　ここでは、当時の政治的状況ともかかわる *Kingman Report* の史的位置づけは別稿に譲り、イギリス初の英語（国語）科カリキュラムにかかわる提案の詳細に戻りたい。

2・3　小学校7歳児、11歳児の読むことと書くことの学習指導目的の提案

　次に、以上4つのねらいが具現化され、年齢別の目的として明示された *English for 5 to 16* の第2項群を取り上げる。

　2　目的[45]
　英語（国語）科における学習指導目的は、他の教科に比べ、定義しづらい。言語のどのような活用にあっても、話し言葉であれ書き言葉であれ、多くの変数の複雑な相互関係を含み、一定の定義やコミュニケーションの成果は、その内的な相互作用に依拠しているからである。
　それゆえ、以下に掲げる目的は、「練習問題」によって教え、テストする個別のサブスキルのセットを提案しているわけではない。多種多様な目的に応じて活用された児童・生徒の言語経験において引き出された言語能力の諸相である。

　ここには、「言語能力は文脈を離れて扱えず、概念的に教え、概念にフィードバックするという」ものではない、「言語操作は、複雑な能力であり、教科書の練習問題を解けば身につくといった簡単なものではない。」[46]という *Bullock Report* からの言説が、引用され、強調されている。
　以下、日本の小学校低学年の終わりに相当する7歳児と小学校最終学年である11歳児の読むことと書くことの到達目的を掲げる。表5に、7歳児と11歳児の読むことと書くことの学習指導目的として掲げられている事項[47]を、便宜上、4つのカテゴリーに分け、整理し概観した。

　　読むこと　①解読力の基礎／読書の習慣化／図書館活用を含む情報検索の基礎力
　　　　　　　②多様な社会的テクストから情報を読み取る力

表5　7歳児／11歳児の読むことと書くことの学習指導目的

読むこと	①解読力の基礎 読書の習慣化 図書館活用を含む情報検索の基礎力	②社会的な多様なテクストから情報を読み取る力	③テクスト読解力の基礎 文学的テクストの読解力	④多様な学習への応用力としての読解力
7歳児	3　アルファベットがわかり、簡単な辞書や参考書を調べるときにアルファベット順の知識を活用する	3　アルファベットがわかり、簡単な辞書や参考書を調べるときにアルファベット順の知識を活用する	2　簡単な物語、脚韻詩、部分的な情報を理解しながら黙読したり、音読したりする。／4　本から引き起こされる興味や楽しみのために、十分な流暢さと本に没頭していくような動機をもつ。／	5　授業中の課題の助けとなるように、情報源として本を活用する。
11歳児	1楽しみのため、情報を得るため、主体的で定期的な読書習慣を身に付けている。／2図書館で必要な本、ほしい本の見つけ方を知っている。／3語意を理解する多様な方略を活用する。／	9一連の指示書や案内書がわかる。／10辞書、インデックス、および、百科事典、世界地図、地図帳、時刻表、カタログ、小冊子のような情報文献等の一般的参考書を活用する。／11テクストに添えられた地図、記号や標識等の非言語情報を解釈しながら読む。	4記録やその検討のために、お話や短い物語の場面の要点をつかむ。／6散文や韻文を音読し、効果的にテクストの意味と対話（communicate）する。／7事実と意見を区別し、批判的に読む。／8テクストから予想し、推論を立て、判断を下すことができる。／12字義通り読むべきところと比喩的なところを読み分ける。	5読書から得た事柄を取捨選択し、解釈し、対照させ、ある特定の必要性や手持ちの課題に当てはめる。
書くこと	a　語レベル・文レベルの書く力（語彙力／句読法含む）	b　社会的な説明的文章を書く力	c　文学的な文章を書く力	d　社会的コミュニケーションとしての表現力／批評力の基礎
7歳児	1　読めるように書く。／9　自分の文章の目的に応じた十分幅広い語彙を用いる。／10　文の連なりを表す（and, then 等）のみならず、出来事や経験や考えの関係性を表す（when, because, if 等）ために多様な構文を十分に用いる。／11適切にピリオドや大文字を用いる。	3　文章と絵やグラフ、計画表や図表を関係づける。／4　簡単な調査や実際の経験を正確に記録し、それらの成果について注釈を加える。／6　親類や友人あてに私信を書く。／7　ある行為を行う明確な目的のある時に、その指示や説明を書く。	2　散文と韻文の両方で、個人的な経験について書く。／5　一定の一貫性をもった簡単な物語を書く。／8　顕著な特徴をはっきり伝えるような描写を書く。	
11歳児	11綴り、句読法（最低でも、ピリオド、疑問符、コンマ）、統辞法、書写を十分制御し有効に意味を授受できるよう運用する。／12単文や重文の活用、制御にとどまらず、必要に応じ、複文も一主節と従属節をかかわらせて、考えを表す一活用し、制御する。／13事柄を段落にまとめる。	3正確に、経験や出来事を記録する。／4何某の制作過程、ゲームの遊び方を説明する。／5指示や案内の骨組みを明確に組み立てる。／8多種多様な目的に応じた私的／公的な手紙を書く。／9学習の手助けとして、覚書として、計画する縁としてメモをとる。	1個人的な経験や考え方及び心情を明確に書く。／2読み手があざやかに体験を想像できるように、適切な描写や比喩表現を用い、物語や詩を書く。／6人物、場所や物事を正確に描写して書く。	7書き手のものの見方を読み手に納得させるために書く。／10課題の質や読み手のニーズに、形式、内容、文体を適応させる能力を持ち始める。

　　　　　③テクスト読解力の基礎／文学的テクストの読解力
　　　　　④多様な学習への応用力としての読解力
　書くこと　a　語レベル・文レベルの書く力（語彙力／句読法含む）
　　　　　　b　社会的な説明的文章を書く力
　　　　　　c　文学的な文章を書く力
　　　　　　d　社会的コミュニケーションとしての表現力／批評力の基礎

表5から、以下の点が指摘できよう。
・読むことと書くことの対となった学習指導の重視。
・基盤として、楽しみと知識・情報の獲得の双方において読書習慣を身につけた個としての読書人の育成。
・（文学的な文章の読み書きに比べると）社会的（実用的）な文章の読み書きの重視。（具体的な活動の明示）
・読む対象としての散文・韻文と書く表現形態としての散文・韻文の併走。
・描写を書く行為から文学的な文章の読みへの連携。
・全カリキュラムにおける学習の機軸となる読みの力の応用。
・小学校最高学年にみられる社会的コミュニケーションとしての批判的表現力の萌芽。

全体的に、書くことの学習指導に対するこまやかな配慮や具体的な段階性が読み取れ、これら書く力に支えられた読む力の育成という基本姿勢が見られる。

小学校段階を踏まえ、義務教育最終学年16歳児では、どのような到達目標が立てられたのであろう。リテラシーとしての言語力のとらえかたは同様であるが、特に顕著なことがらが指摘できる読むことを取り上げてみる。

主なところは、読みの力の社会性に根差した活用できる力の育成、文学の細やかな読みへの比重の移行、活字メディア以外の他メディアの読みの力の文言化である。特徴的なところを小見出しにつけて整理した。
○社会に通じる読みの力としては、
1　文学（韻文・散文・戯曲）ならびに広範な表現形態（書籍、新聞、ドキュメント資料、パンフレット、公式文書、画像資料、時刻表ほか）を含む幅広い読み対象を読み、理解すること。対象範囲には、16歳で修了以降、個人的に社会的に、進学もしくは就職に応じて、読む必要や読む関心が起こるであろうすべてのものを考慮していなければならない。
○（量と質の）読解力としては、
2　一定の長さをもち、ある種の持続性が要求されるような1冊の本全体を読むこと。
3　読みながら、顕在的な意味と暗示的意味がわかり、読み分けること。
○批判的な情報読みの力としては、
4　新聞、雑誌、広告を批判的に読み、バイアスのかかっていない情報と読者の操作を意図した恣意性を識別すること。テレビ番組の報道やCMにも同様の批判的態度で相対すること。
○分析的批評的な文学的テクストの読みの力としては、
5　想像的な文学テクストが、人間の体験とかかわり合っていることに気づき始めること。フィクション、詩、戯曲の書き手が、表現効果をあげるために用いる方法がわかり始め、読み取ったことがらの価値や

第2章　イギリス初のナショナル・カリキュラム制定（1989）への胎動期

質を判断する力をもち始めること。

7　20世紀に限定せず、シェイクスピアを含む高い質の文学や戯曲を読む経験をもつこと。

○多様なメディアテクストに対する批判的読みの力としては、

6　劇の上演、映画、ビデオ、テレビやラジオなど、メディアが喚起する娯楽性について、類似した判断が行なえる力をもち始めること[48]。

11歳児の書くことのdに挙げられた書き手の観点がわかるように説得的な文章を書くという事項が、16歳児では、発展的に、文学、非文学、および活字、他メディアの境界を越えた批判的読解力へと受け継がれていくのではないか。16歳児の書くことの目的が、正確さや明解さ、用途の多様さが加わるものの、小学校であがった文種が反復され、あらたな文種としては、議論文、要約文が加わる程度であるのに比べると、読むことの目的には、読む行為に伴う思考力の育みとその個人的、社会的必要性が詳述されているのが特徴的である。時間をかけて、単語の綴り、構文など、書くための基礎力を育むとともに、書き手として物事を描写したり、読み手を意識した効果を考えながら書くという行為を通して、表現者としての意識を体験しながら、もしくは、意識させたうえで、本格的な読解力を育成する体系的な学習指導の流れが読み取れる。

注

1　Rosen, C. & H (1973) *The Language of Primary School Children: School Council Project on Language Development*. Penguin Education for the School Council., 1973.

2　同上、p.117にもとづく。

3　水野國利（1991）『各年史／イギリス戦後教育の展開』（エムティ出版、pp.162-164）にもとづく教育大討論会資料 *Education Our Children*、（1977年2月作成・配布）の概要を参照。

4　DES (1977) *Education in Schools: A Consultative Document*.. HMSO. pp.2-3, 8-9, in *The Study of Primary Education: A source book volume 1*. The Falmer Press. 1984. p51所収

5　同上、pp.53-54

6　Richards, C. (1980) 'Demythologising primary education' Journal of Curriculum Studies, 12, 1, pp.77-8, in *The Study of Primary Education: A source book* volume 1. The Falmer Press. 1984. pp57-59所収

7　DES (1978.9) *'The Curriculum: The Basic Skills' Primary education in England: A survey by HM Inspectors of Schools*. HMSO. pp.111-112

8　Start. K. B. & Wells. B. K. (1972 *The Trend of Reading Standards: 1970-71*. N. F. E. R.

9　Schools Council とは、イングランドとウェールズの初等・中等学校におけるカリキュラムと試験の編制に関与する独立した協議会をいう。地方教育当局と教育科学省から財政援助を受けて運営されている。

10　D. E. S. (1975) *A language for life*.（通称、Bullock Report）London; HMSO.

11　Southgate. V. et al. (1981) *Extending Beginning Reading*. London; Heinemann Educational Books, 1981.

12　LunZer, E. & Gardner, K. (ed.) (1979) *The Effective Use of Reading*. London: Heinemann Educational Books.

13　同注11、p.7

14　同注11、pp.10-11

15　同注11、p.313

16　同注11、pp.9-10

17　同注11、pp.42-43

18　同注11、

19　Southgate Group Reading Test 2 は、適語選択による読みの評価テスト。36文の各文末の1語が欠けており、5つの選択枝から適語を選び、文を完成する。（Southgate,. V. (1962) *Southgate Group Reading Test 2 Sevenoaks*. Hodder and Stoughton Educational. を参照）

20　同注11、pp.16-18
21　同注11、p.315
22／23／24　同注11、p.317
25　Key Words to Literacy は、読みや話し言葉の中で日常頻繁に見受けられる200語（キー・ワードと呼ばれる）のリストを与え、即座に読みあげさせて、その所要時間と誤りをチェックする評価方法である。例えば、日常の読みの生活語の25％を占める〈a, and, he, I, in, it, is, of, that, the, to, was〉等が含まれている。(J. McNally, J & Marray. W. (1962.) *Key Words to Literacy*. London; The Schoolmaster Publishing Co. を参照)
26　同注11、p.316
27　同注11、pp.321-322
28　同注11、p.322
29　同注11、p.316
30　同注11、p.323
31　Marland, M. (ed.) (1981) *Information Skills in the secondary curriculum.* (Schools Council Carriculum Bulletin 9.) Methuen Educational.
32　同注11、p.323
33　同注11、p.324
34　DES (1984) *English for 5 to 16* (Curriculum Matters1An HMI Series) HMSO.
35　DES. (1984) 'Statement by the Secretary of State for Education and Science' 1枚ものの文書
36　同注34、1.1項、p.1
37　同注34、1.2項、p.1
38　同注10、1.10項、p.7
39　同注34、pp.2-3
40　DES (1988) *Report of the Committee of Inquiry into the Teaching of English Language*（通称、*Kingman Report*）HMSO.
41／42　同上、pp.3-4
43　山元隆春（1990）「イギリスの文学教育(4)―『キングマン報告』（1998）を中心に」『教育学研究紀要』中国四国教育学会、第35巻第2号、pp.55-60
44　安直哉（2005）『イギリス中等音声国語教育史研究』前掲書、pp.225-236
45　同注34、p.3
46　同注10、1.10項、p.7
47　同注34、pp.5-8
48　同注34、pp.10-11にもとづく。

第3章　ナショナル・カリキュラム制定（1989）と実施後の動向
―90年代から2010年へ―

80年末以降のイギリス初等英語（国語）科教育を概括するため、主だった事項のみを取り上げ表1に示した。

表1　80年代および90年代以降の動向

Ⅰ ナショナル・カリキュラム　　　Ⅱ 全国共通リテラシー方略指針　　Ⅲ 評価制度

- 1988.11　NC第一次草案（COX①）
  English for ages 5 to 11.
- 1989. 6　NC第二次草案（COX②）
  English for ages 5 to 16
- 1990. 3　*English in the National Curriculum.*（10レベルの到達目標）

1998年　教育改革法

1987-88　TGAレポート SATs（Standard Assessment Tasks）を提唱

KS1.2.3のナショナル・テスト（SATs）

1993年　教育法

1993.12 ディアリング・レポート『ナショナル・カリキュラムと評価制度』／1994.5 ウォリック・レポート『KS1～3のNC施行実態報告』

1995年　改訂NC．*English in the National Curriculum.*（8レベル＋発展段階）

1998　全国共通リテラシー指導方略指針
（NLS語レベル・文レベル・テクストレベルの学年学期毎の読むことと書くことの推奨指導事項提示）

1999　改訂NC（8レベル＋発展段階）

2006　改訂全国共通リテラシー方略指針（PNS）
1話すこと／2聞くことと応えること／3グループによる話し合いと相互対話／4ドラマ／5語の認識／6語の構造と綴り／7文章の理解と解釈／8文章に親しむことと反応／9文章を創造することと形作ること／10文章の構造と組織／11文構造と句読法／12プレゼンテーション、以上の項目について学年ごとに推奨指導事項提示）

2003　*Excellence and Enjoyment: a strategy for primary schools.*（DfES）に基づき、The Primary National Strategy設立。
2003　SATsの評価基準改変

2007年　改訂NC（KS3/4のみ）

2011年廃止

2009　ローズ・レポート／アレキサンダー・レポート

2009年　改訂審議案NC

2009年労働党政権から保守党政権に変わるとともに、これまでの制度は、新教育制度確立までの暫定処置となり、事実上すべて廃止となる。2013年保守党政権下の新NC公表・施行予定。

表1にあるように、教育改革の要は、サッチャー政権下、イギリス初のナショナル・カリキュラム制定を定めた「1988年教育改革法」に始まる。それに伴って、7、11、14歳児の全国到達度評価テスト（SATs）が導入され、1988年に一本化された義務教育修了時の資格公試験 GCSE（General Certificate of Secondary English）と連動し、学習者の統一評価システムが形成された。NC（89年版）が指導内容と到達目標を明示したことによって、学校と指導者個々の主体性に基づく自治を最大の特徴としてきたイギリス英語（国語）科教育は、その主体性を「なに」にとどまらず、「どのように」教えるかに拡張していった。表1と表2の概略年譜資料を合わせ見ると、新たな政府指針が公表、施行されると、その普及と成果をはかる実態調査チームが召集され、その調査結果がレポートとして報告され、つぎの修正改訂に繋がるといった一連の教育制度起案・施行システムともいえる過程が指摘できる。

　召集される調査チームメンバーは、政権政党によっても、個々人の社会的立場においても多様であり、かつ調査方法、調査対象の質と量もさまざまである。現在のところ、それらすべてを包括する術を十全に備えていない。そこで、主たる事項に限って取り上げながら、イギリス初等教育の英語（国語）科の80年末以降をたどることとした。

　概括するに当たり、①1989年NC導入期、②1999年改訂NCリテラシー指針導入期、③2003年以降の学びの創造性の復活希求期の大きく3つの時期にわけて、考察する。ただし、一連の連続性をもつ史的展開を扱うため、各時期における若干の重複ならびに順序の先取りや後述を含む。

第1節　1989年NC導入期

1・1　NC第一次草案 *English for ages 5 to 11*（1988.11）、第2次草案 *English for ages 5 to 16*（1989.6）にみる学習対象領域・到達レベル・標準英語と言語学習

　1988年4月、教育科学省によって、英語科NC検討委員会（The National Curriculum English Working Group）が設置されて以来、具体的な草稿が始まり、同年11月には、イギリス初の初等教育向け英語科NC審議案『5歳から11歳の国語』（*English for ages 5 to 11*. DES & the Welsh Office. 1988.11、通称、Cox Report ①）が世に問われた。所定の審議期間ならびに手続きをへて、1989年9月の新年度実施をめざし、同年5月には、初等教育第一段階（Key Stage 1, 5－7歳児）を対象とする英語科NCが、『英語（国語）科ナショナル・カリキュラム』（*English in the National Curriculum*, DES & the Welsh Office, HMSO）として刊行され、第一段階にかぎって9月から施行された。同じく6月には、義務教育（5歳から16歳）すべてを見通した審議案『5歳から16歳の英語（国語）科』（*English for ages 5 to 16*. DES & the Welsh Office, HMSO, 1989.6、通称、Cox Report ②）が発表され、同様の経過をへて1990年1月に最終原案が議会に提出され、法令化された。このように、NCの基本姿勢が審議案を通してくり返し世に問われ、さまざまな世論のフィルターを通過し、到達目標と学習事項を煮つめ、制定するという形をとった。以下、1.学習対象領域、2.到達レベル、3.標準英語と言語学習の3観点から基本的なところをまとめた。

表2　イギリス初等英語（国語）科教育関連年譜　90年代　　　　　　　　　　　　　　　　　　　　　　　　　　（注：複数の参考資料をもとに、本論稿に合わせて、稿者（松山雅子）が再編集した年譜である。）

公的、社会的事象				（文教政策にともなう）実態調査とCLPEの活動	
政権政党	教育にかかわる社会事象		特徴的事項のミニ解説	主要教育白書、調査、研究文献ほか	小学校英語（国語）教育センター関連事象
1992.4　保守党　J.Major首相就任/J.Patten教育科学省大臣に任命される。	1988.11　1988.11 NC第一次草案(COX①) English for ages 5 to 11. DES　1989.6　1989.6 NC第一次草案(COX②) English for ages 5 to 16. DES　1990.3　1990.3 English in the National Curriculum. (10レベルの到達目標)　1992.3　Education(School)Actによって、HMIの人員整理を行い、全国教育水準局The Office for Standards in Education(Ofsted)に改編される。		1991年、フルタイムで教育や訓練に従事する16～18歳の割合に関する国際比較（産業・高等教育評議会報告書）では、イギリス56％、独・仏88％で、日本94％で、義務教育以後の教育的措置の問題が浮かぶ。	1990　DES.An enquiry into LEA evidence on standards of reading of seven year old children ,DES, London　1992.2　R.Alexandar, J.Rose, & C.WoodheadによるThe DES Discussion Paper,Curriculum Organisation and Classroom Prantice in Primary Schools が、全国教育課程の有効な普及を論じ、教授方法の有効な組み合わせを推奨。　1992.7　NCC.National Curriculum English :The Case for Revising the Order 刊行。(国語科カリキュラムがより正確に定義づけられる必要性を論ず。)	1990　Barrs, M. Ellis, S. Hester, H. & Thomas,A.Patterns of Learning :the Primary Language Record and the National Curriculum.　CLPE　1991　Barrs,M. & Thomas,A.The Reading Book. CLPE （読むことの教授法改革の基本指針の設定。PLR(観察記録法)の活用の実際を提言。）
1993.4	SCAA(School Curriculum and Assessment Authority)設立。Sir R.Dearing初代局長就任。ナショナル・カリキュラムと評価方法に関する見直しに着手。	1993　1993年教育法　1993.4　DES、英(国語)科ナショナル・カリキュラム修正案を公表。Proposals for revision of National Curriculum English in English for Ages 5-16　1993.12　Final Dearing Reportとして『ナショナル・カリキュラムと査定』The National Curriculum and its Assessment 刊行	1993 SEACがKey Stage 3 English Anthologyを刊行。前期中学校(わが国の中1・2に相当)の基本的中英(国語)科教材集(例えば、詩選集)を出すことで、GCSEの課題との連続性ならびに初等教育との連携が一層学習対象の一貫性としてい視覚化。一方で、STAsに向けての形骸化した一本化に陥る危うさを内包していたという。　1993.5 14歳児対象のKey Stage3 test の教師によるボイコットが拡大。　1993.6 1993年教育法で、SCAAが設立され、NCC と SEACを吸収統合。　○1993年のNC改革への報告書→1995年改訂	1993.9　NCCが国語科カリキュラム修正案に対する審議報告書 Consultation Report on Proposals for Revision of English 刊行。　1993.11　英国映画研究所　British Film Institute of Inquiry into English 刊行。　Chambers,A.Tell me:Children reading and talk .Thimble Press.	1995　O'Sullivan,O (1995) The Primary Language Record in Use . CLPE/ London Borough of Southwark.　1995　Ellis,S(ed) Hands on Poetry : Using Poetry in the Classroom . CLPE
1994.7　G.ShephardがDES大臣に就任。　1995-2000　労働党　トニー・ブレア→ブラウン　教育雇用省	1995.4　DES.English in the National Currirulum. 公表（95年9月から施行）(改定NC。8レベル＋発展段階)　1998　全国共通リテラシー方略指針The National Literacy Strategy Framework for Teaching(DFEE.)		教育省が、1993年4月7日Dearingに、NC改定以下の内容検討を要請。・NCと生徒の成績の査定の枠組みについての検討要請。/カリキュラムの中央行政とテストの施策の改善について/テスト施策の単純化の具体的方向性/達成度のための10のレベルの範囲の設定。結果、報告書には、NCのスリム化と既存の内容の中から選択的なものに移す提案。選択的なものは教師裁量に任された。	1994.5　ウォリック・レポート(SCAA.Evaluation of the Implementation of English in the National Curriculum at Key Stage 1,2 and 3(1991-1993) (The Warwick Report)(全国教育課程と評価制度の実施可能性の検討報告書)　1994　SCAA.English in the National Curriculum:Draft Proposals .　1995　Cox,B.The Battle for the English Curriculum. Hodder & Stoughton.　1996　SCAA(School Curriculum Assessment Authority)Planning the Curriculum at KS1and KS2 .SCAA.　1999　OFSTED.The National Literacy Strategy:an evaluation of the first year of the National Literacy Strategy. OFSTED	1995.10.2-24　The Primary Language Record & the California Learning record in Use: Proceedings from the PLR/CLR International Seminar　1996　Barrs, M. Ellis, S. Kelly, C. O'Sullivan,O. & Stierer, B.(1996) Using the Primary Language Record Reading Scales : Establishing Shared Standards . CLPE/ London Borough of Southwark.　コアブックを活用した読むことの教授プログラム　1996　Ellis,S. & Barrs, M.The Core Book: A Structured Approach to Using Books within the Reading Curriculum.　1997　The Core Booklist:Supporting a rich reading and literacy curriculum. (2010,年改訂版刊行)　1998　Dombey,H,Moustafa, M. & CLPE (Barrs,M. Bromley,H. Ellis,S. Kelly,C. Nichlson,D. & O'Sullivan,O) Whole-to-part Phonics: How children learn to read and spell. CLPE/Heinemann.
2001～06　教育技能省 (2001～2006)　2003	Excellence and Enjoyment :A Strategy for primary schools (DfES 2003)の名のもと The Primary National Strategy創設。SATsの評価基準改変。	2005　English 21:playback(a national conversation on the future of English)(QCA)　2006　改訂全国共通リテラシー方略指針Primary National Strategy : framework for teaching literacy (DfES.)	「2006改定指針」には、1 話すこと／2 聞くことと応えること／3 グループによる話し合いと相互交流／4 ドラマ／5 語の認識／6 語の構造と綴り／7 文章の理解と解釈／8 文章に親しむことと反応／9 文章を創造することと形作ること／10 文章の構造と組織／11 文構造と句読法／12 プレゼンテーション、以上の項目について学年ごとに推奨指導事項提示された。	2003　Kress,G.Literacy in the New Media Age. Routledge. Buckingham,D.　2003　Media Education. Polity　2003　NFER/London Government Association Saving A Place for the Arts?: a survey of primary schools in England. NFER.　2004　Primary National Strategy /United Kingdom Literacy Association. Raising Boys'Achievements in Writing .UKLA.	2000　Bromley,H.Book-based Reading Games: A Language Matters Publication .CLPE　2000　O'Sullivan,O.& Thomas,A. Understanding spelling. CLPE. 同書は、2007年に、CLPE/Routledgeで重版。KS2の通年実態調査研究報告書　2001　The Reader in the Writer . CLPE　2003　The Best o f Language Matters. CLPE　内ロンドン公立小学校KS2のリテラシー習得実態　2005　Boys on the Margin : Promoting Boys' Literacy Learning at Key Stage 2　創造的なリテラシー教授の提案　2005　Animating Literacy (CLPE)　2005　Safford,K & Barrs,M. (2005)Creative and Literacy:many routes to meaning children's language and literacy learning in creative arts projects A research report from the Centre for Literacy in Primary Education .http://www.clpe.co.uk
2007～09　子ども・学校・家庭省　2007　2008	2007年7月12日政府発表（イングランド)　2008年9月から導入の11－14カリキュラムから、学校のカリキュラム25％を自由裁量に。Children, Schools and Families Committee. Personalised Learning-A practical Guide .DCSF Publications.Nottingham Foundation Stage (基礎段階)からEarly Years Foundation Stage (幼児基礎段階)へ再編　2008　Dept. Children, Schools and Families （子ども・学校・家庭省）Changes to the primary curriculum: a guide for parents and cares. （ローズ・レポートを基に改訂教科間支援のために6領域を設定。教科を支援。）	2009　ローズ・レポートIndependent Review of the Teaching of Early Reading Final Report (通称Rose Report)　2009　アレキサンダー・レポートTowards a New Primary Curriculum: a report from the Cambridge Primary Review Part1: Past and Present (通称Alexander Report(UC.)	2009年改訂NC審議に提案された学習の六領域（ six areas of learning)は以下のとおり。A Mathematical understanding 数学的理解　B Historical, geographical and social understandings 歴史、地理および社会的理解　C Understanding English , communication and languages 英語(国語)、コミュニケーションおよび言語　D Scientific and technological understanding 科学的およびテクノロジーの理解　E Understanding the arts 芸術理解　F Understanding physical development,	2010　Bazalgette,C.(ed) Teaching Media in Primary Schools .Sage　2011.5　Ofsted.Excellence in English: What we can learn from 12 outstanding schools. Ofsted	読書力向上プロジェクト　2006　Book Power:Literacy through Literature Year 6　2008　Book Power:Literacy through Literature Year 1　2008　Book Power:Literacy through Literature Year 5　2008　Book Power:Literacy through Literature Year 2　2007　Ellis,S. Barrs,M. Bunting,J. Assessing Learning in Creative Contexts: An action research project,led by the Centre for Literacy in Primary Education with Lambeth City Learning Centre and CfBT Action Zone funded by CfBT Education trust . http://www.clpe.co.uk.　2008.5　O'Sullivan,O. & McGonigle,S. Teachers and children: creating readers The Power of Reading Project Report 2005-2007 .CLPE　2009.5　O'Sullivan,O & Mcgonigle,S.The Power of Reading :A CLPE project/Enjoyment and creativity for children and teachers: raising achievement in literacy/Project research summary 2005-09. CLPE.www.clpe.co.uk

表3　領域一覧表

教育段階	ナショナル・カリキュラム (1989/改定版1999)　B　対象となる学習範囲		学年	学期	リテラシーの指導方略指針(1998) 学習対象領域	
	文学	ノンフィクション並びに非文学テクスト (non-literacy text)			領域1　フィクションと詩	領域2　ノンフィクション
KS1	(A)既知の状況設定を持つ物語や詩、および創造的なファンタジー世界を背景とする物語や詩。 (B)著明な児童文学作家の物語、詩、および戯曲。 (C)伝承文学の再話。 (D)幅広い文化背景を持つ物語や詩。 (E)常套表現や予測可能な言語を用いた物語、詩、および戯曲。 (F)長編物語や長編詩、および凝った語彙を用いた物語や詩。 (G)音読や朗読をすることで言語使用の特徴がわかるテクスト。	(A)ひとまとまりのテクストと関連像を含む、活字情報やICT（情報伝達技術）による情報。 (B)辞書、百科事典、その他の参考文献。	R		(特定の領域設定なし)	
			1年	1学期	身近な状況設定の物語、予想しうる反復パターンを持つ脚韻詩。	サイン、ラベル、キャプション、リスト、簡単な説明文 (instructions)。
				2学期	伝統的な物語と脚韻詩、妖精物語、遊びの唱え歌、動作詩を含む、さまざまな文化背景を持つ、身近な予想しうるパターンを持つ物語と詩、劇。	時間軸に添わない構成を持つレポートを含む知識の本 (information books)、簡単な辞書類。
				3学期	空想世界を扱った物語世界、予想しうるパターン構造を持つ詩、類似テーマを扱った多様な詩。	観察記録、訪問記、記事を含む情報テクスト (information books)。
			2年	1学期	身近な状況設定の物語や多様な詩。	簡単な説明文 (instructions)。
				2学期	伝統的な物語、異文化の物語や、予想しうるパターンを持つ詩、子どものための著明な詩人の作品。	(i)辞書、語彙集、インデックス及び、その他のアルファベット順に構成されたテクスト。　(ii)説明文 (explanation)。
				3学期	広い範囲の物語、著明な児童文学作家の作品、同一作家による異なる作品、なぞなぞや早口言葉、ユーモア詩やユーモア文学など、ことば遊びを伴うテクスト。	時間軸に添わない構成を持つレポートを含む知識の本、簡単な辞書類。
KS2	(A)著明な児童文学作家の現代作品。 (B)児童文学の古典的作品。 (C)質の高い現代詩。 (D)古典詩。 (E)多様な文化や伝統を背景としたテクスト。 (F)神話、伝説ならびに伝統的物語。 (G)戯曲。	(a)日記、自伝、評伝、手紙。 (b)活字化された参考・情報資料ならびにICT参考・情報資料。(例えば、教科書、報告書、百科事典、ハンドブック、辞書、類義語辞典、語彙表、CD-ROM、インターネット) (c)新聞、雑誌、記事、リーフレット、パンフレット、広告。	3年	1学期	慣れ親しんだ状況設定の物語、観察に基づく詩や文章、視覚的な詩。	(i)関心のある話題についての知識の本。　(ii)時間軸に添わない構成を持つレポート。　(iii)類義語辞典と辞書類。
				2学期	神話、伝説、寓話、例え話、伝統的な物語、関連性に基づく物語、さまざまな文化背景に根ざした、音声表現並びに身体表現された詩。	(i)指示書。　(ii)図解のない辞書類と類義語辞典。
				3学期	冒険物語、探偵物語、同一作家の物語、ユーモア詩、言葉遊びの詩、ワードパズル、しゃれ、なぞなぞ。	(i)列挙、説明、要望、祝福、不満など多様な目的にそった手紙文。　(ii)アルファベット順に並べられたテクスト群、住所録、百科事典、インデックスなど。
			4年	1学期	歴史物語と短編小説、戯曲、宇宙、学校、動物、家庭、感情、視点、などの一般的なテーマを扱った詩。	新聞や雑誌の多様な文体の報道文や記事文。説明文 (instructions)。
				2学期	SF、ファンタジー、冒険などの空想世界を扱った物語や小説。多様な文化と時代背景から選ばれた古典・現代詩。	同一、もしくは類似テーマを扱った知識の本。　(ii)説明 (explanation)。
				3学期	いじめ、死別、不正などの問題を扱った物語並びに短編小説。同一作家の物語作品、異文化の物語。俳句、五行短詩、二行連句、リスト、軽い作風の詩 (thin poem)、アルファベット詩、対話詩、モノローグ、音節詩、祈祷詩、碑銘体の詩、歌詩、脚韻詩並びに、自由詩のような多様な詩形の詩。	(i)広告、回覧板、ちらしなどのような説得を意図した文 (persuasive writing)、(ii)ディベートや社説などの議論文 (discussion texts)。(iii)他教科と関連した知識の本。
			5年	1学期	(i)著明な文学作家による小説、物語並びに詩。(ii)戯曲。(iii)視覚詩。(concrete poetry☆)	(i)記事録、活動報告、紀行文、観察記録、並びに報道レポートなど。(ii)物事がどのようになされるかを示した、規則書、レシピ、指示書、マニュアルなどの解説文 (instructional text☆)。
				2学期	(i)多様な文化に由来する伝統的な物語、神話、並びに寓話。(ii)物語詩を含む一定の長さを持った古典的な詩。	(i)(解説文もしくは、分類を目的とする)時間軸に添わない構成を持つレポート。(ii)(過程、システム、作業などの)説明文。例えば、消化器官の仕組み、パーセントの出し方、降雨確率のような他教科の内容の活用。
				3学期	領域1：フィクションと詩　多様な文化並びに伝統に根ざした小説、物語、並びに詩、音声表現並びに身体表現された詩。	(i)論点を設定したり、対立させた説得を意図した文章 (persuasive☆)。説得、批判、抗議、支援、反論、非難を目的とした手紙、コメント、リーフレット。(ii)IT資料を含む辞書類、並びに類義語辞典。
			6年	1学期	シェイクスピア劇のような勉強に適した映画やテレビによる再話なども踏まえて、長く親しまれてきた作者が書いた古典的なフィクション、詩及びドラマ。	(i)経験及び、出来事を詳しく述べた自叙伝、および伝記、日記、ジャーナル、手紙、逸話、観察記録など。(ii)新聞雑誌などに書かれた文章。(iii)年代順に書かれていない報告文。
				2学期	例えば研究し、比較するために歴史的ミステリー、ユーモア、SF小説、ファンタジー世界などのような、長く親しまれてきた、及び小説は1ジャンル以上から選ぶ。また、(注意や手紙、会話を目的とした)違う形式で書かれた挿絵を用いた詩、リムリック、謎、韻律、短歌、詩のような詩の領域を踏まえる。	領域2：ノンフィクション　(i)ディスカッションテキスト：異なる観点を並べ、それらをまとめて評価するテクスト、進退、道徳的な問題、方針などの賛否を考える。(ii)形式的な書記表現　通知、公共の情報の公文書など。
				3学期	重要な児童文学者や詩人による作品の比較。(a)同じ作者の作品。(b)同じテーマを扱った違う作者の作品。	(i)他の事物からの活動との関わりを説明する。(ii)年代順ではない報告文は、他の事物から活動が関わっていること。(iii)コンピュータの情報源を含んで、テキスト、辞書、シソーラスの領域から参照事項を探して来る。
KS3&4	(A)英文学の伝統に基づく、戯曲、小説、短編物語、詩歌。次の6点を含むこと。(1)シェークスピア戯曲2本（第3教育段階で最低1本）学習のこと、(2)著明な劇作家の戯曲、(3)1914年以前に出版された著明な作家による作品、(4)1914年以降に出版された著明な作家による作品2本、(5)1914年以前に出版された著明な4詩人の詩、(6)1914年以降に出版された著明な4詩人の詩。(7)現代劇、現代小説。 (B)児童向け及び一般向けに書かれた現代劇、現代小説、並びに現代詩。 (C)多様な文化や伝統を背景とした著明な作家の戯曲、小説並びに詩。 (A)(2)～(7)、(B)、(C)の具体的な作品リストの添付。	(A)文学性をともなったノンフィクション。(評伝、紀行文など―訳者注) (B)活字化された情報メディア、ICT（情報伝達技術）情報並びに参考テクスト。 (C)メディアテクスト並びに映像テクスト。(例えば、新聞、雑誌、広告、テレビ、映画並びにビデオ)	7年 8年 9年		同左（添付リストなし）	

第3章　ナショナル・カリキュラム制定（1989）と実施後の動向

1.1.1　学習対象領域

　NC 英語（国語）科の読むことの領域の学習対象は、「フィクション・詩」「ノンフィクション」に二別される。元来、児童書や一般小説・戯曲を丸ごと教材として扱ってきたイギリスにあって、非文学テクストの活用が推進される今日でも、文学テクストは英語（国語）科教育の中核をなす学習対象である。表3は、1990年 NC と1999年改訂版と98年に導入される「全国共通リテラシー指導方略指針」の学習対象を対照的に整理したものである。表4は、これをもとにジャンル意識の強い教材観をより際立てる再整理表である。Key Stage 1から、ノンフィクションよりもフィクションに著しい力点が置かれ、この段階の学習を特徴付けているのがわかる。わが国の小学校低学年用国語科教科書の教材量とジャンル性を思い起こすと、あらためて、そのバラエティの広さに気づかされる。

　さらに表4の細部に目をやると、第3学年から一挙に多様な文化背景に根ざした児童文学作品のジャンルや詩の種類が増え、第4学年にはテーマの多様性が加わる。ノンフィクションにおいても、指示、説明、説得、議論とその目的は拡大し、新聞、雑誌、各種広告など、メディアを意識した素材も広範に取り入れるよう求められる。これらを受けて、高学年には、フィクション・詩では、徐々に作家研究への導入が図られ、さまざまなテーマや題材を軸とした比較読みが意図される。ノンフィクションでは、低中学年とは比較にならないほど、その形態と目的が多様化していく。

　また、物語、戯曲、詩の3者をバランスよく取りあげ、それぞれの特徴に気づかせていく配慮は、前期中等教育の第7、第8学年（わが国の中学1、2年に相当）ならびに GCSE の対象領域へと通底していく。同一もしくは類似の複数のテクストを重ね読む力も小学校中学年から本格的に求められていく事項である。状況設定や人物造型とその読者への効果、作家研究への導入、物語、戯曲のみならず広範なメディア・テクストの構成把握、これらは、第3学年をフィードバックしながら高学年、中等段階へと継承されていく第4学年の特徴である。回帰型（recursive）の「指針」体系のなかでも、中学年の十全な習得は指導体系の要といえよう。

　ジャンル性を軸にした学習対象の体系化が行われるということは、文学的テクストの特性を徐々に読み重ね、理解し解釈に役立て、みずからの嗜好性を育み、中学校に至れば、批評力、鑑賞力へと発展していくことが期待されているということであろう。ここでは、読解の観点からではなく、書くことの指針事項に関する web 上に公開された支援資料に寄り添いながら、1989年指針を再整理することで（表5－1、2）学習対象としての「フィクション」（文学的テクスト）とはどのような特性をもつものとして指導事項として取り立てられるかを再整理した[1]。

　Key Stage 1の指導事項を見ると第2学年の終わりまでに、テクストの始まりや結びに基本的特徴をもち、いつ、なにが起こったかが時間軸に沿って連なっていくプロットが認められ、形式に一定の類似性が見られるなど、ある語りのパターンがあること。言語表現にも独自性があること。読みながら、それ以降の展開や結末を予想させるような牽引力をもつテクストであること等の特徴を識別しうる学習対象が、物語テクストであることがわかる。

　Key Stage 2では、第3、4学年と一挙に、文章の組み立て、段落の順序性といった構成が留意されるべきテクストとしてくり返し学ばれていく。伏線の張り方などが話題にもなる。第4学年には、特定の読者対象が意識されて構成されるテクストであることも加わる。こうしたことと表裏一体をなすのが、ブレインストーミングや図表化、絵コンテ活用などの構想活動の重視である。第4学年後半になると、既存の物語の結

― 49 ―

表4　学習指導対象テクストの分類

学習対象テクストの分類整理表（「指針」をもとに、松山が再整理したもの）		(ア) 説話型物語テクスト群				[(ア)'（ア）の応用]
		c) 伝承文学（民話や妖精物語）の再話	a) 既知の状況設定を持つ物語や詩、および想像的世界やファンタジーの世界を背景とする物語や詩	e) 常套表現や予測可能な言語を用いた物語、詩、および戯曲	g) 音読や再読をすることで言語使用の特徴がわかるテクスト	f) 長さや語彙の面で力を試されるような物語や詩
第1教育段階	1年 1学期		○（身近な状況設定の物語）	○（予測しうる反復パターンを持つ脚韻詩）	○	
	2学期	○（伝統的物語ならびに脚韻詩）	○	○	○	
	3学期		○	○（予測しうるパターン構造を持つ詩）		
	2年 1学期		○			
	2学期	○		○		
	3学期				○（なぞなぞ、早口ことば、ユーモア詩、言葉遊び）	○（広い範疇の物語）
		(ア) 説話型物語テクスト群				
		f) 神話、伝説ならびに伝統的物語				
第2教育段階	3年 1学期		○（慣れ親しんだ状況設定の物語）			
	2学期	○（神話、伝説、寓話、たとえ話、伝統的物語）			○（音声表現ならびに身体表現された詩）	
	3学期				○（言葉遊び、ワードパズル、じゃれ、なぞなぞ）	
	4年 1学期					
	2学期		○（SF、ファンタジー、冒険などの空想世界を扱った物語や小説）			
	3学期					
	5年 1学期					
	2学期	○（多様な文化に由来する伝統的物語、神話、伝説ならびに寓話）				
	3学期	○（多様な文化ならびに伝統に根ざした小説、物語、ならびに詩）			○（音声表現ならびに身体表現された詩）	
	6年 1学期					
	2学期					
	3学期					
第3、第4教育段階	7～9年・GCSE学年（10/11年）					

第3章 ナショナル・カリキュラム制定（1989）と実施後の動向

(イ) 評価の定まったテクスト群				(ウ) 多言語文化テクスト群	ア、イ、ウ）を運用する際求められる重ね読み、比較読みテクスト群
b）著名な児童文学作家の物語、詩、および戯曲				d）幅広い文化的背景をもつ物語や詩	
				○	
					○（類似テーマを扱った多様な詩）
○（詩）				○	
○（物語）					○（同一作家の作品の重ね読み）

(イ) 評価の定まったテクスト群				(ウ) 多言語文化テクスト群	
著者を取り立てるテクスト群ならびに古典	ジャンルを取り立てるテクスト群				
	散文）	韻文）	戯曲）		
a）著名な児童文学作家の現代作品／b）児童文学の古典的作品／c）質の高い現代詩／d）古典詩		c）質の高い現代詩／d）古典詩	g）戯曲	e）多様な文化や伝統を背景としたテクスト	
		○（観察に基づく詩や文章・視覚的な詩）			
	○（関連性に基づく物語）			○	
	○（冒険物語、探偵物語、同一作家の物語）	○（ユーモア詩）			○（同一作家の物語）
	○（歴史物語、短編小説）	○（宇宙、学校、動物、家庭、心情などの一般的なテーマを扱った詩、視点を取り立てる詩）			
	○（SF、ファンタジー、冒険小説）			○（多様な文化背景および時代背景から選ばれた古典、現代詩）	
	○（いじめ、死別、不正などの問題を扱った物語並びに短編小説）	○（俳句、五行短歌、二行連句、リスト、軽い作風の詩（thin poem）、アルファベット詩、対話詩、モノローグ、音節詩、祈祷詩、碑銘体の詩、歌謡、脚韻詩並びに、自由詩のような多様な詩形の詩）		○（異文化の物語）	○（同一作家の物語作品）
○（著名な文学作家による小説、物語ならびに詩）		○視覚詩（concrete poetry）	○（戯曲）		
		○（物語詩を含む一定の長さを持った古典的な詩）			
○（シェイクスピア劇のような学習に適した映画やテレビによる再話なども踏まえながら、長く親しまれてきた著者の手による古典的フィクション、詩ならびにドラマ）					
	○（歴史的ミステリー、ユーモア、SF小説、ファンタジー世界などの、長く親しまれてきた物語、及び小説を、例えば研究し、比較する目的で、1ジャンル以上から選ぶ）	○（警告、手紙、会話を目的とした異なる形式で書かれた婉曲を用いた詩、リムリック、謎、韻律、短歌などの詩の領域を踏まえる）			
					○（重要な児童文学者や詩人による作品の比較。(a)同じ作者の作品。(b)同じテーマを扱った違う作者の作品）
	(A) 英文学の伝統に基づく、戯曲、小説、短編物語、詩歌。次の6点を含むこと。（1）シェイクスピア戯曲2本（第3教育段階で最低1本）学習のこと、（2）著名な劇作家の戯曲、（3）1914年以前に出版された著名な2作家による作品、（4）1914年以降に出版された著名な作家による作品2本、（5）1914年以前に出版された著名な4詩人の詩、（6）1914年以降に出版された著名な4詩人の詩、（7）現代詩、現代小説。(B) 児童むけ及び一般向けに書かれた現代劇、現代小説、並びに現代詩。			(C) 多様な文化や伝統を背景とした著名な作家の戯曲、小説並びに詩。	

― 51 ―

表5−1 物語構造（story structure）を意識した書くことの推奨指導事項（「1989年指針」）

第1学年 2学期	T10	さまざまな物語のはじめと結びなど、物語の基本要素がわかり、比較する。	第4学年 1学期	T4	物語の組み立てを検討する。物語の主たる場面をわかり、丁寧に組み立てる。導入部−展開部−クライマックス、もしくは葛藤−集束など。
	T14	見出し、挿し絵、主要事項を順序立てて記録する矢印を活用して、物語のプロットの概観を示す。（例えば、文集、物語ポスター、自分の作品について）		T9	ブレーンストーミング、メモの作成および、図表化などさまざまな方法を用いて物語を構想する。
	T16	既知の物語のいくつかの要素を活用して、自分の文章を組み立てる。		T10	段階を踏んだ語りを理解しながら物語を組み立てる。
第2学年 1学期	T4	いつ、なにがおこったかなど、物語における時間と連続性について理解する。	第4学年 2学期	T12	特定の読者対象を思い浮かべて計画を立て、他者と共同して複数の章立てからなる物語を書く。
	T10	物語構成を活かして、同様のもしくは類似の形式に基づいて自分の経験について書く。	第4学年 3学期	T3	考えを集約し、順序立て、組み立てるために、いかに段落や章が用いられるか理解する。
第2学年 2学期	T4	指導者とともに読みながら部分的な抜粋をもとに物語の結末や出来事を予測する。		T12	既知の物語についてオリジナルとは異なる結末を書き、それによって、登場人物や出来事に対する読者の見方がどのように変化するか話し合う。
第2学年 3学期	T10	語り、状況設定、人物造型、会話表現ならびに物語独特の言語表現など物語の構成要素に関する知識を用いてひとまとまりの物語を書く。		T13	構想表をもとに、章立てのある長めの物語を書く。
第3学年 1学期	T15	物語を段落によって構成し始める。物語中の会話表現を下位段落し始める。	第5学年 1学期	T2	異なった物語構造を比較する。物語展開の速度、構成、連続性、複雑なプロット並びに、出来事とその結末などにおいてどのように違いが見られるかを見いだす。
第3学年 2学期	T6	いかに数少ない言葉の中で、伏線となる点をとらえられるかを考えながら、物語構造に欠かせない項目を組み立てる。構想のさまざまな方法について話し合う。		T14	ストーリーの展開やプロットの組み立てを示しながら、文章全体の構成をとらえる。例えば、ストーリーの起伏、場面、段落並びに章の関連性など。
	T7	リストを作成する、図表化する、見取り図を作成する、簡単な絵コンテを作るなど、さまざまな方法を通して、主要な出来事を示し、順序立てて並べる。	第5学年 2学期	T11	読むことを通して分かった構造やテーマを用いて自分なりの伝説、神話、並びに寓話を書く。
第3学年 3学期	T10	既知の物語の出来事の順序性をモデルとして、文章構成を練る。	第6学年 1学期	T7	自分の創作文のプロット、人物造型、構成について、効果的に、簡潔に、計画を立てる。
	T13	出来事の組み立てに基づいて発展的な物語を書く。章タイトルや作者紹介などで簡単な章を始める。物語を構成するために段落を活用する。	第6学年 2学期	T1	物語構造の諸要素について理解すること。 ①章構成はどうなっているのか。 ②どのように作者は時間軸を取り扱っているか。例えば、回想場面、物語や夢の中での話など。
			第6学年 3学期	T11	実際の読者を想定して、役立つような書評を書く。

第3章　ナショナル・カリキュラム制定（1989）と実施後の動向

表5－2　状況設定／人物造型を意識した書くことの推奨指導事項

物語の状況設定（fictional　setting）			人物造型（characterisation）	
第3学年 1学期	T1	多様な物語設定を比べ、場面を描く単語や句を選び出す。	T10	読んだことをモデルにして、自分なりの会話表現を書く。
	T11	以下のことがらを通して、自分の物語の状況設定を工夫する。①既知の場所の端的な説明を書く。		
	②	慣れ親しんだ物語の文体を用いて状況設定を書く。		
	③	物語の冒頭と結末の文や句を集め検討する。これら典型的な要素を用いて、再話したり、物語を創作したりする。		
第3学年 2学期	T1	伝統的な物語の慣用表現について考察する。物語の始まりと結び、場面の 'Now when…' 'A long time ago…' のような場面の始まりなどの事例を集め、リストを作成し、比較し、自分の文章に活用する。	T3	繰り返し登場する主要な登場人物を認識し、それらについて話し合う。人物の行動について評価し自分の考えを正当づける。
第3学年 3学期	T11	読みと関係づけたり、読みから発想を得て物語や章の冒頭を書く。緊張感の造型、サスペンス、雰囲気の創造、場面の設定など言語表現の効果に焦点を当てる。	T4	実際の冒険に基づいて書記表現もしくは音声表現によって物語として表されたものを選び、それらとフィクションを比較するなどの活動を通して、出来事の信憑性について考える。

末を変えて、原作と比較、第5学年では、物語構造の異なる作品の比較検討、既知のジャンルを真似ての創作へと続き、特定の構造化がなされるテクストとして、作り手の立場に立った物語テクストのメタ理解が促される。第6学年には、自作の物語および既読の物語の語りの特性を説明する、書評を書くなど、物語テクストの特徴を明らかにする説明言語の習得が期待されている。

　同web資料の観点から、状況設定と人物造型を加えてみよう。書くことの指導事項としては、両者は第3学年まで扱われない。つぎに第3学年のみを取り出した表を掲げた。両者ともに特徴的な語句や（会話）表現への着目から始まり、典型的な表現集めとそれを使った類似創作活動が反復学習される。典型表現への着目は、物語テクストにおける表現効果へと結び付けられ、3学期には、フィクションとノンフィクションの違いから人物像のありようを考えさせている。文学テクスト独自の表現語句を分析的に見出し、読者への効果をメタ的にとらえるべきものとして設定されていることが明らかである。表3のジャンル別整理表に見られた第3学年から劇的にジャンルが拡大すること、低中高と一貫して伝承文学が学習対象に取り上げられていることを考え合わせると、初等教育における英語（国語）科の学習対象「フィクション」は、伝承文学を物語の基本的表現形態として、状況設定、人物造型、プロットの基礎学習を重視するものといえよう。

1.1.2　到達レベル

　イギリスの初等教育段階は、NCの施行に当たり、第1教育段階（Key Stage 1、第1・第2学年、5－7歳）と第2教育段階（Key Stage 2、第3－第6学年、8－11歳）の二段階構成とされた。一方、中学校も、第7学年から第9学年までの第3教育段階と、義務教育修了資格公試験GCSE受験学年である第4教育段階（第

表6　教育段階と到達レベル

ナショナル・カリキュラム										
	第1教育段階	1	②	3						
	第2教育段階		2	3	④	5				
	第3教育段階			3	4	5 6	7	8		
1990	第4教育段階			3	4	5	6 7	8	9	10
	第1教育段階	1	②	3						
	第2教育段階		2	3	④	5				
	第3教育段階			3	4	5 6	7			
1999	第4教育段階									

※○印は各教育段階終了時に望まれる達成度を示す。

10－11学年）の二まとまりから構成される。英語（国語）科は、数学、理科とともに、3基礎科目（core subjects）として位置づけられている。

　教科としての独自性と学習全体における基盤をになう英語（国語）科の到達レベルは、洋の東西を問わず、社会の関心事である。カリキュラムの構成は、90年、99年ともに、学習プログラムと到達目標からなる。前者の学習プログラムが、「概括規定」と「細部規定」から編成されていたのに対し、後者では、「A　知識・スキル・理解」と「B　対象となる学習範囲」として整理されている。各Key Stageにおける達成目標レベルの数字を丸で囲んだ。（表6）

　一見して、第4教育段階の取り扱い方に違いがみてとれる。90年版では、10レベルに細分化され、最後の9、10レベルは高度な到達目標によって義務教育が求める到達点を明示した。が、指導内容の過密さがゆえに実施段階で支障をきたす場合が多く、95年の修正案以来、8レベルと発展段階によるゆとりを持たせた構成となって99年改訂版に継承されている。改訂版では、「1996年教育法」を受けて、第4教育段階は、義務教育修了時の資格公試験の評価項目をもって判断されることとなり、望まれる達成度の具体的指示はない。

　このような推移のなか、第3レベルは、レベル編成とそれに応じた到達すべき内容の微調整をはらみながらも、両者ともに小中学校一貫して求められており、義務教育期において必須の到達レベルと考えられる。以下に、両者の第3レベルと初等教育の到達点としての第4レベルを一覧にしたものを掲げた。両者を比較すると、格段に文言量に差があるが、90年版の細目が99年版の「指針」（98年）の細案に吸収、敷衍されていると考えれば、90年版の第3レベルに、義務教育必須の英語（国語）力を読み取れる。読むことの力を例に掲げる。（表7）

　重点化を意図した99年改訂版の第3レベルをみると、基本的な情報検索力も含め、意味を取るために「適切な方略」を工夫しうるひとり読みの習得を、義務教育必須の読みの力としていることがわかる。その方略の具体は、リテラシーに関する「指針」によって補完される。併せて掲げた第4レベルでは、テクストのテーマや構成要素を理解するための演繹的な読みの活用、読みとったことの客観化、概念化など、読みの方略の習得を、初等教育終了時11歳児の80％が達成すべき読みの力としている。

　読むことの到達点にかかわって、イギリスでは、「1998年指針」を軸に、基礎学力の底上げを具体的な数

表7　第3・第4レベルの読むことの到達目標の推移

第3レベル		読むことの到達目標	
		到達目標	実践例
1989	a	親しみやすい物語並びに詩を、流暢に、そして適切な表現でもって朗読する。	異なった登場人物であることを示すために声を高くしたり低くしたりする。
	b	集中力を維持しながら黙読する。	
	c	物語を注意深く聴き、場面設定、あらすじ、登場人物について語り、重要な部分については、その詳細を想起する。	何が起こって主要登場人物の運命が変化したかに言及しながら、ある物語について語る。
	d	物語並びに詩について語る際に、書かれていることの範囲を超えて底意を見出し鑑賞するために、推論や演繹や先行する読書体験を活用し始めていることを明示する。	他の物語に見られた冒険の結末を踏まえて、ある物語についてそこでの登場人物に何が起こるかを討論する。
	e	物語についての書記表現や討論から、物語の構造についてある程度の理解を得る。	「最初に」や「最後は」というように、物語を様々な部分に分けて当てはめる。例えば「三匹の子豚」や「ゴルディロックスと三匹の熊」のように、予想可能な仕方で展開している物語があることに気づく。
	f	適切な情報並びに参考図書を学級文庫や学校図書館から選び、それらの活用を可能にするためには、どのような順序で探求していったらよいかを工夫する。	「野性」を学習課題とした場合、鳥の大きさと色彩、鳥の食物と生息地についての情報が必要であることを知り、実際にそれを調べてみる。
1999	児童は、無理なく、正確に幅広いテキストを読む。意味を読みとるために適切な方略を用いて、ひとり読みを行う。フィクション並びにノン・フィクションを読む場合、主要部分の理解を示し、自分の感想を表す。本のありかを特定し、情報を見つけるために、アルファベット順についての知識を活用する。		

第4レベル		読むことの到達目標	
1989	a	慣れ親しんでいる範囲の文学を、表現豊かに、流暢に、充分な自信をもって朗読する。	感情を表現するためや特徴や雰囲気を表すために、朗読の速さや口調を変える。
	b	各人がそれぞれに読んだことのある範囲の物語や詩について語ることにより、自ら好むところを探求する能力を明示する。	個性的反応の徴候を喚起してくれる詩や物語について、その詩や物語が持っている特質を述べる。
	c	物語や詩やノンフィクションやその他のテキストについて語る際に、推論や演繹や先行する読書体験を活用する能力を発達させていることを明示する。	読者が次の出来事を予想するための援助となるような、テキスト中に存在する手がかりを認識して活用する。
	d	調査をしていくうえではっきりしない点を追求する場合に、図書分類法による分類システム目録やデータベースを活用することで、学級文庫や学校図書館に所蔵されている図書や雑誌を検索し、さらに情報を得るための適切な方法を活用する。	学校や家庭での健康と安全について調べるための一助となるように、調べ読みの方法を用いる。
1999	幅広いテキストを読む場合、重要な考え、テーマ、出来事ならびに登場人物についての理解を示す。その時、予想や推論を用い始める。自分の考えを説明するために、テキストに言及する。考えや情報のありかを特定し、活用する。		

値目標として明示し、教育重視を鮮明に打ち出した、政府主導型の国際競争力強化を見据えたリテラシー教育の推進が目指されている。この数値目標とは、教育雇用相 David Blunkett が、97年就任後まもなく打ち出した、2002年までに公立小学校に通う11歳児の80％が、英語（国語）科ナショナル・カリキュラムの Key Stage 2 第4レベルに到達していることである。第3レベルは、国家として努力目標にすえた第4レベルの実現を下支えする必須レベルと考えられる。

1.1.3 第3レベルの基本的特徴

　まず、文学テクストの読むことの到達点の観点から、90年版第3レベルを概観する。掲げられた6つの項目は、音読の力、黙読の力、文学テクストの読解力、情報検索力の4つに分けられる。このうち、半分を占める3項目が物語読解力に当てられ、分析的な読みの方略の習得を明確に基本に据えている。小学校終了時に身につけていることが望ましいとされる第4レベル、義務教育修了資格試験の基盤として望まれる第5レベルと関わらせながら、イギリスのNCが明示した物語リテラシーの特徴は、つぎの6点に整理できる。

（1）基礎力としての声による物語の共有

　a「親しみやすい物語ならびに詩を、流暢に、かつ適切な表現を用いて朗読する。」は、朗読の力という音声表現スキルであるが、イギリスの社会にあって、このような言語スキルの習得は、一人の言語主体にとってどのような社会文化的ニーズ、必然性をもっているのか。そこには、物語は語り出されることで場に共有され、場に息づくテクストになることに、一つの価値を見出す文学観を指摘できる。活字メディアは音声メディアに語りなおされることで、新たなテクストが立ち上がる。その変化、変容を受けとめ、自らの読みをフィードバックする。口承と書承が行き来する場のありようが、物語を享受してきたイギリスの伝統的な文化の型であるとするなら、語られる場をともに分かつことは母国語教育の大前提である。その場に参加しうる音声表現力（朗読によるテクスト再現力）の習得が、義務教育必須の力として取り立てられている。

　第4レベルにも、対象テクストを広げ、a「慣れ親しんだ範囲の文学を、表情豊かに、流暢に、十分な自信をもって朗読する。」（実践例　感情を表現するためや特徴、雰囲気を表すために、朗読の速さや口調を変える。）が掲げられている。けれども、わが国の中1、2学年に相当する中学校 Key Stage 3 で習得が望まれる第5レベルには、そうした文言は見られず、音声を通して物語テクストを共有する力、声による物語テクスト表現力（再現力）は、初等教育でマスターすべきものである。これは、わが国の平成23年度改訂学習指導要領「読むこと」においても同様であるが、イギリスの場合、学習者にとっては、暗記の正確さや流暢さが第一の関心事であるかもしれないが、正誤、上手下手という観点を超えた声の個性、一つのテクスト解釈の表出の場におのずと立ち会わされることに一層の重点を置く。中学校の文学教育は、この〈場〉の基本概念とその〈場〉に能動的に参加しうる（語る・聴く・分かちあう）力を基盤として構想されている。

表8　学年と中心となる児童年齢

第1段階	レセプション 第1学年 2	5歳 6 7
第2段階	3 4 5 6	8 9 10 11
第3段階	7 8 9	12 13 14
第4段階	10 11	15 16
	12/13	17/18

第3章　ナショナル・カリキュラム制定（1989）と実施後の動向

表9　第3レベル到達目標　1990

a	親しみやすい物語並びに詩を、流暢に、そして適切な表現でもって朗読する。
b	集中力を維持しながら黙読する。
c	物語を注意深く聴き、場面設定、あらすじ、登場人物について語り、重要な部分については、その詳細を想起する。
d	物語並びに詩について語る際に、書かれていることの範囲を超えて底意を見出し鑑賞するために、推論や演繹や先行する読書体験を活用し始めていることを明示する。
e	物語についての書記表現や討論から、物語の構造についてある程度の理解を得る。
f	適切な情報並びに参考図書を学級文庫や学校図書館から選び、それらの活用を可能にするためには、どのような順序で探求していったらよいかを工夫する。

（2）メタ言語の獲得を支える〈教育的〉な場の構築

　また、この朗読と対のように目指されるものとして、第4レベルb「各人がこれまで読んできた物語や詩について語ることで、自らの好むところを探求する力を明示する。」という、物語について〈語る〉力が指摘できる。これは、第5レベルでは、質の異なる語り合う場の具現化とそこへの参加と寄与に関わる力として、発展的に継承されていくよう求められている。具体的には、以下のようである。

　a「各人が自分の読んできた物語や詩について語ったり、書いたりすることで、自らの好むところを説明する力を明示する。」／c「物語や詩、ノンフィクションやその他のテクストについて語ったり、書いたりするときに、自分の見解を発展させたり、自分の見解をテクストの部分を参照して根拠づけたりする可能性を明らかに示す。」／d「非文学テクストやマスメディア・テクストについての討論のなかで、事実として表されている内容と、意見として表されている内容をいかに判断できるかを示す。」／e「筆者の言葉選びの特徴や、それらの読者への効果に対する気づきを、討論を通して示す。」

　このように、第5レベルでは、取りあげるテクストの広がりと読みの質の深まりが求められ、自らの見解や分析的な発見を場に供する力へと敷衍されることが期待されている。分析的な読み方に基づく発見、理解である。そのうえで、テクスト分析力を身につけるに止まらず、場のなかで共有し、反芻され、その結果、必然的な修正、変更をも受け止める柔軟な音声表現主体が求められている。語り合う場の洗礼を受けることで、テクストの読み手としての自分自身をメタ的にとらえることができる。きわめて〈教育的〉な場の創出が、英語（国語）科の読むことの授業を支えるよう期待されている。イギリスのNCが当初からめざした物語の学習指導は、この取り立てられた〈場〉のなかで、文学テクストの読み手として再現する力、再現する自分を語る〈ことば〉の獲得と活用の力の育みが求められていると考えられる。

（3）ひとり読みの根幹であり、到達点ともいえる黙読の力

　文学について語る〈ことば〉を育むためには、ひとり読みの力の充実が不可欠である。第3レベルb「集中力を維持しながら黙読する。」である。「集中力」を「維持」するとは、言い換えれば、読むという孤独な言語行為をなすための基礎力を取り立てたに等しい。内省的な読みの基礎力は、第3レベル以降には文言として表れず、義務教育必須の読みの力として、最低限譲れない基礎力であることが知られる。第3レベルに掲げられた情報収集力の基礎、f「適切な情報ならびに参考図書を学級文庫や学校図書館から選び出し、活

— 57 —

用をするためには、どのような順序で探求していったらいいかを工夫する。」も、黙読の力と連動し、実行力を持ちうるのは、言うまでもない。

（4）文学テクストの特性に沿った読みの方略の習得と予測し推論する力の活用

　文学テクストの基本構成要素をいかに意識させ、自らの分析的な読みの実際的な方略として具現化しうるか。これは、第3レベル6項目中3項目を割いて中核をなしている。第3レベルのcでは、文学の構成要素である「場面設定、ストーリー、登場人物」にそって、ある程度細部にも目配りをしたメタ的な〈ことば〉の獲得がめざされている。聴解を扱ったcでは、出来事の展開（ストーリー）をとらえて全体を把握する一方で、「どのような出来事が人物の運命を変えたかに触れながら、物語について語る」という実践例に如実なように、プロット理解への観点として人物への着目を促す。

　dでは、精読法として、「推論」、「演繹」「既存の読書経験」の活用を意識し始めることが望まれている。「既知の物語の冒険の結末を踏まえ、この場面では人物に何が起こるか話し合う。」と実践例にあるように、読書体験を援用して、人物を軸としたストーリー読みからプロット読みへの導入が意識されている。このように、c、dでは、学習者にとって最も抵抗感の少ない人物を取り上げ、聞く、話す場で、物語読解を共有しうる力が求めるよう具体的提案がなされる。一方、eでは、「物語について書いたり、討論をするなかで、物語構造についてある程度の理解を得る。」と、書記・音声双方の表現を掲げ、「「最初は」「最後に」等を手がかりに、物語の断片を配置する。」といった並べ替えや、「「三匹のこぶた」「ゴルディロックと三匹の熊」のように、次の展開が予想できる物語の型に気づく。」といった、既存の読書をもとに、時系列にそった出来事想起型の物語展開パターンの意識化が求められている。

　このように、文学テクストの特性を語り出すメタ的言語行為に対し、読みの観点の活用や精読法の試み、全体像（語りの型）の把握とその組み立ての約束事の意識化という、具体的な指針が明示されている。共通しているのは、中核に置かれている言語行為が、音声表現であることである。朗読の力が対象テクストの声による再現とするなら、上述の観点や方略を意識させながら分析的に自らのテクスト体験（読み）を再現するのが、cからeの項目である。話し言葉を通してメタ的な言語行為を繰り返すことが、書き言葉による分析的な読解のあとづけへの予行練習として意図されている。この意味においても、教育的な〈場〉の構築が、物語リテラシーの育みの基盤に据えられているといえよう。

　第4レベルになると、対象テクストが、物語・詩に止まらずノンフィクションやその他のテクストに拡大し、同様の読み方の活用力の伸びを示すよう求めている（c）。その実践例には、「つぎの展開を予想するためにテクスト中の手がかりを読み取って活用する」とあり、テクストに沿った言及が求められ始める。改訂版カリキュラムの第5レベルには、「核心的なところを抜き出したり、必要に応じて予測や推論をしながら、幅広いテクストについて理解を示す。」という文言が明記され、当初のカリキュラムよりも、予測力、推測・推論の力、ならびに引用の活用を、初等から中等に続く読みの方略として反復提示し強調する姿勢が窺える。

（5）テクストを語り直す行為とそのメタ的な認識

　（2）（4）ですでに繰り返し触れてきたことであるが、テクストを語りなおす行為の習得という項目を、特徴として掲げておきたい。先に揚げた第4レベルbには「物語や詩について語ることで、自らの好むとこ

ろを探求する力を明示する。」とあった。実践例には、「自分の個人的な思いや感想を呼び起こしてくれる詩や物語について、その特質を述べる。」とある。いいかえれば、テクストの具体に言及しながら、自らが読み取った〈物語〉をできるだけ客観的に語りなおすことである。さらにいえば、自分の読みの行為、読みのありようを語りなおすことである。これは、第5レベルにおいても、「自らの好むところを説明する力」や「自分の見解をテクストの部分を参照して根拠づけたりする可能性」として繰り返し取り立てられる。当初第3レベルには、文言として明示されていなかったが、改訂版には、第3レベル「フィクションならびにノン・フィクションを読むとき、主要部分の理解を示し、自分の感想を表す。」とあり、第4レベルでは「自分の考えを説明するために、テクストに言及する。」、第5レベルでは「テクストの読みを通して、主要な特徴、主題、人物を認識し、自分の考えを根拠づけるために句や文、関連事項を選ぶ。」と、自らの読みのありようを語りなおすための方略を学び重ねることが、一層明らかな系統的到達目標として掲げられている。

　状況設定・人物・プロットという文学の基本構成要素への着目と理解、予測法、推測・推論法、演繹法、読書経験の活用、引用法といった、読みの方略は、テクストを語りなおす方法であり、学習者の読み取った（語りなおした）内なるテクストを他者と共有しうる場へと導き出す方略と位置づけられている。第5レベルともなると、筆者のことば選びやその効果への気づきなど、作家論的な読みが登場する。著名な作家の文体を意識的に読むというと受動的な読みを想像しやすいが、相手意識をもった表現主体のモデルとして作家のことばに出会うことに重きが置かれていると読み替えることもできよう。

（6）既存のテクスト体験に逆照射される読み

　くわえて、aからeに一貫して見られることに、学習者が親しんできた既知のテクストの活用が挙げられる。既知のテクストとの対話を通して、未知のテクストをとらえていくという重層的な読みの行為が、音声表現、書記表現双方の語りなおしの行為において、きわめて具体的に意識されるよう配慮が見られる。これによって、新たなテクストへの抵抗感を和らげ、読みの方略の学びに集中できる学習状況を可能にする。就学前から多様なメディア形態をとおして享受してきた文学テクスト群をてこに、新たなテクストを弁別、価値付けていくこの行為は、おのずと自らの物語環境そのものをメタ的に体系化していくことでもある。イギリスでよく言われるところのワイダーリーディングの「拡がり」は、こうした体系化の意識を育む土壌を前提として活かされることが意図されている。

1・2　標準英語と言語学習

1.2.1　標準英語（容認発音）とはなにか

　義務教育修了時の資格公試験の改変が始まった60年代は、イギリスが労働力として多くの非ヨーロッパ系移民を受け入れ始めた時期と重なり、以来、本格的な多民族共存国家の道を歩んできた。この社会構造の変容が教育改革を必須のものとし、なかでも社会のコミュニケーション・ツールである言語に携わる英語（国語）教育観そのものの問い直しを迫られることとなった。義務教育機関で学ぶべき規範語の抜本的問い直しである。具体的には、英語（国語）科教育における標準英語の再定義であった。

　マクラム他（1989年）[2]は、書き言葉においても話し言葉においても「英語の歴史を眺めてみると、標準化への傾向と地方化への傾向とが相競っていることがわかる。」と述べる。NCで問題とされた容認発音

（Received Pronunciation 以下略して RP）の出現は、「大英帝国官僚とその教育的基盤の台頭と歩みをともに」する。1870年教育条例によって「中級および上流階級の言語と社会とが入りまじる場所」としてパブリック・スクール（私学）が確立されるが、条例以前と以降では、教育あるエリート階級の英語は様相を異にしたとされる。1890年頃までは、生涯地域方言者であることは当たり前のことで「それを矯正するような社会的圧迫」はほとんど皆無であったという。が、90年代ともなると、「教育条例後派」ともいうべき新世代の教師は発音矯正を課し、生徒同士も「プレッシャーをかけ合って、それがきっかけとなって新入生が標準発音を身につけることに」なった。19世紀末には、非標準英語は「無教育の印として真剣に避難される」に至り、当時のオックスフォード大学では、「特定の発音とイントネーションで Queen's English を話す」ことがコミュニティの一員たる必須条件化していった。

　容認発音は、この「特定の発音」であり、「ロンドンおよびイギリス南東部の教育ある人々の発音」に由来する。大英帝国全盛期であるヴィクトリア時代は、パブリック・スクールが軍隊と文官に向けて標準英語話者を輩出し、国内のみならず植民地全体においても「権威者の声として認知」されていったという。「同時に農村地帯および労働者階級特有の発音が台頭し、これは教育ある人たちの発音と並んで、イギリスのみならずイギリス統治領全域にわたって広く用いられ」、使用発音による対立や揶揄、嫉妬といった感情が社会に内包されていった。

　容認発音が、さらに社会の中核をなす発音として定着するのは、ラジオの登場による放送言語としての位置づけであった。ラジオ、さらにはテレビの二大マスメディアによって容認発音の普及が促され「教育と標準英語との相関が一層強められることとなった。」マクラム他（1989）[3]は、1920年から45年（第二次大戦終了時）までオックスフォードの要職にあった H. C. ワイルド教授のつぎの言を掲げ、容認発音話者がイギリス人口の約3パーセントに過ぎない当時においても、いかに権威づけられていたかに言及している。容認発音は「あらゆる種類の発音のなかで最も優れたものである。なぜなら、それは最も優れていると呼んでしかるべき人々によって話されているのみならず、二つの利点をもっていて、それによって本質的に他のすべての英語よりも優れたものになっているからである。二つの利点というのは、ひとつは国内での普及度という点、もうひとつは発音の明瞭さということである。」

　発音と話者の関係性について、発音の果たす機能の面からさらに当時の社会通念に関して説明が加えられる。「発音は二つの重要な機能を果たしている。第一に、それは話し手の生活や経歴に関する手がかりをわれわれに与えてくれる。第二に、それは話し手の属している共同体がどの程度の価値をもっているか、かつまた話し手がどのように自己を規定しているかをよく示してくれる。（略）イギリスにおける発音に対して一般大衆がどのような態度を取るかを考察してみると、驚くばかりの均一な反応がみてとれる。RPの話し手たち（喋り方によってのみ識別されるわけだが）は、通常つぎのような特質をもっていると判断される。すなわち、率直さ、知性、野心、そしてまた顔立ちのよさまでも連想される。RP以下、発音の容認度による一覧表が存在する。（略）地域方言のなかには率直さと親しみやすさの点でRPよりも上とされるものもあるが数は多くない。RPの話し手は非標準英語の話し手にくらべると、権利を主張する機会に恵まれている。それが法廷であろうと、また商店主ないし銀行支配人を相手にしての信用貸しの駆け引きの際であろうと、とにかく信用度が問題になるような状況ではつねにそういえる。」

　1960年代から70年代にかけての急激な社会変化にともない、公共放送BBCの放送言語の発音領域の許容範囲が広がり、アナウンサーの地域方言が徐々に認められ、同時に、たとえば、労働党のキャラハン、保守

党のサッチャーなどに見られた「修正RP」の使用も広く認知されていった。こうして、イギリスの階級制度の衰退と英語の階級発音の権威の減少が軌を一にし、平準化への動きが明確に現れはじめる。マクラム他（1989）[4]は、音声学者 J. C. ウェルズの *Accents of English*（3Vols. Cambridge, 1982）を参照しながら、氏の指摘する容認発音そのものの音質の変化を掲げるとともに、コックニーの特徴の多くが容認発音へ「侵入し」広まりつつある「下剋上」的平準化説を紹介している。

　こうして、国際競争力の復元を国家として強く標榜する80年代末に、NCは導入されることになる。Whitehead（1990）[5]は、標準英語を「汎用性の高い公的コミュニケーション（'non-regional public communication)のための言語形態（the form of language）」と定義づける。ここで問題とされるのは、書記言語としての言語形式、形態であるとともに、音声言語（発音、イントネーション、アクセント）としてのそれである。60年代後半、労働力として多くの移民を受け入れ、多民族国家として本格的なスタートをきったイギリスにあって、19世紀のある限られたコミュニティで育まれた容認発音を、広く社会の規範とする標準英語観に、母国語教育として疑問が投げられるに至ったのは当然の成り行きといえようか。平準化が図られてきたとはいえ、容認発音を是とする潜在的な社会的階級機構を内包するイギリスにあって、個々の発音の多様性を認めるところから母国語教育の意識改革を始めなければならなかったのである。

　こうした動きと相俟って、話し聞く力（oracy）への関心が高まり、1985年には、義務教育終了時の新しい資格試験 GCSE の評価対象として口頭表現力（oral communication）が義務づけられた。また、80年代初期に本格的に始まった14－18歳を対象とする職業技術訓練科目の再検討の動き（TVEI）のなかから CPVE という1年課程の職業準備資格コース（1983年から実施）も生まれ、そこでも口頭表現力（oral communication）が重要科目に上がっている。試験制度と出版が歩調を合わせるのは、どの国も似たものらしく、これらに伴なった種々のテキストの出版、教育テレビ番組の開始とつづき、当時、ILEA をはじめ各地方教育局国語部では新しい教材資料の批評検討、在職者研修コースの開催など対応に追われていた。

　今少し大がかりな地方研究としては、ウィルトシャーの話し聞く力の弱い児童を中心としたプロジェクト[6]が好例である。教科の枠を越えた話し聞く力の指導、評価の実際が *Oracy Matters* という小冊子を通じて報告され関心を集めた。教育科学省の資金援助による話し聞く力に関する活動は、ウィルトシャーのような研究プロジェクトだけでなく、地方教育局に話し言葉教育の専門家を採用し指導体制を整えるなど大小さまざまな規模にわたって、90年代に受け継がれようとしていた。1987年からナショナル・オラシィ・プロジェクト[7]も始まっている。

1.2.2　標準英語観の見直しの推移

　70年代以降の標準英語観の質的変容を知る言説を掲げる。

　Bullock Report（1975）は、固定的な容認発音からの脱皮を明確に問題提起する。

　　他人の話し言葉を批難することは、個人の自尊心を傷つけることになりかねない。このことは、一般に、アクセントによって社会的ステータスがはかられることからも明らかである。アクセントを一種の美意識として評価するところには明らかに社会的な要素が孕まれている。研究者のいうところの階級差である。もっとも高い層は容認発音、つづいて外国や地域のアクセントがあり、さらに低い層に、労働者階級のアクセントやある特定の町のアクセントが挙げられる。ある調査では、バーミンガムが最下層

の発音とされており、ロンドンなまりは、そのほんの少し上に位置づけられていたという。また、(略)上層階級の者ほど耳にする音にきわめて敏感に反応する知覚を持ち、そうありたいとする話し言葉のモデルに非常に神経をつかい、そうあるべきでないと感じる音に神経をとがらせるという調査結果もある。

　本レポートは、どの児童のアクセントもありのままに受けとめられるべきだと信ずる。それを押さえつけようとすることは、理屈に合わないばかりか、人道的に認められることでも、必要とされるべきことでもない。指導者のめざすところは、子どもたちに、話し言葉に対して意識的であることと柔軟であることの大切さを教えることである。それによって、自分なりの判断ができ、ものの見方の変化に応じて修正することも可能となる[8]。

ここには、アクセントの担う社会的習性を確認したうえで、個々の児童のありのままの言語を認めようとするレポートの基本姿勢が明示されている。そのうえで、話し言葉に意識的であり、かつ柔軟であることの重要性を理解させようというのである。この〈意識的〉であることと〈柔軟〉であることは文法や語法においても適応される。

　ある言語状況下において〈正しい〉と認められる発話が、他の状況下ではそうではない。誰しも数多くの話し言葉によるコミュニケーションに属しており、〈正しさ〉もまた、今話している状況下に応じた言語活動にかなっているかどうかの問題となってくる。こうした相関的な考え方は受け入れがたいとお考えの方も多いこととは思うが、唯一無二の〈正しさ〉よりも、適切さに応じて考えを進めるほうが、はるかに理に叶っているように思えてならない。このことは、児童の言語使用の幅を狭めるのではなく、広げていく意味からも積極的に取りかかっていくべきである[9]。

ここには、「相関的な」適切さに気づく判断力、適応力を、積極的にはぐくむべき言語感覚ととらえているのがわかる。さらに、そのためには、「成長とともに培ってきた言語形式や、地域の話し言葉コミュニティに密着したそれらから、子どもたちを引き離そうと」するのではなく、「子どもたちの言語のレパートリーを拡大してやる」。それによって、「多様な話す場において効果的に言語を活用することができ、必要に応じて標準的な言いまわし（standard forms）をも使うことができるようになる」のだと説く。学習者を容認発音の枠にあてはめるのではなく、学習者を主体とした場に密着した言語の活用力に焦点がシフトしているのがわかる。
　これは、NCの制定を提唱した小冊子 *English from 5 to 16*（DES. HMSO. 1984）に受け継がれていく。ここでも、「家庭環境によって培われた児童の言語は、批難されるべきものでも、過少評価すべきものでも、禁止すべきものでもない。」と言い、指導のねらいを、「児童の言語のレパートリーを拡大すること」、そのとき「必要に応じて、標準英語（Standard Spoken English）の文法や語彙を用いることができるように導く」ことに置いている。一方、アクセント・発音に関しては、その多様性を認め、本質的に優劣の区別のないことを確認したうえで、「はっきりとわかりやすく話すこと、そして、自分のアクセントのために、他者がわかりづらい場合には、必要に応じてそれを修正することができる」ことだと述べ、標準英語を、文法・語彙の側面とアクセント・発音の側面の二段構えで捉えるべきだという姿勢を打ち出している。ここにも、多民族

第 3 章　ナショナル・カリキュラム制定（1989）と実施後の動向

共存国家イギリスにあって、容認発音至上主義ではなく、状況にあった言語適応力、柔軟性を志向する姿勢が感じられる。

つづく *Kingman Report*（1988.3）[10] は、先にも述べたように教育養成機関および現職研修等の場で指針となる英語のモデルを検討したレポートであるが、*Bullock Report* の基本姿勢が、義務教育修了時、16歳児の話し聞く領域の到達目標として明示される。

　　自分のアクセントを用いて、（語彙や構文的側面からみた）標準英語を話す。（ただし、極端なアクセントではなく、他者が理解しうるアクセントを用いて）
　　　　　↓　↑
　　声の調子、強調やアクセントが、いかに話し言葉による意味の伝達に寄与しているかを理解する[10]。
　　（前掲書、p.52）

行動と理解の相関をふまえた両面からの目標設定である。「自分のアクセントを用いて」と、あえて成文化しているところに、イギリスが抱えこんできた標準英語文化の根深さがあろうか。

1.2.3　NC に求められる標準英語力

標準英語観の問い直しは、*Cox Report* ①[11] にも、明確に継承された。表10に掲げたのは、1988、89と次々に出された二つのカリキュラム審議案のそれぞれの第4章に取りあげられた項目を列挙したものである。

社会的ステータスとしての標準英語観からの脱皮をはかり、その上で、すべての児童・生徒が標準英語を等しく学ぶ機会を英語（国語）科カリキュラムとして保証すること、その具現化の実際は、個々の学校に委ねられる、という基本姿勢は、両者を通じて一貫している。また、標準英語を「言語学的には、歴史的、地理的、社会的に端を発する一つの地域語」と位置づけ、先の *Kingman Report* と同様「地域語は文法事項や語彙については問題にするが、アクセントに関しては言及しない」立場が再確認される。*Cox Report* ②[12] では、これに加えて社会的言語としての標準英語の項を設け、公的な書く場と密着した特殊な地域語であって、地域性に左右される他の語とおしなべて据えることのできないそれであることを明示している。

この他、*Cox Report* ②で目を引くのは、文法指導と標準英語指導をあわせて取りあげ、いっそう書き言葉としての標準英語の徹底した習得を重んずることである。他方、話し言葉としての標準英語をひとつの項目として取り上げ、必要に応じて自覚的に標準英語を話すための指導上の濃やかな配慮を求めるとともに、書き言葉と話し言葉ならびに標準英語と非標準英語の文法的な相違を指導者がしっかり理解しておくことの必要性をあげ、新たに項目を立てて、二例の文法事項の解説を付している。16歳を境として、就職に後期中等学校への進学にと、義務教育終了後のさまざまな状況に応じて活きてはたらく標準英語活用者の育成がはっきりと意識されているのがわかる。

それでは、初等から中等へと一貫した義務教育の中で標準英語の指導はどのように体系づけられているのだろうか。

　　個々の学校は、周辺地域の環境に十二分に気を配った上で、標準英語の指導時期と方法を見極める方針を立てるべきである。

表10　標準英語にかかわる Cox Report ①／②の項目一覧

Cox Report ① (『5歳から11歳の国語』第4章標準英語) (注　両者ともに目次の順序に沿って列挙)	Cox Report ② (『5歳から16歳の国語』第4章標準英語の指導)
	標準英語の指導についての基本原則
標準英語をまなぶ児童の権利	標準英語をまなぶ児童の権利
標準英語の定義	標準英語の定義
	社会的言語としての標準英語
標準英語と非標準英語のとらえかた	標準英語と非標準英語のとらえかた
到達目標としての標準英語	
	多様なクレオール語の位置づけ
	規範文法と実用文法
	文法と論理性
	文法の扱い方
指導上の留意点	標準英語の指導についての学校方針
	標準英語の指導上の留意点
標準英語と国語教育	標準英語と国語教育
標準英語についての基本原則のまとめ	
	話し言葉としての標準英語
	文法事項の解説例

　一般的に言って、初等学校の最後の2年間には、標準英語の基本的性質とはたらきに関するしっかりとした指導がなされるべきであろう。また、11歳までには、標準英語を用いるのが適切だと思われたときには、それを使って書くことをはじめたい。
　さらに、中等学校になると、ごく自然に標準英語を話すような音声表現活動の機会をもうけてやるべきである。加えて16歳に達するまでには、標準英語を用いたほうが適切だと判断した時には標準英語を使って話しができるようでありたい[13]。

　性急な標準英語の導入を懸念し、指導者の地域言語への理解、個々の児童の言語背景の把握があって初めて、標準英語は学びうるのだという姿勢が如実である。
　いまひとつの基本的な学習指導の流れは、初等教育段階の書き言葉の導入から中等教育期の話し言葉へと段階をふまえた指導課程である。初等教育最後の11歳、義務教育終了時の16歳を意識したもの言いは、11歳児向けの新しい評価テストや GCSE の評価対象と、その後密接にかかわっていく。
　NC では、先の表8のように (p.56) 学年編成を定め、義務教育期間内に一貫したシステムを導入した。Cox Report ②では、話し聞く、読む、書くの3領域にそれぞれ10レベルの到達目標を置くことを提案。先の引用と対応する部分を抽出、検討した。
　書く領域の到達目標に標準英語が登場するのは、レベル4からである。98年当時、議会を通過しているレベル1～3までの到達目標を概観すると、レベル2から3へと、時間軸にそった文章とそれ以外の構成軸をもった文章を書き分ける学習活動を重視しているのが目をひく。
　書く領域は、これ以外に綴りと筆写をあわせた三本柱で構成され、3者が相互にかかわりあって完全に綴りの整った文としての形式を備えたものを書くようになるには、レベル3段階でも容易ではない部分が残ると予想される。不完全なところも多々あり、スペルの誤りもあるが、第1段階から、ひとりの書き手としての書く営みを重視する。このような書き手意識の育成と文章構成への早い段階からの着目を踏まえ、レベル4、5と標準英語を用いて書く力の習得が求められる発達モデルが示された[14]。

第3章　ナショナル・カリキュラム制定（1989）と実施後の動向

レベル4．	ivある程度標準英語を用いて書く力があり、口語とは異なる文構造を使い始める。例えば、幅広い従属節や長い名詞句の活用。
レベル5．	iii会話、物語、脚本のような文学的文章のために非標準英語が必要とされる場合をのぞいて、標準英語で書くことができ、反復形式以外の構成を用いるなどして、話し言葉と書き言葉の書き分ける力を示す。

　これらのレベルは学年の枠をこえて個々人の到達度をはかる指針ではあるが、第2教育段階の7歳から11歳の平均的児童に期待される習得レベルと考えてよい。標準英語の基本的性質についての知識を学び始めるのも、レベル4あたりからである。

　これらを受けて、話し聞く領域に標準英語の活用力が求められてくるのは、第3段階、第4段階（11／12歳から16歳）、レベル6以降である。レベル6をめざす生徒のために、指導者は、「公けの場や改まった席で標準英語を使えるよう指導を始めなければならない。」とし、この段階ではまだ学校行事のための簡単な言いまわしの暗記学習から始めていくのもよいと解説が添えられている。

　また、言語についての知識を得ることで、地域語の微妙な発音の違いに人々がどれほど敏感に反応するか、標準英語と他の地域語の文法的な違いはどこにあるか、について注意を払うように促すことが期待されている。

　同様に、レベル7の学習事項に関する指摘を見てみると、状況や話題、話の目的等にかなった話しかたの社会的重要性をしっかりと認識させること、あわせて、標準英語が広範な社会的コミュニケーションの言語であることを学び、一方で非標準英語が好まれる場合について話し合わせる、といった知識としての標準英語が一段とクローズアップされる。一方、標準英語を話す機会を数多く用意し、自信をもって時に応じた使用ができるよう経験を重ねる必要性も強調され、メタ理解と実用性の両面が求められる。

　結果、最終到達点のレベル10の学習事項では、自他の言語を尊重する言語生活者の基本姿勢が標榜される。

　　レベル10をめざす生徒は、標準英語や非標準英語に対する態度がステレオタイプや偏見によって培われやすいことを覚えておくべきである。指導を通し、言語がいかに人と人を結び、また民族の誇りを象徴し、ときに障害や誤解の要因ともなることを知らせ、さらには、使いようによっては、相手を疎外し、侮蔑し、傷つけ、脅かすことも可能であるということ、丁寧にも不躾にも使いうることを教えなければならない。生徒は自分自身の言語、地域語を尊重し、かつ他者の言語を尊重するよう導かれねばならない[15]。

こうした姿勢は話すことの領域の到達目標にも同様に確認できる。書く領域のように標準英語を話すことそのものを目標に成文化せず、場にかなった言語適応力とそのための言語知識の習得をつとに求める。

　レベル5．v異なる地域や社会的グループの間での語彙の多様性について話し合う。
　レベル6．iv標準英語で話す場合と非標準英語で話す場合とでは、文法的にどのような違いがあるか話し合う。
　レベル7．iv目的、話題、聞き手に応じた適切な話し言葉の使い方について話し合う。例えば、就職の面

　　　　　　接と友人のあいだの話し合いの相違など。
　レベル8．ⅳ顔の表情や身振り、声の調子が意味の伝達に及ぼす影響について話し合う。
　レベル9．ⅲ異なる音声コミュニケーションの形態（冗談話、会話、講義など）による言語の変化の仕方を
　　　　　　話し合う。
　レベル10．ⅲ他者の話しぶりに対する態度に影響する要因について話し合う[16]。
　これらの中には直接標準英語に繋がらぬものもあるように見えるが、一連の話し合いの場を通して、さまざまな状況や文脈に応じた話し言葉のありよう、異なる言語間の相違に心開かれ、おのずと自他の言葉に意識的になっていくこと、話し言葉としての標準英語の活用はこうした自覚にもとづいて初めて実をむすぶのだというNCの根本姿勢が貫かれている。

1.2.4　標準英語指導観

　このようなNCに見られた標準英語指導観は、*Cox Report* ②において、次の5つの観点に集約される。すなわち、

　　個人の言語習得歴の重視
　　合科的カリキュラムの推進
　　社会人としての必要性
　　文化的遺産の継承（文学）
　　自分をとりまく文化の分析、批判、検討

以上の5点である。

　第1の観点は、児童の母語や地域語は大切に扱うべきであるという確信に基づく。児童一人ひとりのアイデンティティーと地域語は深くかかわっているため、学校においても極めて慎重に扱わねばならない。
　第2、第3の観点は、学校内外で幅広いコミュニケーションを行うためには標準英語の活用がいかに大切であるかを強調する。
　第4、第5の観点では、標準英語は、児童の考えが反映され、児童が理解し、分析検討すべき問題であることを強調している。

　　　標準英語の一貫した学校方針が可能となるのは、これらすべての観点が正当なものであると認められるときである。カリキュラムのなかで国語という教科の指導目標は教育の世界においてはもちろん、それ以外の世界にまで関わっていくのである[17]。

　まず「個人の言語習得歴の重視」が挙げられ、学習者主体の標準英語指導の徹底が指摘できる。指導の基本姿勢を述べた「話し言葉としての標準英語と書き言葉としてのそれを理解し、標準英語を書く能力を培うことは、英語（国語）科カリキュラムの果たすべきかけがえのない責務である。（同上4.34）」にも明らかなように、書く力の習得が第一で、話し言葉は状況に合った対応力をめざす、と個人差を考慮した柔軟な態度がくり返し強調される。
　また、主体的な標準英語の活用力を身につけるには、モデルの模倣練習のような受動的学習ではなく、教科の枠を越えた言語体験の場を積み重ねていくとともに、標準英語を言語学的に社会学的に分析検討し、そ

の本質と機能を理解しうる機会を平行してもつこと。指導者に求められた役割はきわめて大きいが、なかでも児童のありのままの言語習得状況を熟知している重要さは、くり返し二つのNC案 *Cox Report* ①②で取り上げられた。

　児童の言語の熟知にいたるには、まず、どれほど指導者が多種多様な地域語実態に意識的であるかどうかを問い直さなければならない。審議案には、カリブ海クレオール語の例を別記して注意を促し、まずその種類の多様性に気づくこと、根拠なき偏見の無為さを執拗なまでにくり返す。おそらくは、自他の言葉のちがいを嗅ぎわけてしまう敏感さは（それらの多くがいわれのない階級意識を引き起こす感覚的嫌悪感にむすびついてしまうのだが）知識として頭で理解するだけでは払拭しきれない難しさを伴うからであろう。とりわけ困難なことは、その当事者にもなぜそう反応してしまうのかつかめない、捉えがたい生理的な異質感、異和感であることである。

　イギリスは多民族共存国家である。大半は都市部の産業地域に集中しているとはいえ、この国がきわめて多種多様な人種を抱えこみ、異なる文化、歴史、言語の交差するただなかで、移民二世、三世が〈英語〉社会の一端を担っていることに変わりはない。このとき、話し言葉の教育がまずめざすところは、実用的コミュニケーション力の保証である。標準英語は、実利と直結し社会に機能するメディエイターとして意味をもつ。NCの二つの草案は、標準英語をアクセントから、いわゆる容認発音から解放することで、あらためて標準英語の価値づけを試みた。イギリス社会の根深いところに無意識のうちに沈潜してきた澱のような言語感覚であり言語にまとわる価値判断や反射的反応を、NCという全国共通の教育方針において課題として明文化したことは、貴重な前進であったと考えられる。他方、当時の社会文化的実情がそれを無視できぬほどの飽和状態に達していた裏返しともいえよう。以上のような、さまざまな社会的、文化的背景に根ざした自他の言葉に、繊細かつ柔軟に対応するところから出発した潜在的社会機構の価値の組み換えの試みは、70年代半ばに明文化され、80年代に継承され、Living with diversity、すなわち、"多様な価値の交差するただなかにある我"という一つのテーゼを育んでいくことになる[18]。

1.2.5　95年ＮＣ改訂審議案　*English in the National Curriculum*（DES）

　この基本姿勢は90年代に一貫して継承され、NC 1995年改訂審議案では、「第1教育段階から第4教育段階の国語教育における一般的留意点」の主軸を標準英語の指導に置き、「効果的な話し、聞く力を伸ばす」必須の学習事項のトップに「標準英語の語彙と文法の活用」を掲げ、以下のように総括している。

　2　自信を持って、社会的、文化的生活を送り、仕事に参加していくために、児童生徒は、無理なく、正確に、標準英語を話し、書き、読める必要がある。したがって、すべての児童生徒には、標準英語の力を培うことのできる十全な機会が保証されている。標準英語に関する知識や理解に、豊富な地域語や他言語が重要な役割を果たす。適宜、他言語についての理解やスキルを活用して英語（国語）を学んでいくよう仕向けられるべきである。

　4　児童生徒は標準英語の理解と活用力を伸ばし、以下の事柄に気づく機会を与えられるべきである。
・標準英語は、語彙、文法規則ならびに文法上の慣例、綴りや句読法において、非標準語英語と異なっている。
・標準英語特有の文法的特徴には、代名詞・副詞・形容詞の用法、否定形・疑問形・時制の作り方が含ま

れる。この特徴は、表現効果を意図して非標準英語を用いる場合を除いて、音声表現ならびに書記表現にみられる。
・音声表現と書記表現の違いは、話の偶発性や会話における役割に関わっている。音声表現に比べ、書記表現は消えることが少なく、入念に構成されている場合が多く、即答を求めることも少ない。
・口頭標準英語は、容認発音と同義語ではなく、多様なアクセントで話すことができる[19]。

また、各教育段階のいずれの領域も、「対象とする学習領域」、「基本スキル」、「標準英語と言語学習」の3項目から構成され、その徹底が図られてきた。

1.2.6 99年ＮＣ改訂版 *English in the National Curriculum* (DES)

全体的にスリム化が意図された1999年NC改訂版では、これまでのような詳細な記述は見られないが、各領域の指導内容中には「標準英語」の項がつねに組み込まれている。また序文の指導内容の項において4言語領域の関連性を重視した指導を強調し、「なかでも、標準英語、多様な言語形態と言語構造のきわめて密接な相関については、指導内容の様々な箇所でとりあげ」[20]、4言語領域の学習の一貫した基盤が築かれるとしている。

Marshall (2000)[21]、は長年の教師経験をもとに、教育改革の流れを論じた一人である。実践者の立場から見た自由闊達な言説が特徴的である。公文書の言説だけでは伺えない実践現場からの反応として、一端を取り上げたい。Marshall (2000) は、1995年改定案の主軸となったDearing卿 (Sir Ron Dearing)[22] と88、89年草案の主軸であったCoxの違いに着目する。

まず、標準語の定義から。95年改訂審議案では、社会階層をともなう一地域語、もしくはアイデンティティとしてのステータスであるという言及を含まず、むしろ簡略化されたと指摘する。95年版定義は、「標準英語は、英語の他の諸形態から、語彙、文法的規則や慣例、綴り、句読法において区別される。」[23]である。Marshallは、すべての到達目標に「標準英語と言語指導」の項が入ったことにも着目しながら、全体的に感じ取れる「最優先すべき」事項であるという論調が、*Cox Report* ①②との違いだとする。CoxがMathew Arnold[24]、*Newbolt Report* (1921)[25] に連なるリベラル・アートの伝統にしっかりと根ざしていたのに対し、Dearing卿は、3年にわたる産業界の論争から火がついた議論に対して、実用的アプローチで対応する対策をとった。ある妥協をせまられた産物なのだとまとめている[26]。教育水準の不均衡を是正し、学力低下を押しとどめ、基礎力の底上げを図ろうとするとともに、EU統合を見据えた当時、慢性的経済不況のなか長年の懸案であった、国家としての国際競争力の復権をめざす抜本的な教育改革の推移は、社会の経済力と密接した権力バランスと無関係には存在し得ないことを再認識させる。

第2節 1999年改訂版NCとリテラシー指針導入期

2・1 就学前教育から義務教育終了後までを統括するカリキュラム構造

2001年2月段階のイギリス英語（国語）科教育を4つの枠組みから概観するために表11を作成した。A.

1999年NC改訂版、B．全国到達度評価システム、C．3歳児からレセプション期（入門期）終了までの基礎段階におけるリテラシー・カリキュラム指針、D．リテラシーに関する全国共通指導方略指針である。NCが設定した4つの教育段階（義務教育期間）に、2000年新たに基礎段階（the foundation stage）が加わり、3歳から16歳までの一貫した教育システムが敷かれることとなった。

　こうした就学前から義務教育修了時までの学習内容の実践的な連携、統括を図るのが、C、Dのリテラシー指導に関わる体系的方略指針である。教育雇用相David Blunkettは、97年就任後まもなく、2002年までに公立小学校に通う11歳児の80％が、英語（国語）科NCの第2教育段階第4レベルに到達していることを目標に掲げ、基礎力の底上げを全面に打ち出した。彼は、96年前保守党政権下で、リテラシー指導に関する実態把握（a Literacy Task Force）を始め、その結果を受け、現労働党政権下において、97年、リテラシーに関する全国的方略（The National Literacy Strategy）を設置する。初等教育におけるリテラシー向上をめざし定例の「リテラシーの時間（a literacy hour）」を導入、98年「指針」（The National Literacy Strategy: Framework for Teaching）の発表に至っている。これは、99年のNC改訂版の読むこと、書くこと2領域に求められる指導内容を、語・文・文章の3レベルから学期ごとに詳述し、基礎力育成のためのカリキュラム細案として機能するよう意図され、その結果、話す・聞く力をも育むことが期待されているものである。2000年には、前期中等教育の第7学年から9学年（第3教育段階）を対象とした指針草案も順次発表され、実験校を公募し、全国的なパイロット・スタディが始められた。

2.1.1　英語（国語）科の改訂状況

　まず、骨子となる英語（国語）科NCの改訂状況をとらえるために、表11のA～Dのかかわりに着目したい。共通カリキュラムは、95年の改訂審議案を挟んで、10年という時間をかけた試行の後、99年に改訂版が刊行され、2000年8月から実施に移された。改訂の主眼は、学習内容の精選と重点化に置かれ、必修学習事項を軽減し、選択学習事項を設け、学校及び指導者の主体性に委ねる柔軟性を加味した。加えて、3R'sの基礎能力育成の徹底、情報化社会への対応の強化が掲げられ、必修科目中、数学、理科とともに基幹科目である英語（国語）科には、全国到達度評価テストの結果と連動しながらリテラシー指導の要として社会的要請が高まった。また、リテラシーとICTは、すべての教科の指導内容に組み込まれるべき2分野とされた。カリキュラムの構成は、89年、99年ともに、学習プログラムと到達目標からなる。前者の学習プログラムが、概括規定と細部規定から編成されていたのに対し、後者では、A知識・スキル・理解とB対象となる学習範囲として整理された。

2.1.2　基礎段階の設置と就学時到達度評価テストに始まり前期中等教育の修了段階までをとらえる骨組み

　初等教育を重視する姿勢は、就学前教育を含む広義の入門期に手厚い配慮が施されていく。多様な幼児教育環境を包括する基礎段階（3歳－R学年）が第1教育段階の準備段階として設置され、2000年5月、基礎段階におけるカリキュラム指針（The Curriculum guidance for the foundation stage）が刊行され、同年9月から施行された。戦後初等教育の端緒となったプローデン・レポート（*Plawden Report*, 1967）が提唱した就学前教育の拡充を継承し、教育機関・社会的諸機関と家庭との連携強化に根ざしたリテラシーの基礎固めが意図されている。基礎段階のうち英語（国語）科と直結するのは、「コミュニケーション・言語・リテラシー」

表11 イギリスにおける英語（国語）科教育の枠組み（1990年～1999年）　（2001年2月段階）

※1 学年末に大多数の児童が達している年齢を意味する。
※2 90年版、99年改訂ともに、第2教育段階はレベルの2～5、第3教育段階ではレベル3～7が対応する。各教育段階の終了時において大多数の児童に望まれる到達度としては、次のように記されている。第1教育段階7歳児、レベル2、第2教育段階11歳児、レベル4、第3教育段階14歳児、レベル5／6。

ナショナルカリキュラム（1990）では、第4教育段階は、レベル3～10が対応し、レベル6／7が望まれる到達度であったが、1999年改訂版では、第4教育段階は、修了資格試験の評価項目をもって到達度を図ることとされている。

の領域で、話す・聞く、読む、書くの3項目および総合的応用事項から構成され、NCとの連動が明らかである。基礎段階の到達度を測る就学時到達度評価テスト（Baseline assessment scales）が98年秋学期から導入され、上記3項目の学習者のスタートラインを明確に捉えようとする試みが始まった。第2教育段階終了時の到達度評価テストが中等教育へのレディネスを把握する役割を担うと同様に、初等教育の出発点を明らかにしたいという要望が具現化されたものである。

以上のように、「リテラシー」というと小学校の入門期を思いがちだが、イギリスでは、カリキュラム実施細目に当たる奨励要件である、「リテラシーに関する全国共通指導方略指針」（1998、以下、98年指針）[27] が公刊され、入門期から中学校2年に相当する第9学年までを包括し、全カリキュラムの基底として一貫して定着が図られる基礎力の系統的学習の具現化を目指している。

2.1.3 「リテラシーの時間」が担う役割

「全国共通リテラシー指導方略指針」（1998年）を実践的に推進するツールが、60分の「リテラシーの時間」である。実際には、1時間行う場合もあれば、20分、15分の各セッションごとに、1日の時間割の中に断片的に取り入れることもあったといわれる。語・文・文章3レベルの指導事項をバランスよく実践の場へと繋げていく指導方策であり、学級運営の枠組みとなるよう期待されたものである。少なくとも1日1時間は毎日リテラシー指導のために時間を割くべきだという全学的な発想に基づく。

表12に、1時間の学習形態と指導方法・内容を示し、特徴を以下にまとめた。

①全体の3分の2が全体学習であること。限られた個別学習も、指導者がグループ指導の間、併走して行われる。

②3レベルの均衡のとれた配分。第1教育段階では語と文章レベルが1対1、第2教育段階では3者が等比となるよう時間配分されており、リテラシー指導の当初から意味のまとまりのある多様なテクストを用いて導入を図る姿勢がここにも明らかだ。全学的なコンテクストのなかにリテラシー育成を図ろうとする「指針」では、教科の枠を越えて文章レベルの指導を具現化するよう求められている。

③1時間は、導入、展開1、展開2、まとめの4段階が見てとれ、学習形態が集団・ペアと変化しても、指導者は一貫して全員もしくは集団の指導に携わるよう意図され、そのリーダーシップは揺るぎない。

④全体学習の際の指導方法は、基礎（shared reading、shared writing）と応用（guided reading、guided writing）の二段構えからなる。前者は、指導者がクラス共通の学習対象を用意し、3レベルを相関させ、学習者の参加を促しつつ読みの方法や書く方法のモデル示すもの、後者は、一斉学習のなかで、学んだ方法を個々の読み書く作業で応用反復するものである。

⑤リテラシーの指導方略を開発する目的で設けられた時間であって、形骸化した指導メニューに帰するものではない。双方向的話し合い、学習者の積極的、能動的な参加、適材適所を外さぬ指導、到達目標の十分な理解に裏付けられた指導者の自信、学習成果への信頼が、最良の指導を生む。

一貫した目的は、主体的な読み書く言語生活者の育成である。60年代から70年代にかけて主流となったトピック学習の弊害が問い直され、機械的な膠着した一斉指導ではない学習者参加型の一斉指導法に確実な基礎力の育成をめざしたといわれる。

イギリスの場合、NCによって、教科ごとの授業時間配分が決まっていない。英語（国語）科の授業は、個々の学校の英語（国語）科教育指針を柱として組まれているのが一般的だと言われるが、その指針を作成

表12 「リテラシーの時間」の構成

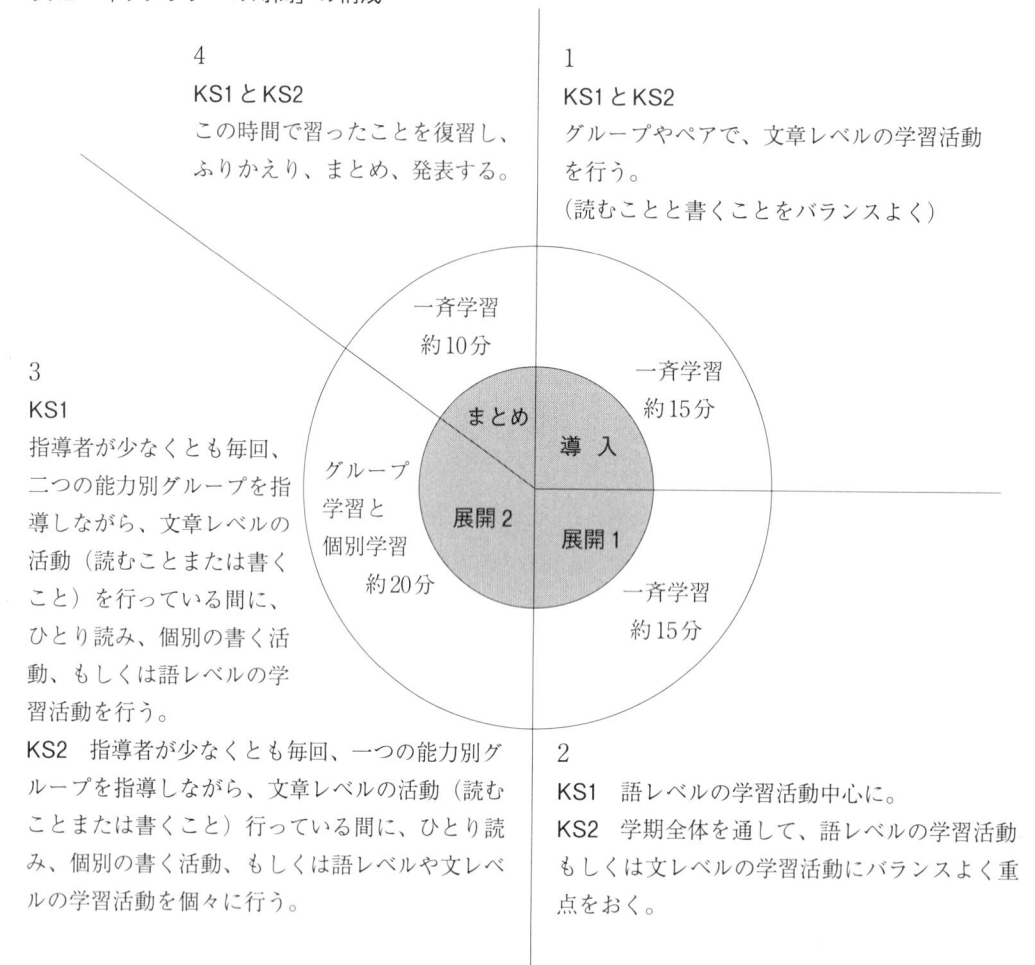

```
         4                    |                    1
    KS1 と KS2                |              KS1 と KS2
この時間で習ったことを復習し、     |    グループやペアで、文章レベルの学習活動
ふりかえり、まとめ、発表する。     |    を行う。
                              |    （読むことと書くことをバランスよく）

            一斉学習                     一斉学習
            約10分                      約15分
         ┌──まとめ──┬──導　入──┐
         │          │          │
   グループ学習と    │          │    一斉学習
   個別学習         │ 展開2    │ 展開1    約15分
   約20分           │          │

         3                    |                    2
       KS1                    |    KS1 語レベルの学習活動中心に。
指導者が少なくとも毎回、         |    KS2 学期全体を通して、語レベルの学習活動
二つの能力別グループを指         |    もしくは文レベルの学習活動にバランスよく重
導しながら、文章レベルの         |    点をおく。
活動（読むことまたは書く         |
こと）を行っている間に、         |
ひとり読み、個別の書く活         |
動、もしくは語レベルの学         |
習活動を行う。                  |
KS2 指導者が少なくとも毎回、一つの能力別グ
ループを指導しながら、文章レベルの活動（読む
ことまたは書くこと）行っている間に、ひとり読
み、個別の書く活動、もしくは語レベルや文レベ
ルの学習活動を個々に行う。
```

※網掛け部は、稿者が付け加えた。

する手がかりとなるものに、QCA（2002）[28]が編んだ *Designing and timetabling the primary curriculum: A practical guide for key stages 1 and 2*（2002）がある。英語（国語）、数学は毎日、体育は毎週行われることが推奨されているが、教科によっては、隔週、学期中に不定期になど、学校の自由裁量に任されている。このガイドラインは、年間38週（190日）のうち、36週間を授業時間とし、残る2週間（10日）を学校行事、課外活動、運動会などに充てている。週単位の授業時間数は、DES Circular 7/90に奨励されている、第1教育段階、週最低21時間、第2教育段階、23　1/2時間（ホームルーム、学校集会、休み時間、昼食時間を除く）に基づいて提案されている。英語は、週に、5時間～7時間半、年間180～270時間、1週間の時間割りに締める割合は、24～36％である。二番目に時間数の多い算数が、3時間45分、計135時間、18％、三番目が理科、毎週授業があったとすれば1時間半、年間54時間、7％と続き、英語に力点が置かれているのは明白である。第2教育段階においても、同じ時間で、週の時間割の21～32％を占めるよう配慮されている。英語の授業時間数には、毎日の「リテラシーの時間」5時間とそれ以外の国語の学習に2時間半が想定されており、7時間半が、上限として提案されている。

当時の教員資格修士課程（PGCE）に在籍し、教員研修生に参加する大学院生（学士の専門領域は多岐に渡る）に向けた概説書[29]にいま少し具体的な当時の状況を見てみる。この概説書によると、初等教育段階の英

語（国語）科教育において要とすべき事柄は、次の6点だという[30]。
1　（ナショナル・カリキュラム、「指針」をはじめとする）国語科カリキュラムに関する文書の活用
2　学校全体における英語（国語）科教育の体系化（1988年教育法およびナショナル・カリキュラム導入以降、すべての学校で英語（国語）教育指針（an English policy document）の作成が求められている―引用者、注）
3　Guided reading ならびに Guided writing 法（指導の流れに応じて小グループを形成し、グループ学習の形態を取りながら指導者の示す読みのモデルに沿って個々人のひとり読み、もしくは書くことの育成をめざした読む／書く方略の定着を図る一種の個別指導法であり学習法―引用者、注）による指導
4　Shared reading ならびに Shared writing 法（指導者が、クラス全体を対象に、ビッグ・ブックなどを用いて、読み、もしくは書くことの方略的モデルを指し示しながら意識付けていく指導法であり学習法。70年代にニュージーランドの Don Holdaway によって開発された。―引用者、注）による指導
5　「リテラシーの時間」の指導
6　全カリキュラムにおけるリテラシー教育のありかた

　注目すべきは、「リテラシーの時間」に組み込まれた指導法（学習法）である Guided reading/writing、Shared reading/writing が、独立した指導法（学習法）として取り立てられ、他の項目と並び立っていることである。本書によれば、これらは、当時「リテラシーの時間」外に独立して時間が割かれるのが一般的だと述べている。教員資格試験をめざす教員研修生が留意すべき事項として取り立てられたところに着目すると、Guided reading/writing、Shared reading/writing は、英語（国語）科の教科の枠を超えて、他教科にも共通する指導法（学習法）として、一層、全カリキュラムを視野に入れたリテラシー教授体系に拍車がかかったであろうことが予想できる。一方で、各校の英語（国語）科教育指針の作成を促進し、実際的には、全教科を横断する学習指導法として活用するという縦横に重層的連携をともなうカリキュラム実施状況であったと考えられる。リテラシーの時間の実践報告には、「1998年指針」に関しては、松川他（2003）[31] 等があり、改訂版「2006年指針」については、丹生祐一（2011）[32] が報告している。

2.1.4　「99年改訂版 NC」と「リテラシー指導方略指針（98年指針）」の相関

　表13は、「99年改訂版 NC」と「98年指針」の学習指導項目の対照表である。これに如実なように、スリム化された99年改訂版に対して、実施のための具体的な推奨事項の体系化が「98年指針」であったことがわかる。「リテラシーの時間」を軸として全カリキュラムにわたる学びの力の基礎力の学習指導マップともいえようか。そこでは、中心的学習対象である物語テクストを軸に育まれるリテラシーは、わが国の国語科でいうところの物語読解力・物語表現力に止まらず、汎用性の高い学びの力として意図されていると考えられる。"Framework for Teaching English" という表題に如実なように、「英語（国語）科」指導方略指針である前期中等教育版は、初等教育の「リテラシー」を踏まえ、義務教育修了時の到達点が見定められ、ひいては第4教育段階修了時の資格試験 GCSE において、「英語（国語）一般（口頭表現を含む）」「文学」の二方向から、英語（国語）の力として、統合的に問われるようになったのである。初等段階のリテラシーの内実を明らかにすることが、イギリスの義務教育における英語（国語）科教育を見通す要であることがわかる。

　そこで、語レベル、文レベル、テクストレベルの相関、ならびに、フィクションとノン・フィクションの二本立ての学習対象の関係性を考慮に入れながら、「1998年指針」のありようを中心学習対象である文学テクストを中心に、教育段階ごとに基本的特徴を掲げる。

表13 「99年改訂版 NC」と「1998年指針」の対応関係の概観

	A．知識・スキル・理解（大項目のみ）		学年 学期
	読む	書く	
KS 1	①読みの方略。 　スラスラと無理なく正確に理解し、楽しみながら読むために児童は、読みとった事柄の意味を把握する方略を学ばなければならない。 イ　音素の識別とフォニックスの知識。 ロ　単語の認識と、書記記号に関する知識。 ハ　文法上の識別。 ニ　文脈の理解。 ②情報を読む。 ③文学。	①作文（コンポジション）。 ②構想と下書き。 ③句読法。 ④綴り。 イ　綴り字法。 ロ　綴りの確認。 ⑤ハンドライティングとプレゼンテーション。 イ　ハンドライティング ロ　プレゼンテーション	
KS 2	①読みの方略。 　無理なく正確に理解しながら、読むために、児童は、イ　音素の識別とフォニックスの知識、ロ　単語の認識と、書記記号に関する知識、ハ　文法上の識別、ニ　文脈の理解を学ばなければならない。 ②テクストの読解。 ③情報を読む。 ④文学。 ⑤ノン・フィクションと非文学テクスト。 ⑥言語の構造と多様性。	①作文（コンポジション）。 ②構想と下書き。 ③句読法。 ④綴り。 イ　綴り字法。 ロ　語の形態。 ⑤ハンドライティングとプレゼンテーション。 ⑥標準英語。 ⑦言語構造。	
KS 3/4	①テクストの読解。 　テクストを理解し解釈する力を育むために生徒は、イ　読解のための読み、ロ　作家の創作手法の理解を学ばなければならない。 ②英文学の伝統と継承。 ③異なる文化や伝統に根ざしたテクスト。 ④活字化された情報ならびにICT情報。 ⑤多様なメディア・テクストならびに映像テクスト。 ⑥言語の構造と多様性。	①作文（コンポジション）。 イ　想像する、検討する、楽しむために書く。 ロ　報告する、説明する、描写するために書く。 ハ　説得する、議論する、助言するために書く。 ニ　分析する、吟味する、コメントするために書く。 ②構想と下書き。 ③句読法。 ④綴り。 イ　綴り字法。 ロ　語の形態。 ⑤ハンドライティングとプレゼンテーション。 ⑥標準英語。 ⑦言語構造。	

第3章 ナショナル・カリキュラム制定（1989）と実施後の動向

「リテラシーの指導方略指針」における初等・前期中等教育の到達項目（大項目のみ）					
学年	学期	語レベルの学習活動（フォニックス、綴り、語彙）	文レベルの学習活動	テクストレベルの学習活動	話すこと・聞くことの活動
レセプション		⟨A⟩ 音韻表現についての知識・フォニックス・綴り。 ⟨B⟩ 単語認識・書記表現に関する知識・綴り。 ⟨C⟩ 語彙を拡げる。 ⟨D⟩ ハンドライティング。	文法事項についての知識。	⟨1⟩読むこと　　⟨2⟩書くこと ⟨A⟩ 書記表現（活字）の理解。　⟨C⟩ 書記表現の理解。 ⟨B⟩ 読解。	
第1学年	1学期 2学期 3学期	⟨A⟩ 音韻表現についての知識・フォニックス・綴り。 ⟨B⟩ 単語認識・書記表現に関する知識・綴り。 ⟨C⟩ 語彙を拡げる。 ⟨D⟩ ハンドライティング。	⟨A⟩ 文法事項についての知識。 ⟨B⟩ 文構造と句読法。	⟨1⟩フィクションと詩 ⟨A⟩ 読解。　　⟨B⟩ 書記表現。 ⟨2⟩ノンフィクション ⟨A⟩ 読解。　　⟨B⟩ 書記表現。	
第2学年	1学期 2学期				
	3学期	⟨A⟩ 音韻表現についての知識・フォニックス・綴り。 ⟨B⟩ 単語認識・書記表現に関する知識・綴り。 ⟨C⟩ 語彙を拡げる。 ⟨D⟩ ハンドライティング。			
第3学年	1学期	⟨A⟩ 第1教育段階からの復習並びに整理。 ⟨B⟩ 綴り字法。 ⟨C⟩ 綴り上の慣例並びに規則。 ⟨D⟩ 語彙を広げる。 ⟨E⟩ ハンドライティング。	⟨A⟩ 文法事項についての知識。 ⟨B⟩ 文構造と句読法。 ⟨C⟩ 第1教育段階からの復習並びに整理。		
	2学期				
	3学期		⟨A⟩ 文法事項についての知識。 ⟨B⟩ 文構造と句読法。	⟨1⟩フィクションと詩。 ⟨A⟩ 読解の方略。　⟨B⟩ 書記表現の方略。 ⟨2⟩ノンフィクション ⟨A⟩ 読解。　　⟨B⟩ 書記表現。	
第4学年	1学期 2学期 3学期	⟨A⟩ 第3学年からの復習並びに整理。 ⟨B⟩ 綴り字法。 ⟨C⟩ 綴り上の慣例並びに規則。 ⟨D⟩ 語彙を広げる。 ⟨E⟩ ハンドライティング。		⟨1⟩フィクションと詩。 ⟨A⟩ 読解。　　⟨B⟩ 書記表現。 ⟨2⟩ノンフィクション ⟨A⟩ 読解。　　⟨B⟩ 書記表現。	
第5学年	1学期 2学期 3学期	⟨A⟩ 綴り字法。 ⟨B⟩ 綴り上の慣例並びに規則。 ⟨C⟩ 語彙を広げる。			
第6学年					
第7学年	1学期	⟨A⟩ 綴り。	⟨A⟩ 文構造と句読法。 ⟨B⟩ 段落わけと連続性。	⟨1⟩読むこと ⟨A⟩ 調査・スタディスキル。	⟨2⟩書くこと ⟨A⟩ 想像する、検討する、楽しむために書く。	(1) 話すこと。
第8学年	2学期	⟨B⟩ 綴り字法。	⟨C⟩ ノンフィクションにおける文体上の約束事。	⟨B⟩ 読解のための読み。	⟨B⟩ 報告する、説明する、描写するために書く。	(2) 聞くこと。
	3学期	⟨C⟩ 語彙。	⟨D⟩ 標準英語と言語の多様性。	⟨C⟩ 文学的テクストの研究。	⟨C⟩ 説得する、議論する、助言するために書く。	(3) グループ・ディスカッションと参加。
第9学年				⟨D⟩ 作家の創作手法の理解。	⟨D⟩ 分析する、吟味する、コメントするために書く。 ⟨E⟩ 構想をたてる、下書きをつくる、提示するために書く。	(4) ドラマ

表14 「99年改訂版NC」と「1998年指針」の学習対象（文学テクストの場合）

1999年改訂版NC　B対象となる学習領域　文学（ノンフィクション・非文学テクスト省略）			1998年「指針」学習対象領域　1フィクション・詩（2ノンフィクション省略）
	R		（特に記載なし）
KS1	（A）既知の状況設定を持つ物語や詩、および創造的なファンタジー世界を背景とする物語や詩。	1年 1学期	身近な状況設定の物語、予想しうる反復パターンを持つ脚韻詩。
	（B）著名な児童文学作家の物語、詩、および戯曲。	2学期	伝統的な物語と脚韻詩、妖精物語、遊びの唱え歌、動作詩を含む、さまざまな文化背景を持つ、身近な予想しうるパターンを持つ物語と詩、劇。
	（C）伝承文学の再話。	3学期	空想世界を扱った物語世界、予想しうるパターン構造を持つ詩、類似テーマを扱った多様な詩。
	（D）幅広い文化背景を持つ物語や詩。	2年 1学期	身近な状況設定の物語や多様な詩。
	（E）常套表現や予測可能な言語を用いた物語、詩、および戯曲。	2学期	伝統的な物語、異文化の物語や詩、予想しうるパターンを持つ詩、子どものための著明な詩人の作品。
	（F）長編物語や長編詩、および凝った語彙を用いた物語や詩。	3学期	広い範疇の物語、著名な児童文学作家の作品、同一作家による異なる作品、なぞなぞや早口言葉、ユーモア詩やユーモア文学など、ことば遊びを伴うテクスト。
	（G）音読や再読をすることで言語使用の特徴がわかるテクスト。	3年 1学期	慣れ親しんだ状況設定の物語、観察に基づく詩や文章、視覚的な詩。
KS2	（A）著名な児童文学作家の現代作品。	2学期	神話、伝説、寓話、例え話、伝統的な物語、関連性に基づく物語、さまざまな文化背景に根ざした、音声表現並びに身体表現された詩。
	（B）児童文学の古典的作品。	3学期	冒険物語、探偵物語、同一作家の物語、ユーモア詩、言葉遊び詩、ワードパズル、しゃれ、なぞなぞ。
	（C）質の高い現代詩。	4年 1学期	歴史物語と短編小説、戯曲、宇宙、学校、動物、家庭、感情、視点、などの一般的なテーマを扱った詩。
	（D）古典詩。	2学期	SF、ファンタジー、冒険などの空想世界を扱った物語や小説。多様な文化と時代背景から選ばれた古典・現代詩。
	（E）多様な文化や伝統を背景としたテクスト。	3学期	いじめ、死別、不正などの問題を扱った物語並びに短編小説。同一作家の物語作品、異文化の物語。俳句、五行短詩、二行連句、リスト、軽い作風の詩（thin poem）、アルファベット詩、対話詩、モノローグ、音節詩、祈祷詩、碑銘体の詩、歌謡、脚韻詩並びに、自由詩のような多様な詩形の詩。
	（F）神話、伝説ならびに伝統的物語。	5年 1学期	（ⅰ）著明な文学作家による小説、物語並びに詩。（ⅱ）戯曲。（ⅲ）具象的な詩。（concrete poetry）
	（G）戯曲。	2学期	（ⅰ）多様な文化に由来する伝統的な物語、神話、伝説、並びに寓話。（ⅱ）物語詩を含む一定の長さを持った古典的な詩。
		3学期	領域1：フィクションと詩　多様な文化並びに伝統に根ざした小説、物語、並びに詩、音声表現並びに身体表現された詩。
		6年 1学期	シェイクスピア劇のような勉強に適した映画やテレビによる再話なども踏まえて、長く親しまれてきた作者が書いた古典的なフィクション、詩及びドラマ。
		2学期	歴史的ミステリー、ユーモア、SF小説、ファンタジー世界などのような、長く親しまれてきた物語、及小説は1ジャンル以上から選び、考察し比較する。また、（注意や手紙、会話を目的とした）異なる形式の婉曲を用いた詩、リムリック、謎、韻律、短歌、詩のような詩の領域を踏まえる。
		3学期	重要な児童文学者や詩人による作品の比較。（a）同じ作者の作品。（b）同じテーマを扱った違う作者の作品。

第3章 ナショナル・カリキュラム制定（1989）と実施後の動向

　NCと「98年指針」の密接な相関は、学習プログラムの「A　知識・スキル・理解」に対応する「指針」の到達項目（表13）ならびに「B　対象となる学習範囲」を具現化した学習対象領域（文学関連事項のみ）（表14）に如実である。「指針」で取り上げるリテラシーは、子細に段階的習得が意図された、フォニックス・綴り・語彙といった語レベル、および句読法・構文などの文法的事項を扱う文レベルにとどまらず、それらが多様なテクストレベルの学習事項に組み入れられ、3者が一体となって縦横に体系化された読み書き能力であることが求められている。G. Deanは「98年指針」実践への手引書のなかで、「リテラシーとは、われわれが遭遇する多くの言語学的コンテクストにおける、考えうる限り広範なディスコースのなかで、適切に反応するとはどういうことか理解できる力があること、自信をもって意味を制御し、作り出すとはどういうことか理解できる力があること。」[33]と定義している。「98年指針」では、「適切に反応」し、「自信をもって意味を制御し、作り出す」とはどういうことかを「理解」するために、対象テクストの語、文、テクストレベルの特徴に気づくことが繰り返し求められるのが特徴的である。とりわけ、全学年を通して頻出する主要な言語活動である再話行為（テクストの自分の解釈を基に、他メディアテクストで再構築する、他の状況設定、他の語り手などに応じて、テクストを再構築するといった解釈表現活動、ならびに成果物であるテクストを含め、本稿では、包括的に「再話」と呼び、解釈表現活動を取り立てて、再話行為と呼ぶ。）を通して、重層的レベルでメタ的なテクスト理解を深めることも特筆すべき点である。

2.1.5　2003年改訂共通評価観点に見る第1・第2教育段階の読むこと、書くことの到達度

　第1教育段階は、レセプション期（入門期）に続く第1学年、第2学年からなり、5歳児から7歳児の児童が学んでいる。NCのレベル1から3に対応した指針構成をなし、第2学年を終えた児童は、レベル2に達していることが望まれている。先に見たように、NCにおいて小中一貫して取り立てられるレベル3を義務教育必須のレベルと考えると、第1教育段階は、レベル3に至る基盤固めと考えられよう。まず、第1教育段階到達度テストの評価観点[34]に、第1、第2学年において求められるリテラシーの内実をとらえる手がかりを得たい。

　表15は、2003年度評価から改定された到達度テスト共通評価観点である。各教育段階終了時に到達度を測る標準評価テスト（SATs）の評価基準である。

　第1教育段階では、この共通観点に基づき、読解テストの評価観点は、幅広い読みの方略を活用した読解力（1　正確にテクストを解読する、意味を取るという方略を含む、幅広い読みの方略を活用する）、理解したテクストから必要事項を抽出、言及する力（2　テクストに示された情報、出来事、考えを理解し、述べ、選び、検索する。引用を用いたり、テクストに言及する。）に加え、テクスト内容を発展的に活用する力（テクストに示された情報、出来事、考えから推論する、由来をたどる、解釈する）を使い始めることが期待されている。

　他方、書記表現到達度テストは、長短2課題、ならびに20問のスペリングテストから構成され、書写の力は、先の2課題を通して、3点配点で評価点が加えられる。（表16-1）

　2課題共通して、文構造（コンテクストに応じ文を書く力）、句読法（シンタックス・句読法の正確さ）、作文と効果（ひとつのまとまった文章を構成し、叙述する力と、表現者として、その文章のコンテクストにおける効果を意識するメタ的な力）が問われる。第1段階を終えるに当たって、読まれる場に供されること前提としたテクスト作成が求められ、正確な綴り、構文力も、そのために必須のものとして身につけるべき力と考えられている。

表15　2003年改訂到達度テスト共通評価観点

	読むことにおける評価すべき力		書くことにおける評価すべき力
1	正確にテクストを解読する、意味を取るという方略を含む、幅広い読みの方略を活用する。	1	想像的に、興味深い、よく考えられたテクストを書く。
2	テクストに示された情報、出来事、考えを理解し、述べ、選び、検索する。引用を用いたり、テクストに言及する。	2	課題、読者、目的に適応したテクストを作成する。
3	テクストに示された情報、出来事、考えから推論する、由来をたどる、解釈する。	3	情報、考え、出来事をつなげ、組み立てながら、テクスト全体を効果的に組み立て、表す。
4	テクストの構造や組み立てについて認識し、見解を述べる。テクストレベルの文法的、表現的特徴を含むこと。	4	段落を構成し、段落内ならびに段落間に一貫性をもたせる。
5	著者の言語使用について説明や見解を述べる。韻レベル、文レベルの文法的、文学的特徴を含むこと。	5	明確さ、目的意識、効果に応じ、さまざまな文を書く。
6	著者の目的、視点、読者に対する総括的効果を認識し、見解を述べる。	6	シンタックスや句読法を正しく用いて、句、節、文を書く。
7	テクストの社会的、文化的、歴史的背景ならびに文学的伝統と、テクストを関わらせる。	7	適切で効果的な語彙を選ぶ。
		8	正しい綴りを綴る。

表16-1　第1教育段階到達度試験の評価に関する留意点

	長文問題（配点18）		短文問題（配点12）
1	文構造（配点4） 明確さ、目的意識、効果に応じ、さまざまな文を書く。	1	文構造と句読法 明確さ、目的意識、効果に応じ、さまざまな文を書く。 シンタックスや句読法を正しく用いて、句、節、文を書く。
2	句読法（配点4） シンタックスや句読法を正しく用いて、句、節、文を書く。	2	作文と効果（配点10） 想像的に、興味深い、よく考えられたテクストを書く。 課題、読者、目的に適応したテクストを作成する。 テクスト全体を効果的に組み立て、表す。
3	作文と効果（配点10） 想像的に、興味深い、よく考えられたテクストを書く。 課題、読者、目的に適応したテクストを作成する。 テクスト全体を効果的に組み立て、表す。		

ハンドライティング（配点3）　別立てスペリング・テスト（配点7）　総点40点

表16-2　第2教育段階到達度試験の評価に関する留意点

	長文問題（配点28）		短文問題（配点12）
1	文構造と句読法（配点8） 明確さ、目的意識、効果に応じ、さまざまな文を書く。 シンタックスや句読法を正しく用いて、句、節、文を書く。	1	文構造と句読法とテクスト構成（配点4） 明確さ、目的意識、効果に応じ、さまざまな文を書く。 シンタックスや句読法を正しく用いて、句、節、文を書く。 段落を構成し、段落内ならびに段落間に一貫性をもたせる。
2	テクスト構造と組み立て（配点8） 情報、考え、出来事をつなげ、組み立てながら、テクスト全体を効果的に組み立て、表す。 段落を構成し、段落内ならびに段落間に一貫性をもたせる。	2	作文と効果（配点8） 想像的に、興味深い、よく考えられたテクストを書く。 課題、読者、目的に適応したテクストを作成する。
3	作文と効果（配点12） 想像的に、興味深い、よく考えられたテクストを書く。 課題、読者、目的に適応したテクストを作成する。		

ハンドライティング（配点3）　スペルテスト別立て（配点7）　総点50点

つづく第2教育段階の評価観点（表16-2）には、「3　情報、考え、出来事をつなげ、組み立てながら、テクスト全体を効果的に組み立て、表す力」、「4　段落を構成し、段落内ならびに段落間に一貫性をもたせる力」が加えられる。第3学年1学期「フィクション・詩」領域の書記表現に「15物語を段落によって構成し始める。」とあり、書きなしたテクストを一つの構造ととらえ、パラグラフ（段落）を単位とする構成に留意する力は、初等教育の第2教育段階の中心的な習得事項である。第1教育段階では、書くことにおいて、適切な文の組み立てと句読法をマスターするところに主眼が置かれ、その上に立って、第2教育段階では、一つのテクストとして全体の構成に気をつけて書き表すことが求められる。

　また、読解も書記表現も、読み解く、書くという実際的実用的な力とともに、読み手として書き手としての自分をとらえるメタ的な力が合わせ求められている。これもまた、「98年指針」で求められているところである。

2・2　語・文・テクストレベルの相関にみる「リテラシー指針」
　　―第1教育段階における「フィクション・詩」領域を中心に―

（1）語・文・テクストレベルの相関の概観
　「98年指針」の語・文・テクストの3レベルは、以下の項目に基づきバランスよく構成されている。

語レベル
　A　音韻的特徴に気づく・フォニックス・綴り
　B　単語認識・書記記号に関する知識・綴り
　C　語彙の拡充
　D　ハンドライティング（書写）

文レベル
　A　文法的事項の知識
　B　文構造と句読法

テクストレベル
　領域1　フィクションと詩
　A　読解
　B　書記表現
　領域2　ノンフィクション
　A　読解
　B　書記表現

3つのレベルに特徴的なのは、テクストの解読、表現に重きが置かれるのは当然ながら、語・文レベルを下位段階として軽く扱うという偏りの見られないことである。語レベル、文レベルの系統だった指導指針と不可分なところにテクスト特性に沿った読解と表現の指導が成り立ち、かつ、テクストという一つの意味のまとまりにあって機能する語、文とはなにかを学ばせる指針であるべきだという有機的な相関に基づいた英語（国語）科教育観が伺える。表17から21に、入門期、第1学年、第2学年のフィクションと詩を対象とした3レベルの指導事項を対照表として再構成した。これらをもとに、主な特徴を整理したい。第一段階に入

門期は入らないが、体系性をみるために対照表に含んでいる。

(1)－1　第1教育段階　語レベルの指導方略指針体系の概観（例　1－1とは、第1学年1学期の意）

ア・入門期段階における学習事項（①押韻パターン／押韻と綴りの対応パターン②アルファベットの識別と順序性の正確な理解③C-V-C単語（子音－母音－子音）の語頭と語末の音を聞き分ける）のフィードバックによるさらなる定着（1－1）☆

表17　語レベル対照表（R（レセプション・クラス）～第2学年）

語レベル	入門期		第1学年					第2学年					
			1学期		2学期		3学期		1学期		2学期		3学期
A 音韻的特徴に気づく・フォニックス・綴り	押韻の理解と実際	2	入門期の復習と強化	3									これまで5学期間に既習のフォニックスを確実にする。
	音素と書記素の呼応関係の理解	5											
	アルファベットとフォニックスの基礎	3											
	音と綴りのパターンの呼応関係の理解	3											
			音素の識別と音素を組合せ、CVC単語を読む、綴る（押韻する場合・押韻しない場合）	3									
					語の成り立ち（語頭・中間・語末）にそって音とつづりの関係を理解し、綴り、音読。	1							
					特徴的な語末の単語を調べ、音読し、綴る。	1							
					特徴的な子音の組合せで始まる語を識別、音読、綴る。	4							
							頻出長母音を含む語の綴りパターンを学ぶ。	3	発話と書き言葉双方において音素の識別/読みにおいて音素を組合わせる/綴るとき音素に分ける	3	1年の学習単語をもとに長母音を含む単語の音読と綴りの復習と発展	2		1
									母音の綴りパターンを学ぶ。	3		3
									異綴同音語	1	二重字を含む単語	1	同綴異音語
											複合語	1	既習単語の音節の識別力を確実にする。
											多音節語	1	
B 単語認識・書記記号に関する知識・綴り	既知の単語（自分の名前・ラベルなど）を読む	5	guided readingの段階別読本頻出する見てわかる語	5				6	段階別読本の頻出語の黙読	6	guided readingの段階別読本頻出語の黙読	5	1
	入門期の終わりまでに、45頻出単語を見てわかる		友人の名前、掲示物等身近な見てわかる語				身近な見てわかる語						
	ある程度込み入った文章中の語を見てわかる		第1年・第2年の頻出単語のうち30語の見てわかる語を読む				第1年・第2年の頻出単語のうち30語の見てわかる語を読む、綴る。		第1年・第2年の頻出単語のすべてを黙読し、綴る。		第1年・第2年の頻出単語のすべてを黙読し、綴り力を確実にする。		
	語形・語の長短、共通綴りパターンなど基本的特徴を知る		特徴的な語形の単語、頻出する綴りパターンの語の識別				頻出綴りパターンによる語の識別						
	自分の名前を読み、書き、関連して単語を調べる。		頻出する不規則単語を綴る						第1年・第2年の頻出不規則語を綴る。			1	
					複数形		過去形、現在進行形		複数形・過去形・現在進行形を活用、読み、綴る。		否定の意を添える接頭辞		頻出接尾辞
									「母音」「子音」という用語の理解・活用				同綴異音語
C 語彙を拡げる	読書や共同活動における新出単語	2	読書や話し合いにおける新出語/関心語、重要語、特定の題材に関する語の収集	1				2		1			
	個人的興味や重要語、特定の題材に関する語の収集						「母音」「子音」という用語の学習				反対語		同義語、類義語句
D ハンドライティング		3		2					1学年の復習とストロークの4種の練習	5		6	
											フォニックスを活用して書く練習		

— 80 —

第3章　ナショナル・カリキュラム制定（1989）と実施後の動向

イ・〈A　音韻的特徴に気づく・フォニックス・綴り字法〉において
○（1－1）CVC単語を綴る（全体としての把握）⇔CVC単語を音素の識別（部分の特化）
　　―入門期は押韻するCVC単語中心、1年1学期からは、それに加え、押韻するもの、しないもの双方の音素識別、単語の音読、単語を綴る力の獲得へ。
　　　↓
　（1－2）（CVC単語に限らず）単語は、語頭、中間、語末からなることを知り、それぞれの文字と音の関係を把握、綴ることが求められる。
　　　　　特徴的な語頭（子音の組合せ）で始まる単語の識別、音読、綴り
　　　　　特徴的な語末（子音の組合せ）で終わる単語の識別、音読、綴り
　　　↓
　（1－3）語中に長母音を含む単語の綴りパターンの把握（二重字長母音）
　　　↓↓
　（2－1）1年3学期既習の二重字長母音の綴りパターンの識別、音読、綴りの復習☆
　　　　　1年既習単語において、さまざまな綴りパターンの長母音を含む単語の識別、音読、綴りの復習と発展→（2－2）☆
　　　　　頻出母音の綴りパターンの音素の識別、音読、綴る（音素に分ける）
　　　　　異綴同音語→（2－2）
　　　↓
　（2－2）（長母音以外の）二重字を含む単語の音読、綴り（例　wh、ph）
　　　　　複合語の構成要素の識別
　　　　　多音節語の音節の識別、音読、綴る（音節に分ける）
　　　↓
　（2－3）5学期間の既習単語のフォニックスのフィードバック☆
　　　　　既習単語の音節の識別のフィードバック☆
　　　　　同綴異音語の音素の識別、音読、綴り

　以上のように、3文字（子音－母音－子音）からなるCVC単語から同綴異音語まで、単語の構造分析を、①語頭－中間－語末という語形式の識別、ならびに、②音韻的要素（音素→音節）に分けることを中心に反復定着（☆を付したような丁寧なフィードバック）を重ねながら、緩やかに着実にフォニックス法の基盤を確実なものとしていく過程が窺える。第2教育段階のはじめ、第3学年1学期語レベルでは、第1教育段階の総復習が組み込まれる。①長母音を含む語の綴り、②話す・書く双方において、音素の識別、それを組み合わせた音読、綴るために音素に分ける、③第1教育段階頻出語の正確な読みと綴り、④第2学年の単語の読みと書きの双方において、音節を識別する、が取り上げられ、定着が図られる。当時の教育改革のめざすところが、リテラシーの基礎がために向けた手がたい指導体系に反映されている。フィードバックによる焦点化した質的定着を◎を付したような語彙の質量の拡がりが下支えするよう意図されている。

ウ・〈B 単語認識・書記記号に関する知識・綴り字法〉において
　○単語認識における量の到達目標　◎
　　第1、第2学年頻出単語中、およそ30単語＋の見てわかる語を読む（第1学年一貫して）
　　　→第1、第2学年頻出単語中、およそ30単語＋を黙読し、綴る（2－1）
　　　→第1、第2学年頻出単語すべてを黙読し、綴る（2－2、2－3）
　○文脈における単語認識
　　―guided reading において段階別読本に頻出する単語を読む
　　（第1、第2学年一貫して）
　○よく使われる不規則単語を綴る（第1、第2学年一貫して）
　○綴り字法の段階的指導
　　頻出する綴りパターンによる単語の識別（および特徴的な語形）（1－1～1－3）
　　　　↓
　　複数形・過去形・現在進行形の識別と音読、綴り（2－1）
　　（否定形の意を加える）接頭辞（2－2）
　　同音異綴語・接尾辞（2－3）
　○言語事項に関する知識の習得と活用
　　母音、子音という用語の理解と活用（1－3→2－1）

エ・〈C 語彙をひろげる〉において
　○読書、話し合い双方からの新出単語、関心を引いた語、重要語、特定題材の関連語を集め、語彙集録の作成（第1学年一貫して）
　　　↓
　　特定の題材に関する読書からの新出語、関心を引いた語、重要語を集め、語彙集録の作成
　　（第2学年一貫して）　◎
　○単語と用法に関する客観的理解と自分の表現力への活用
　　特定の語を集め、活用法を学ぶ、実際に活用するにとどまらず、収集単語の特徴について話し合う、それを踏まえ、自分の書記表現の向上に役立てる意図で活用する。（2－2、反対語、2－3、同義語・類義語句）
　　　↓↓
単語集めの活動は、第2学年ノンフィクション書記表現「物語や詩の話題に関連づけるなどして、特別に興味をひく単語群の説明や定義を示したクラス独自の辞書や語彙録を作成する。（2－2）」や、第3学年のテクストレベル、「多様な物語設定を比べ、場面を描く単語や句を選び出す（3－1）」といった物語語彙の広がりへと連動していくことになる。

オ・〈D ハンドライティング〉において
　○後から読みやすい字体になるよう留意しながら手描き文字を綴る。（第1学年一貫して）
　　　↓

フォニックスを意識したハンドライティング（2-1～2-3）

文字をつなげる4種類のストローク法を学び、練習する（第2学年一貫して）

（1）-2　第1教育段階　文レベルの指導方略指針体系の概観

ア・〈A　文法的事項の知識〉において

○第1、第2学年一貫して、新出単語・未知の単語の意味を予想する手立てとして、構文上の知識（第1学年）、文法知識（第2学年）の活用を促す。

「構文上の知識を活用し、新出語や使い慣れない単語の意味がわかる。例えば、文法からテクストの意味を予想する、読み進め、わからないところは飛ばして、読み返すなど。」

「文法知識を活用し、新出語や使い慣れない単語の意味を予想する。例えば、文脈から意味を予想する、読み進め、わからないところは飛ばして、読み返すなど。」

↓↑

第1学年は、一貫して、ピリオドの機能を理解すること、文頭の大文字など（文という表現形式の理解）を反復定着することに重きが置かれる。第2学年は、接続詞（2-1）、名詞・代名詞と動詞の対応関係（2-2、2-3））、話し言葉、書き言葉双方における動詞の正確な活用を通して、文とはどのような規則性によって成り立っているかを学ばせていく。

○書き言葉が意味を表すものであること、読むとは、意味を求める行為であることを理解する。（1-2、1-3）

↓

意味を取りながら読むための音読の活用（1-1、1-3、2-2、2-3）

　―文法的事項を活用し、それに対応する形で適切なイントネーション、ポーズ、テンポ、表現を伴って音読する。

○構文上の約束事を調べたり、話し合ったりすることを通して、自分の文の推敲方法を学ぶ

　―見出し語や簡単な文を書き、単語が抜けていないか、語順が正しいかなど、意味が通じるかどうか確かめるために読み返す。（1-1）

　―文中の先行単語から語の意味を予想し、適切な選択肢となる語を上げながら、文脈に当てはまるような語を調べる。（1-2）

　―文の並べ替え、先行テクストを用いて単語を予想する、適語と考えられる語をグルーピングする、その根拠を話し合う、などを通して、語順について学ぶ。（1-3）

　―自分の文章を、文法的意味合い（一貫性）や正確さ（規則にのっとっているか）について調べながら、再読する。間違いに気づき、他の表現を考える。（2-2）

　―文法的な規則性が必要なことに気づく。"I am, The children are" などのように、名詞、代名詞と動詞の対応関係を正確にするなど。また、簡単な人称代名詞を正確に用いる。（his、her など）（2-3）

イ・〈B　文構造と句読法〉において

○第1学年は、先に見たとおり、①ピリオドとコンマの機能理解と活用、人称代名詞や文頭の大文字、疑問詞の機能理解と活用の反復定着が主眼となっている。あわせて、②1学期から「文」という語の使用

表18 文レベル対照表（R（レセプション・クラス）～第2学年）

The National Literacy Strategy（初等教育版, 1988）より文レベルを訳出、稿者が再整理したもの。

を促し、2学期には適切な用語の使用、3学期には用語に関する知識を広げることが望まれている。こうしたメタ的な言語事項の理解は、2年2学期に、会話表現を識別し、目的を理解するとともに、「会話表現」という用語を正確に用いることが求められるところにも見られる。
○第2学年になると、書記記号の種類に関する知識を広げ、留意しながら音読することで定着を図る、フキダシ、イタリック体などのタイポグラフィの用法と識別、リスト作成におけるコンマの活用など、広義の句読法の指導が望まれている。
○疑問詞の学習によって、平常文から疑問文への置換を学ばせるとともに、助けを請う、時間を尋ねる、静かにしてほしいと促すなど、さまざまなコンテクストにおける疑問表現（丁寧表現）を比較検討させる。(2-3)
○第2学年1学期に見られる「意味を考えながら、句読点にも気をつけて、自分の文章を再読する。」もまた、先にあげた自分の文章の推敲法に通じる基本的態度の育成といえる。

(1)-3　第1教育段階　テクストレベルの指導方略指針体系の概観
ア・学習対象

入門期は、読むこと、書くことの二区分からなり、読むことは、さらに、書記表現の理解、読解に二分されている。第1学年以降は、学習対象を「フィクション・詩」「ノンフィクション」と分け、それぞれテクスト特性に応じて、読解と書記表現の二側面から指針が立てられている。

先の表14、19を見ると、説話型物語群がその主たる位置を占めているのがよくわかる。

他方、ノンフィクションの対象テクストは、以下のとおりである。

　（1-1）指標、ラベル、見出し語、リスト、指示書
　（1-2）非時系列の構成でまとめられた報告を含む知識・情報の本、平易な辞書、
　（1-3）観察、旅行、隻語との説明を含む知識・情報テクスト
　（2-1）指示書
　（2-2）辞書、用語集、インデックス、その他のアルファベット順に構成されたテクスト／説明
　（2-3）非時系列の構成でまとめられた報告を含む知識・情報の本

標識、ラベル、見出し語、図表、レシピといった日常的な情報テクスト群が繰り返し、形を変えて登場する。2年の2学期には辞書や用語集、インデックス、住所録など、アルファベット順を活用した利用や作成が取り上げられ始める。説話型物語群が時系列に沿った構成軸を主とするのに対して、知識・情報の本の構成軸は、1年2学期に登場する最初から非時系列の構成軸を意図的に取り上げていく。学習の中心は、テクストの読み方を意識的に選び、活用できる学習者育成に置かれている。まとまった文章読解に関する初めての事項が、1年2学期の「ノンフィクションにおいては、必ずしも最初から最後まで読み通す必要がなく、必要に応じて選んで読めばよいことを理解する。」であるところにも、如実に表れている。3学期には、「異なる情報を扱った類似テーマのノンフィクションが存在し、他方、似通った情報を異なる方法で提示するノンフィクションがあることを理解する。」とあり、第1学年から、ノンフィクションに関しては、きわめて、実際的、実用的な指針が用意されているのが特徴的である。先の表19は、学習対象を便宜上、下位分類して再整理したものである。

イ・テクストレベルの指導項目の特徴
　○第1、第2学年に一貫して、「1　shared reading や guided reading を通して、語レベルの力を補強し、活用する。」「2　未知の単語の意味を導き出し、予測し、チェックするため、音韻、文脈、文法、形態上の知識を用いる。」の2点が掲げられ、語、文両レベルとの相関なく、テクストレベルの読みが成り立ち得ないという言語教育観であることがよくわかる。
　○加えて、第1、第2学年に一貫し、「shared writing ならびに、guided writing を通して、音韻や形態上の知識ならびに見てわかる語を用いて、単語を正しく綴る。」を取り上げ、フォニックスを活用した綴り字法の徹底習得がめざされている。
　○理解と表現の基礎としての音声表現化
　　一語や句を入れ替える、パターンを広げる、新しいパターンを考察する、脚韻を操るなど、即興でパ

表19　学習指導対象テクストの分類表（「98年指針」をもとに稿者が再整理したもの）

		〈ア〉説話型物語テクスト群				〈ア〉'〈ア〉の応用	〈イ〉評価の定まったテクスト群	〈ウ〉多言語文化テクスト群	ア、イ、ウを運用する際求められる重ね読み、比較読みテクスト群
		c)伝承文学(民話や妖精物語)の再話	a)既知の状況設定を持つ物語や詩、および想像的世界やファンタジーの世界を背景とする物語や詩	e)常套表現や予測可能な言語を用いた物語、詩、および戯曲	g)音読や再読をすることで言語使用の特徴がわかるテクスト	f)長さや語彙の面で力を試されるような物語や詩	b)著名な児童文学作家の物語、詩、および戯曲	d)幅広い文化的背景をもつ物語や詩	
第一教育段階	1年1学期		○(身近な状況設定の物語)	○(予想うる反復パターンを持つ脚韻詩)	○				
	2学期	○(伝統的物語ならびに脚韻詩)	○	○	○			○	
	3学期		○	○(予想うるパターン構造を持つ詩)					○(類似テーマを扱った多様な詩)
	2年1学期		○						
	2学期	○		○			○(詩)	○	
	3学期				○(なぞなぞ、早口ことば、ユーモア詩、言葉遊び)	○(広い範疇の物語)	○(物語)		○(同一作家の作品の重ね読み)

ターンを作りながら、予測しうる反復パターンをもとにした物語や脚韻詩を暗誦する。（1 - 1）
―ロールプレイ、人形劇など、様々な手法で、物語を再現する。（1 - 1）
―物語や戯曲をせりふ読みするなどして、人物像や会話表現に気づかされる。（1 - 2）
―動作化し簡単な詩や脚韻詩を学び、暗誦する。本文に立ち戻って再読する。（1 - 2）
―クラス文集のために全員ならびに個々の児童が好きな詩を集め、音読する。（1 - 3）
　　　↓
―句読点を考慮にいれながら、お気に入りの詩を学習し、読み返し、暗誦する。以下のことがらについて注釈する。例えば、語の結びつきや脚韻、リズム、頭韻などの音韻的特徴および提示法。（2 - 1）
―会話表現や文章中の叙述を活用して準備を整え、ひとりで物語を再話したりグループでロールプレイングしたりする。（2 - 2）
―自分の詩を音読する。（2 - 2）
○自分の体験と関らせた理解と表現
―物語設定や事件を説明し、自分や他者の経験と関連づける。（1 - 1読解）
―物語中の既知の出来事とかかわらせ、自分の経験した出来事について書く。（1 - 1書記）
―身近な物語のテーマを話し合い、病気、迷子、旅行など自分の経験と関係づける。（2 - 1）
―物語構成を活かし同様の／類似の形式に基づいて自分の経験について書く。（2 - 1書記）
○既知の物語の語りなおし（再話）を通して、話し言葉と書き言葉の相違を知る。
―既知の物語を語り直すことを通して、音声言語と書記言語の違いに気づく。同一物語の活字テクストと語りを比べる。（1 - 1、2 - 3）
―口頭による列挙と文中のそれと比べて、音声言語と書記言語との違いに気づく。典型的な物語の要素を活用して再話する。（2 - 1）
○物語構成要素について話し合う／物語構成要素を意識的に読み重ねる／物語構成要素を軸に再話する。取り上げる着目点は、テーマ、人物像、状況設定、プロット、語りの枠組みとしての冒頭と結末である。詩に関しては、詩独自の表現形態が加わる。
〈テーマ〉
―物語のさまざまなテーマが読みとれ、それについて話し合う。多様なテーマを見つけ、比べる。（1 - 2）
―家族、学校、食べ物を扱った詩のように、似通ったテーマを持つさまざまな詩を読む。（1 - 3）
―物語や詩において、好きなところや共通するテーマを比較対照する。（1 - 3）
―物語のテーマについて比較し話し合う。（2 - 2）
〈人物〉
―外見、行動、性質など、登場人物の特徴を指摘し、話し合う。人物がどのような行動をとるか推測する。（1 - 2）
―挿し絵、一単語による表示、見出し、文中からの語・文の引用を用い、特徴や外見、行動を説明し、作中人物の簡単なプロフィールを作成する。（1 - 2書記）
―自分の読みを交え、文章中の語や句を活用し、人物を理解し、それについて述べる。（2 - 2）
―人物を描写するキーワードや句／人物によって話されたキーワードや句を用い、簡単な人物紹介やポスターおよびパスポートのような登場人物のプロフィールを書く。（2 - 2書記）

表20 テクストレベル対照表（R（レセプション・クラス）〜第２学年）

テクストレベル	入門期			第1学年					
					1学期		2学期		3学期
読むこと	a 書記表現（活字）の理解	1の1	他者と読み合うことをとおして、物語、ノート、出席簿、ラベル、サイン、告知板、手紙、リスト、方向指示、広告並びに新聞のような多様な文章中の活字、もしくは手書きの単語をわかる。	フィクション・詩					
		1の2	単語は幅広い用途に応じて再読しうるよう書き留めることができる。						
		1の3	本、ブックカバー、冒頭、結末、頁、行、単語、文字並びに題名のような書物や印刷物に関する用語を理解し、正しく用いる。						
		1の4	物語を読んだり話したりするときや、１体１で話したり文章をやりとりしているとき、文章を、頁から頁へ、左から右へ、上から下へと、正しい順序で追うことができる。						
	読解	2	物語やその背景についての知識および文法の働きなど、多様な手がかりを用いて読む。	読解	1	shared readingやguided readingを通して、語レベルの力を補強し、活用する。	1	shared readingやguided readingを通して、語レベルの力を補強し、活用する。	1	shared readingやguided readingを通して、語レベルの力を補強し、活用する。
		3	文脈の中から手がかりを見つけて、未知の単語を読む助けにする。		2	未知の単語の意味を導き出し、予測し、チェックするため、音韻、文脈、文法、形態上の知識を用いる。	2	未知の単語の意味を導き出し、予測し、チェックするため、音韻、文脈、文法、形態上の知識を用いる。その上で、自分の読んだものの意味がわかる。	2	未知の単語の意味を導き出し、予測し、チェックするため、音韻、文脈、文法、形態上の知識を用いる。その上で、自分の読んだものの意味がわかる。
		4	既知の物語を語りなおすことをとおして口頭表現と書記表現の違いに気づく。／本の述べ方と口頭の語りとを比較する。		3	既知の物語を語り直すことを通して、音声言語と書記言語の違いに気づく。同一物語のの活字テキストと語りを比べる。	3	集中力と注意力を持って、選び出した既知の本を読み、好きな点を話し合いその理由を述べる。	3	既知の物語を語り直すことを通して、音声言語と書記言語の違いに気づく。同一物語のの活字テキストと語りを比べる。
		5	物語中の言葉の働きを理解し、自分で語り直す際に典型的な言い回しを用いる。例えば「むかしあるところ」、「彼女は一軒の小さな...に住んでいました」「彼は...と答えました」など。		4	既知の簡単な物語や詩をひとりで読む。読みながら、指で追い、発音と綴りを一致させる。	4	要点を順序立てて並べ物語を再話する。活字テキストと語りを比べるなど、書記言語と音声言語による再話の違いに気づく。関連性のある句や文に言及する。	4	十分集中して最後まで読み通す。その上で、好きな点を指摘し、その根拠を述べる。
		6	ビッグブック、物語の児童書、物語の録音テープ、知識の本、物語のポスター、キャプションおよび友だちや自分の書いた文章など、幅広い身近な文章をくり返し再読する。		5	物語設定や事件を説明し、自分や他者の経験と関連づける。	5	幅広い物語の中から、物語の言語表現における特徴を指摘し、書き留める。口頭で語り直すなどして、それらの特徴を読み、活用する練習を行う。	5	物語を語り直す。要点を順序立てて並べ重要な出来事を抜き出す。
		7	主な出来事を正しい順序に並べながら、既知の物語を用いて劇化したり、語りなおしたりする。		6	語や句を入れ替える、パターンを広げる、新しいパターンを考察する、脚韻を操るなど、即興でパターンを作りながら、予測しうる反復パターンをもとにした物語や脚韻詩を暗誦する。	6	物語のさまざまなテーマが読みとれ、それについて話し合う。多様なテーマを見つけ、比べる。	6	物語の言語表現の、より典型的な特徴についてある程度わかり、活用しながら物語を語り直す準備をし、語る。
		8	絵本の絵のキャプションのような文章上の重要な箇所や、"I'm a troll…"、"You can't catch me. I'm the Ginger bread Man…"のような主要人物の名前、脚韻詩や歌並びに吹き出し、イタリック体並びに大文字などの文章の重要な箇所に気づき、読む。		7	ロールプレイ、人形劇など、様々な手法で、物語を再現する。	7	物語中の出来事の根拠や原因について話し合う。	7	未知の物語の内容を予測するために、題名、表紙、挿し絵およびおび広告を活用する。
		9	対になった構造や因果関係などの物語の構成に気づき、物語がいかに組み立てられ結末に導かれるかについて気づく。				8	外見、行動、性質など、登場人物の特徴を指摘し、話し合う。人物がどのような行動をとるか推測する。	8	宇宙、想像上の国や動物の家など、さまざまな状況設定を持つ物語を比較対照する。
		10	予想しうる反復表現を用いた物語や押韻詩、並びに似通った押韻の型を持つ作品を再読し、暗唱する。				9	物語や戯曲をせりふ読みするなどして、人物像や会話表現に気づかされる。	9	家族、学校、食べ物を扱った詩のように、似通ったテーマを持つさまざまな詩を読む。
							10	さまざまな物語のはじめと結びなど、物語の基本要素がわかり、比較する。	10	物語や詩において、好きなところや共通するテーマを比較対照する。
							11	動作化しながら簡単な詩や脚韻詩を学び、暗誦する。本文に立ち戻って再読する。	11	クラス文集のために、クラス全員ならびに個々の児童が好きな詩を集め、音読する。

The National Literacy Strategy（初等教育版、1998）よりテクストレベルを訳出、稿者が再整理したもの。

第3章 ナショナル・カリキュラム制定（1989）と実施後の動向

第2学年		
1学期	2学期	3学期
1 shared readingやguided readingを通して、語レベルの力を補強し、活用する。	1 shared readingやguided readingを通して、語レベルの力を補強し、活用する。	1 shared readingやguided readingを通して、語レベルの力を補強し、活用する。
2 未知の単語の意味を導き出し、予測し、チェックするため、音韻、文脈、文法、形態上の知識を用いる。その上で、自分の読んだものの意味がわかる。	2 未知の単語の意味を導き出し、予測し、チェックするため、音韻、文脈、文法、形態上の知識を用いる。その上で、自分の読んだものの意味がわかる。	2 未知の単語の意味を導き出し、予測、チェックするため、音韻、文脈、文法、形態上の知識を用いる。その上で、自分の読んだものの意味がわかる。
3 口頭による列挙と文中のそれと比べて、音声言語と書記言語との違いに気づく。典型的な物語の要素を活用して再話する。	3 物語のテーマについて比較し話し合う。	3 ☆ 既知の物語を語り直すことを通して、音声言語と書記言語の違いに気づく。同一物語のの活字テキストと語りを比べる。
4 いつ、なにがおこったかなど、物語における時間と連続性について理解する。	4 指導者とともに読みながら部分的な抜粋をもとに物語の結末や出来事を予測する。	4 状況設定、登場人物、テーマのことなる同一作家の作品を読み比べる。好きなところを判断しその根拠を述べる。
5 プロットと関連づけて、物語における出来事の因果関係がわかりそれについて話し合う。	5 物語の状況設定について話し合う。違いを比較する。文章中のキーワードや句を指摘する。異なる状況設定がどのように出来事や行動に反映するか考える。	5 本の表紙に掲載された作家についての情報を読む。例えば、他の作品群、作者の生死、出版社など。著作者や出版について気づくようになる。
6 ☆☆ 身近な物語のテーマについて話し合い、病気、迷子、旅行など自分の経験と関係づける。	6 自分の読みを交え、文章中の語や句を活用して、登場人物を理解しそれについて述べる。	6 ユーモラスな物語や、抜粋集や詩作品を読み、想像をめぐらし、推薦し、作品例を集める。
7 句読点を考慮にいれながら、お気に入りの詩を学習し、読み返し、暗誦する。以下のことがらについて注釈する。例えば、語の結びつきや脚韻、リズム、頭韻のなどの音韻的特徴および提示法。	7 ☆ 会話表現や文章中の叙述を活用して準備を整え、ひとりで物語を再話したりグループでロールプレイングしたりする。	7 類似テーマをもとに書かれたさまざまな作者の本を読み比べる。根拠をあげて評価する。
8 クラス選集を作るために、詩を集め分類する。	8 自分の詩を音読する。	8 ナンセンス詩、早口言葉、なぞなぞなどにおける、ユーモアを生み、音韻的効果をあげる語や句の意味について話し合う。詩を簡単な累計に分ける。クラス文集を作成する。
	9 さまざまな詩におけるリズム、脚韻、その他の音韻的特徴を理解し、それについて話し合う。	
	10 詩を音読することが意味を持つ場合や効果を発揮する場合を理解し、それについて述べる。	
	11 適切な用語（詩人、詩、行、脚韻など）を用いたり、詩的言語について言及しながら、お気に入りの詩や詩人について理解し、それらについて話し合う。	

〈状況設定〉
　―宇宙や架空の国、動物の世界など、多様な状況設定の物語を比較対照する。（1－3）
　―これまでの読書に基づきながら、単純な状況設定を用いた物語を書く。（1－3書記）
　―物語の状況設定について話し合う。違いを比較する。文章中のキーワードや句を指摘する。異なる状況設定がどのように出来事や行動に反映するか考える。（2－2）
　―読みから学んだ状況設定を活用する。例えば、描写し直す、自分の文章に活用する、同一の状況設定における異なる物語を書くなど。（2－2書記）

〈プロット〉
　―物語中の出来事の根拠や原因について話し合う。（1－2）
　―見出し、挿し絵、主要事項を順序立てて記録する矢印を活用して、物語のプロットの概観を示す。（例えば、文集、物語ポスター、自分の作品について）（1－2書記）
　―既知の物語中の重要な出来事について書く。（1－3書記）
　―いつ、なにがおこったかなど、物語における時間と連続性について理解する。（2－1）
　―プロットと関連づけ、出来事の因果関係がわかり、それについて話し合う。（2－1）
　―「わたしがやり終えた時…」「突然…」「それ以後…」など、連続する出来事を組み立てる時間表現を（文レベルの学習活動を参照すること）用いる。（2－1書記）

〈語りの枠組みとしての冒頭と結末〉
　―さまざまな物語のはじめと結びなど、物語の基本要素がわかり、比較する。（1－2）
　―指導者とともに読みながら部分的な抜粋から物語の結末や出来事を予測する。（2－2）

〈詩独自の表現形態〉
　―さまざまな詩のリズム、脚韻、他の音韻的特徴を理解し、それについて話し合う。（2－2）

　　　　↓↓

○批評読みへの導入として、読み手として自分のよってたつところを見つめ始める。
　―注意深く集中して選んだ既知の本を読み、好きな点を話し合い、その理由を述べる。（1－2）
　―十分集中して最後まで読み通した上で、好きな点を指摘し、その根拠を述べる。（1－3）

　　　　↓

　―詩を音読することが意味を持つ場合や効果を発揮する場合を理解し、それについて述べる。／適切な用語（詩人、詩、行、脚韻など）を用いたり、詩的言語について言及しながら、お気に入りの詩や詩人について理解し、それらについて話し合う。（2－2）
　―本の表紙に掲載された作家についての情報を読む。例えば、他の作品群、作者の生死、出版社など。著作者や出版について気づくようになる。（2－2）
　―状況設定、登場人物、テーマの異なる同一作家の作品を読み比べる。好きなところを判断しその根拠を述べる。（2－3）
　―類似テーマで書かれたさまざまな作者の本を読み比べる。根拠をあげて評価する。（2－3）
　―読んだり話し合ったりした本について、根拠をあげながら簡単な評価を書く。（2－3）
　―テクストの目的に応じた有効性について評価する。（2－3ノンフィクション読解）

○質を伴った量の体験―文集・アンソロジーの作成

―クラス文集のために全員ならびに個々の児童が好きな詩を集め、音読する。（1－3）

―見出し語のついた図表や挿し絵などノンフィクションの特徴的な表現法や言語を用いて、クラス文集を作る。（例えば、○○について私たちが知っていること、私たちのペットなど）（1－3ノンフィクション書記）

―クラス選集を作るために、詩を集め分類する。（2－1）

―物語や詩の話題に関連づけるなどして、特別に興味をひく単語群の説明や定義を示したクラス独自の辞書や語彙録を作成する。（2－2ノンフィクション書記）

―ユーモラスな物語や、抜粋集や詩作品を読み、想像をめぐらし、推薦し、作品例を集める。（2－3）／ナンセンス詩、早口言葉、なぞなぞにおける、ユーモアを生み、音韻的効果をあげる語や句の意味について話し合う。詩をおおよそ分類し、クラス文集を作成する。（2－3）

○既知の読書、既習事項（物語の構成要素・物語言語の特性）を活用して文章を書く。

―文章作成のために、脚韻やパターン化された物語をモデルにする。（1－1）

―表紙、作家名、題名、レイアウトなど見本となる約束事をモデルとして、文章を含む簡単な絵本を作成する。（1－1）

―同じ行を用いる、新単語を導入する、脚韻や頭韻パターンを応用する、韻を踏んだ単語や行を加えるなど、読みの活動から言葉遊びにいたるすべての機会をとらえて、パターンを置き換えたり、発展的に用いたりする。（1－2）

―既知の物語のいくつかの要素を活用して、自分の文章を組み立てる。（1－2書記）

―単語の置き換えや詩について詳述し、詩や詩の部分を自分の創作のモデルに用いる。（1－3）

―パターン反復や注意深く選ばれた文やイメジャリーを用い、詩的な文章を創作する。（1－3）

―簡単な詩の構成を活用して、自分の考えに置き換え、新しい詩を書く。（2－1）

―会話表現や文章中の叙述を活用して準備を整え、ひとりで物語を再話したり、グループでロールプレイングしたりする。（2－2）

―要素を広げたり置き換えたり、独自の行や詩句を工夫したりして、詩から学んだ構成を用いて書く。クラス文集を作成する、見出し語をつける、最初の走り書きや単語の書き付けから詩を創作する。（2－2）

―語り、状況設定、人物造型、会話表現ならびに物語独特の言語表現など物語の構成要素に関する知識を用いてひとまとまりの物語を書く。（2－3書記）

―翻案、模倣、置換などによって子どものためのユーモラスな詩の構造を用い、詩を創作する。読書を活かし、なぞなぞ、言葉パズル、ジョーク、ナンセンス文を創作する。早口言葉か頭韻を踏んだ文章を書く。読み返し、効果を耳で確かめながら、注意深く単語を選択する。（2－3）

↓↑

このようなフィクションと詩のテクストレベルの指針をさらに特徴づけるために、ノンフィクションの指針事項を部分的に掲げ、比較する。

〈ノンフィクション〉

―既知の文中に見られた言語表現をモデルとして、関心事や学習に関する事柄および個人的経験に関わる簡単な記事文を書く。学校での一日、私たちの旅のようなグループやクラスの文集を作成する。

（1－3書記）
　　―既知の文章の構造をもとに時間軸にそわない報告文を書く。例えば、「○○には二種類あって…」「彼らは○○に住んでいる」「Aは～を持っているが、Bは…」など適切な言語を用いて、考えを示し、つなげ、分類する。（2－3書記）など

ウ・物語テクストを対象とする語・文・テクストレベルの相関にみる第1教育段階のリテラシー観
　以上の概観から以下のことが指摘できよう。

1　テクストの質の取立て指導と量的体験を通しての拡充が表裏一体となっている。
2　物語テクストの構成要素は、読解と表現の両面から取り立てることで、常に書き手としての意識を持って、テクストの仕掛けに意識的である素地を育むことが配慮されている。
3　既知・既習のテクスト特性をさまざまな角度から活用し、自らの表現活動の枠組みとすることで、テクストを組み立てるとはどういうことか、シュミレーション活動を繰り返し、自らの理解と表現の雛形として定着を図る（パターンの習得）。言い換えれば、表現モデルとしての読書。
4　（どこが気に入ったか、気に入らなかったかを中心に）テクストをいかに読んだかを他者と共有するために、テクスト特性に沿った観点の取り立て方を学ばせる。批評という表現行為もまた、対象テクストの語りなおしであるという立場が窺える。
5　第2学年には、同作家の比較読み、作家・作品に関する情報を読むなど、第1教育段階の終わりには、批評的読みの前段階に達していることが望まれている。けれども、第1学年の始めから、自分の好きな作品の根拠を表すことに意味を見出すよう一貫して育まれる素地があってのものである。
6　第3学年では、多様な物語設定、場面の描写法、同一主題に対する多様な表現法など、格段の広がりを見せる。また、フィクションとノンフィクションの文体、構造の違いの理解、物語と戯曲の相違など、広義のジャンル意識の育みが意図されている。その前段階として、説話型物語群を主たるテクストとして、再話行為（ひとつのテクストを活字、映像、身体表現など異なるメディア形態によって再構築する言語行為および生成されたテクスト群の総称）を軸にしながら、基本的テクスト特性の理解と表現の両面から定着を図ろうとするのが、第1教育段階といえようか。

　一例をあげる。Web資料として各校の教師の利便を図った第1学年2学期テクストレベルの指針項目10、16に対応したワークシートである。（資料1）
　指針事項は、
　　1－2　T10　さまざまな物語のはじめと結びなど、物語の基本要素がわかり、比較する。（読解）
　　1－2　T16　既知の物語のいくつかの要素を活用して、自分の文章を組み立てる。（書記）
である。既存のテクストを雛形としながら、置換、変更、追加等を行う再話行為は、語・文レベルの基礎力を伴わなければ、テクストそのものと相対し得ないのは言うまでもない。語・文レベルの力に支えられて物語テクストの基本構成要素を十全に読み取ることができる。語・文・テクストレベルの観点に沿いながら再構築、再構成することによって、重層的な観点をフィードバックしながら、既存テクストと自身のテクストの両者を関係付ける一連のいとなみが窺える。創作のための準備段階として再話があるということではなく、このようなリテラシーの取立て学習のなかに、自らの表現行為が位置づけられる。テクストを読む、テ

第３章　ナショナル・カリキュラム制定（1989）と実施後の動向

資料１　web 上のワークシートモデル例

NLS Activity Resource Sheet

Year	1
Term	2
Strand	T 10,16

Objectives

To identify and compare basic story elements: beginning, middle, end; to collect examples of story beginnings and endings; to use some of the more formal elements of stories to structure own writing.

Activities

Class
- Using whole class texts, collect and compare traditional stories, e.g. **The Three Little Pigs, Billy Goats Gruff, Red Riding Hood, Jack And The Beanstalk, The Gingerbread Man**. Read the story to the class, re-read encouraging the class to join in any refrain, e.g. *I'll huff and I'll puff ...* Compare different versions of same story, similarities and differences; but significant phrases will remain the same.
- Record significant phrases using speech bubbles. Each child takes on a role, e.g. wolf holds a speech bubble saying, *I'll huff ...* etc., and role plays. Display these on the wall for reading around the room activity.
- Focus on story structure using a published text as a model, e.g. **The Gingerbread Man**. Discuss beginning/opening, middle/event, end/resolution. Produce a shared writing version of a traditional story in new setting, e.g. a classroom, or using a new character, e.g. **The Gingerbread Girl**.

Group
- For sentence work using guided reading sets of books, try some of the following:
    - match a character to significant phrase, e.g. wolf - *I'll huff ...*;
    - story sequencing cards. Match pictures to text;
    - make a collection of rhyming words, e.g. *huff/puff, can/man*;
    - collect story beginnings and endings, e.g. *A long time ago ... They lived happily ever after*.
- Children could make their own version of a story with bookmaking techniques or using a computer, e.g. zigzag book, concept keyboard, story publisher, **TextEase** software (speech bubbles/word bank), fairytales, Clipart.

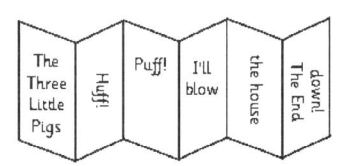

I'll huff and I'll puff ...

Who's been eating my ...?

Relevant published materials/resources

Responding to Traditional Tales KSI, Teacher's photocopiable resource (Evans).
The Three Little Pigs, The Billy Goats Gruff, Jack and the Beanstalk, The Gingerbread Man, Literacy Links (Kingscourt). **TextEase** software.

© Crown copyright 1998

26

クストを生成する、その両者において、学習者の内なるところで働いているであろう既存の物語認知の雛形を、物語テクストを軸に顕在化させ、意味を生成する共通の思考力として定着が図られることが目指されている一例である。

2・3 語・文・テクストレベルの相関にみる「リテラシー指針」
―第２教育段階における「フィクション・詩」領域を中心に―

（１）第１教育段階から第２教育段階への回帰的連携性―テクストレベル（フィクションと詩）を例に―

初等教育低学年から中高学年へと２段構えで体系化されるイギリス英語（国語）科教育にあって、境界面にあたる学年間のフィードバックは一般的に手厚い。これは、教育段階の終了ごとの標準評価テストの設定と無関係ではない。望ましいレベルに達しない学習者のための支援コースや授業を別置したり併設する、復習教材を開発し web 資料として現場に供する等の試みが重ねられ、「98年指針」にも、こうした傾向の反映が指摘できる。表21は、第２学年と第３学年のテクストレベル、「フィクションと詩の領域」の読解と書記表現の事項を、Ａ　読むこと・書くことの基礎、Ｂ　読解と表現を通して文学テクストの基本を理解する、Ｃ　広範な読みの体験（重ね読み・比較読み）、Ｄ　再話活動（①原テクストの特性にそった再話、②既存のテクストを活用した表現活動）に分類し、俯瞰を試みたものである。低学年から中学年への段階的推移において基本となるＡとＢを軸に、主だったところを上げてみると以下のようになる。

○２学年では、１年間を通して、「shared reading や guided reading を通して、語レベルの力を補強し、活用する。（読解）」に重きが置かれ、それ以外は、「未知の単語の意味を導き出し、予測し、チェックするため、音韻、文脈、文法、形態上の知識を用いる。その上で、自分の読んだものの意味がわかる。（読解）１学期と３学期」「shared writing ならびに、guided writing を通して、音韻や形態上の知識を見てわかる語を用いて、単語を正しく綴る。（書記表現）１学期と２学期」の二つに焦点化されている。先の第１教育段階の語レベルの指導指針をテクスト読解と表現において応用することが求められているのがわかる。第３学年にはＡに分類できる事項がなく、第１段階でリテラシーの基礎の確実な習得がめざされる。

○Ｂ「読解と表現を通して文学テクストの基本を理解する」は、全学年の指針事項の内容に沿って以下の12の下位項目を立てて整理した。そのうちの丸印に相当する10のところに、２年、３年の指針事項が見て取れ、広範な基本への目配りが如実である。

　　冒頭と結末の関係／結末の予測○／状況設定○／時間表現○／人物造型○／会話表現○／語り・視点○／語りの方法○／表現手法・技巧／テーマ○／ジャンル性の理解○／物語テクストの総合的理解○

以下に、一例を掲げる。

・結末の予測

　２年１学期　指導者とともに読みながら部分的な抜粋をもとに物語の結末や出来事を予測する。（読解）

　３年２学期　いかに数少ない言葉の中で、伏線となる点をとらえられるかを考えながら、物語構造に欠かせない項目を組み立てる。構想のさまざまな方法について話し合う。（書記表現）

・状況設定

　２年１、２学期　物語の状況設定について話し合う。違いを比較する。文章中のキーワードや句を指摘する。異なる状況設定がどのように出来事や行動に反映するか考える。（読解）

第3章　ナショナル・カリキュラム制定（1989）と実施後の動向

表21　第1教育段階から第2教育段階への回帰的連携—第2・第3学年テクストレベル観点別整理表

観点		2年1学期	2年2学期	2年3学期	3年1学期	3年2学期	3年3学期
読むこと・書くことの基礎	語・文レベルの既習事項の復習と整理	1 shared reading や guided reading を通して、語レベルの力を補強し、活用する。(読解) 2 未知の単語の意味を導き出し、チェックする。予測し、文脈、文法、音韻、形態上の知識を用いる。その上で、自分の読んだものの意味がわかる。(読解) 9 shared writing や guided writing を通して、音韻や形態上の知識を見てわかる語を用いて、単語を正しく綴る。(書記表現)	1 shared reading を通して、語レベルの力を補強し、活用する。(読解) 12 shared writing ならびに、guided writing を通して、音韻や形態上の知識を用いる。その上で、自分の読んだものの意味を正しく綴る。(書記表現)	1 shared reading や guided reading を通して、語レベルの力を補強し、活用する。(読解) 2 未知の単語の意味を導き出し、チェックする。予測するため、音韻、文脈、文法、形態上の知識を用いる。その上で、自分の読んだものの意味がわかる。(読解)		1 shared reading や guided reading を通して、語レベルの力を補強し、活用する。	
	冒頭—結末の関係	4 指導者とともに読みながら部分的な抜粋をもとに物語の結末や出来事を予測する。(読解)	4 指導者とともに読みながら部分的な抜粋をもとに物語の結末や出来事を予測する。(読解)				
	結末の予測						
	物語の展開パターン/プロット				15 物語を段落によって構成し始める。物語中の会話段落を改段落し始める。(書記表現)	6 いかに数少ない言葉の中で、伏線となる点をとらえられるかを考えながら、物語構造にかかせない項目を組み立てる。構想のときをまとまな方法について話し合う。(書記表現)	
	状況設定	5 物語の状況設定について話し合う。違いを比較する。文章中のキーワードや句を指摘する。異なる状況設定がどのように出来事や行動に反映するか考える。(読解)	5 物語の状況設定について話し合う。違いを比較する。文章中のキーワードや句を指摘する。異なる状況設定がどのように出来事や行動に反映するか考える。(読解)		1 多様な物語設定を比べ、場面を描く単語や句を選び出す。(読解) 11 以下のことがらを書く。①自分の物語の状況設定を工夫する。①既知の場所の端的な説明を書く。(書記表現)		

— 95 —

B 読解と表現を通して文学テクストの基本を理解する	時間表現	11	「わたしがやり終えた時…」「突然…」「その後…」など、連続する時間表現を組み立ての学習活動を参照すること)用いる。(文レベル書記表現)		11	慣れ親しんだ物語の文体を②用いて状況設定を書く。(書記表現)	
	人物造型	6	自分の読みを支え、文章中の語や句を活用して、登場人物について調べる。(読解)		11	物語の冒頭と結末の文や句③を集め検討する。これら典型的な要素を用いて、再話したり、物語を創作したりする。(書記表現)	
		14	登場人物を描写するキーワードや句を活用して話されたキーワードや句を理解しそれにおよび簡単な人物紹介ポスターやパスポートのプロフィールを書く。(書記表現)		3	繰り返し登場する主要な登場人物を認識し、それらについて話し合う。人物の行動について評価し自分の考えを正当づける。(読解)	5 (i)登場人物の心情、(ii)妥当か不合理か、勇敢か愚かといった人物の行為、および(iii)人物関係について、テクストに言及しながら話し合い、判断を下す。(読解)
					8	物語中の行動や特徴を述べた部分を用いて、人物像を書く。また登場人物についてのポスター作成や見出し語を付した図表などさまざまな方法で人物像を表す。(書記表現)	
	会話表現				2	事柄の提示、疑問、感嘆など表現がいかに会話中で表現がいかに提示されているか、会話表現を組み立てていくために、段落がいかに構成されているか。(読解)	
	語り/視点				3	セリフ読みなどを活用したり、人形劇などを通して語り手と登場人物の違いを示したりしながら、物語中の語りのありさまに気づく。(読解)	3 一人称と三人称の語りを区別する。(読解)
	語りの方法	3	口頭による列挙と文中のそれらと比べて、音声言語と記言語との違いに気づく。典型的な物語を音言語として再話する。(読解)	5 既知の物語を語り直すことを通して、音声言語と書記言語の違いに気づく。同一物語の活字テクストと語りを比べる。(読解)	3	物語と戯曲の主要な相違点がわかる。例えば、物語、戯曲双方の会話表現、ト書き、全体構成をみることを通して。(読解)	4 実際の冒険もしくは物語について、音声として表された記表現によってヒアしたものを選び、それらとフィクションを比較する活動を通じて、出来事の信憑性について考える。(読解)

— 96 —

第3章 ナショナル・カリキュラム制定（1989）と実施後の動向

表現手法・技巧	テーマ			2 試練と克服、悪を駆逐する善、強者にうち勝つ弱者、愚者に対する知恵のような典型的な物語の主題が分かる。（読解）	
	個別のジャンル特性の理解	10 詩を音読することが意味を持つ場合や効果を発揮する場合を理解し、それについて述べる。（読解）			
	物語テクストの総合的理解			2 冒頭、構成、雰囲気など描写のための重要な要素及びテキストの活用のためのこれらの形容詞の活用、主要な要素を作り出すために言語が動いていることを知る。（読解）	
			4 状況設定、登場人物、テーマの異なる同一作家の作品を読み比べる。好きなところを判断してその根拠を述べる。（読解）	4 実際の冒険もしくは書記表現に基づいて、音声表現によってそれらを比較するものを選び、物語とフィクションを通して、出来事の信憑性について考える。（読解）	
C 広範な読みの体験（重ね読み・比較読み）	テーマ・題材・ジャンル	6 身近な物語のテーマについて話し合い、病気、迷子、旅行など自分の経験と関連づける。（読解）	6 同一主題に対する異なる観点を比べながら、詩を音読し、暗唱する。形容詞や、'look'の代わりに'stare'を用いるなど意味を強調する動詞のような、読者の関心を引くような語や句の選択について話し合う。（読解）	6 言葉遊び、ジョーク、ナンセンス詩、教訓物語、カリグラム詩などのようにユーモアを表現する形態を集め、グループ、ピンゲージすることによって、相互に比較する。（読解）	
		8 クラス選集を作るために、詩を集め分類する。（読解）	7 類似テーマをもとに作家がれた本を読み比べる。根拠をあげて評価する。（読解）	8 同一作家の作品を比較、対照する。例えば、同一作家の多種多様な作品、同一主題の多種多様な作品、同一主人公による異なる状況設定下の物語の続きを書く、似通ったテーマに基づく物語文。（読解）	

— 97 —

分類		活動内容					
作家研究への導入	5	本の表紙に掲載された作家についての情報を読む。例えば、他の作品群、作者の生死、出版社など、著作者や出版について気づくようにする。(読解)				9	作者を意識し、どこが好きかを話し合い、その理由をのべる。(読解)
表現形態・メディア・ミックス							
多様なメディアによる物語の継承と正典の成立							
					7	ことば遊びや愉快な詩を選び、下準備をして音読や暗唱をする。脚韻、頭韻、その他の音韻の効果や音韻の型に気づく。(読解)	
			6	同一主題に対する異なる観点を比べながら、詩を音読し、暗唱する。形容詞や'look'の代わりに'stare'を用いるなど意味を強調する動詞のような、読者の関心を引くような語や句の選択について話し合う。(読解)			
			14	読書や音声表現活動をもとに、簡単な絵コンテや戯曲を書く。(書記表現)	4	適切な表現様式や声の調子、大小、用い方、その他の効果について分かり、演じるためのさまざまな詩を選び準備する。(読解)	
					7	リストを作成する、図表化する、見取り図を作成する、簡単な絵コンテを作るなど、さまざまな方法を通して、主要な出来事を示し、順序立てて並べる。(書記表現)	
					10	物語中の典型的な句や表現をそれらを活用しながら、文章構成に同一の状況設定のつづき話を書く(書記表現)	
D ①原テクストの特性にそった再話							
口頭で語りなおす	8	自分の詩を音読する。(読解)					
ロールプレインング・人形劇・戯曲化	7	会話表現や文章中の叙述を活用して準備を整え、ひとりで物語を再話したりグループでロールプレインングしたりする。(読解)					
型にそった補充・置換							
リスト・見取り図・表化・絵コンテなど							
後日譚							
場面や人物の追加			物語中の登場人物並びに状況設定のつづき話を伝統的な物語を書く(書記表現)				

― 98 ―

第3章 ナショナル・カリキュラム制定（1989）と実施後の動向

視点の転換				12	一人称で書く。例えば、既知の物語の出来事を登場人物の立場で書く。（書記表現）
読者対象・ターゲットオーディエンス					
再話活動（多言語への批評を含語言の配慮を含む）	3	口頭による列挙と文中のそれと比べて、音声言語と書記言語の違いに気づく。典型的な言語の要素を活用して再話する。（読解）	1	事項をおって物語の主要な事項を再話する。さまざまな物語を比較する。物語を評価し、自分の評価を正当化する。（読解）	
自分の表現への応用	13	読みから学んだ状況設定を活用する。例えば、描写し直す、自分の文章に活用する、同一の状況設定における異なる物語を書くなど。（書記表現）	10	読んだことをモデルにして、自分なりの会話表現を書く。（書記表現）	10	既知の物語の出来事の順序性をモデルとして、文章構成を練る。（書記表現）
自己体験の表現	10	物語構成を活かして、同様のもしくは類似の形式の形式について自分の経験について書く。（書記表現）	13	読みから学んだ状況設定を活用する。例えば、描写し直す、自分の文章に活用する、同一の状況設定における異なる物語を書くなど。（書記表現）	1	伝統的な物語の慣用表現について考察する。物語の始まりと結び、場面の"Now when…" "A long time ago…"のような場面の始まりとの事例を集め、リストを作成し、比較し、自分の文章に活用する。（読解）	9	登場人物や状況設定を変える、もしくは状況設定を変えるのみならず、読み取った物語の始まりを活かして、自分なり主題を活かして、場面の設定、寓話、もしくは伝統的な神話の構成プランを書く。
創作（構想プランを含む）	12	簡単な詩の構成を活用して、自分の考えを、新しい詩に置き換えて書く。（書記表現）			11	読みと関係づけたり、読みから発想を得て物語や文章の冒頭を書く。緊張感、雰囲気の造型、サスペンス、雰囲気の創造、場面の設定など言語表現の効果に焦点を当てる。（書記表現）
D②既存のテクストを活用した表現					11	リズムや反復などパフォーマンスや朗読詩をモデルとしてパフォーマンス・ポエム、もしくは発展型の詩を書く。（書記表現）

3年1学期　以下のことがらを通して、自分の物語の状況設定を工夫する。
①既知の場所の端的な説明を書く。(書記表現)／②慣れ親しんだ物語の文体を用いて状況設定を書く。(書記表現)／③物語の冒頭と結末の文や句を集め検討する。これら典型的な要素を用いて、再話したり、物語を創作したりする。(書記表現)

・人物造型

2年生2学期　人物を描写するキーワードや句もしくは人物によって話されたキーワードや句を用いて、簡単な人物紹介・ポスターやパスポート等、登場人物のプロフィールを書く。(書記表現)

3年生2学期　繰り返し登場する主要な登場人物を認識し、それらについて話し合う。人物の行動について評価し自分の考えを正当づける。(読解)

同　物語中の行動や特徴を述べた部分を用い、人物像を書く。また人物についてのポスター作成や見出し語を付した図表化、並びに友人への手紙など多様な方法で人物像を表す。(書記表現)

・語りの方法

2年1学期　口頭による列挙法と文中のそれと比べて、音声言語と書記言語との違いに気づく。典型的な物語の要素を活用して再話する。(読解)

2年3学期　既知の物語を語り直すことを通して、音声言語と書記言語の違いに気づく。同一物語の活字テクストと語りを比べる。(読解)

3年1学期　セリフ読みを活用したり、人形劇などを通して語り手と登場人物の違いを示しながら、物語中のさまざまな語りのありように気づく。(読解)

以上の4項目に関する事例をみると、第2学年で読みの側面から意識させた文学テクストの基本構成要素（状況設定や人物造型など）が、第3学年になると、その知識が表現力として応用されることが目指されているのがわかる。読みの推進力である予測の力も、第3学年になると伏線の張り方の工夫などをこらしながら、自らの物語を組み立て始める。このように、読解から表現の順序をもちながら、第2学年と第3学年が対となって、リテラシー教授の枠組みをなしていると考えられる。

つぎは、中学年としての発展的な指針の一例である。ジャンルにより表現形態の違い、事実と虚構の差異、物語の典型的なパターンを活用した主題の把握など、低学年を踏まえ、ぐんと物語特性に根差したリテラシーが求められていく。また、3年3学期の事例のように「描写のための形容詞の活用など、これらの主要な要素を作り出すために言語が働いていることを知る。」といった物語言語の働きについての分析的アプローチも始まっている。

3年1学期　物語と戯曲の主要な相違点が分かる。例えば、物語、戯曲双方の会話表現、ト書き、全体構成をみることを通して。(読解)

3年2学期　試練と克服、悪を駆逐する善、強者にうち勝つ弱者、愚考に対する知恵のような典型的な物語の主題が分かる。(読解)

3年3学期　実際の冒険に基づく書記表現もしくは音声表現によって語り出されたれたものを選び、フィクションを比較するなどの活動を通して、出来事の信憑性について考える。(読解)

同上　冒頭、構成、雰囲気などテキストの重要な要素に言及する。描写のための形容詞の活用など、これらの主要な要素を作り出すために言語が働いていることを知る。(読解)

加えて、3年3学期の登場人物にかかわる指針事項に、「(ⅰ)登場人物の心情、(ⅱ)妥当か不合理か、

勇敢か愚かといった人物の行為、および（ⅲ）人物関係についてテクストに言及しながら話し合い、判断を下す。（読解）」という例も見られ、読み手としての価値判断をともなう読みが登場する。中学年ならではというところである。

（2） 第1教育段階テクストレベルからの展開
（2）－1　表現モデルとしての読む営みの指導
　一貫していたのは、説話型物語群を主たるテクストとして、主に再話行為を取り上げながら、その属性の理解と表現の両面から定着を図ろうとすることである。表現モデルとしての物語（narrative）の読みの指導は、リテラシー指針項目の中核に位置している。The National Literacy Strategy のwebサイト上に公表されている、書く力を育むためのテクストレベルの指導者向け補助資料[35]を参照しながら、文学テクストを軸としたリテラシー教授法の考察に絞って、第1教育段階から第2教育段階テクストレベルの体系化の特徴を捉えるよすがとする。

　この資料は、テクストレベルにおける書くことの教授全般に対して、実践的な補助資料を提供することを目的とされたものである。特に、全クラスを対象としたShared writing の指導の流れを示し、実際の授業では、状況に応じて、複数日にわたっての適応ほか、柔軟な援用が望まれている。

　物語（narrative）の様々な側面の指導について、資料では、つぎの9点を取り上げ、個々のａ）関連指針項目を整理し、ｂ）指導上の基本的指針と解説、ｃ）具体的な事例を挙げた解説、ｄ）主要な指導上の留意点、ｅ）学習者用配布レジメ案が示されている。

　①物語構造（story structure）
　②物語の状況設定（fictional settings）
　③人物造型（characterization）
　④再話1－様々な表現様式（varying style）
　⑤既知の状況設定をもつ物語（stories with familiar settings）
　⑥冒険物語、ミステリー、歴史物語、SF、ファンタジー
　⑦伝承文学－昔話、民話、神話、伝説、寓話
　⑧物語の再現（storytelling）
　⑨再話2－発展的物語（extended stories）

　これら9項目に掲げられた、表現者として意識すべき表現形態としての物語にかかわって上げられた関連指針項目を雛形とし、そこに分析上必要と思われる指針事項を書き加え、かつ、「文学的テクストの諸特性（雰囲気・イメージャリー・慣用句・比喩表現・テーマ性）」、「自分の読みを言語化する営み（批評読み）」、「特徴的なノンフィクションとのかかわり」を新たに項目として追加し、第2教育段階のテクストレベルの全体を再整理を行った。以下は、そこからの気づきを掲げたものである。

（2）－2　第1教育段階の物語リテラシー教授指針の一つの到達点
　雛形とした、書く力を育むためのテクストレベルの指導者向け補助資料には、第2学年3学期、テクストレベル、書記表現の指針10「語り、状況設定、人物像系、会話表現ならびに物語独特の言語表現など、物語の構成要素に関する知識を用いて、ひとまとまりの物語を書く。」という事項が、①物語構造、⑤再話1、

⑨再話 2 のすべてに繰り返し取り上げられる。テクストレベルの中核をなす表現モデルとしての分析的な読みの行為が、説話型物語テクストの創作という形でひとつの到達点をなしている。これは、⑧物語の再現で、第 1 学年から一貫して、既知の物語を語り直すことで、音声表現と書記表現の差異に気づく、比較するという指針が、繰り返し取り立てられ、耳からの物語体験から目からのそれへと、移行を図る教授の流れによって無理なく支えられるよう配慮されている。ここでいう「物語創作」は、あくまでも、既知の物語体験を自分の言葉で語り直すということが中心であって、再話という行為が積極的に物語リテラシーの基礎段階に取り上げられていると考えられる。

　補助資料の「①物語構造」「ｂ）指導上の基本的指針と解説」にも、学習者をどのように物語に出会わせ、創作させていくべきか、について、同様の立場からわかりやすい解説が用意されている。

○書き手の多くは、プラン屋、つまり、書く前に詳細にプランを立てるのが好きなタイプ、もしくは、出たとこ勝負屋、つまり、ともあれ物語を始めて、何が起こるか見てみようというタイプ、そのどちらかでありがちである。けれども、
　・過剰なプランは、安心を与えてもくれるが、逆に首を絞めることもある。
　・出たとこ勝負は、無意味にあちこちふらついて、特に、書き手の子どもにとっては、書くという行為そのものに不満が残る結果となりがちだ。

　　子どもは、物語の基本的パターンの感覚をしっかりと内にもつ必要がある。そして、自分が活用することのできる基本的物語構造のレパートリーを蓄えていく必要がある。書くためのプランニングは、あまり時間をかけず、的確でなければならない。書くための土台として機能しなければならない。プランニングの様々な方法には、ブレーンストーミング、マインドマップ、メモやスケッチをとる、場面ごとに想をリストアップする、取り外し自在のメモパッドに場面を書き、並べ替えて、構成する、創造的な思考を育み、組織立てるためにマインドマップの活用、ストーリーマップ、段落の小見出し、フォローチャートがある。

　　プランを十分すぎるほど立ててしまうと、書く意欲がそがれる。結末が分かってしまうと、発見の喜びが失われる。基本的な構成の見通しをもつことは、話を導いていれるものとなるが、自信に満ちた書き手であれば、書きながら、最初のプランを再考していけるようでなければならない。書いているうちに、想像力が喚起され、新たな考えが入り込んでくるからである。登場人物が物語を乗っ取り始めたという書き手は多い。

　　書き手の子どもは、
　・基本的物語パターンを自分のものにしてしまわなくてはならない。
　・簡単なプラニングの方法をいくつか持っていなければならない。
　・それらの方法を実際に書く際に、どのように活用すべきか、指導を受けなければならない。

○物語を読む、聞く、語る、書く過程のなかで、多くの異なる物語構造を学んでいくことができる。物語はいかに組み立てられていくか、どのように分類できるかを考えることによって、子どもたちは、そのような物語構造に基づいた物語をみずから構想することができる。この解体（deconstruction）から再構築（reconstruction）への行程において、話し言葉は、根本的な役割を果たす。子どもたちは、幅広い方法で

表された物語構造に精通していなければならない。そのためには、その物語構造を用いて自分で物語を書くようになるまでは、再話を聞き、イラストを描き、演じるのである。物語構造を表す様々な方法には、
・ストーリーマップ
・図表化－格子、フローチャート、リスト
・物語パターン－手形を描いて、指を追いながら物語る（ストーリーハンズ）、山型曲線、グラフ、イラスト
・口頭で物語を語る－ペアで、物語グループで、テープの活用
・演じる－場面の劇化、物語あそび

　口頭による語りから書き言葉による散文にいたる行程は、十分踏む必要がある。そうすることで、子どもは、自分のプランの中で、物語構造を活用する段階に至るのである。

　絵本、短編物語、語り（口頭による個人的な物語や伝承文学）は、とりわけ、物語構造を学習するうえで有効である。これらは、分かりやすいものが多く、また、明確ではっきりとそれとわかる構造を持っている場合が多いからである。子どもは、小説よりも、短編物語を書く機会が多い。それゆえ、単純で、明確なモデルが必要となるのである。また、章立てによって組み上げられている小説ならば、時間の経過やフラッシュバックの演出を学ぶためのモデルとして大変示唆に富む[36]。

　換言すれば、基本的物語構造パターンを自分のものにすること、そのためには、音声表現から書記表現へ、豊富な、聞く、語る、描く、演じる物語体験から書く物語表現へというプロセスを重要視すること、表現モデルとしての多様な物語体験の必要性と整理できる。

　書くことにかかわる指導者用web資料をもとに再整理した結果、第1教育段階の物語関連指針の特徴として、左のコラムの充実が、ひいては右のコラムの段階へと導くことが期待されていた。

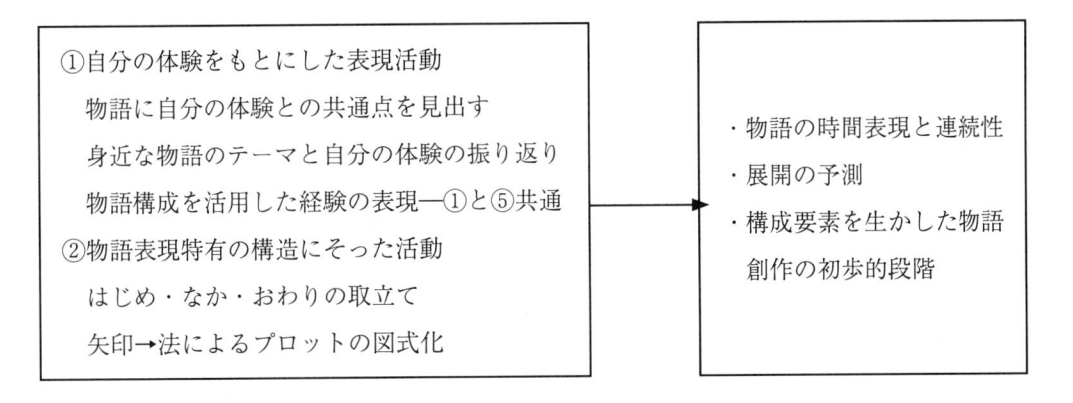

```
①自分の体験をもとにした表現活動
　物語に自分の体験との共通点を見出す
　身近な物語のテーマと自分の体験の振り返り
　物語構成を活用した経験の表現—①と⑤共通
②物語表現特有の構造にそった活動
　はじめ・なか・おわりの取立て
　矢印→法によるプロットの図式化
```
→
```
・物語の時間表現と連続性
・展開の予測
・構成要素を生かした物語
　創作の初歩的段階
```

　第1教育段階では、ジャンルとしての物語を書くというよりは、自分の経験や身近な出来事を物語構造を借りて形象化する、もしくは、物語を追体験することで、物語構造にそって経験を形作る内的体験をもつことに重きが置かれているのである。

（3）レベル4とレベル5の質的差異と初等教育の到達点
（3）－1　レベル4とレベル5
　第2教育段階は、第3学年〜第6学年の4学年からなり、わが国の中高学年を一体化し一つの教育段階としている。NC到達レベル2から5に対応した指針構成をなし、初等教育の到達点として、先にも述べたよ

うに2002年までに8割強の児童がレベル4以上に達していることがNC導入当初から公けの目標として明示されてきた。標準評価試験はレベル3〜5の範囲で作成、評価される。先に考察したように、NCにおいて小中一貫して取り立てられるレベル3を義務教育必須レベルと考えると、第2教育段階は、必須レベルを踏まえ、後の本格的な中等教育段階に適応しうる基礎力としてレベル4を見据えていると考えられる。

　カリキュラム改定直後の2001年度の全国テスト結果[37]を例に取ると、国語の総合評価として、レベル4、75％、レベル5、29％。内訳として、読むこと、レベル4、82％、レベル5、42％、書くこと、レベル4、58％、レベル5、14％となっている。レベル4と5の間に言語能力の質的な飛躍が含まれていることがよくわかる。レベル5と6は、第3教育段階（わが国の中1、2年に相当）で望まれる到達度であることからも、レベル4と5に、小中学校の段階的連続性と乗り越えるべきハードルが孕まれていると考えてよいだろう。

（3）－2　レベル3〜5の読むことと書くことの到達目標概観

　1999年の改訂版NCの到達レベル3、4、5を比較すると、おおよその段階的到達の筋道が指摘できる。（表22）

　文学テクストの読みにかかわりの深いところを中心に読むことの到達目標を見ると、レベル3は、適切な読みの方略を自ら選び、駆使して、意味を解することが主たる目標に置かれ、それをもって「ひとり読み read independently)」をなすに至ったと見なす。これに、正確で流暢な音読力が、合わせて求められる。レベル4では、主要事項、主題、事件や人物像という、テクストの質の違う構成要素を理解すること、ひいては、テクストに対する自分の読みや考えを表す際に、テクストに言及することが求められる。個々の学習者の到達度はさまざまであろうが、レベルを示した文言として、ある特定の観点にしぼった言及が期待されているわけではない。

　着目すべきは、読みの方略として、推測、演繹的推論を用い始めることが明記されている点である。次の展開を予想し、推論、推理する力は、テクストを読み進める自律した読者の育成であり、行間を読み込むための構成要素の関係性に着目した精読法へのいざないである。レベル5ともなると、広範なテクスト理解には、キーポイントの把握、および、必要に応じた推測、演繹的推論法の活用が明確に求められ、文学テクストの言語特性や構成要素を認識すること、それをもとに自分の読みを表すことが明示される。テクスト特性に応じた言及箇所の質が問題とされるのはレベル6からで、レベル5の段階では、文、句という表現単位を意識してテクストに分け入り、自分の読みや考えを根拠付けるよう、さらなる精読法のステップが着実に踏まれていく。

　一方、書くことの到達目標のレベル3、4、5を概観すると（「知識、スキルと理解」の項目は、コンポジション／構想と叙述／句読法／綴り／ハンドライティングとプレゼンテーション／標準英語／言語構造（語・文・テクストのすべてを扱う）の7項目から成るが、ここではコンポジション／構想と叙述を中心に取り上げる。）、レベル4では、興味を引くようなやり方で、書きたい事柄を維持し、展開させ、読み手の目的に応じて適切に組み立てることが、常時とは言わないまでも、よく見受けられるようになることが望まれている。その意味において、幅広い形式の（書記）表現が生き生きとし、深い考えに支えられたものであることが期待されている。レベル3が掲げた基本—①ある程度構成をもち、想像的で、わかりやすく書くこと、②異なる読者に対応し始めながら、さまざまな表現形式の主な特徴を適切に用いること、③考えを論理的に展開するよう文を連ね、多様で、興味を引くような語彙選択をする—を踏まえ、確実な対象読者意識と表現形式の選択の一体化が図られるのが、レベル4である。

第3章 ナショナル・カリキュラム制定（1989）と実施後の動向

　先の調査で到達度がきわめて低かったレベル5では、異なる読者対象、広範な表現形式の活用、多様な表現形態を意識して、興味を引くような文章を書くことで明確に意味を伝達する、というように、レベル3、4と積み上げてきた力の一つの到達点に位置づけられている。付け加えられるのは、必要に応じ、よりあらたまった文体を用いることである。これらに伴って、想像性豊かな語彙選択、正確な語用、単文・複文を組み合わせた段落構成、綴りや句読法の正確さなど、書くという行為の基礎力の徹底が重視される。レベル6になると、意識的にある表現形態を採用する、視点を変えて書くといった広がりを見せ、レベル7では、フィクションとノン・フィクションの書き分けと、応用の度合いを深めていくことを考慮すると、レベル5

表22　「99年改訂版NC」第3／4／5レベルの読むことの到達目標

第3レベル		読むことの到達目標	
		到達目標	実践例
1990	a	親しみやすい物語並びに詩を、流暢に、そして適切な表現でもって朗読する。	異なった登場人物であることを示すために声を高くしたり低くしたりする。
	b	集中力を維持しながら黙読する。	
	c	物語を注意深く聴き、場面設定、あらすじ、登場人物について語り、重要な部分については、その詳細を想起する。	何が起こって主要登場人物の運命が変化したかに言及しながら、ある物語について語る。
	d	物語並びに詩について語る際に、書かれていることの範囲を超えて感想を見出し鑑賞するために、推論や演繹や先行する読書体験を活用し始めていることを明示する。	他の物語に見られた冒険の結末を踏まえて、ある物語についてそこでの登場人物に何が起こるかを討論する。
	e	物語についての書記表現や討論から、物語の構造についてある程度の理解を得る。	「最初に」や「最後は」というように、物語を様々な部分に分けて当てはめる。例えば「三匹の子豚」や「ゴルディロックスと三匹の熊」のように、予想可能な仕方で展開している物語があることに気づく。
	f	適切な情報並びに参考図書を学級文庫や学校図書館から選び、それらの活用を可能にするためには、どのような順序で探求していったらよいかを工夫する。	「野性」を学習課題とした場合、鳥の大きさと色彩、鳥の食物と生息地についての情報が必要であることを知り、実際にそれを調べてみる。
1990		児童は、無理なく、正確に幅広いテクストを読む。意味を読みとるために適切な方略を用いて、ひとり読みを行う。フィクション並びにノンフィクションを読む場合、主要部分の理解を示し、自分の感想を表す。本のありかを特定し、情報を見つけるために、アルファベット順についての知識を活用する。	

第4レベル		読むことの到達目標	
1990	a	慣れ親しんでいる範囲の文学を、表現豊かに、流暢に、充分な自信をもって朗読する。	感情を表現するためや特徴や雰囲気を表すために、朗読の速さや口調を変える。
	b	各人がそれぞれに読んだことのある範囲の物語や詩について語ることにより、自ら好むところを探求する能力を明示する。	個性的反応の徴候を喚起してくれる詩や物語について、その詩や物語が持っている特質を述べる。
	c	物語や詩やノンフィクションやその他のテクストについて語る際に、推論や演繹や先行する読書体験を活用する能力を発達させていることを明示する。	読者が次の出来事を予想するための援助となるような、テクスト中に存在する手がかりを認識して活用する。
	d	調査をしていくうえではっきりしない点を追求する場合に、図書分類法による分類システム目録やデータベースを活用することで、学級文庫や学校図書館に所蔵されている図書や雑誌を検索し、さらに情報を得るための適切な方法を活用する。	学校や家庭での健康と安全について調べるための一助となるように、調べ読みの方法を用いる。
1990		幅広いテクストを読む場合、重要な考え、テーマ、出来事ならびに登場人物についての理解を示す。その時、予想や推論を用い始める。自分の考えを説明するために、テクストに言及する。考えや情報のありかを特定し、活用する。	

第5レベル		読むことの到達目標	
1990	a	各人がそれぞれに読んだことのある範囲の物語や詩について語ったり書記表現をしたりすることにより、自ら好むところを説明する能力を明示する。	物語なら物語の何編か、詩なら詩の何編かについて簡単な比較をする。自分の好みを弁明できるような正当な理由づけを与える。
	b	物語や詩やノンフィクションやその他のテクストについて語ったり書記表現をする際に、自分自身の見解を発展させたり、テクスト中の細部を参照することによって自分自身の見解の裏付けを可能にしていることを明示する。	個人的体験と関連づけながら、登場人物、行動、事実と意見について討論する。
	c	非文学テクストやマスメディア的テクストにおいて、そこに書かれている内容が事実として表現されているのか、それとも意見として表現されているのかということに関する認識が可能であるということを、討論の中で示す。	
	d	参考図書や他の情報資料を選択して、自分自身で設定した疑問や他の人々によって提示された疑問に対する解答を見い出すための系統的手段を活用する。	
	e	筆者が特定の語や句を選択したこと、そしてそれが読者に与える効果といったものに対する意識を、討論を通して示す。	
1990		核心的なところを抜き出したり、必要に応じて推測や予測をしながら、幅広いテクストについて理解を示す。テクストに対する読みを通して、テクストの主な特徴、主題、登場人物を認識し、自分の考えを根拠づけるために句や文、関連事項を選ぶ。	

が、社会性を伴った書く力において、義務教育段階の核となる到達点と言ってよいだろう。

　読むことも書くことも、レベル6に至って、個々のテクスト特性が取り立てられる。テクスト特性に沿った精読が読むことの中軸に置かれているのに対し、難度の高い書くことでは、ある程度テクスト特性を意識した援用、模倣や非人称主部への書き換えなど、テクストの特性を産み出す営みに部分的に参与していく取立て型の文言に止まっている。

　以上の概観から、第2教育段階が目標とするレベル4は、読むことにおいては、文学テクストの特徴的な構成要素を認識すること、推測や演繹的推論を活用が、その認識を支える有効な方略であることを体験的に学んでいくこと、自分の読みを対象テクストの文言によって代弁しうることに気づき、その選択の営みを通して、自分の読みを客観的に捉え始める出発点に確実に立たせること、が求められていると考えられる。一方、書くことにおいては、文章表現としてなお未熟な点はあっても、テクストには必ず読み手が存在し、その多様な表現形式や語彙選択がどのように受け手に作用するものかを意識することと、書くという営みの不可分さを、具体的な学習のなかに学んでいくことが期待されているといえよう。

（3）－3　第2教育段階全国テストの評価観点とのかかわり

　第2教育段階全国テストの評価観点（表23）は、これらに対応し、両課題の観点項目には、第1教育段階にはなかった「テクスト構造と組み立て」が加えられる。具体的には、「①　情報、考え、出来事をつなげ、組み立てながら、テクスト全体を効果的に組み立て、表す力」、「②　段落を構成し、段落内ならびに段落間に一貫性をもたせる力」である。書きなしたテクストを一つの構造ととらえ、パラグラフ（段落）を単位とする構成に留意する力は、第3学年から取り立てられ、一貫して第2教育段階の中心的な習得事項となっている。

　配点から見てみると、以下の表のように、「テクスト構造と組み立て」は、構文法と句読法と同様の比率で、全体の3割弱の配点配分がなされ、これらが両輪となって、書記表現の全体のありようとその効果が決まると考えられている。

表23　第2教育段階全国テスト評価視点

長い文章を書く課題	第1教育段階	1　文構造	4点	2　句読法	4点			3　作文と効果	10点	計18点
	第2教育段階	1　文構造と句読法			8点	2　テクスト構造と組み立て	8点	3　作文と効果	12点	計28点
短い文章を書く課題	第1教育段階	1　文構造と句読法			2点			2　作文と効果	10点	計12点
	第2教育段階	1　文構造と句読法とテクスト構造					4点	2　作文と効果	8点	計12点

（4）第2教育段階における語・文・テクストレベルの相関の概観

（4）－1　「指針」の観点

　「指針」の3レベルは、以下の項目に基づきバランスよく構成されている。

語レベル

A　第1教育段階の復習と連携（3年）／第3学年の復習と連携（4年）

第3章　ナショナル・カリキュラム制定（1989）と実施後の動向

　　B　綴り字法
　　C　綴り上の慣例並びに規則
　　D　語彙の拡充
　　E　ハンドライティング（書写）（3・4年）
文レベル
　　A　文法的事項に気づく
　　B　文構造と句読法
テクストレベル
　領域1　フィクションと詩
　　A　読解
　　B　書記表現
　領域2　ノンフィクション
　　A　読解
　　B　書記表現

　3つのレベルに特徴的なのは、テクストの解読、表現に重きが置かれるのは当然ながら、語・文レベルを下位段階として軽く扱うという偏りの見られないことである。語レベル、文レベルの系統だった指導指針と不可分なところにテクスト特性に沿った読解と表現の指導が成り立ち、かつ、テクストという一つの意味のまとまりにあって機能する語、文とはなにかを学ばせる指針であるべきだという有機的な相関に基づいた英語（国語）科教育観が窺える。第1教育段階と底通するところである。

　資料に沿って具体を検討したい。

（5）　語レベルの指導方略指針体系の枠組
（5）-1　復習項目を明記したフィードバックによる定着

　第2教育段階の「指針」もまた、第1教育段階におとらず、周到なフィードバックシステムが顕著である。特に、語レベルに、その傾向が著しい。表24-1に第3学年から第6学年の1学期を取り立て、⑤レベルの「指針」の対照表を作成した。

　語レベルは、A 綴り字法／B 綴り上の慣例並びに規則／C 語彙をひろげる、の3項目が、4学年に一貫する項目である。第3、第4学年には、D ハンドライティングが、第1教育段階からの継続項目として加わり、読みやすい書写力と綴る力が対となって基礎・基本の力を構成していく姿勢が窺える。

　加えて、第3学年には、〈第1教育段階の復習と連携〉に留意した一系列が、第4学年では、これを受け、全学期を通して〈第3学年の復習と連携〉が、それぞれ一系列として用意され、二重の基礎力の徹底が意図されている。

　とりわけ第3学年で取り上げられる復習事項は、①長母音を含む語の綴り、②話す・書く双方において、音素の識別、それを組み合わせた音読、綴るために音素に分ける、③第1教育段階頻出語の正確な音読と綴り、④第2学年の単語の読みと書きの双方において、音節を識別する、である。これらを踏まえ、第4学年では、①話す・書く双方において、音素の識別、それを組み合わせた音読、綴るために音素に分ける、②第1教育段階ならびに第3学年における高頻出語の正確な音読と綴り、暗記、③多音節語の音節パターンの識

表24-1　語レベル対照表（第3学年～6学年1学期）

第3学年　1学期　語レベルの学習活動（フォニックス、綴り、語彙）

	＜A＞第1教育段階の復習と連携		＜B＞綴り字法		＜C＞綴り上の慣例並びに規則		＜D＞語彙を広げる
1	第1教育段階で既習の長母音からなる単語の綴り ①話し言葉ならびに書き言葉における音素を識別する ②音素を組み合わせて音読する ③単語を音素に分割して綴る	4	自分の書いた単語の綴りの誤りがわかり、単語帳をつけ、綴りを覚える	7	動詞の現在進行形の綴りの規則的変化	12	読書や他の教科の学習を通して新出単語を集め、それらを分類し記録する方法を考える たとえば、自分用の辞書や用語集の作成
2	第1教育段階で既習の頻出単語を正確に音読し、綴る	5	以下の個々の綴り字法を活用する ①音素を組み合わせて音読する ②よくある文字列かどうか判断し、特徴的な要素をチェックする（たとえば、単語として語形や長さなど、適切に見えるか） ③よく似た綴りパターンや意味をもつ他の単語活用して綴る（たとえば、他の既習単語との類似点を用いて、綴る 例えば、light,fight ⑤単語帳や辞書を活用する	8	little,muddle,bottle,scramble,cradleにおける綴りパターンleについて、調べ、学ぶ	13	文脈から未知の単語の意味を予想する
3	音読ならびに綴りにおいて、第2学年で既習の音節を識別する			9	un-,de-,dis-,re-,pre-などの、よく使われる接頭辞を識別し、綴り、意味にどのように作用するかわかる	14	辞書の目的と構成についてしっかりと理解している
		6	単語を見て、音読したり、耳で聞いただけで（単語を隠して）綴り、スペルをチェックする、といった方法を定期的に行い、新出単語の綴りを練習する	10	happy/unhappy,appear/disappearなど、反対語を中心に、語幹に接頭辞をつけて新しい単語を作る	15	類義語辞典の目的と構成を理解し、それを活用して同義語を探す
				11	「接頭辞」という用語を用いる	16	big,little,good,nice,nastyなどの高頻出語の同義語を見つける
						17	「同義語」という用語を用いる
						18	said,replied,askedなどの会話表現を開いたり、結んだりする一般的な語彙読書から例を集める

第5学年1学期　語レベルの学習活動（フォニックス、綴り、語彙）

	＜A＞綴り字法		＜B＞綴り上の慣例並びに規則		＜C＞語彙を広げる	
1	単語帳をつける、綴り方を学ぶなど、自分の文章中でスペルの間違いに気づく。	4	語末の母音がe以外で終わる単語を調べる	7	例えばangry,irrytaead,frasutorated、upset,のような類義語間の違いを説明し、意味の微妙な差違に基づいて単語を分類し、整序する。	1
2	類似したパターンや意味の関連性のある単語を既知の単語の綴りをもとに綴る。	5	複数形における綴りのパターンを調べ、集め、分類する。例えば、ほとんどの語末には、-sをつける。-s、-sh、-chで終わる場合は、-esをつける。-flは、-vesに変える、子音のあとに、yがきて終わる場合には、-iesにかえる。並びに、母音のあとに、yがきておわる場合には、-sをつけるなど、複数形の規則的な作り方に添って綴る	8	語彙を広げ、綴る助けにするために、例えば、sign,signatuure、signal・bomb, bombastic, bombard・remit, permit, permission、の単語の語源や綴りの型の特徴が分かる。	2
3	以下のことがらを含む綴り字の方法を自分で活用する ①既知の接頭字、接尾字及び、一般的な言語の連なりを用いてシラブルから綴りを組み立てる。 ②綴り字の規則とその例外に関する知識を適応する。 ③既知の単語を活用して単語を組み立てる。単語の意味や語源から綴る。	6	接頭辞　auto、bi、trans、tele並びにcircumで始まる単語を集め、その意味や綴りを調べる。	9	例えば、the more the bette（数に勝るものはなし）r,under the weather（不快で）,past his prime（最盛期をすぎて）,given up the ghost（死ぬ）,taken for a ride（だます）,not up to it（適任でない）,put on a brave face（平気を装う）,over the top（最後の手段で）,beat about the bush（遠回しに言う）,in for a penny（一. In for a pound やりかけたことは最後までやり通せ）,par for the course（そうなるのが普通のところだ）,putting his back up（身を入れる）のような慣用句、ことわざ、慣用的表現を集め、分類する。それらを比較し、話し合い、辞書で意味や起源を調べ、明らかにする。自分の文章中に用い、口頭もしくは書記表現において、どのような場合に用いるのが適しているかが分かる。	
	④辞書やコンピュータのスペルチェック機能を活用する。			(C)10	語彙を広げるために、類義語辞典を活用し、例えば、timidly、gruffly、excitedlyのような動詞を修飾する副詞を用いて会話表現を書く。	
	⑤共通する文字の連なり方に気づき、特徴的な形態を調べるなど、視覚的な要素を活用する。（すなわち、綴られた単語の長さや字形において、適切かどうか判断する）					

第3章　ナショナル・カリキュラム制定（1989）と実施後の動向

第4学年1学期　語レベルの学習活動（フォニックス、綴り、語彙）

<A>第3学年の復習と連携	<A>綴り字法	<B>綴り上の慣例並びに規則	<C>語彙を広げる
1 以下の事柄を通して、単語を音読し、綴る ①話し言葉ならびに書き言葉における音素を識別する ②音素を組み合わせて音読する ③単語を音素に分割して綴る	2 自分の書いた単語の綴りの誤りがわかり、単語帳をつけ、綴りを覚える	5 反復する同子音を含むに音節語を綴る たとえば、 bubble,kettle,common	11 別の語句や表現を用いて、自分の用いた身近な単語を定義する
④第1教育段階ならびに第3学年において高頻出単語を正確に音読し、綴る ⑤多音節語の音節パターンを識別する ⑥初めてのテクストを読む際に、形態素や文法の知識、文脈からの知見とともに、フォニックスと綴りの関係に関する知識を活用する	3 以下の個々の綴り字法を活用する ①音読してみて、音素を活用して綴る ②よくある文字列かどうか判断し、特徴的な要素をチェックする（たとえば、単語として語形や長さなど、適切に見えるか） ③よく似た綴りパターンや意味をもつ他の単語活用して綴る（たとえば、medical,medicine）	6 一般的同音異綴語（たとえば、 to/two/too,they're/their/there,piece/peace）の綴りと意味の関係を識別する	12 語頭から3番目、4番目の文字を用いて、単語をアルファベット順に配置し、並べる
⑦第1教育段階ならびに第3学年において高頻出単語を覚える	④他の既習単語との類似点を用いて、綴る 例えば、light,fight	7 （時制についての文法の学習と関連付けて）語末がs,ed,ingの定型語尾でおわる動詞を綴る	13 ジングルを作成するときなどに、押韻辞典を活用する
	⑤単語帳や辞書を活用する	8 go/went,can/couldのような不定形時制の単語を綴る	14 たとえば、-ate,-ifyなどの接尾辞を付けることで名詞や形容詞が（たとえばfix,simple,sold,drama, deadなど）動詞に変化する方法について学ぶ 綴りのパターンを調べ、パターンに見られる約束事を引き出す
	4 単語を見て、音読したり、耳で聞いただけで（単語を隠して）綴り、スペルをチェックする、といった方法を定期的に行い、新出単語の綴りを練習する	9 -al,-ary,-ic,-ship,-hood,-ness,-mentのような接尾辞を識別し、綴る	
		10 付録リスト2の単語を正しく音読し、綴る	

第6学年1学期　語レベルの学習活動（フォニックス、綴り、語彙）

<A>綴り字法	<B>綴り上の慣例並びに規則	<C>語彙を広げる
1 単語帳をつける、綴り方を学ぶなど、自分の文章の中でスペルの間違いに気づく。	4 5年生の3学期から学んだ多音節語において、アクセントのないスペルのパターンを復習し、活動を発展させる。	7 時代によって変化する言葉や表現がどのようなものかを理解する。（例、古い動詞の末尾-stや-thなど）
2 類似したパターンや意味の関連性のある単語を既知の単語の綴りをもとに綴る。	5 aero,agua,audi,bi,cede,clude,con,cred,duo,log(o)(y),hyd(ro)(ra),in,micro,oct,photo,port,prim,scribe,scope,sub,tele,tri.などのような、綴りを覚える方法と、して、語源や、接頭語、接尾語を活用する。	8 自治都市や古い語である「向こう」「そちらへ」の様な語を使う車のモデル、スポーツウェアや新聞の名前のような製品名、週の曜日
3 以下のことがらを含む綴り字の方法を自分で活用する ①既知の接頭字、接尾字及び、一般的な言語の連なりを用いてシラブルから綴りを組み立てる。 ②綴り字の規則とその例外に関する知識を適応する。	6 文同士を結びつける「従って」「にもかかわらず」「おまけに」などの接続詞を調べる。	9 trainers,wheelieのような新しい語彙が言語の中にどのように組み込まれているのかを理解する。
③綴り字の規則とその例外に関する知識を適応する。		10 語源辞典の機能を理解し、それを使って、言葉の興味や意味を学ぶ。
④共通する文字の連なり方に気づき、特徴的な形態を調べるなど、視覚的な要素を活用する。（すなわち、綴られた単語の長さや字形において、適切かどうか判断する）		

表24-2 文レベル対照表（第3学年1学期～第6学年1学期）

98年指針 3年1学期 文レベル 文法的事項に気づく

＜A＞文法的事項に気づく

1. 新出単語や見慣れない単語の意味を予測するために文法上の気づきを活用する。たとえば、文脈から予測する、読み続ける、とばして読んでおいて、後から戻るとか、音素、単語認識、形態素の知識、文脈などと関連付けてこれらの方法を活用するなど。

2. 文法や句読法に留意する。たとえば、文、会話を示す記号、感嘆符、音読のときに間を取るコンマの用法など。

3. 以下のことを通して、文中における動詞の働きを学ぶ。
①動詞がないと文は意味を成すことができないことを知る。
②読書や既存の知識を用いて、動詞を集め分類する。たとえば、run,chase,sprint:eat,consume,gobble:said,whispered,shrieked
③文中の簡単な動詞を変化させ、意味にどの作用するか話し合う。

4. 話し、書くなかで、動詞の時制の使い方の正確さが増す。たとえば、catch/caught: see/saw: go/wentなど。話し言葉において過去形を安定して使う。

5. 適切に「動詞」という用語を用いる。

＜B＞文構造と句読法

6. 読みにおいて、疑問符や感嘆符知識を確かなものとする。それらの目的を理解し、書く活動において適切に用いる。

7. 以下の事柄を通して、会話における基本的句読法を学ぶ。
①読みにおける記号を示す記号がわかる。
②自分の文章に活用し始める。
③直接会話において、大文字から始める。

8. 「会話記号」という用語を用いる。

9. フキダシ、拡大文字、イタリック体、キャプション、図内挿入図などを見出し、さまざまな技法を知り、目的を考え、事例を集める。

＜C＞第1教育段階の復習と連携

10. 読みにおいて、ならびに、文章を書いているときに、文と文の境界がわかる。

11. 完全な文を書く。

12. 文末にはピリオドをつけ、新しい文のはじめは、大文字で始める。

13. リスト上では、事項を分けるためにコンマを活用する。

第4学年1学期 文レベルの活動

＜A＞文法的事項に気づく

1. 自分の書いた文章を再読し、文法上の一貫性を正確さをチェックする。間違いがわかり、他のやり方を考えられる。

2. 第1学年3学期の動詞についての学習を復習し、動詞の時制について調べる。
①物語文と説明文を比べる。たとえば、物語は過去形で語られ、説明文は現在形で、天気予報や案内は未来形で。
テクストの目的や構成と時制がどのように関わっているかについて、理解を拡げていく。
②動詞と関連付けて、用語「時制」がわかり、適切に用いる。
③動詞と関連付けて、用語「時制」がわかり、適切に用いる。

3. 適語空所補充読解問題などで、wentよりもhobbledを選ぶといったように、効果的な動詞の活用がわかる。

4. 次の事柄を通して、副詞を識別し、文中における働きを理解する。
①接尾辞lyをともなった一般的な副詞がわかり、文意にどのように関わっているかが話し合う。
②文中のどこに配置され、動詞の意味をどのように修飾するのかに気づく。
③たとえば速さを表す副詞swiftly,rapidly,sluggishly,brilliantly,dimlyのように、副詞を集め、分類する。
④たとえば速さを表す副詞swiftly,rapidly,sluggishly,brilliantly,dimlyのように、副詞を集め、分類する。
⑤自分の文章において、一層際立たせるために副詞を用いる。

＜B＞文構造と句読法

5. 文中の文法的な組み立てを明らかにするためにコンマを用いる練習をする。自分の文章を再編集したり、推敲したりする学習に活かす。

第3章　ナショナル・カリキュラム制定（1989）と実施後の動向

第5学年1学期　文レベル		第6学年1学期　文レベルに気づく	
<A>文法的事項に気づく	<B>文構造と句読法	<A>文法的事項	<B>文構造と句読法
1 語順の変化が文意にどのように影響するか考えながら、語の順序性を調べる。①文意を決定するにあたりどの単語が一番重要か。②基本的な省略をどこなうことなく、どの単語を省略することができるか。③どの単語や単語の連なりが、並べ替えることができるか。	5 読み手の指針として、句読点の必要性を理解する。例えば、文法上の区切りを示すコンマ及び、リストなどで箇条書きをするときの区切りを表すコロン。	1 5年生から学んだ次のことがらを復習する。①前置詞のような異なる語類。②目的にあわせて、文章を表現しなおすことができる。③複文の構造。④標準英語の規則。⑤特定の目的にあわせてテキストを書き換えること。	3 次のことがらを通して、語句の関わりを研究すること。①本やシソーラスから例を集める。②異なる種類のテキストにおいて、どのように関わっているかを学ぶ。③位置（よこ、近く、そば）過程（最初に、次に…）論理（それゆえに、それで、従って）のように、ことなる種類の役立つ語の例を分類する。④「上に」「下に」「他に」のように多くの目的のためのテキストの関わりを持っているものの関わりを認識する。
	6 読むことを通して、会話表現がどのように文中に挿入されているか理解する。例えば、話者が代わるごとに改行する、及び会話表現のコンマーションマークの前にコンマを打つ。		
標準英語の基本的な用法を理解し、標準英語を用いる場合と根拠を考える。	7 （第4学年の目標を参照し、）以下のことがらについて復習ならびに発展学習を行う。	2 どのように能動態から、受動態への変化が語の意味に影響を与えるかを記し、話し合うこと。	4 次のような例を使って複文を作る。①つながりのある異なった仕掛けを使う。②意味がはっきり分かるように、複文を読み返し、必要に応じて調節する。③最も関わりのある活動を評価する。④文節の過程や構造によって意味がどのように影響されるかを調べる。
①主部（名詞）と述部（動詞）の呼応関係 ②時制並びに主語の統一 ③二重否定を避ける。 ④地域語	①過去、現在、未来の時制；have, was, shall,will のような助動詞によってどのように時制を変えることができるか調べる。		
2 より明確な正しい文章にするために、文章について話しあったり、構成、遂行する。例えば、複文をさらに活用する、接続詞を活用する、及び、意味通りにくい段落構成を整理する。	②能動態の構文、疑問文、命令文などの構文		
3 異なる読み手や目的にあわせて、語彙や文章の調子や文構造を変える。例えば、幼い読み手に向けて簡略化するように、"she said" "I am going" のように直接話法と間接話法を変える。	③一人称、二人称、三人称などの人称；読みの中に例を見つけ、分類をする。それらの例を用いて、時制、構文、人称を変える練習をする。必要な変更や文意に対する影響について話し合う。		5 以下のことがらを踏まえ、句読点をより洗練された知識並びに理解を確実にすること。 ①コロン ②セミコロン ③カンマ、ダッシュ、大カッコで区切られた文章
4 読んでいる最中に事例をみつけ比較する。①読んでいる最中に事例をみつける。根拠ならびにその効果について話し合う。②句読法が用いられている状況、根拠にしなければならない単語について、気をつけながら、直接話法から間接話法へも、くはその反対に話法を変える。	8 説明的文章中における命令構文がわかり、記事文における過去形を指摘する、これらの認識にたって、目的に応じた文章（説明文・記事文）を書く。		

— 111 —

別、④初見テクストの読みにおいて、形態素、文法知識、文脈の活用に加え、フォニックスと綴りの関係に関する知識の活用、が復習事項として取り上げられている。音素の識別と読み書き双方への活用、音節パターンの識別、高頻出語の確かな習得という3項目が、質量の拡充をともなった復習において、第2教育段階の学びの基盤として位置づけられている。第4学年の復習の特徴は、これらの個々の力を随時連動させて、未知の文章への読みの方略として援用しうることを意識し、行うことが明示されている点である。

（5）－1－A　綴り字法に見られるフィードバックによる定着

また、A 綴り字法では、4学年一貫して「自分の書いた単語の綴りの誤りがわかり、単語帳を付け、綴りを学ぶ」という自己批正力をもった自律した綴り手の基礎力が繰り返し取り立てられる。これに加えて、第3＝第4学年、第5＝第6学年と、同じ綴り字法の活用が、二段構えで反復定着される。

第3、第4学年では、「以下の綴り字法を活用する。①音素の活用、②既知の文字列かどうかを判断し、個別の特徴（長さ、語形）の識別、③既知の単語の綴りを応用して類似パターンをもつ語や関連語を綴る、④他の既習単語との類似点の活用、⑤単語帳・辞書の活用、⑥単語を音読したり、ディクテーションを行い、つづりをチェックするという学習を定期的に実施し、新出語の綴りを練習する」が、2年間を通して取り上げられる。一方、これを踏まえ、第5、6学年では、「既知の単語の綴りを応用して類似パターンをもつ語や関連語を綴る。」、「以下の綴り字法を主体的に活用する。①音節（既知の接頭辞・接尾辞、一般的な音節の連なり）から綴りを組み立てる、②綴り字の規則と例外の知識、③辞書、PCのチェック機能の活用、④視覚的要素（長さ、字形など）の活用」が2年間を通して定着が図られる。

4学年を通じて、既知単語の活用、音韻的特徴（音素中心から音節へ、という発展を含む）の活用、視覚的要素への着目、ツールの活用、綴りのチェックの習慣化が、繰り返し重視されているのがわかる。綴ることとチェックすることを対にした基本的な方略の習得が、自ら綴れる力の定着の必須事項として位置づけられている。文法的事項の習得も増え、言語としての英語の規則性を学んでいく第5、6学年の反復事項には、それらと連動し、②綴り字の規則と例外の知識が取り立てられているのが特徴的である。

（5）－1－B　綴り上の慣例並びに規則とC語彙の拡大

B 綴り上の慣例並びに規則においては、第3学年では、頻出する接頭辞と接尾辞の識別と綴りへの活用を中軸とし（第1、第2学年で取り上げた接頭／接尾辞、複数形について反復して取り立てながら）、複数形、アポストロフィーを用いた短縮形、動詞の現在進行形、複合語、黙音が加わる。第4学年では、接尾辞の質量が一気に増え、不定形時制の語の綴りも一部取りあげ始める。また、同綴異音語という観点で既知の綴り字を類別し、既存の単語知識の体系的整理に注意を向けさせる一方で、第4年3学期には、「第3学年の初期に学習した接頭辞、接尾辞の復習、定着強化」といった手堅さも窺える。

第5学年では、新たな接頭辞の付加する意味合いの理解や多様な接尾辞の習得も意図されているが、中心は、接尾辞による語形変化の規則を個別に取り立て、理解の徹底と習得を図ること、ならびに、語全体を見通した綴り上の慣例と意味のかかわりから同音異綴語、同綴異音語を集め、特徴を調べることに置かれている。

第6学年では、多音節語、不規則な綴りを持つ単語、難語の綴りへと対象を拡げ、語源、接頭辞、接尾辞を活用して、綴りの習得を図るよう求められる。様々な特性をもつ音節への着目による綴り字法を多様な単語の読み書きに適応させる力の定着が、初等教育語レベルの到達点の中心といってよい。

この到達点へと向かうフィードバックとして、1学期には、第5年3学期に学習した多音節語のアクセン

トのない綴りパターンの復習、発展が用意され、2学期、3学期には、第5学年と第6学年1学期の既習事項の復習と総合的活用が、B 綴り上の慣例並びに規則の中核をなしている。具体的には、①綴りの規則の理解と活用、②不規則綴り字や難語の綴りの暗記法の工夫と活用、③多音節語の母音は強勢しないことの理解、である。

こうした音節や綴りの規則性の複雑化・多様化に連動する形で、C 語彙の拡大が用意されている。第3学年、日常的読書や他教科の学習を中心とする語彙の拡充に始まった第2教育段階は、通時的、共時的単語のありよう、言語の経済学（さまざまな商品名など）、比喩的言語（言語遊戯など）、慣用句・諺など、第6学年に至ると、語の象徴的機能に着目させた語彙の拡充が意図されるよう体系づけられている。

この大枠のなかにあって、第4学年で特徴的なことは、表現語彙への学びのはじまりである。「別の語句や表現を用いて、自分の使った身近な単語を定義する。（4年1学期）」「最初は4語、次は3語、2語、最後は1語でというように条件を変化させて、既知の単語を定義し、異なる目的に応じて単語をもっとも効果的に用いる方法を工夫する。（4年2学期）」が、例として挙げられる。第5学年になると、これを踏まえ、類義語辞典をはじめ辞書類の活用が重んじられ、くわえて、反対語・俗語・他教科等にかかわる専門用語の自分たちの辞書編集など、語を語として学んでいく抽象的学習の質量が高まるよう配慮されている。これと連動するように、慣用句、諺等を集め、意味や起源を調べ、比較検討の話し合いをもつ／実際に話し言葉、書き言葉の双方で用いてみる、という項目が取り立てられるのは、第5年1学期である。これは、第6学年1、2学期に踏襲され、拡充がめざされる。なお理解語彙を中心としているが、表現語彙の拡充が求められる中等教育への橋渡し的な事項である。

以上のような単語句、慣用的表現の収集、類別、吟味は、第1教育段階から繰り返し取り立てられてきた事項でもある。段階的な質の学びと質量の語彙拡充の対構造は、第1教育段階から変わることはない。

第2学年ノンフィクション書記表現（2年2学期）に、すでに、「物語や詩の話題に関連づけるなどして、特別に興味をひく単語群の説明や定義を示したクラス独自の辞書や語彙録を作成する。」が掲げられている。これは、語レベルに止まらず、第3学年のテクストレベル、「多様な物語設定を比べ、場面を描く単語や句を選び出す（1学期）」といった物語語彙の広がりへと連動していくことにもなる。

（6） 文レベルの指導方略指針体系の枠組

このレベルは、第6学年一貫して、「A 文法的事項に気づく」／「B 文構造と句読法」の二事項を軸に体系化が図られる。表24－2に、第3学年から第6学年の1学期を取り立て、⑤レベルの「指針」の対照表を作成した。

（6）－1 品詞の学習

「A 文法的事項に気づく」においては、第3学年で、動詞、形容詞、代名詞が、第4学年で、動詞の時制と副詞、形容詞の復習、第5学年で、動詞の復習と、品詞の特徴を軸にした文法的事項の習得は、第3、4学年にその基礎を置く。

一方、B 文構造と句読法では、第3学年で丁寧に取り上げられる会話における句読法、コンマの機能が、読み手の読みの指針となる印として、書き手の文章構築手法となって取り上げられ、高学年においても反復定着が図られていく。

（6）－2　語句の置換、語順の変化、構文の変化と意味の生成のかかわり

　加えて、文構造の面から第2教育段階に一貫して取り立てられる言語行為に、語句の置換、語順の変化、構文の変化などの作業を通して意味の作りなされていくありように留意させることがある。第3学年では、その導入部として、2学期に「文中から様々に単語を除いてみて一番意味を変えてしまう中心語はどれか、そうでない語はどれか判別する」という項目が用意され、人称と動詞の呼応関係、単語選択と根拠、テクストのジャンルと語りの人称の典型などが、その判別の観点として挙げられている。これは、第4学年3学期の構文の変化と文法的変化の相関把握へ、第5学年1学期、語順の変化と文意の関りの検討、2学期、文意を変えることのない多様な文章表現の変化、および、受け手や目的に応じた文章の多様な変化へ、と受け継がれ、第6学年の態の変化の理解へと連動していくよう組み立てられている。第6学年はまた、物語・小説／記録文／解説文／報告文／説明文／書評・広告／論説文と、ジャンルによる慣用的語法、文法的特徴の違いを総復習する。テクストレベルの学習との連動が明らかである。

（7）　第2教育段階　テクストレベルの指導方略指針体系の概観
（7）－1　第2教育段階の学習対象となるフィクションと詩

　第2教育段階の学習対象となるフィクションと詩について、再整理したのが、表24－3である。説話型物語群がその主たる位置を占めていた、第1教育段階と比べ、第3学年から一挙に多様な文化背景に根ざした児童文学作品のジャンルや詩の種類が増え、第4学年にはテーマの多様性が加わる。あわせてノンフィクションにおいても、指示、説明、説得、議論とその目的は拡大し、新聞、雑誌、各種広告など、メディアを意識した素材も広範に取り入れるよう求められる。このような質の異なる量の拡がりが第4学年の特徴とすれば、第5、6年は、カテゴリーを意識した精読を意図した深まりの方向が見て取れる。具体的には、フィクション・詩では、徐々に作家研究への導入が図られ、さまざまなテーマや題材を軸とした比較読みが意図される。深まりは意識されるが、比較という枠組みの中で必要とされる量をともなった精読であるところが特徴的である。また、第6学年1学期に見られるように、「シェイクスピア劇のような学習に適した映画やテレビによる再話なども踏まえながら、長く親しまれてきた著者の手による古典的フィクション、詩ならびにドラマ」と、活字、映像というメディア性の差異を超えて、古典的テクストに出会わせていくことが明示されている。一方、ノンフィクションでは、低中学年とは比較にならないほど、その形態と目的が多様化し、社会性を帯びたテクストの学習材化とメディア性の拡がりが連動して高学年の学習対象が体系付けられている。

　第1教育段階の中軸であった説話型物語テクスト群は、第3学年で「神話、伝説、寓話、たとえ話、伝統的物語」、第5学年で「多様な文化に由来する伝統的物語、神話、伝説ならびに寓話」と、ジャンルと多文化背景の拡がりを見せる。学習対象表には数多く取り立てられるわけではないが、第2教育段階に一貫して、表現のモデルの基本構成パターンとして取り立てられていく。

（8）　第2教育段階における文学テクスト指導指針―第3、第4学年を中心に―

　表24－4に、第3学年から第6学年の1学期を取り立て、テクストレベルの指針事項の対照表を作成した。それに基づき、1　表現モデルとしてのテクストの読み、2　テクストの構成要素に着目した読み書く営み、3　読み手意識、4　批評的な読み書く営み、5　作家研究への誘いの5点から特徴的な事柄を整理

第3章 ナショナル・カリキュラム制定(1989)と実施後の動向

表24-3 学習指導対象テキストの分類表

		(ア) 説話型物語テクスト群		(イ) 評価の定まったテクスト群				(ウ) 多言語文化テクスト群	(ア)〜(ウ)の重ね読み
				著者を取り立てるテクスト群	ジャンルを取り立てるテクスト群				
					散文	韻文	戯曲		
		f) 神話、伝説ならびに伝統的物語。		a) 著名な児童文学作家の現代作品／b) 児童文学の古典的作品／c) 質の高い現代詩／d) 古典詩		c) 質の高い現代詩／d) 古典詩	g) 戯曲	e) 多様な文化や伝統を背景としたテクスト	
第二教育段階	3年1学期		○(慣れ親しんだ状況設定の物語)				○(観察に基づく詩や文章・視覚的な詩)			
	2学期	○(神話、伝説、寓話、たとえ話、伝統的物語)		○(音声表現ならびに身体表現された詩)		○(関連性に基づく物語)			○	
	3学期			○(言葉遊び、ワードパズル、じゃれ、なぞなぞ)		○(冒険物語、探偵物語、同一作家の物語)	○(ユーモア詩)			○(同一作家の物語)
	4年1学期					○(歴史物語、短編小説)	○(宇宙、学校、動物、家庭、心情などの一般的なテーマを扱った詩、視点を取り立てる詩)			
	2学期		○(SF、ファンタジー、冒険などの空想世界を扱った物語や小説)			○(SF、ファンタジー、冒険小説)			○(多様な文化背景および時代背景から選ばれた古典、現代詩)	
	3学期					○(いじめ、いじめ、死別、不正などの問題を扱った物語並びに短編小説)	○(俳句、五行短詩、二行連句、リスト、軽い作風の詩(thinpoem)、アルファベット詩、対話詩、モノローグ、音節詩、祈祷詩、碑銘体の詩、歌謡、脚韻詩並びに、自由詩のような多様な詩形の詩)		○(異文化の物語)	○(同一作家の物語作品)
	5年1学期				○(著名な文学作家による小説、物語ならびに詩)		○視覚詩(concretepoetry)	○(戯曲)		
	2学期	○(多様な文化に由来する伝統的物語、神話、伝説ならびに寓話)					○(物語詩を含む一定の長さを持った古典的な詩)			
	3学期	○(多様な文化ならびに伝統に根ざした小説、物語、ならびに詩)		○(音声表現ならびに身体表現された詩)						
	6年1学期				○(シェイクスピア劇のような学習に適した映画やテレビによる再話なども踏まえながら、長く親しまれてきた著者の手による古典的フィクション、詩ならびにドラマ)					
	6年2学期					○(歴史的ミステリー、ユーモア、SF小説、ファンタジー世界などの、長く親しまれてきた物語、及び小説を、例えば研究し、比較する目的で、1ジャンル以上から選ぶ)	○(警告、手紙、会話を目的とした)異なる形式で書かれた婉曲を用いた詩、リムリック、謎、韻律、短歌などの詩の領域を踏まえる)			
	6年3学期									○(重要な児童文学者や詩人による作品の比較。(a) 同じ作者の作品。(b) 同じテーマを扱った違う作者の作品)

表24-4 テクストレベル対照表（第3学年1学期～第6学年1学期）

表「98年指針」 第3学年1学期テクストレベル 領域1：フィクションと詩

	<A>読解		<B>書記表現
1	多様な物語設定を比べ、場面を描く単語や句を選び出す。	9	プレーンストーミングや語の関連を用いて、自分の考えを話題に関連づける。
2	事例の提示、疑問、感嘆などを通して、物語中で会話表現がいかに提示されているか、会話表現を組み込んでいくために、段落がいかに構成されているか。	10	読んだことをモデルにして、自分なりの会話表現を書く。
3	セリフ読みを活用したり、人形劇などを通して、語り手と登場人物の違いを示したりしながら、物語中のさまざまな語りの有りように気づく。	11	以下のことなどを通して、自分の物語の説明を書く。①既知の物語の端からの物語展開を検討する。②慣れ親しんだ物語の文体を用いて状況設定を書く。③物語の冒頭と結末の文や句で集め検討するこれら典型的な要素を用いて、再話したり、物語を創作したりする。
4	戯曲を読んで演じるための準備をする。	12	適切な語や句を選んで、詩や短い単純描写文を書く。簡単なパターンを用いて、単語上の比較を試みる。反復表現を用いる。
5	物語と戯曲の主要な相違点が分かる。例えば、物語、戯曲双方の会話表現を通して。	13	適切な語を選び、注意深く提示することによって、カリグラムや多様な視覚効果を凝らす文章を作る。
6	同一主題に対する異なる韻文を比べながら、詩を音読し、暗唱する。形容詞や、"look"の代わりに"stare"を用いるなど意味を強調する動詞のように、読者の関心を引くような語り句の選択について話し合う。	14	読者や音声表現活動をもとに、簡単な戯曲を書く。
7	押韻と押韻のない詩の違いを識別し、押韻のされ方の効果について話し合う。	15	物語を段落分けによって構成し始める。物語中の会話表現を下位段落し始める。
8	自分の観点に添った語や句を選んで自分の考えを詩について話し合う。		

第5学年1学期テクストレベル 領域1：フィクションと詩

	<A>読解		<B>書記表現
1	良い冒頭の特徴を分析し、多くの物語の冒頭を比較検討する。	13	例えば、読書日記や読書記録で、あるいは本からの引用、いつき、意見、それからの予測し得たことなどを記録する。

第4学年1学期テクストレベル 領域1：フィクションと詩

	<A>読解		<B>書記表現
1	細部の描写からいかに状況設定や人物が造型されているか、ならびに読者がそれらにどのように反応するかを検討する。	9	プレーンストーミング、メモの作成および、図表になどさまざまな方法を用いて物語を構想する。
2	主要人物の主な特徴が分かりきれた、文章を用いて立証する。また、読みとった情報をもとに行動を予測する。	10	段落を読んだ語りを理解しながら、物語を組み取り立てる。
3	筋の展開に添った時間の経過の仕方を表に作成しながら、書記表現について検討する。その他のメディアテクストを用いて、時間軸にそった物語展開を検討する。時間的な飛躍をどこか、短時間に複数のできごとが通り過ぎていくのはどこか、詳細に述べていることろはどこか、など。	11	同情を引いたり、嫌悪感をひき起こす細部の描写に自分なりに焦点を絞り、登場人物の素描を書く。
4	物語の組み立てを検討する。物語の主たる場面をひらい、自分なりに書く。導入部・展開部・クライマックス、もしくは葛藤・収束を比べる。	12	歴史物語の設定に個人的な体験を結びつけ、自分なりに書く。例えば、自分だったらどう反応しただろうか、自分だったらどうするだろうかなど。
5	戯曲を下準備し、読み通し、演じる。どのように状況設定がなされるか、どのようにストーリー展開が明らかにされるか、物語と戯曲の構成を比べる。	13	既知の物語をモデルとした戯曲を書く。
6	劇の場面の構成を図表で表現する。例えば、場面の始めたり、対話の表し方、及び場面の開け方。	14	既知の詩に関わらせて、個人的な経験を想像し語ったリストを作る。簡単に省略したり、広げたりして練習する、インパクトのある感情表現する動詞を用いる。
7	類似テーマに基づく詩を比較、対照する。自分の読みや好みを話し合いながら詩の形態や言葉について比較対照する。	15	物語を組織だてて順序づけするために段落を活用する。
8	人気作家などを反対の人について詳しく調べる。得た情報を反応をもとに自分の好きな作家の本をさらに読み進んでいく。		

第6学年1学期テクストレベル 領域1：フィクションと詩

	<A>読解		<B>書記表現
1	活字化された小説を映画やテレビ版と比較して評価する。例えば、ブロットや登場人物の手の取り扱い、並びに状況設定のされ方や、語り手のあり方について、活字版と映像版を比べる。	6	以下のように、語りの視点から表現する①ある特定の語り口調から口語文体で書く。②異なる二人の視点を用いて、物語を書き分ける。

— 116 —

第3章 ナショナル・カリキュラム制定（1989）と実施後の動向

番号	内容	番号	内容	番号	内容
2	異なった物語構造を比較する。物語展開の速度、構成、連続性、複雑な結末などにおいてどのように違いが見られるかを見いだす。	14	ストーリーの展開やプロットの組み立てを示しながら、文章全体構成をとらえる。例えば、ストーリーの起伏、複雑なプロット並びに、場面、段落並びに章の関連性など。	7	自分の創作文のプロット、人物造型、構成について、効果的に、簡潔に、計画立てて。
3	文章に沿いながら、どのように人物が提示されているか調べる。①会話表現、行動、描写を通して。②（象徴性を損なわずに）どのように登場人物に対する読者の反応を通して。③人物関係の考察を通して。	15	著者の書きぶりに添いながら、登場人物や文体の一貫性を損わずに、段落全体をくみ立て、細部を描写しながら、新しい場面もしくは登場人物を物語の中に書きこむ。	8	限られた単語数を用いて、段落や章及びある観点から、テクスト全体を要約する。
4	どのように作者の経験に関わっているのかを考える。例えば、歴史的出来事や場所、紛争体験、友だちや関係および休暇における経験。	16	注意深く言葉や句を選ぶことによって、詩の中に思いや考えや雰囲気を表す。	9	演出ノートや舞台設定メモなどを用い、物語の一部を戯曲化するための準備をととのえる。
5	以下のことを含む演劇的な情報について理解する。①ト書きや台白などがどのような慣用的なシナリオのセリフと身振りによってどのように登場人物の人となりが分かるか。②展開の速度、沈黙、じらしを通して緊張感がどのように作られているか。	17	比喩の対象となることから、もしくはその直喩表現から暗喩表現を作る。	10	韻句や擬人法などを工夫して詩を創作する。そして、音読に適した形に書き直す。
6	著名な詩人の詩を数編読み、その文体や内容の特徴があるところが分かる。	18	読むことを通して学んだ慣用例を活用して、自分のシナリオを書く。演出ノートなども。		
7	著名な詩人の詩を比較する。微妙な意味合いに反応して分析し、自分の好みを説明し、根拠づける。完全全部、不完全韻、中間（行間）韻及び、その他の音韻的型の効果について考える。	19	速度、動作、身振り、セリフの違い並びに観客の要望を考慮しながら演技の下準備として戯曲のある部分をとりあげ、注釈をつける。		
8	形式と意味を関わらせながら、言葉遊びの詩を作る。	20	演劇的な興味や感動に比して、戯曲や演技を評価する。		
9	読みに対する様々な態度を育む。解答を求める。出来事を予想する。登場人物になりきる及び、描かれた文中の出来事から想像をひろげる。				
10	文章中の詳細な記述や事例によってその書物を評価する。				
11	描写、行為、もしくは会話表現など、さまざまな物語の冒頭を工夫する。				
12	著名な作家や古典的作品の普遍的な価値について話し合う。				

— 117 —

した。中学年を取り立てたのは、低学年から高学年への過渡期を捉えることで、初等教育全体のテクストレベル（フィクションと詩の領域）の「98年指針」のリテラシー観が具体的にとらえられるのではないかと考えたからである。

（8）-1　表現モデルとしてのテクストの読み

ア　状況設定

　　3年1学期　(1)　多様な物語設定を比べ、場面を描く単語や句を選び出す。

　　　同　　　(11)　以下のことがらを通して、自分の物語の状況設定を工夫する。

　　　　　　①既知の場所の端的な説明を書く。／②慣れ親しんだ物語の文体を用いて状況設定を書く。／③物語の冒頭と結末の文や句を集め検討する。これら典型的な要素を用いて、再話したり、物語を創作したりする。

　　　↓

　　3年2学期　(1)　伝統的な物語の慣用表現について考察する。物語の始まりと結び、場面の 'Now when...' 'A long time ago...' のような場面の始まりなどの事例を集め、リストを作成し、比較し、自分の文章に活用する。

イ　人物造型

　　3年1学期　(10)　読んだことをモデルにして、自分なりの会話表現を書く。

　　　↓

　　3年2学期　(9)　登場人物の置換もしくは状況設定を変換のみならず、読みとった物語の主題も用いて自分なりの神話、寓話、もしくは伝統的な物語の構成プランを書く。

　　　同　　　(10)　物語中の典型的な句や表現が分かり、文章構成にそれらを活用しながら、同一の登場人物並びに状況設定の伝統的な物語のつづき話を書く。

　　　↓↓↓

　　4年1学期　(12)　歴史物語の設定に個人的な体験を結びつけ、自分なりに書く。例えば、自分だったらどう反応したか、自分だったら次にどうするかなど。

ウ　プロット

　　3年3学期　(10)　既知の物語の出来事の順序性をモデルとして、文章構成を練る。

　　　　　　　　　（読みをもとに文章種を書き分ける）

　　3年3学期　(22)　（NF領域）

　　　　　　　　　物語、手紙、ニュース報道など多様な形態において、同一の出来事を叙事する練習をする。

　　4年3学期　(25)　（ノンフィクション領域）

　　　　　　　　　読みの事例から学んだ言語面ならびにその他の特徴を活用して、学校祭や想像上の製品のための広告をデザインする。（活字メディア、映像メディアを用いたポスターやラジオCM、ジングルなど）

（8）－2　テクストの構成要素の着目した読み書く営み

ア　状況設定

　　3年1学期　(1)　多様な物語設定を比べ、場面を描く単語や句を選び出す。

　　　同　　　(11)　以下のことがらを通して、自分の物語の状況設定を工夫する。

　　　　　　　　　①既知の場所の端的な説明を書く。／②慣れ親しんだ物語の文体を用いて状況設定を書く。／③物語の冒頭と結末の文や句を集め検討する。これら典型的な要素を用いて、再話したり、物語を創作したりする。

↓↓↓

　　4年1学期　(1)　細部の描写からいかに状況設定や人物が造型されるか、ならびに読者がそれらにどのように反応するかを検討する。

　　　同　　　(11)　同情を引いたり、嫌悪感を引き起こす細部の描写に焦点をあて、登場人物の素描を書く。

　　4年2学期　(1)　いかに筆者が想像的な世界を創造するか理解する。中でもサイエンス・フィクションの状況設定のような独特な非日常を通して。また、筆者が具体的な叙述を通して、想像的世界をいかに立ち上げるかを示す。

　　　同　　　(2)　物語において状況設定がいかにできごとや事件に影響を与えるのかを理解し、かつ、登場人物の行動にもどのように影響するのかも理解する。

　　　同　　　(3)　多種多様な物語における状況設定を比較対照する。その上で、自分の好みを吟味し、示し、正当化する。

　　　同　　　(10)　効果的な状況設定を描くために、形容詞や比喩表現についての学習事項を活用して、文章作成において状況設定の発展的に活用する。

　　4年3学期　(2)　時と場所、習慣や人物関係のちがいなどに焦点を絞って、異文化を背景とする物語を読む。適宜、付随して起こる問題を察知し、話し合う。

　第4学年段階になると、状況設定と人物造型のどちらか指導の比重の置き方は異なるものの、人物は状況設定によって造型され、状況設定は人物のありようを含みこんで物語の状況を形作るという基本が、当たり前のこととして扱われ始める。低学年のような、人物は人物、時空間設定は設定といった個別の取り立て方がなくなっていく。また、ある状況の設定が、書き手の意図や表現効果を代弁することに気づき、分析的にとらえ始めることが期待されていく。

イ　人物造型

　　3年2学期　(2)　試練と克服、悪を駆逐する善、強者にうち勝つ弱者、愚考に対する知恵のような典型的な物語の主題が分かる。

　　　同　　　(3)　繰り返し登場する主要な登場人物を認識し、それらについて話し合う。人物の行動について評価し自分の考えを正当づける。

　　　　↓

　　3年3学期　(5)　(i)　登場人物の心情、(ii)　妥当か不合理か勇敢か、愚かと言った人物の行為、(iii)　人物関係についてテキストに言及しながら話し合い、判断を下す。

同	(12)	一人称で書く。例えば、既知の物語の出来事を登場人物の立場で書く。

↑

同	(3)	一人称と三人称の語りを区別する。

↓↓↓

4年1学期	(2)	主要人物の主な特徴が分かりそれを、文章を用いて立証する。また、読みとった情報を用いて行動を予測する。
同	(12)	歴史物語の設定に個人的な体験を結びつけ、自分なりに書く。例えば、自分だったらどう反応しただろうか、自分だったら次にどうするだろうかなど。
4年2学期	(9)	ある特定のタイプのテクストがいかに特定の読者にむけて書かれているかに気づく。少年向けホラーストーリーのように、特定の読者対象がわかる。
4年3学期	(1)	登場人物が直面するジレンマやモラルなど、作品内の社会的、道徳的、文化的問題を理解する。いかに人物がそれらの問題に対処するか文中から根拠を示しながら話し合う。
4年3学期	(11)	登場人物の抱えるジレンマや問題をもとにした文章を書くことによって、物語の主題を探る。

　第3学年3学期には、語りの視点、人称の基本が導入される。4学年は、人物の心情を深く読み込むことが目立ってくるとともに、人物の主要な特徴を文中から根拠になる部分を探し、「文章で立証する」という物語の表現のされ方についての説明言語が求められてくるのが、特徴的である。

ウ　プロット

3年1学期	(15)	物語を段落によって構成し始める。物語中の会話表現を改段落し始める。

↓

3年2学期	(6)	いかに数少ない言葉の中で、伏線となる点をとらえられるかを考え、物語構造に欠かせない項目を組み立てていく。構想の多様な方法について話し合う。

↑　　↓

3年1学期	(22)	（ノンフィクション領域）既知の情報について簡単な時間軸に沿わないレポートを書く。例えば、個人的体験や読書経験からメモをとり考えを組み立てて表現する。

↓↓↓

4年1学期	(3)	筋の展開に添った時間の経過の仕方を表に作成しながら、書記表現、もしくはその他のメディア・テクストを用いて、時間軸にそった物語展開について検討する。例えば、時間的な飛躍はどこか、短時間に複数のできごとが通り過ぎていくのはどこか、詳細に述べられているところはどこかなど。
同	(4)	物語の組み立てを検討する。物語の主たる場面をわかり、丁寧に組み立てる。導入部－展開部－クライマックス、もしくは葛藤－収束など。
同	(9)	ブレーンストーミング、メモ、図表化など多様な方法で物語を構想する。
同	(10)	段階を踏んだ語りを理解しながら物語を組み立てる。

第3章　ナショナル・カリキュラム制定（1989）と実施後の動向

　　同　　　(15)　物語を組織だて順序づけるために段落を活用する。

　以上のような、第4学年でぐんと比重を増す組み立てる思考力、構想力の学習指導は、読者対象を意識した構成力や要約力の育成、ならびに、構想をもとに章立てのある長文作成の基盤として位置づけられている。
　また、再話行為による構成へのアプローチを取り立てたものも頻出する。
　3年1学期　(14)　読書や音声表現活動をもとに、簡単な戯曲を書く。
　3年3学期　(11)　読みと関係づけたり、読みから発想を得て物語や章の冒頭を書く。緊張感の造型、サスペンス、雰囲気の創造、場面の設定など言語表現の効果を焦点化する。
　　同　　　(12)　一人称で書く。例えば、既知の物語の出来事を登場人物の立場で書く。
　　同　　　(13)　出来事の組み立てに基づいて発展的な物語を書く。章タイトルや作者紹介などで簡単な章を始める。物語を構成するために段落を活用する。

　　　　　　　　　　　　↓↓↓

　4年1学期　(13)　既知の物語をモデルとした戯曲を書く。
　4年3学期　(12)　既知の物語についてオリジナルとは異なる結末を書き、それによって、登場人物や出来事に対する読者の見方がどのように変化するか話し合う。

　第4学年には、より積極的に、物語テクストの諸特性に気づかせることを意図した事項も見受けられる。
　4年2学期　(4)　心情的ならびに描写的言語表現がいかに雰囲気を形作り、期待感を育み、緊張感を高め、態度や心情を描きうるか理解する。
　　同　　　(5)　詩や小説における比喩表現の用法について理解する。物語や描写例と詩句を比べる。直喩表現を指摘する。
　　同　　　(6)　語法や語彙ならびに古語などを通して、その詩が古典作品であることを指し示す手がかりを理解する。
　　同　　　(13)　これまでに読んできた文章に基づいて自分なりの描写や心情表現を書く。形容詞や直喩に関する学習活動と結びつけること。

エ　読み手意識

　これまでも、ノンフィクション領域との連携が指摘できたが、読み手意識に関しては、その傾向が最も顕著である。フィクションの読み手を意識することは、言うまでもなく高度な学習事項で、実用性と密着したノンフィクションの書く活動に、多くの事例が見られるのは当然である。前者は、読み手の存在を念頭に置くことを習慣づけはじめる段階、後者は、読み手を意識し、表現形態や文種の社会性に応じた表現法（語句の選択、文の長短、文章レイアウト、非連続テクストとの関連など）の工夫にまで及んでいる。
　3年1学期　(23)　クラスの友人、教師、両親など既知の読み手に向かって書く。
　3年3学期　(14)　プロット、登場人物、言語表現に関する評価に基づいて、特定の読者に向けて書評を書く。
　3年3学期　(20)　（ノンフィクション領域）学校内でのコミュニケーションをはかるために、他教科との関連学習に関わる手紙、メモ、並びにメッセージを書く。対象とする読者に適切な

　　　　　　　　　　文体と語彙を選んで、本について作家への手紙を書く。
　　3年3学期　(21)　（ノンフィクション領域）IT を活用して、出版形態にまとめる。読み手を配慮して、
　　　　　　　　　　構成、字体などを話し合う。
　　　　　　　　　　　　　　↓↓↓
　　4年2学期　(12)　特定の読者対象を思い浮かべて計画を立て、他者と共同して複数の章立てからなる物
　　　　　　　　　　語を書く。
　　4年3学期　(18)　（ノンフィクション領域）説得を意図した文章例を用いて、いかに文体や語彙が、対
　　　　　　　　　　象の読者を説得するために用いられているかを調べる。
　　　　同　　(19)　（ノンフィクション領域）強調された正当性、（購買者の）関心をがっちりとつかむ戦
　　　　　　　　　　略、ならびに、洒落、ジングル、頭韻、新語の創造といった言語的工夫など、商品に
　　　　　　　　　　関する情報がいかに提示されているかに焦点をあて、広告の効果、アピール度および
　　　　　　　　　　信頼性を判断する。
　　　　同　　(23)　（ノンフィクション領域）手紙、報告書、台本などの形式において、説得を意図して
　　　　　　　　　　要点をつなぎ、読者に応じた文体や語彙を選んで観点を書き表す。

オ　批評的な読み書く営み
　第1教育段階において、批評的な読み書く態度が全くなかったわけではない。以下に事例を挙げたように、テクストの評者としての自分の発見に繋がる萌芽的な事項が指摘できる。第2教育段階は、それを踏まえ、物語特性に沿った批評の観点を意識し、価値判断をともなう読み書く活動が本格的に登場する。
　参考として、第1教育段階で批評読みへの導入として、指摘できる事項を列挙する。
　　1年2学期—集中力と注意力を持って、選び出した既知の本を読み、好きな点を話し合いその理由を述
　　　　　　　べる。
　　1年3学期—十分集中し最後までで読み通す。その上で、好きな点を指摘し、根拠を述べる。
　　　　↓
　　2年2学期—詩を音読することが意味を持つ場合や効果を発揮する場合を理解し、それについて述べ
　　　　　　　る。／適切な用語（詩人、詩、行、脚韻など）を用いたり、詩的言語について言及しなが
　　　　　　　ら、お気に入りの詩や詩人について理解し、それらについて話し合う。
　　2年2学期—本の表紙に掲載された作家についての情報を読む。例えば、他の作品群、作者の生死、出
　　　　　　　版社など。著作者や出版について気づくようになる。
　　2年3学期—状況設定、登場人物、テーマのことなる同一作家の作品を読み比べる。好きなところを判
　　　　　　　断しその根拠を述べる。
　　2年3学期—類似テーマをもとにさまざまな作者の本を読み比べる。根拠をあげて評価する。
　　2年3学期—読んだり話し合ったりした本について、根拠をあげながら簡単な評価を書く。
　　2年3学期—テクストの目的に応じた有効性について評価する。（ノンフィクション読解）
　　　　　　　　↓↓
これらを踏まえ、中学年では、以下のように対応される。
　　3年1学期　(8)　自分の観点に添った語や句を選び物語もしくは詩についての自分の考えを表現する。

第3章　ナショナル・カリキュラム制定（1989）と実施後の動向

　　同　　　　(9)　ブレーンストーミングや語の関連性を用いて、自分の考えを話題に関連づける。
　　↓
3年3学期　　(1)　出来事をおって物語の主要な事項を再話する。さまざまな物語を比較する。物語を評価し、自分の評価を正当化する。
　　同　　　　(2)　冒頭、構成、雰囲気などテクストの重要な要素に言及する。描写のための形容詞の活用など、これらの主要な要素を作り出すために言語が働いていることを知る。
　　同　　　　⑭　プロット、登場人物、言語表現に関する評価に基づいて、特定の読者に向けて書評を書く。
　＊同　　　　(4)　実際の冒険に基づいて書記表現もしくは音声表現によって物語として表されたものを選び、それらとフィクションを比較するなどの活動を通して、出来事の信憑性について考える。
　　　　　　↓↓↓
4年1学期　　(7)　類似テーマに基づく詩を比較、対照する。自分の読みや好みを話し合いながら詩の形態や言葉について比較対照する。
　　同　　　　(8)　人気作家ならびに詩人についてさらに調べる。得た情報をもとに自分の好きな作家の本をさらに読み進んでいく。
　　同　　　　⑯　テクストの種類の違いが分かる。例えば、内容、構造、語彙、文体、全体構成ならびに目的などを通して。
　　同　　　　㉓　いかに読みの方略が、ITテクストの異なる属性に対応しうるか検討する。異なる属性とは、画面上で自在に移動しうる非線上的な構造をとる、音と静止画や動画を関係づける、変形しうる三次元表現ができることを指す。
4年2学期　　(3)　多種多様な物語における状況設定を比較対照する。その上で、自分の好みを吟味し、示し、正当化する。
　　同　　　　(8)　例えば、作者、テーマ、扱われ方の理解を通して、幅広い物語をふり返る。
4年3学期　　(2)　時と場所、習慣や人物関係の差異などに焦点を絞って、異文化を背景とする物語を読む。適宜、付随して起こる問題を察知し、話し合う。
　　同　　　　(9)　比べ読みをしたり、共通する作品の特徴を指摘しながら、お気に入りの作家の物語や詩を読み重ねる。
　　同　　　　⑩　自分の読みの態度について説明し、ふり返り、さらに読書経験を広げていく。

カ　作家研究へのいざない
　作家研究は、基本的に中学校第3教育段階、第4教育段階が主であるが、第2教育段階の第5、第6学年ともなると、本格的な準備段階に入るのは、先の表24－4にも窺えた。中学年の場合、そのさらに下準備の段階であるが、作家という作り手を意識した読みへといざなう工夫が散見できる。
　　3年3学期　(8)　同一作家の作品を比較、対照する。例えば、同一作家の多種多様な作品、同一主人公による異なる状況設定下の続き話、似通ったテーマに基づく物語文。
　　3年3学期　(9)　作者を意識し、どこが好きかを話し合い、その理由をのべる。

3年3学期　⒇　学校内でのコミュニケーションをはかるために、他教科との関連学習に関わる手紙、メモ、並びにメッセージを書く。対象とする読者に適切な文体と語彙を選んで、本について作家への手紙を書く。

4年1学期　⑻　人気作家ならびに詩人についてさらに調べる。得た情報をもとに自分の好きな作家の本をさらに読み進んでいく。

4年2学期　⑻　例えば、作者、テーマ、扱われ方の理解を通して、幅広い物語をふり返る。

(9) 批評読みへの助走段階としての中学年

第6学年1学期に掲げられた指針を、つぎの表25に取り出した。ここに掲げられた5項目は、つぎのように言い換えられよう。①一つの作品の活字版、映画版、テレビ版といった複数の再話テクストの物語としての語りの分析的検討とそれに基づく価値判断の力、②小説という表現形態の特性を踏まえた分析的読み（語り手の存在、読み手への作用、多声的な事件の把握の可能性）の力（小説研究の基礎力）、③テクストと読み手の関係性を意識しながら自分の読みを自覚する力、④作家研究の萌芽、⑤文学経験を他者と共有する方法を携えて分かち合う力、である。

言い換えれば、これが、「98年指針」において、物語テクストのリテラシーとしてめざした批評読みの力の構成要素ということもできよう。

このように、「98年指針」では、語・文レベルと密接に関係づけながらテクストレベルのリテラシーを一貫して重視している。意味のまとまりを意識し、ひとりの読み手としてテクストを享受する姿勢を重んじるテクストレベルのリテラシーは、「指針」の特徴の一つである。

たとえば、先の中学年では、共通して、テクストの状況設定、登場人物、構成（プロット）を意識した読みの力が求められていた。この3要素は、入門期から一貫して繰り返され、徹底的に定着が図られるテクストレベルのリテラシー観点のひとつである。物語形態の基本構成要素の理解がリテラシーの根幹に据えられている。

また、物語、戯曲、詩3者をバランスよく取りあげ、それぞれの特徴に気づかせていく配慮は、中学校第

表25　第6学年1学期テクストレベル　フィクションと詩領域　A読解

1	活字化された小説と映画やテレビ版を比較して評価する。例えば、プロットや登場人物の取り扱い、並びに状況設定のされ方や、語り手のありようについて、活字版と映像版と比べる。
2	小説を読む際に、次のような観点を考慮に入れること。 ①語り手に気づく。 ②ある出来事に対して、いかに読み手の観点が影響を与えるかを説明することができる。 ③異なる観点で、どのように出来事をとらえることができるかを説明する。
3	テキストは、読み手にどのような影響を及ぼし、またなにゆえに、影響を及ぼすかということを理解しながら、自分のよみを明確にする。
4	著名な作家に親しむ。また作風の特徴を知り、作家の背景、文体、テーマの特徴について説明する。
5	他者の観点に応じたり、対応したり、そこから自分の考えを構築しながら、文学について話し合うことに積極的に寄与する。

7、第8学年ならびに義務教育修了資格公試験GCSEの対象領域へと通底していく。同一もしくは類似の複数のテクストを重ね読む力と方略も、中学年から本格的に求められていた。これも、最終的には、GCSEで測られる到達力と無関係ではない。

けれども、資格試験への準備もさることながら、量のテクストとの邂逅が質を育てる、質をともなった読みの方略が多読を可能にするという、読書教授の対概念が貫かれているともいえようか。

状況設定や人物造型と読者への効果、作家研究への導入、物語、戯曲のみならず広範なメディア・テクストの構成把握、これらもまた、第3学年をフィードバックしながら、高学年、中等段階へと継承していくための第4学年の特徴である。回帰型（recursive）の「指針」体系のなかでも、中学年の十全な習得は指導体系の要と位置づけられている。

テクストレベルにおいて、一貫して理解、表現双方の主要な学習活動ならびに学習対象として取り上げられたものに、再話がある。広範なメディア・テクストへの目配りは、先の第6学年1学期の第1項目に見られるような、状況設定、人物像、プロットならびに語りのありようを軸に、小説、映画版、テレビ版を比較検討し、評価するといった応用力へと結びついていく。前期中等教育では、ジャンル毎の特性を把握するのとほぼ変わらぬ割合で、個々のメディア特性へと理解を深めていくことが求められ、間テクスト性やテクストの社会性について言及しうる力がテクストレベルのリテラシーにおいて重要な位置を占めていく。助走段階をおろそかにすれば、飛び立つものも飛び立つことができない。その意味で、第3、第4学年の2年間の学びは、単なる通過点ではない。文学テクストを対象とした、多岐にわたる助走の発火点をになう小学校中学年テクストレベルの指針の具体は、ひとつの社会が求める読者像が含意されていたのではないか。それゆえに、助走もまた、イギリスという社会と無関係ではない。

第3節　2000年代の動向—問い直された「98年指針」と創造性の希求—

3・1　めざされた創造性

1990年後半から2000年代は、「創造性（creativity）」という用語が持つ解釈の多様性が、創造性を育む学習指導を標榜する際、まず議論すべき課題としてあらためて認知された時期といえる。現職教育の立場から時代の動きを概括し、新たな実地調査研究の試みと成果を報告したK. Safford & M. Barrs (2005)[38]を基礎資料として、2006年改訂指針の公刊までを概観したい。その記述には、時代の動向を敏感に感じ取り、対処せざるを得ない現職教育者の視点が感じられ、英語（国語）科教育概論書等で知る包括的経緯とは異なる臨場感をともなって時代を代弁する資料である。必要に応じ、各種報告書等を引用し、バランスのとれた概観を心がけた。

「創造性」の解釈は二分された。一つは、カリキュラム横断型の思考力育成と結びついた問題解決学習において発揮され育まれることが期待される「創造性」であり、もう一つは、芸術的「創造性」である。学習者がより多くの機会を通して広範な芸術に触れ、その専門家と接する機会を通して育まれる「創造性」である。

前者は、目的、状況に応じて課題を解き明かす過程における、主体的で柔軟な着想とその具現化の行為を

突き動かす、とらわれない自在さと実行と言い換えられようか。後者は、芸術の根源にある無から有を生み出そうとする創造的営みであり、プロの営みに触れることで、芸術に対する理解を深め、主体的にかかわろうとする鑑賞の側面と、自ら創りだそうとする表現行為の両面を包括するものであろう。また、こうした二極化の動向において、後者の枠組みを活用して、芸術的創造活動の中で、単に専門家に接するだけでなく、そこでいかに児童がリテラシーを発揮し、かつ進展させえるか、観察法を軸に跡付けた実地指導をもとに報告した現職教育機関、小学校リテラシー教育センター（CLPE ②）のような英語（国語）科教育に機軸を明確に置く試みも見られた[39]。

これら90年代後半から始まったとされる「創造性」の希求は、この二側面の間で議論を交わしながら、個々に調査研究や実地プロジェクトが施行され、その結果が公刊され、The National Primary Strategy（2001）を生み、2006年の「指針」改定に繋がっていった。

（1） NACCCE（創造的文化的教育全国支援委員会）による創造性への喚起

1990年代後半、教育界に創造性に対する関心が「復活」した。1997年政権の座についた労働党政府は、前保守党の教育指針やプログラムの多くを継承したが、将来の経済向上に向けた教育には、それまで以上に高い関心をもっていた。後に、1998年にNational Advisory Committee on Creative and Cultural Education（創造的文化的教育全国支援委員会、以下NACCCE）として設立に至る一団体は、労働党政権になるや、政府に働きかけ、当時の教育制度における創造性の欠如を指摘し、教育における創造性推進の機会を探ることを提案した。教育・技能省（the Department for Education and Skills. 以下DfES）と文化・メディア・スポーツ省（the Department of Culture and Media and Sport. 以下DCMS）によってNACCCEとして公的に発足の後には、公式、非公式の教育において青少年の創造的文化的発達の推進役を担った。1999年、報告書 *All Our Futures*[40] が公刊される。同時期には、英国国内のみならず諸外国においても[41]、急速な経済的変化や技術革新のなかで、文化の変容について真剣な討議が求められ、未来の経済成長を標榜するに当たり教育における創造性は中核をなす懸案事項となった[42]。

当時、創造的文化的教育にむけた全国方略指針には、児童生徒が国家の経済成長と社会の安定のために貢献しうる機会をもつよう可能性を開いてやることが、なによりも重要だという議論があった。それは、エリート層が保持しうる創造性の観点ではなく、民主主義的な観点が論じられ、「創造性をめざした教育」「児童生徒自身の創造的思考と行動を育むことを意図した教育の形態」が求められていた。

NACCCEの報告書 *All Our Future* は、つぎのような提唱を掲げ、大方には好意的に受け止められた。

提唱事項の主なものは以下の通りである。

・基礎科目を犠牲にして中核科目に過剰な比重を置かず、NCの教科間のよりよいバランスを図るべきである。
・より創造的な学習指導方法を取り入れられるよう、カリキュラム内容を軽減するべきである。
・カリキュラム構造について広範な議論が必要である。NCが、19世紀以降大きく改革されていない教科主義のカリキュラムモデルに端を発していることから議論を始め、カリキュラムの背後にある基本的な主張を再検討する準備を始めることを求める。

当時の政府は、この報告書およびその概要も全国的に配布することはなく、半年後の2000年1月にDfESとDCMS合同で報告書に対する回答を発表した。報告書の多くを取り上げはしなかったが、QCAにカリ

キュラムにおける創造性の意義と芸術学科（図工・美術・音楽）の役割について調査する可能性を示した。

（2） 希求された学びの目的と喜び

2000年、NC の見直しによって、創造性（creativity）が重要な目標の一つとして強調された。

> 各校の広範なカリキュラムと一体となって本 NC の重視する点は、学習すべき必須の核となるリテラシーならびにニューメラシー（計算力）スキルを入門期段階から確実に育んでいくこと、質の高い十全で均整のとれた学習の機会が与えられること、児童生徒の創造性を重視すること、生涯に続くような学習に対する喜びや出会いを図る最良の方法を見出すために教師に自由裁量を与えることである[43]。

基礎基本スキル徹底をめざす教授体系の保証、学習機会の質的向上に続き、学習者の創造的学びと指導者の主体的な指導法の構築の二点が、対となって創造性の必要性が明記された。

当時の教育雇用省大臣（The Secretary of State for Education and Skills）は、QCA に対して、この見直しに基づき、NC にそった指導において、各学校の児童生徒の創造性開発学習にかかわる実態調査を依頼した。調査初年には、19か国における創造性の育成について、カリキュラム指針や到達目標について調べ、幅広い資料分析と研究成果の検討をもとに概観をまとめた。創造性を重要視する諸外国においては、創造性の発達は一般に一層力を注ぐべきこととして認知されていた。とりわけ芸術分野は、創造性の育みとカリキュラム展開において特に貢献度の高いものとして実証的にとらえられていた。同時に、地球規模の経済的逼迫、加速する競争社会が希求する改革と変化という現状において、創造性の重視はいや増すばかりであるという認識が報告された。

この見直しに続き、QCA はカリキュラム横断的な見直しを行い、イングランドの120名の教師とともに、学習指導の創造的なアプローチの開発に舵を取る。「これまでの学習活動や授業計画の枠内で、いかに児童の創造性を育むかを調査検討するために」プロジェクトが設置され、具体的な成果や支援は、web 上に公開された[44]。

ここに紹介された QCA 創造的フレームワーク（The QCA Creativity Framework）は全3年間の調査の一端を占めるものである。つぎの特徴に見られるように、諸外国の調査で指摘された芸術分野との相関に比重を置くというよりは、思考力の指導や問題解決型の学びに重きを置き、児童のつぎのような学習行為を創造的と定義づけた。

・問いを立て、その問いに立ち向かっていく
・関係性を構築する、関係性を理解する
・そうであるに違いない事柄を予見する
・考えを探求し、その他の可能性をつねに開いておく
・考え、言動、それらの結果に対して批判的に省察する

このように、創造性の幅を拡げることによって全カリキュラムを関与させることができるという要望と、創造性と芸術分野は切り離せないという認識とをめぐる話し合いには、つねにある緊張感が漂っていたといわれる。時の労働党政権の国家経済の回復への将来設計と密接な関係性が窺えるところである。QCA は、このプロジェクトと並行して複数の調査研究を実施。教育における創造性にかかわる先行文献のレビューを

行った Craft（2001）[45]、ならびに、思考力の指導という立場から、アメリカ、日本、及び諸外国における、創造性の開発をめざした学習プログラムを小規模なサンプル調査によって実施した Fryer（2003）[46] が主なものとされる。

　こうした QCA による調査が実施されるなか、2001年 DCMS が、緑書『文化と創造性（*Culture and Creativity:*）』[47] を刊行し、クリエイティブ・パートナーシップ・スキームを設置、実施することを表明した。緑書は、教育に主軸を置くことを重視し、社会的困難地域の児童に創造的な学びの場を創出し、文化的活動への参加を促進する機会を設ける必要性を強く打ち出した。クリエイティブ・パートナーシップは、イングランドのアート・カウンシル（Arts Council England）を基盤とする組織で、劇場、博物館、オーケストラ楽団、web デザイナー他多岐にわたる文化的創造的諸団体や組織と学校の間に、長きに渡る関係性を切り開こうとするものであった。

3・2　2000年代の英語（国語）科教育の枠組みの拡張

　本章の表11（p.70）にあったように、2001年2月段階のイギリス国語教育は、A．1999年改訂版 NC、B．全国到達度評価システム、C．3歳児からレセプション期（入門期）終了までの基礎段階（the foundation stage）におけるリテラシー・カリキュラム指針、D．リテラシーに関する全国共通指導方略指針の4つの枠組みの相関のなかに位置づけられていた。NC が設定した4つの教育段階（義務教育期間）に、2002年教育法で新たに定められた基礎段階（the foundation stage）が加わり、3歳から16歳までの一貫した教育システムが敷かれた。その就学前から義務教育修了時までの学習内容の実践的な連携、統括を図るのが、C、D のリテラシー指導に関わる体系的方略指針である。多様な幼児教育環境を包括する基礎段階（3歳－R 学年）が第1教育段階の準備段階として設置され、2000年5月、基礎段階におけるカリキュラム指針（The Curriculum guidance for the foundation stage）が刊行され、同年9月から施行された。戦後初等教育の端緒となった *Plawden Report*（1967）が提唱した就学前教育の拡充を継承し、教育機関・社会的諸機関と家庭との連携強化に根ざしたリテラシーの基礎固めが意図されている。基礎段階のうち英語（国語）科と直結するのは、「コミュニケーション・言語・リテラシー」の領域で、話す・聞く、読む、書くの3項目および総合的応用事項から構成され、NC との連動が明らかである。基礎段階の到達度を測る就学時到達度評価テスト（Baseline assessment scales）が98年秋学期から導入され、上記3項目の学習者のスタートラインを明確に捉えようとする試みが始まった。第2教育段階終了時の到達度評価テストが中等教育へのレディネスを把握する役割を担うと同様に、初等教育の出発点を明らかにしたいという要望が具現化されたものである。2000年には、前期中等教育の第7学年から9学年（第3教育段階）を対象とした指針草案も順次発表され、実験校を公募し、全国的なパイロット・スタディが始まり、2001年に公表、推奨実施が図られた。

　発表から10年余、保守党へ政権交代する直前、労働党政権下の2009年段階では、A．2009年改訂版 NC、B．全国到達度評価システム、C．0歳児から5歳児基礎ステージ The early year foundation stage 実践ガイダンス（Practice guidance for the Early Years Foundation Stage）、D．リテラシーとニューメラシーに関する小学校指針（the Primary Framework for literacy and mathematics）の4つの柱へと微妙に変化している。この the early year foundation stage は、2008年9月から施行され、保育学校、保育所、プレイグループ、託児所等、就学前教育、保育にかかわる施設や実践者の教育と保育の包括的かつ柔軟性を意図した枠組となった。これ

は、2006年保育法によって法的枠組として示されたもので（第39条）、3歳児から5歳児を対象としたかつての the foundation stage も、そこへ新たに組み込まれた。これら乳幼児期の発達度を測る目安も課題となるところだが、この点については、2003年に導入された Foundation Stage Profile（「基礎段階評価ファイル」）の6つの発達段階に下位領域を加えた13領域で構成された指導指針と評価の枠組みが、2008年以降にも踏襲されている。6つの発達領域とは、人格・社会性・情緒の発達／コミュニケーション・言語の発達／問題解決・推論・数の発達／周りの世界の知識と理解／身体の発達、想像力の発達である。このように、2000年以降の顕著な特徴のひとつは、就学前教育を義務教育のカリキュラム構造の一隅に組み入れることで、先に見た *Plowden Report* が設定した就学前教育普及目標が明確な〈指導と評価〉の枠内に位置づけられたことである。

　加えて、これも先に指摘したように、リテラシーは、義務教育レベルの問題に終始するわけではない。義務教育の出口ともいえる16歳とそれ以降の教育環境においても、2000年代の動きの一端に触れておく。基礎力習得の徹底が重視されることは一貫して変わることはない。95年、教育省が雇用省と一部統合し、教育雇用省に再編成され、義務教育修了後の進学および職業資格について、質的、制度的再整備が期待された。2000年9月に新しく導入された基本スキル習得資格（The Key Skills Qualification）には、コミュニケーション、数の応用、IT（情報技術）の3事項が含まれており、政府は、義務教育修了後の最優先基本スキルと捉えている。地球規模の双方向性情報化時代を迎え、ICT（情報伝達技術）は、中等教育の一教科として新設されたのみならず（情報科新設、95年版ナショナル・カリキュラム）、教科の枠を越えて学ぶべき必須事項に加えられており、イギリスの英語（国語）科教育は、就学前から義務教育修了以降をも視野に入れた、ICTと連動したリテラシーの育成を意図し、それを基盤としてカリキュラムならびに指導方略指針が体系づけられていく。なお、2002年1月教育雇用省は、教育技能省となり、スキルの育成がさらに焦点化された。2008年ブラウン内閣において、義務教育修了の2年延長を可能とすることが、2008年教育技能法で定められた。義務教育修了年齢（16歳）に達し、後期中等学校修了年齢18歳未満で、基本スキル習得資格レベル3に達していない者が、就労と学習を連動できる可能性を保障する方向へと向かった。

3・3　「98年指針」の成果と課題

　1989年から2002年の施行最初の4年間に、300校各校に5回以上の訪問、視察の結果ならびに管理職との面談調査をまとめた Ofsted 実態報告をもとに概観する。2002年は、NC導入時に掲げられた達成目標である、初等教育終了時に当たる11歳児の80％がレベル4に達していることが目指された最終年に当たっていた。この目標は達成に至らず、その結果も踏まえ、2003年に、リテラシーとニューメラシーの両指針を統合した形の the Primary National Strategy（全国初等教育水準向上策）へと発展継承される。Ofsted の実態調査もその基盤となった基礎資料の一つである。

・「1998年指針」が示したフォニックスの指導法指針は、レセプション期から、フォニックスの知識とスキルを体系的に、素早く指導することを可能とするには十分有効ではなかった。第3学年、第4学年では、フォニックス指導は、その最初から不十分にスタートを切り、なお十分なインパクトを与えるに至っていない。

・読みのサーチライトモデル（the searchlights model of reading）は、「一括方式（one-size-fits-all）」指導法を取り、それゆえ、読みの入門期に、過剰な幅広い解読方略の活用が見られ、フォニックスに十分な留意が払われていなかった。
・わが国では、shared／guided reading 学習法について、検証がなされていなかった。教師は guided reading 学習法に慣れ親しむのに時間を取りすぎ、両方の指導法において、不満足な結果となった。
・教師が児童の進度の変化に応じて指導を適応させることのできる指導方略のなかに、日々の評価を組み入れていなかった。過剰に、クラス全体会の活用にばかり依拠していた。
・指針の指導方略のデザインは、NC 全体の学習状況の中に十分確固たる位置を占めていなかった。結果、学校長は、他の教科への圧力の源として捉えてしまっていた。
・指針を実施するにあたっての学校長のリーダーシップやマネージメント力を重視した指針方略であったにもかかわらず、ほとんどの学校長が、クラス主体の運営と考えていた。そのため、学校長の指針に対する知識が希薄で、学校全体の改善のための手立てとして見なすことがなかった。
・多くの地方教育局の地方視学官と指針開発チームの関係性が十分構築されていなかった。(151項)[48]

多くの成果とともに、「1988年指針」が導入したリテラシー学習指導法、「リテラシーの時間」という1時間の授業時間の配分方法など、新しい指導法と時間的な制約の双方が、教師に与えたプレッシャーは少なくなかったようであった。たとえば、以下の報告項目などに顕著な事例が窺える。

57 Shared reading は、入門期から小学校の2つの教育段階において、読みの学習を変えるための中核的なものであったが、2001年と2002年のナショナル・テストの結果では、十分有効であったとは示されなかった。特に第2教育段階で見られた、Shared writing へと導入するためのテクスト分析に熱心なあまり、個々の児童の理解をうながしたり、個人的な反応を引き出すための時間的余裕が削られてしまった。リテラシーの時間に配当された時間量が、テクスト全体を読んで話し合うために当てられる時間にしわ寄せをきたしてしまった。1996年の HMI 報告書では、一日の最後の定例の読書の時間は、クラス全体での学習指導や話し合いの機会というよりは、リラックスしたひとときとして扱われがちであったと記している。が、今では、そのはるか真逆に振り子が降られ、テクスト全体を読むということにほとんど注意が払われない危険性が見受けられた。レセプション期と第1教育段階では、Shared Reading を行う時に、教師は、音韻を組み合わせるスキルを活用させることを十分重視していなかった。第1、第2教育段階とレセプション期の双方において、教師は、Shared Reading において、児童個々のテクスト反応や熱意を育むことと読みのスキルをストレートに教えることとの間の微妙なバランスを取る必要があった。第1教育段階では、前者が過剰に重視され、第2教育段階では後者に比重が偏りすぎていた。(pp.16-17)

62 Guided reading は、おそらく、正しく行われたなら、もっとも効果的で効率的な読みの学習指導法である。だが、この報告書においては、第1、第2教育段階の Guided reading 指導において見過ごしがたい弱点、ならびに、時間的配分のむずかしさに留意したい。リテラシーの時間枠から Guided reading を取り除いてしまいかねない危険性がある。たとえば、クラスで黙読することが期待されている昼食後などである。これは、*The teaching of reading in 45 inner London primary schools* で HMI が批判した実践を

思い起こさせる。

　たいていのクラスでは、毎日個々の黙読の時間があった。これらの時間の中には、ほとんど進歩が見られないものがあった。児童はひっきりなしに明確な目的もなく読む本を変える姿が見られた。これら無目的な授業における児童のふるまいは、往々にして悪化しがちで、行き着くところは、ほとんど誰もなにも読んでいないということにもなりかねない[49]。

これら調査報告等を踏まえ、The Primary National Strategy（全国初等教育水準向上策, 2003.5）が設置され、 *Excellence and Enjoyment :a Strategy for Primary Schools.*（2003）が発表された。

　　高い教育水準と広範で豊かなカリキュラムは表裏一体をなしている。リテラシーとニューメラシー（計算力）は、必須の建材であり、それらを重点的に留意するのは当然のことである。けれども、重要なことは、児童が、幅広い多様な方法で広範な事項を学びながら、豊かで心躍る経験をすることである。われわれの新しい Primary Strategy は、リテラシーとニューメラシーの授業を組み立てながら、全カリキュラムにわたる教師と学校を支援する。けれども、教師自身のコントロールと柔軟な対応へとシフトしながらである。教師の必要性に応じて引き出すことのできる支援を提供し、よりよい指導をするために、教師自らの専門性と能力を養成することに焦点を置く。特に必要とする学校に対しては、さらなる支援と挑戦を付加する[50]。

　この引用にあるように、「1998年指針」よりも教師と学校の自治や主体的柔軟な指導に重きを置き、結果、児童の学びの楽しみの体験を損なわない授業の具現化を求めた。言い換えれば、学習と指導にさらなる「創造性」を取り戻そうとした提言でもあった。その結果、リテラシーとニューメラシーの双方で、11歳児の85％がレベル4を達成することを目標に掲げている。その他では、第1教育段階における教師による日常的な評価のあり方を支援する姿勢を打ち出している。先の1999年改訂NCの序文が実施細目のなかに明確に推奨されたのである。第3、第4教育段階（我が国の中学校に相当する5年間）に対しては、2007年に改訂NCが公表、実施されたが、初等教育に関しては、99年改訂NCに基づき、「2006年指針」が実質的な現場の拠り所とされた。

　この「全国初等教育水準向上策2003」の一環として、政策文書 *Every Child Matters*（『すべての子どもが大切』2004）では、1　子どもの健康を増進すること／2　子どもの安全を確保すること／3　子どもが教育を享受し成果を上げ発達すること／4　子どもの周囲に対する積極的姿勢を養うこと／5　子どもの経済的福祉を向上させることの5つを達成目標に掲げた。この5点は、つぎのブラウン政権（2007年〜2009年）にも踏襲され、教育改革の指針とされる。これを踏まえ、子ども学校家庭省は、5つの達成目標を基本とする総合的な教育振興計画『子どもプラン』を始動させ、0歳児から成人に至る子どもの教育と福祉の全体の改善に乗り出した。

　くわえて、*Excellence and Enjoyment: Learning and teaching in the primary years*（2004）[51]、*The Rose Review*（ローズ・レポート2006）[52] が合わさって、The Primary Framework for literacy and mathematics.（2006.10、以下「2006年改訂指針」）が公表された。ここでも、教師と学校カリキュラムの主体的対応が尊重され、「1998年指針」で推奨された「リテラシーの時間（a literacy hour）」という1時間枠は、呼び名を 'literacy time'、 'literacy lesson' もしくは 'literacy' と表された。

また、Ofsted（2002）で問われた「1998年指針」推奨のサーチライトモデル（the searchlights model of reading）の課題—読みの学習の多様な段階において、どこにサーチライトを集中させるべきかを提示するには、このモデルでは不十分であったという実情—に対して、*The Rose Review*（2006）[53]は、フォニックを軸とした新たなシンプルモデルを提示、「2006年改訂指針」でフォニックスに関する項目の改稿へと反映されていく。2011年3月、新政権となった保守党内閣によって、リテラシー・ストラテジーは、廃止となった。

注

1　Teaching writing: Support material for text level-objectives (narrative, poetry and plays) (2001) http://www.standards.dfes.gov.uk/literqacy/teaching_resources/404161より。（2005年2月23日検索）

2／3／4　ロバート・マクラム他訳（1989年）『英語物語』（McCrum, R. et al., theStory of English. BBC Publishing Co., 1986）株式会社文藝春秋、1989年4月、pp.23-37による。この中で、*Accents of English* (3Vols. Cambridge. 1982) を取り上げている。

5　Whirehead, M. *Language and literacy in the Early Years*. Paul Chapman Publishing. 1990. (In Ofsted. *Resding for Purpose and pleasure*. HMI2393, Ofsted. 2004)

6　WiltshireOracyProject: A School-based cross-curricular development project.

7　安　直哉（2005）『イギリス中等音声国語教育史研究』（東洋館出版社）において、「オラシィ（oracy）」という用語の成り立ちと含意などが整理されている。

8　D.E.S. (1975) *A language for life: report of the Committee of Inquiry appointed by the Secretary of State for Education and Science under the Chairmanship of Sir Alan Bullock*, H.M.S.O., London.（通称、*Bullock Report*）p.143

9　同上、p.143

10　DES (1988) Report of the Committee of Inquiry onto the Teaching of EngliSh Language, Appointedby the Secretary of State under the Chairmanship of Sir John Kingman, *FRS*. London. HMSO.（通称、Kingman Report）p.52

11　DES/WO (1988.11) *English for ages 5 to 11.: Proposals of the Secretary og State for Educational and Science and the Secretary of State for Wales*. HMSO.（NC第一次草案（COX①）

12　DES/WO (1989.6) *English for ages 5 to 16.: Proposals of the Secretary og State for Educational and Science and the Secretary of State for Wales*. HMSO.（NC第二次草案（COX②）

13　同上、4.38項

14　同上、17.34 Attainment Target3: Writing[3]にもとづく。

15　同上、Programmes of Study for Speaking and Listening中の Detailed provisions for key stages 3 and 4 (ages 11/12 to 16) の15.41項

16　同上、15.24 Attainment Target1: Speaking and Listening5 にもとづく。

17　同上、4.32項

18　中嶋香緒里（2001）「イギリスにおける『言語意識』の教育―初等教育レベルを中心に」（『月刊国語教育研究』日本国語教育学会、No.352. pp.60-65）等に、多言語共存にかかわる論究がある。

19　DFE/WO. (1995) *English in the National Curriculum,* HMSO. p.2, 3

20　DEE, QCA, (1999) About English in the National Curriculum, *English: The National Curriculum for England*（http://www.nc.uk.net, p.6. より。1999年5月検索）

21　Marshall, B. (2000) *English Teachers the Unofficial Guide; Researching the Philosophies of English Teachers*. Routledge Falmer.

22　当時の教育省の命を受け、R. Dearingによって、NCの普及状況と評価のありようが調査され、試験主導型の実施状況にかかわる課題を指摘し、NCの内容削減および全国テスト施行にかかわる改善が問われ、95年NC改訂に繋がった。この調査は、SCAA. (1993) *The National Curriculum and its assessment: Final Report*., SCAA. として勧告されるに至った。当時の状況について、黒柳修一（2011）『現代イギリスの教育論』（クレス出版、pp.34-37）に概説

第3章　ナショナル・カリキュラム制定（1989）と実施後の動向

されている。
23　同注19、p.3
24／25　Mathew Arnold は、詩人、文芸評論家。1851年視学官（HM Inspector）に就任、86年退官まで勢力的に活動。視察した小学校の現状は想像力が入り込む余地のない実利主義と批判し、学校カリキュラム中に、詩を軸に、教科としての英語（国語）科の位置づけを主張。ニューボルト・レポート（Newbolt Report 2）(1921) は、英語（国語）科を core subject に位置づけるとともに、Arnold を継承し、文学には人格形成力（civilizing power）があると述べ、重視した。
26　同注21、p.14
27　DfEE. (1998) *The National Literacy Strategy: Framework for Teaching : YR to Y6.*
28　QCA（Qualifications and Curriculum Authority）資格・カリキュラム機構
29／30　*PGCE Professional Workbook: Primary English* (Learning Matters Ltd., 2003. p.2)
31　松川利広、佐伯知美、土屋まどか（2003.3）「イングランドにおけるリテラシー・アワーに関する基礎的研究―Reception Year と Key Stage 1を通して」（「教育実践総合センター研究紀要」）で、「リテラシーの時間」の授業実際を紹介し、「指針」の概観をしている。
32　丹生祐一（2011）『イングランドの小学校国語の授業―教育改革下の実践事例を分析する』私家版
33　Dean, G. (2002) *Teaching English in the Key Stage 3 Literacy Strategy: A Practical Guide.* David Fulton publishers, p.11
34　QCA. (2002) Changes to assessment 2003: sample materials for key stage 1 and 2. pp.14-17
35　"Teaching writing: Support material for text level-objectives (narrative, poetry and plays)"（http://www.standards.dfes.gov.uk/literacy/teaching_resources/404161/、2001、2005年2月23日検索）
36　同上、'Story Structure' pp.1-3、(2005年2月23日検索)
37　"2001KEY STAGE 2", http://www.standards.dfes.gov.uk/performance/、(2001.10.16) p.7.（2003年8月28日検索）
38　Safford, K. & Barrs, M.. *Creativity and Literacy: many routes to meaning Children's language and literacy learning in creative arts projects*（A research report from the Centre for Literacy in Primary Education. CLPE. 2005. http://www.clpe.co.uk からダウンロード可。全218頁）
39　Ellis, S. & Stafford, K. (2005) *Animating Literacy.: inspiring children's learning through teacher and artist partnerships.* London: CLPE. などの試みが報告されている。
40　National Advisory Committee on Creative and Cultural Education (NACCCE) (1999) *All Our Futures: Creativity, Culture and Education.* London: Department for Education and Employment.
41　たとえば、我が国において1995年教授課程に創造性が重視されたと、CLPE プロジェクト調査報告書 *Creativity and literacy: many routes to meaning*（CLPE. 2005) で取り上げられている。
42　Seltzwer, K. & Bentley, T. (1999) *The Creative Age: Knowledge and Skills for the New Economy.* (London. Demos.)が、影響力のあったこの関係の書物として、CLPE（2005）に掲げられている。
43　Department for Education and Employment. (DEE) (1999) 'Foreword', *The National Curriculum for England: English:* DEE & QCA. p.3
44　QCA. (2003) *Creativity, Find it, Promote it.!* London: QCA
45　Craft, A. (2001) *Creativity in Education.* London: QCA. この調査を踏まえ、つぎの著書も上梓。Craft, A. et al. (2001) *Creativity in Education: current perspectives on policy and practice.* London. Continuum.
46　Fryer, M. (2003) *Creativity across the Curriculum.*, London: QCA.
47　Department of Culture Media and Sport (2001) *Culture and Creativity: the next ten years.* London: DCMS
48　Ofsted, (2002) *The National Literacy Strategy: the first four years 1998-2002*, Ofsted Publications Centre. pp.35-36
49　同注48、pp.17-18. なお、「1988指針」の実践上の課題については、丹生祐一（2011）『イングランドの小学校の授業』（私家版）pp.20-22等にも指摘されている。
50　DfES (2003) *Excellence and Enjoyment: a Strategy for Primary Schools.* London: DfES. p.27
51　DfES (2004) *Every Child Matters: Change for children.* London: DfES
52　DfES (2004) *Excellence and Enjoyment: Learning and teaching in the primary years.* London: DfES
53　Rose J (2006). *The Rose Review (The Independent Review of the Teaching of Early reading.)* London: DfES Publications.

補記）諸条例・諸機関の訳語については、『諸外国の教育動向2008年度版』（文部科学省、2009）、『諸外国の教育改革の動向』（同、2010）を参考にさせていただいた。

第4章　英語（国語）科教材における文学の学習指導の具体例

第1節　文学の学習指導

1・1　イギリスにおける読みの教材―入門期における物語の活用：L. Waterland の実践（1985年）を中心に―

1

　イギリスは個人主義の国であるとはよく言われるところである。読みの教育においても、授業形態、指導法、教材のすべてが個々の指導者にゆだねられており、学校間はもちろん、全学カリキュラム・ポリシーの重要視されつつあった80年代でも、クラスごとの授業風景はとりどりである。経験主義の国柄だけに、その全体像を代表しうるものを判定することは、なかなかにむずかしい。けれども、画一性に乏しいがゆえに、個々の指導者は、教材えらびから授業形態の決定、指導法の工夫にいたるまで、日々たゆまぬ努力と創意工夫を重ねてきたとも言えよう。70年代以降の読みの教材の多様化は、その傾向に一層拍車をかけてきた感がある。80年代のイギリスにおいて、そうした努力を積み上げている現場教師のひとりをとりあげてみたい。ケンブリッヂシャー、ピータバラ市、Brewster Avenue 幼年学校で教頭をつとめる Liz Waterland がその人である。

　1986年4月初旬、イギリスの全国英語（国語）教育連盟（NATE）の年次大会[1]に参加しており、読み書き能力（literacy）とからめて話題にのぼっていたのが、Waterland の *Read with Me: an apprenticeship approach to reading*（『私と一緒に読みましょう』）[2]という実践記録であった。意識的な多くのリーディング・アドヴァイザーが、教科教育センターで行われる現場研修の際に、熱心に、この本をとりあげていたのも印象的であった。また、それらセンターの展示コーナーには、Waterland の実践記録とともに彼女の用いた教材が展示され、耳目を集めていた。*Read with Me* 初版は1985年7月であるが、翌8月には第二版が、86年1月には第三版が出版。連盟の『NATE ニュース』（nate news）1985年秋季号[3]の書評欄にもいち早くとりあげられ、彼女の方法が「本質的」なものであるという確信を得られただけでなく、「実現しうる」ものだということが明らかになったと高い評価を得ている。この他、雑誌『学校図書館員』（*The School librarian*）1986年3月号[4]には、M. Meek の小文をもって紹介されるなど、専門雑誌にその名を見ることも少なくはない。

　手軽な小冊子とはいえ、アメリカと異なり、現場の実践が活字化されることの少ない80年代当時のイギリスにあって、なぜ、一教師の実践にこれほど関心が寄せられたのであろう。考えうることは、彼女の指導法の核となる教材が、従来の段階別読本でも市販のリーディングキットでもなく、みずから選び出した児童図書、いわゆる〈現実にある本〉（a real book）だったことである。

　　読むことを楽しみ、実行し、そのプロセスの本質を熟知しており、なおかつ、子どもにも本を読んで

やるような人物といっしょに読むことによって、子どもは読みを学んでいくのだということを、Liz Waterlandは簡単明瞭に実証してみせた。言語心理学的裏付けも明示され、家庭および学校の状況設定にも無理がない。子どもの読むのを聞くという従来の指導法と子どもといっしょに読む方法の違いを明確にする。保護者の果す役割と指導者のそれとは区別されているが、相互に補完的に配慮されており、〈現実にある本〉を用いた指導例が説得力をもって論じられる。また、児童図書のリストもそえられており、これによって、すべての現場教師が待ちのぞんでいた進歩を読みの教育にもたらしたと確信する。なぜなら、このまれなる資質に恵まれた現場教師は、読みの専門家などがけっして真似のできないような方法でもって、他の教師を説得してしまうからである[5]。

この Meek の言葉は、読むという行為の本質をつまびらかにし、そこに立って読みの学習を捉えなおそうとする一連の諸研究[6]が、現場実践として実を結んだことを歓迎するものであった。

2

Waterland はみずからの指導法を〈the apprenticeship approach〉と呼ぶ。

児童は習ったものだけが読めるのだといった思いこみにとらわれるのではなく、自分がわかったことだけが本当に読むことができ、かつ関わりをもつことが可能なのだということを、わたしたちはしっかり承知しておく必要がある。しかも、単語の学習といったものが、この読みのプロセスにほとんど積極的な意味をもちえないということも、である。むしろ、「児童が最も生産的な手だてを選びだすように、言語構造に関する既習の知識を援用するように、自分の経験や考えにもとづいて読んでいくように、教師は導いてやらねばならない（Goodman）」。児童は、見習生（apprentices）のごとくふるまうこと、大人に導かれながら、だが言われるままになるのではなく、読みという仕事にかかずらわる能動的なパートナーであることを認められているべきなのである[7]。

換言すれば、熟練工たる大人の読みを手本として、見よう見まねで読みの活動に主体的に関わっていく学習法とでもいえようか。表1は、Waterlandの平均的な1日の授業プログラムを中心として、指導の核となる幼年学校、その補助機関としての家庭、さらにはそれらを支える公共機関の三者の連関を、稿者が図式化したものである。

平均的な一日のプログラムを追ってみよう。グループ毎に割りあてられた課題学習が中心の午前の部と、教師による読みきかせが核となる午後の部から構成されているのがわかる。児童は、教師の指導にもとづき、午前中の好きなときにその日の必修課題をやり、残りの時間は自由学習にあてたり、ブックコーナーでアシスタントの母親の読みきかせを聞いたりしてすごす。午後になると、毎日ひとグループ、4、5人の児童が教師とともにブックコーナーでゆったりと〈よむ〉ことに専念。その他の者は、アシスタントの母親の助けをかりながら、復習中心の自由課題学習をおこなう。教師による直接指導と母親によるアシスタント方式を融合させた授業プログラムである。学校からの積極的なはたらきかけに応じて、あき時間や仕事の休みを利用して交代で母親が授業に参加。のちに詳述する「家庭への手びき」とともに、学校が母親教育の場と

第4章　英語（国語）科教材における文学の学習指導の具体例

表1　児童の選びだした本を教師がよみきかせている間に、見聞きしたことをもとに児童も〈読者〉としての〈よむ〉行為を見習っていく学習方法（the apprenticeship approach）

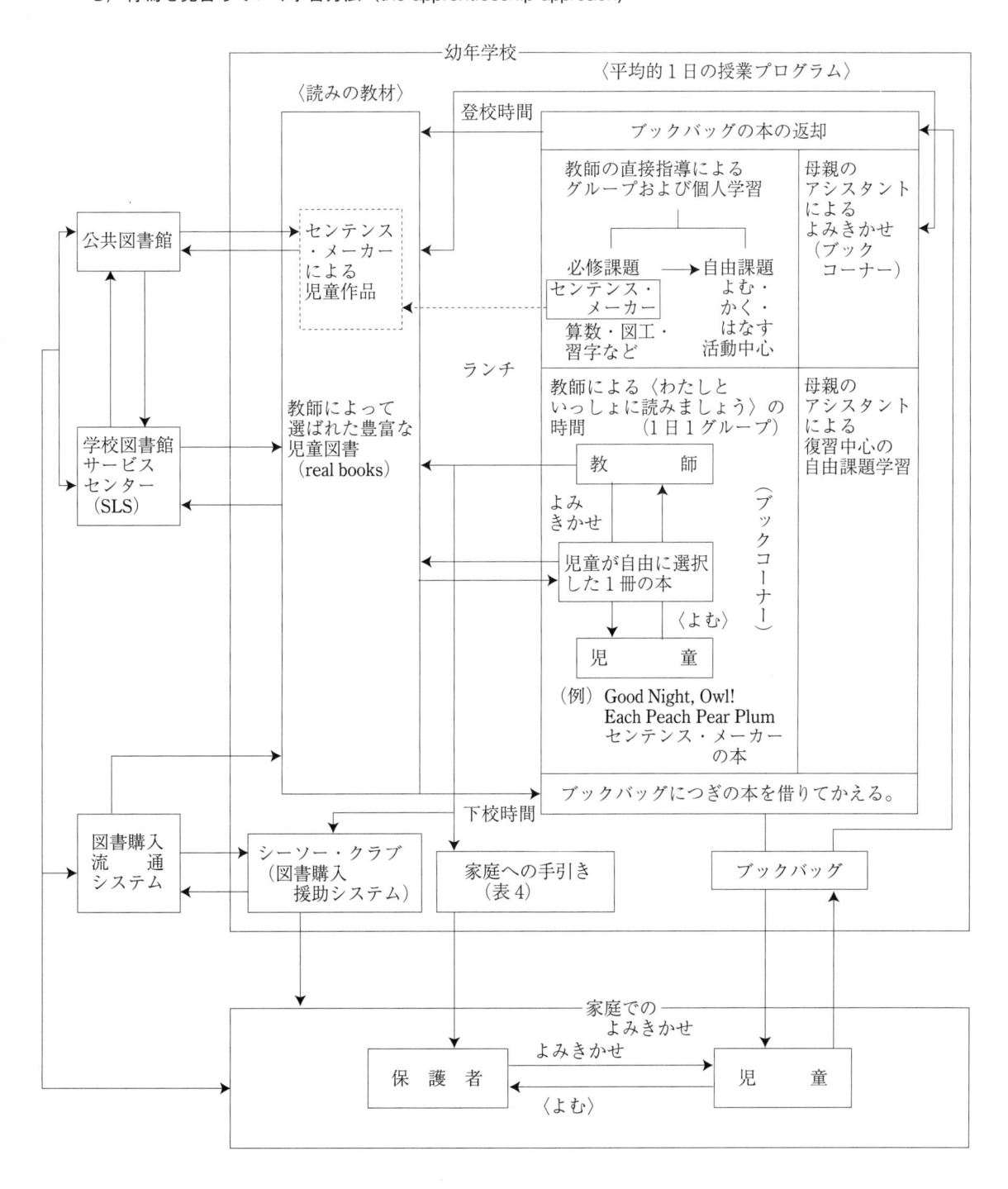

もなっているのに気づく。

また、プログラム中、言語経験学習法（language-experence approach）をもとに開発されたセンテンス・メーカー[8]が必修課題にとり入れられ、それによって生まれた児童作品がかれらの読みの教材に還元されていくことも、表1からうかがえる留意点のひとつである。児童の発話行為にもとづきながら文字言語へと導入を図ろうとするこうした必修授業があって、午後に用意された〈わたしといっしょに読みましょう〉の時間が構想もされ、真に機能しうると考えられる。

今ひとつ留意すべきは、ブックバッグの存在である。表1のプログラムを見てわかるように、一日はブックバッグで始まり、ブックバッグで終わる。これは、毎日、児童が自分の読みたい本をいれて家にもって帰る鞄である。借りだされる児童図書の裏表紙には、それぞれその作品への導き方、関連する言語活動―ゲーム、ことば遊びなど―へのヒントが記されたメモが添付されている。読みきかせの工夫をさまざまに説いた「家庭への手びき」とともに、家庭での〈よみ〉、読書習慣をはぐくみ定着させる一貫した指導システムとしての機能を果している。学級文庫を地域に開放する、課外読書をうながす、といった例はあるものの、教科書を家庭にもちかえる習慣のないイギリスにあって、このように読みの教材が学校と家庭をむすび、なおかつ保護者の読みへの理解と関心を深める一助、教師の指導性を発揮する手段となっている例はまれであろう。

さて、言うまでもなく、この指導法の要は、午後の時間をすべて用いて行われる〈わたしといっしょに読みましょう〉の時間にある。ここで、教師は二つの重要な役割を果しながら、入門期段階から児童が能動的な読み手としてふるまえるよう様々な配慮をみせる。二つの役割とは、児童とともに読むこと、彼らの読みの発達を観察、記録することである。

児童はまず読みたい本を一冊、自由に選ぶことができる。読み手である児童にとって意味ある一冊の発見から一連の学習活動がはじまる。教師は、必要とあれば、児童をひざに抱き、文字や挿絵が見えているかどうか確かめて、指で文字をたどり、ときには絵も指さしながら、ゆったりとした口調で読みきかせていく。途中、「つぎは何が起こると思う？」と言葉をかけ、児童と語らいながら、ともに読みすすむ態度をつちかう。一度読みきかせが終わると、今度は児童に読んでみるように仕向ける。読むふりをしながら勝手に話を創作するもの、絵だけをたよりにストーリーを語るもの、自分の記憶をもとに話をそらんじるもの、部分的に単語を読もうとするものなど、選びだされた本の難易度と一人ひとりの児童のよみの到達点に応じた多様なレベルの反応がみとめられるという。

Waterland は、それらすべてを児童の主体的読みのありようとして歓迎し、記録にとどめる。

こうした作業は入門期の最初からはじめられ、読みきかせ、読みあう経験回数も増し、センテンス・メーカー、ワード・メーカーによって習い覚えた単語や文型も豊かになってくると、指導者は、本を選んできた児童に向い、「わたしが読みましょうか。それとも、読んでくれますか。」と問いかける。ひとり読みへのさらなる動機づけである。子どもは、以前読んだことのある作品から、次第に全くはじめてのものへと挑戦の幅を広げていく。この段階にいたっても、よみの援助者としての教師の姿勢は崩れない。彼らは、読みたいと思ったときに読みたい分量だけ読み、あとはいつでも教師の読みに委ねることができるのである。

他方、いったん児童がひとりで読みはじめるや、よほどのつまづきが認められぬかぎり、教師が口をはさむことはない。読みあやまりへの不安感や他者への優劣意識を助長するのを恐れるからである。こうして、ついには児童の方から「わたしが読んであげる。」「わたしに読ませて。」と言いだすのである。

第4章　英語（国語）科教材における文学の学習指導の具体例

3

　つぎに、児童の読みの発達を観察、記録するという、今ひとつの教師の重要な役割について Waterland の実践をみてみたい。従来の読本セットから脱し、現実にある児童図書を読みの中心教材とすることは、その背後に、新たなよみの発達観、それにともなう評価法の質的転換がはらまれている。

　　教師というものは、とかく進歩ということを気にやむ。それだけに、かなり生真面目に、児童の示した進歩を記録し、図表化する責任を感じてもいる。けれども、たいていの場合、読みの発達のプロセスを、読みの指導計画の遂行と混同しがちである。教師のつくり上げた記録シートやチェックリストは、児童に関する個人的記録ではなく、指導者側がその児童をどのように系統立てて指導したかという記録にすぎない。ある子どもが〈黄色グループ〉の読本を読んでいるとか、第4冊目の読本にはいったとか、14の音を知っているといった記録が、その子が本を読むために駆使した技術、内容的理解、そこに見いだした喜びといったことについて、どれほどのことを教えてくれるだろう。児童がどのレベルの読本を読んでいるかを知っていることは、ある種のなぐさめであるかもしれない。が、その読本をいかに読んでいるのか、そのレベルの本が実際理解できているのかについてはどうだろう。わたしたちは、指導者の勝手な外からの枠づけを、読みの態度に関する知識だとごっちゃにしてきたのである。（略）それは、児童の自然な学習態度とはほど遠いものだ。わたしたちは、児童にむかって、「つぎに習う話しことばは〈カリフラワー〉でなければいけません。」とか、「この単語はやさしすぎます。それはまだむずかしすぎます。ですから、しゃべってはいけません。」などとは言わないし、動詞の活用が正しく言えたからといって、その子のスピーチが流暢だなどとも判断しはしないだろう。
　　（略）身体的成長や話しことばの発達と同様に、読みの態度を的確にとらえ、記録し、助長することはできないものだろうか[9]。

　Waterland は、みずからの実践を通して観察しえた読みの態度を、大人に読んでもらった場合、既知の物語を読んだ場合、未知の物語を読んだ場合にわけて、表2のように整理した。これは、読みの直線的発達段階を示したものではなく、児童一人ひとりの読みの力と本の難度に応じて様々なレベルで反応しうる可能性を概括したものである。Waterland は、個々の児童の到達点、進歩のきざしを、ときを逃さず的確にとらえることの大切さと、そのための記録の重要性を説く[10]。

　　わたしたちは、本当のところ幼児に歩く方法を示すことなどできないように、いかなる読みの技術も子どもにやらせたいと思ってさせられるものではない。読みの技術は、その子どもの内側からのみ生れうるものである。熟練者としてのわたしたちの特権は、見習生を励まし、読みの環境を整えてやること、さらには、読むことが歩くこと同様ごく自然な行為に達するまで、安心して練習を積み重ねさせてやることである。（略）
　　読みの学習は、ひとつの技能が他の技能の上に積みあげられるとか、ある特定の態度がまず最初に構築されるといったように、時間軸にそって発達する直線型の学習行為ではない。けれども、これまであ

表2　観察しうる読みの態度

- 大人が読みきかせたときの態度
  - ・物語をきく――絵をながめる
  - ・　〃　　――文章をよく見る
  - ・　〃　　――大人といっしょによんでみる
  - ・物語の全文もしくは部分をどのようにたどたどしくとも読んでみたいと申しでる

- 既知の物語を読んだ場合の態度
  - ・自分で勝手につくり話をする――文字を指さしたり、いうこととテキストの言葉が一致したりすることはなく、正確に思いだすことすらできない。活字を全然見ようともしないかもしれない。
  - ・物語を語る。――正確に覚えている。だが文字を指でたどったり、テキストの言葉と一致することはない。テキストそのものに注意がいくようになる。
  - ・指でたどりながら物語を語る。物語を正確に覚えており、行にそって指でたどり行のはじめとおわりで、しゃべっている言葉と指の位置が一致していることが多い。
  - ・語る言葉と文中の単語が一致しながら物語を語る。正確に語る。一語一語、語り声と文中の単語が完全に一致する。非常になめらかな口調。

- 未知の物語を読んだ場合の態度
  - ・既知の単語を読む。話を読むのと語るのとがまざりあってくる。「この単語、私のセンテンス・メーカーにあった。」などと言いはじめる。特別な手がかりなどなく、ごく普通に考えをめぐらして、わからない言葉をそれなりに解釈してしまう。既知の単語は、指でさし示すことが多いが、未知の単語の上は、すっとなぜていく。大変流暢である。
  - ・既知の単語を読む。前後の文脈、音声法的手がかり、一般的な語形などを用いて未知の語を解読しようとする。「home」とよむべきを「house」とよむなど、まちがった解読が多い。一語一語ひっかかりがあり、読みのペースがおちる傾向がある。
  - ・既知の単語をよみ、正確に未知の単語を解読する。そのとき、前後の文脈、音声法的手がかりなどを用いる。未知の単語はきわめて減り、自信をもって取りくんでいく。基本的によみはスムーズで、むずかしい未知の語に出くわしたときには、ペースがおちる程度。

（注）　同時にいくつかのレベルの特徴が見うけられる。それぞれのレベルは一応段階をふんではいるが、時間的な縦のつながりではない。1冊の本をよんでいても、複数の読みの態度を示すこともある。児童がしめすスキルは、その子の能力よりも、読んでいる文章によっている。むずかしいものは、初期のスキルを、反対にやさしいものは、より高度なスキルをもってよむことが可能である。(*Read with Me* P.31)

第4章　英語（国語）科教材における文学の学習指導の具体例

表3　初等教育における読みの発達記録 (reading experience record)

中心（核）:
- 読み手のように（a reader）ふるまう。読んでいるふりをする。
- 本やお話を楽しむ。本というものを理解する。符号や絵を〈よむ〉ことができる。
- 大人の助けを多くかりながら、はじめての文章をよむ。

〔はじめての文章をよんだ場合〕（左半分）

内側から外側へ：

- 大人の手助けを借りながら、はじめての文章中の単語認識を深める。
- 幅広い本のなかから自由に選択する。語の意味を理解したり話しあったりする。
- プロットや人物について、幾分表面的だけではなく、とらえ始める。
- プロット、人物、因果関係について、しっかりした読解力をもって幅広いフィクションをよむ。流暢に音読できる。自由な課外読書を楽しむ。批判読みの力をつけつつある。偏見についても話しあえる。
- 出来事や行動を予想できる。ストーリーをつき動かしている要因を考え始める。感じたままを表現する。
- 未知の文章をよむために、大人の手助けを借りず、文脈、相互の関係、統語法などを用いる。
- より高度な学習スキルを用いることができる。参考書、辞書、類語辞典などのノンフィクションを使うことができる。インデックス、カタログ、図書分類を活用できる。
- つづり字練習など、きちっとした言語学習ができる。

〔既知の文章をよんだ場合〕（右半分）

- 一度よんでもらった文章を〈よもう〉とする。記憶をつなぎあわせ暗誦する。活字を意識する。
- 既知の文章中に、見てわかる語を見いだし指摘できる。自分の本をよくつくる。
- 自由に本をえらぶ。お気に入りの本がある。物語の読解をめぐって話しあえる。ひとりでよんだり、友達によんできかせる。大人にむかって読みたいと申しでることが多い。本にすっかりなじむ。
- 読みを通して、自己修正の力やまちがった読みに気づく態度、とばし読みなどが見られる。
- 一度よんでもらった文章を、指でたどりながら、正確に単語を発音して、読む。
- 絵を手がかりにするなどして、未知の文章を推測しながら〈よむ〉。文章にとり組もうとは、しない。
- ひとりで既知の文章をよむ。多くの大人の手助けをかりながら、未知の文章にもとりくもうとし始める。やってみようという動機が明確。個人読書の時間がもちこたえられる。
- 前後の文脈、統語法音声法的な手がかりを用い、大人の手助けなしに文章を思い出すよう工夫する。

(*Read with me* P.33)

たかもそうであるように扱ってきた。わたしたちは、前進と後退を繰りかえす自然な発達観を見失い、子ども達を不自然な読みの行為に押しやり、常に前進を求め、失敗に導いてきたのである[11]。

表3は、これらの発達観にもとづき、表2をもとに考察した読みの発達記録シートである。まず指導者が入門期から初等教育終了時までの段階的な読みのありようを包括的にとらえたうえで、個々の観察、記録が可能となるよう、記録シートの5層の同心円のなかには、予想されるすべての態度が書きこまれている。円の内側から外側にむかい、段階的発達が認められるが、同心円の表にしたことで、段階別読本構成のように、読みの発達が直線型のそれであるといった画一的な印象をぬぐいさり、多様な難易度をもつ作品に応じて、今何ができ、何ができないかをひと目で見わたせるよう配慮された記録シートとなっている。

記録法は、色別法を用いる。たとえば、ある6歳児が同じ本を数回読んだとする。その際、特徴的な読みの態度が見てとれたときには、まず個人記録としてメモに残す。同じ特徴が繰りかえし見うけられ、習慣化された反応と認めうるときに初めて記録シートの該当欄に色をぬる。既知の本に対しては、「前後の文脈、統語法、音声法的な手がかりを用い、大人の手助けなしに文章を思い出すよう工夫する。」といった反応を見せた6歳児が、全くはじめての文章に出くわしたとき、「大人の助けを多くかりながら、はじめての文章をよむ。」というレベルであれば、左半円の該当欄に同色をぬる。読みの条件に応じた重層的な読みの到達度を視覚的に捉えようとした記録法である。

また、4歳児から6歳児は赤色、6歳児から8歳児は青、8歳児以上は緑というように年齢別に色分けすることで、年齢にともなう発達記録と、同時点における複数の読みの混在という縦横双方の広がりを記録しうる仕組みとなっている。5年間の実践をふり返り、Waterlandはこの記録法について、「記録シートは、児童の読みの経験の全体像を示している。そのため、従来の慣例的なチェックシートのように、部分的な学習が終わったことを記録するのではなく、ある学習行為が児童の総合的理解に新たにつけ加えられたことを書きとどめていくのである。」[12]と述べ、児童それぞれの発達の道筋をとらえるために、表2、3で示した様々な態度が、日々の記録の指針として有効であったことを明らかにしている[13]。加えて、実践記録、*Read with Me* 出版後に気づいたこととして、発達段階を考える上で、まず最初の読みの態度は、本が価値あるものだとわかることであると述べている。それなくして、どのような建設的な行為も生まれてこないと考えたWaterlandは、記録シートにその一項をつけ加えたという[14]。生産的な読みの評価表として指導体系のなかに有機的に組みこまれた記録シートであったことが知られる。

4

さて、このような読みの指導法を実践するための必要十分条件は、豊かな読書環境であろう。公共図書館、学校図書館サービスセンターからの長期借出、図書購入システムの活用など、学校と家庭の双方に幅広い児童図書を潤沢に供給するべく、地域の諸機関との連携に支えられた実践であることが察せられる。

なかでも、Waterlandが最も心くだいたのは、教材となる児童図書の選択基準であった。

・どのように単純なストーリーであれ、大人の私達の音読にたえうるものかどうか。自然で、興味をそらされることなく、妙に感じられることもなく音読しうるかどうか。

- ことばは、自然で、信頼しうるものかどうか。よく考えられており、意味にとんでいるか。
- 子ども読者の心をひきつけるような特質、すなわち、ユーモアであるとか、ストーリー展開の特徴的な型だとか、挿絵や色彩にすぐれているといったきわだった点をもっているかどうか。
- 文章と絵がひとつになって動き語る世界をつくりだしているか。
- なによりも大切なことは、手にした本が〈real〉な本といえるかどうか。言い換えれば、子どもにむかって語りかけようとした〈real〉な作家が書いた本であるかどうか。読みの学習のための読本ではないかどうか。（一般的にいって、現実にある本（a real book）には作者がいる。が、読本には出版社があるだけである。）[15]

以上は、Waterland が図書選択基準として掲げた 5 点である。つまるところ、読本のための読本ではなく、一個の完成された物語作品としての基本的な文学の質をそなえていること、さらには、読みきかせに耐えうる語りの質を兼ねそなえていることである。

　　本のなかには、ほとんど全員の子どもに受けいれられるものがあるかと思えば、（事実、*Each Peach Pear Plum*（J. &. A. Ahlberg, 1979、『もものきなしのきプラムのき』）のような本は、全員が全員楽しむようであるが）わずか数人をのぞいては、ほとんど興味をもたれないといった本もある。それだけに、この読みの指導法を成功に導くには、幅広く集められた児童図書と自由な本選びのありようがもっとも大切なのである[16]。

Waterland の基本的な教材観、ひいては読みの指導観が如実によみとれよう。センテンス・メーカーで作られた児童作品がこれに加わり、読みの教材は量質ともに一層多様化する。自分の使いこなしうる単語と文型を用いて自らつくり上げた文章は、一冊の本となって他者との共有財産となるのである。

〈わたしといっしょに読みましょう〉以外の時間にも、これら読みの教材は適時自在に活用されていく。Waterland は、ブックコーナーと称する教室の片隅を、本との自由な出会いとくつろぎの開かれた空間として演出し、子どもの意識のうちにその定着をはかる。コーナーを出入りしていた子どものうちから自然にグループ読書がはぐくまれ、それをもとに、ローベルの『がまくんとカエルくん』の劇化へと発展した例もあるという。

また、週 2、3 回、15 分ほど個別読書の時間を設定。15 分の間は、教師も児童も全員が、自分の好きな本を静かに黙読する。読みのレベルはまちまちながら、誰の手も借りず、自分一人で作品と真向い、そこに自分だけの意味を見いだそうとする読みの個別化が意識されている。読むとは、本来こうした孤独な作業であったはずである。

一方、教室に設置された郵便局には、友達や先生、家族の人にあてた手紙を自由に投函、読みあうことができる。指導用のセンテンス・メーカーは常設され、いつでも子ども達に開放されている。このように、教室内の教具の設置やコーナーづくりにも、読み、書き、聞き、話す活動が、自在かつ自発的に、有機的におこなわれうるよう配慮されている。一方で、豊かな物語経験をはぐくみ、他方、センテンス・メーカーを基本としながら、話すことから書く活動へと文字言語による表現活動の場がさまざまに用意されていく。個々の言語活動は、ひとりの独立した言語生活者を育成するという一点にわかちがたく絡みあっていくのであ

る。この一端を担う〈the apprenticeship approach〉にあって、指導者は、児童の読みへの導き手であり、ともに読みあうパートナーであるばかりでなく、家庭学習をもふくみこんで、読みの学習を組織し、体系づけ、実行させるコーディネーターであると言えよう。表４に掲げた「家庭への手びき」には、そうした教師の指導観、教材観、ならびに具体的な指導方法が如実に反映されている。

　Waterlandは指導法の留意点を次のようにまとめている。

１．文字言語の習得は多くの点で話しことばのそれと相応じるところがある。広くは、その習得のメカニズムが、一般的言語習得のそれと一致するからである。
２．本質的に読むという行為は、話しことばの指導と同様に、型にはまった一連の学習方法では指導することはできない。
３．読むという行為は、身についた個々のスキルがひとつづきに連なっているようなものではない。読むとは、意味をもとめるプロセスであり、そのはじめから意味を見いだすべくつとめなければならない。
４．それ故、児童に与える教材はなによりも重視されるべきである。もはや、１種類もしくは数種類の読本で満足していてはいけない。教師に望まれる意識改革は、現実にある本（a real book）を幅広く与えること。そうすれば、児童は自分で自分の一冊をえらびうるのである。それは、読みたいものを選ばせることであり、児童にとって意味あるものの発見のときなのである。
５．案内役をかってでる友人としての大人の役割には３つ考えられる。
　①本質的にすぐれた本の選択。　②ゆったりと自然なよみきかせ。
　③よみあやまりへの不安感、他者との競争意識をよみの場にもちこまず、児童の〈読み手〉としての自信をゆるぎないものとすること[17]。

　児童の主体的な読みの学習を開発するべく、以上のような柔軟な実践を生みだすにいたった背景には、60年代以降の一連の理論的つみ重ねがあったことは言うまでもない。また、従来の段階別読本の中での自己批判、改良の試み、言語経験学習法の教材開発、大型本の導入、児童図書と読本の併用・再編成など、種々の試行錯誤をふまえて可能となったものである。さらには、もっとも直接的具体的な影響を与えたものとして、1979年に出版されたJ. Bennettの *Learning to read with picture books*（『絵本を活用した読みの学習』）[18]という小冊子があったことも忘れてはなるまい。Bennettもまた、読本にあきたらず、児童図書、とりわけ絵本の活用を思いたった一人である。みずからの実践にもとづき、入門期のはじめから読みの発達段階にあわせて、具体的に100冊を越える絵本を選びだし、内容面、表現面の特徴、指導上の留意点、児童の反応など、それぞれにきわめて具体的かつ実践的なコメントを付した教材リストを出版した。Waterlandの実践は、この小冊子との出会いが大きな意味をもっていたという。

　きわめて小さな試みながら、イギリスの読みの教育が質的変革を模索する当時にあって、教育現場の実践家のなかから新たな問題定期がなされたことは重要である。先人の教材リストをさらに進めて、物語作品を核に、指導の手段と方法を全学習活動のなかに明確に位置づけ、有効な学習活動として具現化してみせたのである。Waterlandは、最近、〈apprenticeship〉（見習）の意味が変わってきたように思うと言う。かつて、大人は熟練工であり、案内役、模範演技者であった。けれども実践を重ねていくうちに、児童図書であれ児童作品であれ、教材そのものが導き手であり、実地教授者であって、大人と子どもは、ともに見習生として

各々の能力に応じ、そこに働きかけているのだと考えるようになったと言う。なぜなら、現実にある本を用いて読み書き能力の育成を試みるとき、指導者たる大人も、学習の道筋や児童の到達点のいかんを言い当てることなど無理な話だからである[19]。「自分が読みとったこと、それがすべてだ。」[20]と彼女はいう。程度の差こそあれ、作品に対するひとりの読み手という一点において、指導者と学習者は同一線上にいならぶ。Waterland の実践が、児童の内発的読みの行為に目をとめるばかりでなく、指導者自身の読みのプロセスを内省する新たな視点を得たことが知られる。さらなる成長と質的変化をはらんだ柔軟な実践と言えよう。

注
1 NATE（the National Association for the Teaching of English、全国国語教育連盟）第23回年次大会は、1986年4月1日から4日にわたってヨーク大学にて開催された。17の分科会と各種セミナー、全体会から成り、大会編集部が各分科会活動の要約や情報を集めたニュースレターを毎日発行、大会の運営、情報交流の要となっていた。参加者の多くは、意識的な中堅教師、指導主事、教科教育センターのアドヴァイザー、大学教官、教育系大学の院生などである。分科会テーマは、入門期から中等教育の最終学年までを幅広く包括し、読み書き能力、創作指導、伝承文学研究、小説教材の指導、ドラマ、メディア教育、多様な文化背景と文学、評価、国語学科の運営他、多岐にわたっていた。分科会の運営委員は、NATE 各委員会の委員長（大学教官、教科教育センターの所長、ベテランの現場教師など）、専門分野の大学教官、演劇やコンピューター関係の専門家など様々で、彼らの指示に従いながら、参加者による討議、ワークショップ、情報交換が行われる。研究者、実践家、学生がひとつのテーマをともに語り、作業する実際的な研究会と言えよう。なお、本大会の事前に、最近の研究結果をもちより、小テーマを組んで討論し、情報交換をおこなう大学教官の研究交流の場が設けられていた。研究と実践の有機的な結合を図ろうとする NATE ならではの年次大会であったと思われる。
2 Waterland, L. *Read with Me: an apprenticeship approach to reading.* Thimble Press. 1985
3 Scott, A. Read with me, Reviews. *nate news.* autumn 1985. p.22
4／5 Meek, M. Read with me, Staffroom Library. *The school librarian.* vol.34. NO.1. March 1986. p.108
6 Britton, J. (1990) *Language and learning: the importance of speech in children's development.* Penguin Books. ／ Smith, F. (1978. 改訂版1985) *Reading.* Cambridge University Press. ／ Meek, M. (1982) *Learning to read.* The Bodley Head. 等の諸研究を通して、単一な読みのスキル練習からリテラシーの開発へ、サイト・ボキャブラリーからスピーチ・ボキャブラリーへ、段階的読本から学習者の内的必然に応じた読みの営みへの質的変革が図られていった。
7 同注2、p.9
8 Longman 社から出された *Breakthrough to literacy*（1970）と呼ばれる一連の教材、教具の中心となる教具である。とりはずし自由の基本的単語カードが台紙に並んでおり、教師との会話を通して、カードを選びだし、プラスチックの別の台にカードを並べて文を作っていく。児童の発話行為を中心とした文字言語への導入法の一例である。児童が作りあげた文を教師もしくは児童が視写し、表紙をつけ、本の形としたものが、本稿中、児童作品と呼んでいるものである。開発者は、David Mackay。CLPE ①の初代所長で、現職研修に活用。
9 同注2、pp.29-30
10／11 同注2、p.32
12／13 Waterland, L. 'Read with Me' and after. *Signal.* 51. September. 1986. p.154
14 同注12、p.150, 151
15 同注2、p.27
16 同注2、p.38
17 同注2、pp.9-16を参考に要約。
18 Bennett, J. *Learning to reading with picture books.* The Thimble Press. 1979. 改訂版, 1982. 再改訂, 1985.
19／20 同注12、p.147, 148

表4　家庭への手引き（*Read with Me*.pp.20-26）
児童図書について
　学校では読本は使いません。フラッシュカードも、単語カードも、その他のプレ・リーディングキットも使いません。読本 NO.1, No.2…といったふうに学習する必要もありません。
　そのかわりに、私達は、幅広くゆたかなほんものの本、児童図書を選びました。本屋や図書館で見かけられるあの本と同じほんもの本を選んだのです。信頼しうる、自然なことばで書かれた、読みやすく覚えやすい良質の物語をえらび出しました。それらは、子どもたちが読んでほしがるような本で、自分でもすぐに読みはじめようとするようなたぐいの本です。
　お子さんのために本を買ってやりたいとか、借りてやりたいと思われるときには、読本シリーズなどに手を出さないで下さい。私達はもちろん、みなさんの地域の図書館員がよろこんで、子どもの喜ぶ本を推薦しますから。シーソークラブという図書購入システムも本選びのお手伝いをするべく、学校が運営していますし、子ども達には、月1回、大変良心的な値段で幅広く本をえらんでいただけるような注文リストを家にもってかえるようにさせています。ひと月に1冊の本というのは、子どもが自分も本当の読み手なんだと満足しうる、何にもまして有益かつ貴重な図書コレクションをつくりあげていくと思います。また、本を借りてかえる折の貸出カードも、子どもにとっては、大変心はずむものなのです。

センテンス・メーカーで創った児童作品
　まもなく、子どもは、児童図書と同じような、ストーリー・メーカーを使った自分だけの本をつくりはじめます。
　彼らの小さな本ができあがると、家にもちかえって保存しておくことになりますから、きっと、みなさんによろこんで読んでくれると思います。
　子どもが、センテンス・メーカーを使っているところがご覧になりたければ、担任の先生に、午前中のひとときをクラスですごせるよう願い出て下さい。子どもがいかに本をつくっていくのか、みなさんの目で確かめることができますよ。

ご家庭で手助けしてやれることがら
①まずはじめに…
　子ども達は、それぞれ、ご家庭にブック・バッグというかばんをもって帰ります。この中には、彼らがえらびだした1冊の本がはいっているはずです。その裏表紙のところには、その物語へのみちびき方について参考にしていただきたいことがらがまとめてあります。これは、みなさんがお子さんに本を読むのを教えければならないということではありません。いつもご家庭でごく普通になさっているようにお子さんをひざにのせ、いっしょに本を読んでいただきたいのです。
　ただ、そのときにつぎのことがらを心にとめておいていだだければと思います。
　―お子さんに、本の文字と絵がちゃんと見えているかどうか確かめること。
　―読んであげるときには、今読んでいるところを指でさしながら読むこと。
　―挿絵も同様にあつかうこと。挿絵を通して物語がふくらんでいくことが多いのです。
　―次のページへいく前に、お子さんとゆっくり語りあう時間をたっぷりとるように。このとき、お子さんにきかれたらいい質問には、「つぎはどんなことが起こると思う。」などがあるでしょう。
　―そして、あとから、お子さん自身がみなさんに物語を〈よむ〉ようにしむけること。たとえ、はなしを覚えていようと、絵から勝手に物語をつくりあげようとかまいません。これは大変重要な段階です。こうした活動を通して、子どもは読み手としてのふるまい、態度を学んでいくわけです。子どもの試みがたとえどんなものであれ、すべてほめてやっていただきたいと思います。
　お子さんがあきてしまったり、あまり熱心になれないようなときには、みなさんご自身がゆったりと楽しげに読むひとときとして下さい。けして、お子さんを無理にひきこむことのないように。
　ちがった本をよみたいというときには、新しい本ととりかえるためにブックバッグを学校へもってきてください。
　また、とりわけお話の好きなお子さんの場合、同じ本をいく度もいく度も読んでもらいたがるかもしれません。これはよろこぶべきことです。（たとえ、みなさんは読むのにあきあきしたとしても、です！）お気にいりの物語は、

第4章　英語（国語）科教材における文学の学習指導の具体例

どうすればひとりで読んでいけるのかを学ぶことのできる最初の1冊なのだということに気づかれるはずです。

　ご家庭でこうした読みきかせをやっていただいているのと全く同じことを学校でもやっています。子どもを一人前の読み手へとどんどん近づけていくための、意味ある文字言語との貴重な体験を、みなさんと私達がいっしょになってつくりだしているのです。

②すこしすすんで…

　たくさん本を読みきかせてもらい、センテンス・メーカーを用いて多くの単語を身につけてきたころには、同じく読みきかせをしていても、子どもの様子やふるまいが変わり始めてきたのに気づかれるかもしれません。本の文中から単語をひろいだそうとしはじめたり、正確に文章を暗誦してみたり、指でさししめしながら、文中の単語を読んでみようとしているのに気づかれる機会がますますふえていくはずです。

　このころになれば、読みきかせの習慣は定着しているでしょうから、お子さんにはこうたずねてみて下さい。「私がよんであげようか。それとも、あなたがよんでくれる？」と。

　もしお子さんがやる気をみせたら、できるかぎりたくさんの機会を与えてやって下さい。もし助けを求めてきたら、いつでも手助けをしてやる心づもりをしながら。そして、つぎのことがらを心にとめておいておかれるといいですね。

　—まず、みなさんがお子さんによんでやる。これはカンニングではありません。これによって、子ども達はお話のゆきつくところを知り、文章の展開を予測してよむ手助けとなるのです。

　—いったんお子さんが読みはじめたら、よほど行き詰ってしまわないかぎり、全く意味がわからなくなってしまわないかぎり、手助けしたり、まちがいを訂正したりしないように。だまってきいているというのは、なかなかにむずかしいものですが、子どもが求めている意味をもとにテキストを解きあかすことを学ぶ必要があるのです。

　—たとえ単語を完全に読めなかったとしても心配はいりません。お子さんがわかっているなら、"home"というかわりに"house"と読んだとしても、"Good boy, Spot"というかわりに"Good dog, Spot"と呼んだとしても、べつに問題ではありません。ただ、"he got on his house and rode away."（彼は家にのっていきました。—"house"と"horse"の混同（引用者））と読んだとなると、問題かもしれません。あきらかに意味がわからなくなってしまっています。もうつづけて読みたくないかとか、読んでほしいと言いだしたら、「かわって読もうか。」と申しでてやる必要があります。お子さんには、けして読まなければいけないと感じさせてはいけません。そんなことをすれば、かれらの自信をうちこわしてしまうことになりますし、テストされている、失敗してしまったんだ…といった考えをもちこむことになります。いつでも、必要とあれば、みなさんがお話を読んでやる心づもりを忘れずに。

　この段階では、読みの見習段階の入口にたったばかりと考えてやるほうがいいでしょう。熟練工のみなさんのかたわらで、お子さんは活動しつつあるのです。しだいに、ますます多くの活動を見習生たちはやりこなすようになっていきます。けれども、あなたがたがお互いに必要だと思ったときには、いつでも、また、案内役をかってでてやらねばならないのです。

③さらにすすんでいくと…

　お子さんの自信と能力はかなりのものとなっていますから、お子さんがあなたにお話を読んでくれる機会がますますふえていきます。けれども、本の選択は子どもの自由にまかせきってあります。そのため、ときには、まだ一人では手におえないような本を選んでくることもありうることを念頭においておいて下さい。そんなときには、かならず初期の活動にもどるように。つまり、みなさんが子ども達に読んでやるのです。彼らは、ひとりで読みこなす以上に、まだまだもっと複雑な文章を読みきかせてもらう必要があるのです。

　これまでお話していましたとこを、あまさず心にとめておいて下さい。お子さんが自信にみちていること、ゆったりとした気持ちでのぞんでいること、お話がわかるんだという確信をもっていることが、何より肝心なことです。いかなる圧力もかけないこと、完璧な正確さにとらわれないこと、子どもにとって意味ある活動であることが、もっとも必要な配慮なのですから。

補記）本稿は、初出（「イギリスにおける読みの教材（2）—入門期における物語の活用：L. Waterlandの実践を中心に」『国語教育学研究誌』9号、(1986.12) pp.1-17）に基づくが、Waterlandについては、足立幸子（1997）「状況的認識論に基づく読みの指導に関する一考察—Liz Waterlandの教育実践の分析」（『人文科教育研究』24、pp.41-51）がある。

1・2　イギリス初等教育における読みの学習指導
　　―オックスフォード小学校教科書（1992年・1993年）の対比法を軸にした物語単元の体系化―

はじめに

　物語を読む楽しさの基本は、まずはストーリー展開を無理なく追える心地よい期待感のリズムに負うところが大きい。伏線の入り組んだ物語は別として、時間軸にそってはじめ→なか→おわりと出来事が連動する物語は、ひとり読みの導入段階にあっても量の読書を可能にする。展開を理解することが物語の基本読解に通ずるため、いきおい登場人物の行動や心情の変化を順序立てて追う丹念な読解指導が学習の中心に据えられてきた。けれども、児童が読み解くべき〈変化〉の質は、当然ながら個々の作品固有の意味するところと形をもっている。物語享受の醍醐味がこの変化の質のバリエーションにこそあるとするなら、バリエーションにたじろぐことなく主体的に感受し応じうる読み方、読みの方略そのものを身につける指導法と教材化が図られなければならない。

　全国共通英語（国語）科カリキュラム（NC）にそって編まれたイギリスの初等教育用教科書のひとつ、*Oxford Primary English*（Oxford University Press, 1992, 1993）の物語単元は、読み方の指導を主軸として編まれた5分冊によって、初等教育課程における文学テクストの読み方教授が組織化されている。NCに応じた90年代のイギリスの読み方教育を捉えるうえでも、わが国の読み方指導と教材編成を再考するうえでも有効な手がかりを与えてくれるものである。

1.2.1　初等教育用英語（国語）教科書 *Oxford Primary English* の構成と物語単元の位置

　この教科書は、第1教育段階（第1、第2学年―6、7歳児）に対応した「入門期用」、第1教育段階から第2教育段階への橋渡し的な位置を占めるブック1、第2教育段階（第3～第6学年―8～11歳児）に対応するブック2、3、ブック4の5分冊からなる総合教科書である。一般にNCおいて初等教育における到達目標の目安とされるのはレベル1から5までであるが、各レベルならびに学年ごとに1分冊ずつ編成されているわけではない。シリーズの基本的体系を踏まえたうえで、個々の状況に応じて複数の分冊の単元のなかから適宜指導事項を選び出し、再構成されることが望まれた柔軟な編集方針である。いきおい、分冊相互を結ぶ指導体系は、フィードバックを基本とした段階的な系統がみられる。

　わが国でもなじみの深い共通単元の設定もそのひとつである。主な共通単元として、1コミュニケーション単元、2理解（読む、聞く、見る）を主軸とする学習単元、3表現（書く、話す、演じる、描く）を主軸とする学習単元、4情報教育単元の4系列がみてとれる。表5に、5分冊の指導事項を4系列に整理した。

　コミュニケーション単元は、入門期用冊子を除くすべての冒頭単元として「コミュニケーション」の表題を掲げている。が、その主眼は、話し聞く技能の育成に置かれているのではなく、多様な言語文化状況をとらえるための基本的言語知識をわかりやすく提供し、気づかせるところにある。地域差や社会的背景のちがいに根ざす言語の多様性について話すことができる、書記表現としての標準語の有効性に気づく、といった初等教育修了時の到達目安であるレベル5をめざした単元の流れと考えられる。活発な話し聞く活動は、と

りたて指導ではなく、すべての単元のグループ学習の要として組み込まれている。

　理解を主軸とする学習単元の核となるのは、5分冊に一貫する物語単元である。もっとも特徴的なことは、個々の作品内容というよりも、物語という形態そのものが4単元すべてにわたり有効に機能するよう図られていることである。とりわけ表現を主軸とする学習単元との緊密な相関がみてとれる。言語表現の基礎を学ぶ、実用的文章を書く、自分自身を見つめて書く、多様なテクストに触れ、説明、描写、説得のさまざまな表現手法に気づく、の4種の小単元群とのかかわりの実際については、次項で取りあげる。

　他方、情報教育単元もまた、フィクション対ノンフィクションという意味で物語単元と対をなす。調べ読みの基本を身につける、知識・情報の本に親しむ、説明的文章のさまざまな表現手法に気づく、の3種が主な指導事項である。いずれの単元においても、読む、書く、話す、聞くの総合的言語活動が求められており、加えて絵や写真、ポスター、表紙などを見るという解釈活動が意識的に学習事項として組み入れられ、NCと相応じて特徴的である。

(1) 物語単元の位置

　それでは、テクストの読み方教授にかかわる指導事項は、他の3系列とどのような基本的かかわりをもって組み立てられているのか。まず、物語がどの系列の指導事項においても無理なく教材として組みこまれていることである。物語単元は伝承文学とその再話に限定する。それによって物語構成ならびに諸要素の基本を体系的に押さえ、その他の単元では、創作児童文学、一般文学の一節、自伝、詩歌、戯曲など、より幅広い文種の文学的文章を果敢に取りあげ、基本的読みのコードの有効性を補足、強調し、定着を図っていく。表5において、とくに密な関連性がみてとれるものに▨の印をいれておいた。

　これら相関を概観すると、物語の読み方指導の基軸として、つぎのような組織化が図られていると考えられる。

　　物語の読み方指導の体系A

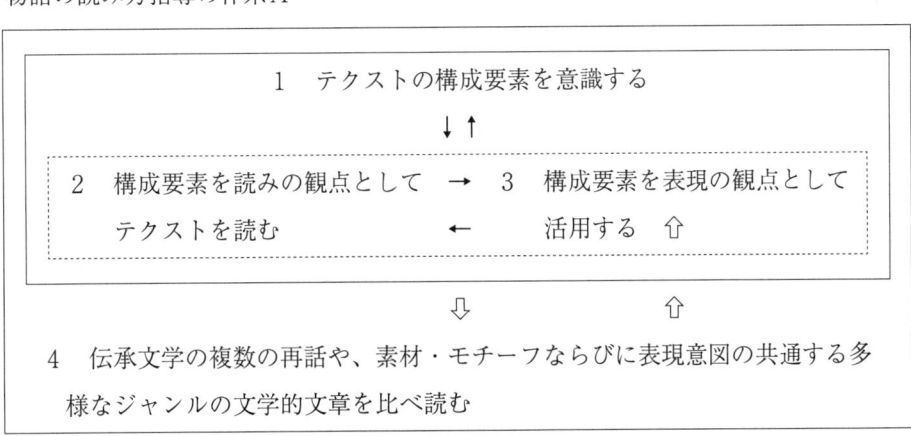

```
┌─────────────────────────────────────────────────┐
│        1  テクストの構成要素を意識する            │
│                    ↓↑                           │
│ ┌─────────────────────────────────────────────┐ │
│ │ 2  構成要素を読みの観点として  →  3 構成要素を表現の観点として │ │
│ │    テクストを読む            ←      活用する    ⇧       │ │
│ └─────────────────────────────────────────────┘ │
│                    ⇩        ⇧                    │
│  4  伝承文学の複数の再話や、素材・モチーフならびに表現意図の共通する多 │
│     様なジャンルの文学的文章を比べ読む            │
└─────────────────────────────────────────────────┘
```

　これら二対の理解から表現へ、表現から理解への双方向の指導の枠組みは、5分冊の物語単元において、まずひとつの完結した指導体系Aを形づくり、他の単元と組み合わさることで物語単元はより発展的なシミレーション体系A'のうちに組みこまれていく。加えて、1、2、3の指導事項を基盤として4の比べ読みが可能となり、対比法を通してさらなる基本の充実がうながされる。このような、もうひとつの相関を内

表5　*Oxford Primary English* の全体構成

	入門単元	コミュニケーション単元		理解（読む・聞く・見る）を主軸とする学習単元		
		コミュニケーションの基本を学ぶ単元	言語知識を得る単元	物語単元	詩単元　他	言語表現の基礎を学ぶ単元
第1教育段階	入門期用教科書　1 アルファベット			2-1 ナースリーライムス 2-2 物語の終わりはどうなるの？ 2-3 『友達のガマくんとカエルくん』	3　なんでも読んでみよう 3-1 家中のいろいろなものを読もう 3-2 教室のいろいろなものを読もう 3-3 町中のいろいろなものを読もう	
第2教育段階	ブック1	1-1 絵が伝えるメッセージ 1-2 手ぶりで伝えるメッセージ 1-3 身ぶりで伝えるメッセージ 1-4 気持ちを表す表現		2-1 場面を読む 2-2 物語を正しい順番に並べる 2-3 物語を書く手順を知る 2-4 登場人物に着目する 2-5 登場人物当てゲームをする		
	ブック2		1-1 世界のさまざまな言語を知る 1-2 自分の身近なさまざまな言語を意識する 1-3 さまざまな挨拶や親しみの表現を知る	2-1 物語の背景に着目する 2-2 物語の背景はどのように描かれたか 2-3 物語作家になろう 2-4 サマンサの物語を読もう		3　書くということ 3-1 なぜ書くか、なにを書くか 3-2 誰が読むのか 3-3 文章にはさまざまな種類があることに気づく
	ブック3		1-1 ことばの語源 1-2 外国から伝わってきたことば 1-3 アメリカ英語の特徴 1-4 物語に用いられたアメリカ英語	2-1 寓話とは 2-2 イソップ寓話のさまざまな再話 2-3 現代の寓話		
	ブック4		1-1 地域語とアクセント 1-2 あらたまった話し方とふだんの話し方 1-3 物語の登場人物の感情的なことばに着目する 1-4 俗語の傾向 1-5 書きことばとしての標準語	2-1 神話というジャンルを読む―ギリシャ神話― 2-2 現代の神話を読む 4　典型人物に着目する 4-1 典型人物の伝統的役割を読む 4-2 現代版おとぎ話の典型人物	6　詩を読む 6-1 バラードを読む	5　生きて働くことば 5-1 ことばとは何か 5-2 シェイクスピア戯曲に見られる他人を中傷することば

第4章　英語（国語）科教材における文学の学習指導の具体例

表現（書く・話す・演じる・描く）を主軸とする学習単元			情報教育単元	
実用的文章を学ぶ単元	自分自身を表現する単元	素材・モチーフ／表現意図の共通する多様なテクストに触れる単元	知識・情報の本を読む／調べる単元	多様な説明的文章を書く単元
4　友達に向かって書こう 4-1　ハガキを書こう 4-2　招待状を書こう			5-1　表紙を読む 5-2　目次とインデックスを読む	
3　ポスターを読む 3-1　ポスターを読もう 3-2　ポスターを作ろう 4　手紙を書こう 4-1　友達への手紙 4-2　冬から春への手紙	5-1　一人ひとり顔がちがう 5-2　インタビューをもとに友達について書く 5-3　物語の登場人物の描写を読む	6　ことばあそび 6-1　笑話 6-2　そこにいるのはだあれ？ 6-3　なぞなぞ	7-1　フィクションとノンフィクションのちがいを知る 7-2　写真や絵が伝える情報を読む 7-3　知識の本を作る	
4　説明文を書く 4-1　料理のレシピを書く 4-2　いたずら大作戦	5-1　幼児のことばに着目する 5-2　『ジョージがしゃべった』を読む 5-3　作家が描く幼い日々 5-4　自分の幼年期の読書について 5-5　幼年期大好きだった本について 5-6　幼児に向かって物語を書く		6-1　情報を調べる手順を知る 6-2　誰に聞くか、どこを探すか 6-3　役に立つ本を探す 6-4　情報をもとに書く	
	7-1　自分の名前について考えてみよう 7-2　名前と流行 7-3　姓の由来 7-4　世界に共通する姓の由来 7-5　物語の登場人物の名前	3　さまざまな文章表現（ポケットをモチーフとして） 3-1　ポケットにはなにがある 3-2　詩に描かれたポケット 3-3　自伝に描かれたポケット 4　さまざまな詩のかたち 4-1　視覚的な詩 4-2　対話形式の詩 4-3　俳句 5　さまざまなタイプの話し方 5-1　なぜ話すのか？誰に向かって話すのか？ 5-2　詩に描かれた〈話す〉というモチーフ 6　会話表現に着目する 6-1　物語の会話表現を読む	8-1　本から情報を得る方法を知る 8-2　実際に 8-1 で選んだ本を活用してみよう 8-3　辞書の活用の仕方 8-4　辞書の仕組みをもっと知ろう 8-5　"趣味"の辞書を作ろう	
		3　説得の表現 3-1　写真が語る環境問題 3-2　雑誌の表紙にみる環境問題 3-3　環境問題について新聞に投稿する 3-4　詩に描かれた環境問題 3-5　詩に描かれた人権問題 3-6　芝居の上演 　　広告の説得法		7　身近なさまざまな説明的文章を読む 7-1　自分の名前を記入した品々 7-2　物語仕立ての誕生日カード 7-3　物語中の日記を読む 8　説明的文章を書く 8-1　情報冊子を作る 8-2　頭韻詩の形をとった情報提示 8-3　ポスターの活用 8-4　物語形式の活用 8-5　新聞記事を書く

包した読み方指導である。テクストの読みにかかわる指導の基本的枠組みとして指導体系Aは、5分冊全体を貫いてゆるぎない収束点の役割を果たす。つぎに具体的な学習内容を掲げながら、指導体系Aの根本をなす徹底した指導観点の焦点化を明らかにしたい。

1.2.2 物語の読み方指導の組織化

（1）学習事項の実際

つぎの表6に、物語単元の指導のねらいと学習活動ならびに主教材を掲げた。また、最後の欄に、その他の関連単元を併記した。

表6　文学テクストを用いた指導事項

	小単元	指導のねらい	主教材	学習活動	関連単元の学習活動
入門期用	1 ナースリーライムス	押韻詩のなかに物語を読みとる	マザーグース中の物語詩	3枚の絵で物語詩を読む／はじめ、なか、おわりの基本構成に気づく	情）知識・情報の本を読もう 1 表紙を読む
	2 物語のおわりはどうなるの	物語の結びを予測する	はじめとなかを示す絵2種	ふたつの絵物語を完成させ、題名をつける	
	3 『友達のガマくんとカエルくん』	物語を創作する	ローベルの幼年童話の一部分	登場人物になって寝物語を考える／自作に絵をつける	
ブック1	1 場面を読む	物語の場面を意識する	8枚の絵からなる赤ずきん	グループで絵をもとに各場面を語る／お気に入りの場面を演じる	コ）4 気持ちを表わす表現（怒りを表した2詩）
	2 物語を正しい順番に並べる	物語の場面を意識する	8枚の絵からなる『きんぱつちゃんと3匹のくま』	絵を並べ換え、補足して物語を完成する1枚絵を選び、その場面の物語を示す絵を描き、物語を書く	表）自分自身を表現する―3 登場人物の描写を読む（児童文学作品4編からの抜粋）
	3 物語を書く手順を知る	構想、叙述、推敲、編集、出版の各段階を知る	創作の筋道を示したイラスト	赤ずきんか、きんぱつちゃんを自分のことばで書いてみる	
ブック1（つづき）	4 登場人物に着目する	物語の登場人物について考える	人物の絵と文章「シンデレラ」「スプーンおばさん」他	ペアになって、絵と文章から人物、作品名、作者名を考える	
	5 登場人物当てゲーム	人物当てゲームを楽しむ	人物カード児童作品	グループで人物カードを作成、ゲームをするお気に入りの人物を選び、絵を描き、人物が説明する文章	
ブック2	1 物語の背景に着目する	物語の背景について考える	城の写真と幻想的な絵ならびに付随した文章	写真と絵を比較し、ペアで相違点を話し合い、書き出す／自作の背景を考え、絵を描く	表）書くということ―3 文章にはさまざまな種類があることに気づく
	2 物語の背景はどのように描かれたか	作家が背景をいかに描いたか知る	物語の冒頭で3種の児童文学の抜粋	グループで3つの文章を読み背景を想像する／先の絵をもとに背景として書きたいものを列挙	説明文を書く―2 いたずら大作戦（物語仕立てのレシピ）
	3 物語作家になろう	物語の構想の立て方を知る	サマンサの構想メモ	グループで構想メモを検討する／身近な物語を選び、例のメモを参考に創作構想	
	4 サマンサの物語を読もう	物語の創作方法を知る	サマンサの文章「海底の王国」	サマンサの構想メモと出来上がった文章の関係を調べる／自分の構想メモを作成する	自分自身を表現する―2 おしゃべりな赤ちゃんの物語を読む／3 作家が描く幼い日々／4 幼年期の

― 152 ―

第4章 英語（国語）科教材における文学の学習指導の具体例

ブック3	1 寓話とは	寓話が教訓を伴う物語であることを知る	「狐とカラス」（1921年版）	友達の音読を聞き、グループでどのような教訓があるか話し合う／かなり前の再話であることを表現や挿絵からみてとる／既知の寓話について話し合う	読書／5好きだった本／6幼児向け創作 コ）4物語に用いられた米語表現 表）自分自身を表現する—5物語の人物の名前に着目
ブック3（つづき）	2 イソップ寓話のさまざまな再話	現代作家がいかにイソップを現代化しうるかを知る	「狐とカラス」（トニー・ロス1986年）	グループで交互に音読しあい、どこが現代的か検討し、どちらを好むか話し合う／人物像、プロット結末について21年版と比較する／好む再話を6コマンガに作成し、文集を作成／ロス版を演じる	さまざまな文章表現—2、3詩や自伝に描かれたポケット さまざまなタイプの話し方—2詩に描かれた〈話す〉とうモチーフ
	3 現代の寓話	寓話というジャンルの現代に息づく様を知る	「王様ライオンとかぶと虫」（アーノルド・ローベル）	現代の寓話を読む／イソップの教訓の意味を考え、一つ選び、それをもとに自作の寓話を作成、先の文集に加える	会話表現に着目する—1物語の会話表現を読む
ブック4	1 神話というジャンルを読む—ギリシャ神話	神話は物事の起こりを語る物語であることを知る	「デメテルとペルセポネ物語」	ギリシャ神話の一節を読み、最も気に入った箇所を会話表現を活用して自分達で再話し演じてみる	コ）物語の人物の感情的なことばに着目 表）生きて働くことば—2シェイクスピア戯曲の他人を中傷することば
	2 現代の神話を読む	今日なお神話は生れうることを知る	「クジラはどうしてクジラになったのか」	テッド・ヒューズの現代の神話を読み、自分達の神話を創作、文集にする題材とする動物や昆虫の特徴を事前に調査する	3説得の表現—4、5詩に描かれた環境問題や人種問題の説得法を読む
	典型人物に着目する	典型人物の（王子と王女）伝統的役割について知る	「眠り姫」についての分析例	身近なおとぎ話を掲げ一話を選び、分析例をもとに王子や王女がいかに描かれ行動するか書き出す／「眠り姫」と比較し共通点を整理し、典型的な描かれ方の理由を検討	情）身近なさまざまな説明的文章を読む—2物語仕立ての誕生日カードの作成／3物語中の日記を読む 説明的文章を書く—2頭韻詩形式の情報提示／4物語形式の活用
		現代版おとぎ話では男性も女性もどのように描きうるか知る	「しっかり者の王女様」（ジェイ・ウィリアム）	作家が伝統的なおとぎ話に現代的解釈をつけ加えることを確認した上で、音読／王子と王女の行動について意見をまとめる／3番目の妖精の贈り物を思いだし、女の赤ちゃんへ贈るとしたらどれを贈るか説明する／再読の上、竜と闘う騎士募集広告の作成と竜をだます王女の策略を記者になって新聞記事にまとめる	
	詩を読む	物語を語る詩の形を知る	「インチ岬の岩」（難破船を詠んだ詩）（ロバート・サウジィ）	バラードの史的背景を学んだ上で詩を読み、雰囲気、人物造型、舞台設定がいかに表現されているか検討／生存者として航海日誌をつける／難破の様子を新聞記事にする、詩を散文に書き直す	

（2）物語の基本要素を読みの観点に

　表6を概観すると、物語構造にかかわる基本要素として、あらすじ、場面設定、人物造型の3要素がくり

返し取り立てられ、読解と表現双方に機能する有効な観点として具体的に組織化されているさまが窺える。この３要素について、NCの読むことの学習領域のレベル３－ｃに、「物語を注意深く聴き、場面設定、あらすじ、登場人物について語ったり、重要な部分は詳しく思い起こすことができる」とある。レベル３は、初等教育段階の中核であるのみならず前期中等教育段階の出発点のレベルでもあって、言い換えれば、義務教育段階がめざすべき基底をなす到達レベルである。基礎学力の底上げを意図したカリキュラムの必須事項を、一貫して読み方指導の基軸にすえた教科書編集である。

　基本３要素は、あらすじ（入門期用から）→登場人物（ブック１）→場面設定（ブック２）の順に入門用からブック２まで順番に取り立てられていく。ひととおり学習し終えるブック２では、物語単元で「２－３物語作家になろう」と構想メモの作成を通じて構成要素を確認し、表現単元で「３－１なぜ書くか、なにを書くか」「３－２誰が読むのか」など、書くという行為を客観的に捉え直す機会が用意される。ひいては幼年時代を共通素材としたさまざまな文章の読みや自らの思い出を想起して、幼い読み手を対象とした物語創作を行う発展的学習（５－６）にまで導かれる。寓話と神話というジャンルを意識した読解に浸るのは、読者意識まで学び終えたのち、ブック３、４のことである。

　こうした段階的な指導体系が図られる一方で、入門期の最初からすべての要素が自然と意識されるような教材選択と言語活動の工夫がくり返し見受けられる。たとえば、入門期用教科書の最初の物語単元「ナースリーライムス」では、押韻の心地よさを楽しむという言語遊戯的側面よりも、出来事の連なる物語を読みとることをねらいとしている。加えて、マフェット嬢ちゃん、ジャックとジル、ハバットおばさんと、キャラクター性の強いマザーグースばかり３編選ばれている。場面設定の点からも、「マフェット嬢ちゃん、タフィット（小さい丘）に座って、ヨーグルトを食べていた」と最初の３行で舞台が整う。そこに突然大きな蜘蛛、マフェットはびっくりして逃げ出すという、背景となる状況が変わらないため変化が際立つ作品もあれば、「ジャックとジル」のように丘の上りと下り、屋外から我が家というように場面の変化と出来事のそれが連動する詩も教材化されている。教科書の挿絵が、はじめ、なか、おわりの構成や状況の変化を視覚的に例示する。学習活動は、３編の詩の物語を話し合う→詩を一つ選び、物語の絵を描く→絵をもとに物語を書く、というように、３要素を軸に入門期の最初から読解と表現が連動する学習形態の基本が設定されているのである。

（３）要素の系統化―はじめ・なか・おわりの基本型を軸に

　このような継起的な単線型のプロットは、マザーグースにはじまり、一つの意味のまとまりを意識し結びに着目する学習を経て、ブック１で「赤ずきん」など昔話を用いた展開を予測する読み、ストーリーを場面に分けて読む方法の学習へと進んでいく。決まり文句を意識する、予測する、分けるといった構成を意識した読み方もまた、レベル３で求められているところである。

　以上の基本を用いた発展的な読みの最初が、ブック３の寓話である。いうまでもなく、寓話はあるモラルを表すための明快な例証であり、象徴性をもつ。それだけに、読み手の興味は実用的なモラルがどのように例証されるかに集まる。時代を越えたさまざまな再話者の語りを通して、〈どのように〉を読みいる楽しさが生み出されるか。その物語享受に支えられた重ね読みがブック３の要をなす。初等教育の仕上げの段階となるブック４では、あえてジャンルを創作文学に拡げず、神話という天地創造の物語を取りあげる。人の姿をなす神々の物語は、波乱に富み、さまざまな葛藤の物語を提供する。学習者は、いきおい事件に翻弄され

第4章　英語（国語）科教材における文学の学習指導の具体例

る登場人物のことばを聴こうとし、心情を読み取ろうとする。

　くわえて同じ口承文学を、典型の表象という側面から人物造型に光を当てる単元（4－1、4－2）が組まれている。物語の型を窓口に読み重ねてきた学習者は、ここで象徴性の雛形といういまひとつの読み方の角度を得たことになる。既習の口承文学の文化的、社会的な力を意識する入口にまで導いたところで、バラッドをもって、マザーグースに始まった一連の物語単元は結ばれていく。

　他方、ブック4では、それまでの物語創作や絵本づくりを越えて、説明的文章の表現形態の一端として物語をとりあげる。誕生日カード（7－2）や知識の本づくり（8－2）、ポスター制作（8－4）へと応用の範囲を拡げ、意味内容としての物語ではなく、表現形態としての物語を学習者の表現力として意識的に活用させようとする意図が窺える。入門期用単元に始まりブック4の最終単元にいたるまで、表現形態としての物語が、一貫して読解と表現の双方にまたがる英語（国語）力として明確に位置づけられているのである。

（4）会話表現に人物を読む学習

　物語の型のなかに息づく人物への着目も、読解と表現の相互補完のうちに進められていく。たとえば、はじめて人物を取り立てるブック1の物語単元では、まず身近な登場人物の絵と「わたしは」で始まる自己紹介文を用いて物語名や作者を予想する。つぎに登場人物を当てる「わたしはだれでしょう」ゲームを口頭で行い、ある人物の自己紹介文を書き、文集を作成する。このような話の展開に沿いながら一人称視点でそれぞれの物語を再読する作業を、プロの児童文学作家の手になる人物描写の抜粋を用いた表現単元が補足する（5－3）。いずれの例も、容姿、外見の細やかな描写にその特徴があり、行動中心の児童の自己紹介文とは異なる人物観察を楽しむこととなる。読解を中心とした取り立て学習とプロの作家の人物造型の味読という対の学習が、全体を貫く基本である。

　この基本に沿いながら、会話表現への着目が最も中心的な学習活動を形成する。ブック2の表現単元（5－1、5－2）では、まず幼児語に注意を向け、おしゃべりな赤ちゃんの物語を読む学習が続く。まさに話すことが個性になる人物設定をじゅうぶん楽しむのである。また、ブック3のコミュニケーション単元（1－4）や表現単元（6－1）では、会話表現が印象的なアメリカの児童文学作家、ベッツィ・バイヤース、ジュディ・ブルームの作品の抜粋を載せ、アメリカ英語独特の表現や会話表現の書き表し方などを学びながら人物を意識させていく。ブック4にいたると、感情的な暴言や場に沿わない話題やいいまわし（1－3）ならびに他者を中傷するもの言い（5－2）を、視学官と子どもたちのずれを描いた学校物語やシェイクスピア戯曲の抜粋を通して読み取らせていく。

　ブック3の物語単元に用意されたイソップ寓話「狐とカラス」の再話にみられる揶揄や皮肉、うぬぼれなどの対話のあやは、これらの総合的な学習のなかで、物語展開をつき動かすそれとして読み取られていくよう意図されている。

　ブック4のギリシャ神話「デメテルとペルセポネ物語」のばあい、直接話法が一つも用いられていない叙事的な三人称文体で再話されたものを通読し、物語の展開を捉えさせたうえで、もっとも印象的な場面を会話表現を活用してリライトする。場面と人物にそった会話を駆使した児童作品は、のちにかれら自身によって演ずる台本となっていく。つづくテッド・ヒューズの手になる現代の神話「クジラはどうしてクジラになったのか」は、神や草原の動物とクジラ草との対話が物語の核となるもので、ここにも上述の取り立て指導とプロの作家の文章の味読という対の学習指導形態が生きている。

（5）対比・比較法を通して場面設定を読む学習

　これら一連の対の指導形態は広義の対比法に根ざしているが、場面設定を取り立てるばあい、さらに対比の観点が活用される。

　ブック２の物語単元では、湖に浮かぶ古城の写真と解説文の組合せと空中の古城の挿絵と物語からの抜粋のそれとの比較検討が求められる。そのうえで自分が物語を書くための場面を設定し、絵を描く。つぎの小単元は「ことばでかく絵」ということで、ベアトリックス・ポターの『ティトゥルマウス夫人のお話』、オスカー・ワイルドの『わがままな巨人』など冒頭に場面設定がなされている作品を３作あげ、音読しあい、場面を想像する。もっとも好きな場面設定のものを選び、設定にかかわる要素を書き出す。そのうえで、先の自作の絵をもとに場面設定を書く。指導にあたって留意されているのは、場面を設定していく叙述のなかに登場人物がいかに紹介されていくかである。プロット、人物造型同様、３要素の有機的な連なりを基盤とした取り立て指導の姿勢が窺える。

　また、ブック３の表現単元にみられるポケットを素材とした詩や自伝の比較など、共通素材やモチーフのバリエーションを読むなかに、場面設定のちがいとその役割に気づかせていくよう配慮を怠らない。ブック３のイソップ寓話の再話を読み重ねる醍醐味は、同じ登場人物を用いて、いかに個々の再話者独自の脚色を盛りこんでいるかであろう。場面設定はそのとき饒舌な演出者である。物語単元が寓話や神話というジャンルならではの物語を読むというねらいを満たすためにも、単元間の縦横のつながりは欠かせない。

おわりに─対比法を活用した読み方の指導体系─

　以上のように、*Oxford Primary English* にみられる物語の読み方指導の体系Ａは、物語構造にかかわる３要素、すなわち、プロット、人物造型、場面設定の３観点を指導の軸として、それら相関のなかに読解と表現の双方に生きて働く英語（国語）力を発揮しながら、物語という表現形態を学びとっていくものであった。

　そこには、複数の対比にもとづく指導の流れがあった。基本に対する応用、理解に対する表現という二つの大枠は言うまでもないことだが、取り立て指導に対するプロの文章の味読、共通の物語構成要素ならびに共通の素材やモチーフを基軸に種類の異なる文種や作家の作品の読み重ねが見られた。それらが、一つの単元を構成し、単元相互の結びつきを決定づけ、５分冊全体の構成を成り立たせていた。さらにいえば、対比の観点が設けられていない単元をさがすのが困難なほどに、教科書全体のすみずみにまで浸透しているのである。

　こうした徹底した対比法が反復学習されることで、昔話、寓話、神話といった口承文学の内容的把握にとどまらず、時代や空間を越えて新たなテクストを生成していく伝承の力とそこに携わる再話者という解釈者の群れに、小学生なりに十分に気づかされていく。いいかえれば、対比法に徹した読み方の指導体系がゆえに、読みの社会史的な視野をもった物語単元の構築が可能になったともいえるのではないか。

　イソップ寓話「狐とカラス」（1921年版）、トニー・ロス再話（1986年）、「王様ライオンとかぶと虫」（アーノルド・ローベル作創作寓話）、以上の３作がブック３の物語単元に用意された教材であった。一見しただけでも、イソップ寓話の再話比較のみならず、寓話という物語形式を借りた典型の表象に現代性を読むという二重の対比が意図されているのがわかる。口承文学の枠に限定することが、物語の３基本要素とその関連をコードに読みいる体験の習熟をはかるばかりか、解釈者の読みをてこに物語世界を再享受する重層的な読み

の場を小学生に向けて開きえたと考えられる。

　さきに、読み方の指導体系Aは、他の単元のなかに組みこまれA'を形づくると述べた。指導体系Aを基本とし、つねにそこに収束することを基軸としながら、個々の指導系列にあっては発展的に学習を積み重ねていくらせん状の指導事項の組織化が、本教科書の特徴である。それはまた、NCの体系と呼応している。このとき対比法は幾層もの解釈の場をにない、統括する有効な読みの方略であると同時に、指導体系全体を貫き、機能させる動力源でもある。感動や味わいのないところに物語の読みの学習は成り立ちにくいやもしれぬが、〈感動〉〈味わい〉という聞き慣れた用語の中身をより柔軟に多角的にとらえなおすことが、物語の学習そのものの内実を深め拡げゆくことになりはしないか。その意味において、イギリスの初等教育用英語（国語）教科書のありようは、徹底した方法論と教材の吟味がひとり読みの実の力となる読み方指導を可能にすることをあらためて認識させられるに十分であった。

1・3　イギリスの文学教育
　　―文学を核としたGCSE国語科カリキュラム（第4・5学年、1988年9月〜1989年6月）―

　新しい資格試験GCSEの導入に伴う文学教育の実際と課題を明らかにする一途として、ロンドンの某コンプリヘンシブ中等学校のGCSE国語科カリキュラムの詳細を報告し検討する。

1

　1988年夏、イギリスは義務教育修了時の資格試験一本化を実施し、新しくGCSE[1]を導入した。GCSEの施行は、一斉試験に代る新しい評価法であるコースワーク[2]の推進と軌を一にしており、個々の教育現場ではその対応に追われてた。本稿では、1988年10月から翌3月まで週2日授業に参加する機会を得た、ロンドン北西部カムデン地区のAコンプリヘンシブ中等学校、P教諭のGCSE英語（国語）科カリキュラムを取り上げたい。文学を核にすえて編成された第4、5学年2年間の実践を跡づけ、コースワークの実例を示しながら、前期中等教育における文学教育のありようを考察したい。A校[3]は、1982年、無選抜の総合制中等学校に移行する以前は、グラマースクールとして戦後の優秀な子女教育の一端を担い、従来の資格試験Oレベルにおいても好成績を残してきた。Oレベルの試験問題は文学作品の詳細な分析、解釈を求めるのが一般で、受験学年の英語（国語）科はおのずと文学を中心にかなり密度の高い授業が展開されたと予想される。P教諭をはじめA校の英語（国語）科全体が文学をカリキュラムの中心教材として編成する基盤には、こうした授業実践の積み重ねと英文学そのものの伝統に対するこの国の揺るぎない信頼が見てとれる。カムデン地方の社会的、人種的多様化のただ中で、さまざまな学力と必要性をもった生徒にいかに過去の実績を活かしうるか、A校の教科会議でくり返し議論されるこの問題は、グラマースクールからコンプリヘンシブスクールに移行した中等学校が共通して味わう生みの苦しみとも言えよう。

　A校英語（国語）科の基本方針[4]は、次の3点に置かれている。
　①多様な学習状況において生きてはたらく幅広い言語体験の場を用意する。
　②十全かつ柔軟にテクストに対応し、理解する力を個々に育成する。
　③書きことば、話しことばがもつ豊かな力を認識するよう導く。

以上の3点を基本とし、多様なテクストを体験すること、とりわけ個々人の主体的かつ能動的なかかわり方で文学体験をもつことが、5年間の英語（国語）科全授業を通じ一貫して重視される。とともに、読む、書く、話す、聞く活動の緊密な関連が常に意図される。前期中等教育5年間[5]の指導方針は、以上をもとに、文学体験の量の楽しさから質の楽しさへの発展に置かれている。基礎学年である第1学年から3学年までは、初等教育段階で慣れ親しんだトピック学習形態を踏襲し、様々な言語活動のありよう、ならびに多様なジャンルの文学的テクストを知り、理解し、楽しむことを主眼とする。本格的なテクストの解釈、批評読みへと導かれるのは、第4、5学年のGCSEコースに入ってからである。（表16、184頁）

　GCSEコースのカリキュラムは、その年度に採用した試験要綱に基づく。A校の場合、国語一般（口頭表現を含む）、文学ともに100％コースワークで評価するNEA（Northern Examining Association）の1989年度シラバスを採用した。コースワークの可能性の評価と、最終評価レポート数が少なく生徒負担の軽減につながる2点が選択の理由という。

　A校では、表7[6]のシラバスにもとづき、国語一般の授業内容としては特に「文学的、非文学的な多数の異なるテクストを読み、様々な文章構成、表現法、語彙を用いて書くこと」が求められる。「信頼のおける確かな書き手」の育成がなければ「どのような文章もその目的を課すことはできない」[4]という考え方である。一方、口頭表現の場を2年間のコースワークに多様に組み入れ、「多弁家を是とするのではなく、他者との話し聞く相互関係をふまえた活動」[4]を重視する。これらと相互補完的な位置に文学の授業がある。そこでは、散文、韻文、戯曲の3ジャンルを学習し、かつ幅広い読書活動も行う。学習者の力の差を配慮し、小説2編（現代小説1・19～20世紀の読みごたえのある長編小説1）、戯曲2編（シェークスピア作品1・著名な現代戯曲1）、特定の作家・テーマ・形式の詩のアンソロジー1編、短編小説集1編を学習することとし、各教諭が作品を選び、2年間のカリキュラムの中に体系づけた。加えて、ロンドン／イースト・アングリア試験局が取り入れているオープン・スタディと呼ばれる自由課題を採用。広範な読書体験の場、生徒の多様な必要性に応じうる個人学習の場として活用を図っている。

表7　1989年度GCSE試験要綱—NEA（Northern Examining Association）シラバス

	文学シラバスB	国語一般シラバスB
評価対象	100％コースワーク 最低10のレポートをまとめ、最終評価には、その中からもっともよいものを5つ選ぶ。 レポートは、 ・学習者の最も高い到達点を示していること。 ・散文、韻文、戯曲の詳細な作品研究にもとづくものを含んでいること。 ・幅広い読書活動を跡づけていること。 ・少なくとも、1編は、未知のテクストをもちいて、一斉に指導者の援助なしで行った学習の結果（一斉記述形式に近い）を含んでいる。こと。	100％コースワーク 最低10のレポートをまとめ、最終評価には、その中からもっともよいものを5つ選ぶ。 レポートは、 ・学習者の最も高い到達点を示していること。 ・幅広い言語活動を跡づけていること。 ・最低1編は、テクストを精読し、内容と表現を詳細に理解し、解釈しえたことがわかるようなものであること。 ・少なくとも1編はクラス一斉に指導者の援助なくおこなわれたものであること。 （一斉記述形式に近い）

第4章　英語（国語）科教材における文学の学習指導の具体例

2

　英語（国語）科カリキュラムの実際にはいろう。160～165頁の表8は、実施2年目の1989年夏のGCSEに向けて編まれた1987年9月から89年6月までのP教諭の国語科カリキュラムである。表の左端から、学期編成、主な指導体系、学習単元、教材、コースワークの主な学習事項、折々に組み込まれた口頭表現活動を、P教諭ならびにクラスの生徒とのインタビューをもとに整理した。右端には、某生徒のコースワークの実例を可能なかぎりにおいて掲げている。この実践は、アングロ・サクソン系60％、アフリカ系・アジア系・アラブ系40％の計25名の女生徒から成る、学力差の大きい、いわゆる意図的に授業妨害をする者を10名程度含んだクラスでの試みである。授業は各々50分、週4回が当てられた。

　まず、第4学年は基礎から応用への橋渡しといった役割を担う。主な学習単元には、

　秋学期　①学校生活を見つめる　②象徴性・プロパガンダを考える
　春学期　③短編小説をよむ、かく　④多様な情報資料に親しむ
　夏学期　⑤幅広い読書をする　⑥読解課題をする　⑦戯曲をよむ　⑧自由課題の導入

が用意されており、随所に、段階をふんだ精読への導入が伺える。例えば、作品分析の観点を学習する取りたて指導が、単元①の学校を舞台とした YA 小説 *Woof*、単元③の黒人女流作家の短編2編で用意される。前後して、初等教育から身近な学習形態であるトピック単元④と織りこまれる。こうしてある程度助走をつけた上で、夏学期に至って初めて、本格的な戯曲教材『ベニスの商人』の精読に誘われる。これら一連の学習を通じ、人物像から作品世界に迫るという読みの方法が繰り返し登場する。ある人物を視点としてストーリーを再構築する（単元①②）、人物の対立関係から短編小説の構成に迫る（単元③）等の学習経験を経て、シャイロックを視点人物として『ベニスの商人』を読み通させる。コースワークは2種類。まず、①シャイロックの日記を創作する、または②シャイロックに対して、どこまで同情しうるかを述べる、のいずれかを行う。更には、演出家の眼でポーシャを捉え直す。明確な対立関係の二者をとらえて批評読みへの導入が図られ、第5学年へと受け継がれるよう配慮が伺える。

　第5学年の学習単元は以下のとおりである。

　秋学期　⑨短編小説を読む　⑩長編小説を読む
　春学期　⑪読解課題を行う　⑫戦争を扱った詩を読む　⑬現代戯曲を読む　⑭討論会
　夏学期　⑮読解課題を行う　⑯GCSE 最終評価のためのまとめ

GCSE コース最終学年は再び短編小説にはじまり、C・ブロンテの『ジェイン・エア』、W・オーウェン他の詩作品、A・ミラーの『橋からのながめ』と、本格的な小説、詩、戯曲の3ジャンルと真っ向から取り組むことになる。ミラーの現代戯曲のコースワークを見ると、対照的な二女性の主人公の死後のモノローグに着目する、舞台回しをつとめるアルフィエリに留意し戯曲の構成をとらえる、戯曲の展開を通して描かれるアメリカ社会におけるイタリア文化について考察する等、人物の主要な糸口にしながらも、戯曲独特の表現法、ドラマの結構、文化や時代のコード等を用い、複数の異なる角度から作品世界に読み入るテクスト解釈の場が意図されているのがわかる。

　こうした読みの質の深さを追求する指導の流れと並行して、GCSE「文学」の今一つの柱である広範な読書体験の場を保証し、評価の対象として組み込んでいく流れがある。例えば、第4学年の学習単元⑤は、単

表8 文学を核にすえた英語（国語）科カリキュラム（P先生の実践）―GCSEコース（1988.9〜1989.6）
ロンドン、カムデン地区、Aコンプリヘンシブ中等学校

指導体系	学習単元	教材・資料	コースワーク (COURSEWORK) の主な学習事項	(ORAL COMMUNICATION) 主な口頭表現活動	コースワーク・レポート (COURSE ASSIGNMENTS) (生徒D例)			
					国語 一般	文学

第四学年（一九八七年）秋学期（九〜一二月）

精読・批評読みへの準備段階1

① 学校生活をみつめる

・プリント①　授業を改革するには… (Improving lessons)
・プリント②　サマーヒル学校 (Summerhill)
・プリント③　実験校ミルフィールド校に関する記事の抜粋

全3時間の学習。プリント①〜③にもとづくグループおよびクラスでの話しあい、それにともなうメモ作成が主な学習活動。選択課題を行う。
①新任教師へ、A校で楽しくやる秘訣をアドヴァイスする手紙をかく。
②現在の学校システムを見直し、改良の余地のある点をまとめる意見文をかく。
レポートの題名は各自自由。
例えば、「私の理想の学校」など。
ともに、主なかつ活動は、家庭学習での個人指導、下書きのチェックと、意見文の構成等についての個別指導は授業中に行われた。(H.W.1)

プリント①、②、③にもとづくグループでの話しあい、ならびにクラスでの話しあい。一貫したテーマはよりよき学校とは？

①Dear Miss.P. (1987.9.18) (新任教師P先生への手紙)
②How can we improve our school? (1987.10.2)

Woof (Jan Dean)
(教師の校内暴力と十代の少年の心理をあつかった短編小説)

学校における教師と生徒の緊張関係を中心にしたグループでの話しあいの後、作品を、登場人物の中の一人を視点としてリライトする。(原作は3人称手法)
表現方法として、引用の引きぬき方をとりあげた。(H.W.2)

作品をよみ、グループで話しあい。

"Woof" by Jan Dean, a short story retold by one of the characters in it in the fifth year. (1987.10.9)

② 象徴性・プロジェクトワーク①

Talking in Whispers (James Watson)
副教材
①ILEA資料集 Talking in Whispers
②チリの政治状況に関する様々な資料
③ドキュメンタリービデオ（2本）

第1章をよみ、主人公アンドレの母が殺されたことを知る。アンドレの視点にたって母が殺されたときの模様を想像してかく。作品の舞台であるチリの政治状況をしっかりと把握し、それがうかがえるような設定を考えること。(H.W.1)
継続学習の後、以下の課題をする。
①作品におけるイメージの用いられ方について話しあった後、統一政府側か、または反政府側のどちらかに立って政治ポスターをつくる。
②小グループで、チリ政府の役人、アムネスティのメンバー、チリから亡命者の対談をラジオ番組にするには、どうすればよいか、時間をかけて話しあう。番組の具体的な番組づくり。(BGM等のみ使わなく。)シナリオ独特の手法をもちいる。

作品読解およびコースワークの課題にもとづくグループでの話しあいが学習の中心。クラス討議。

①（ポスター反政府側）
②Radio Programme about Chile. (1987.12.12)

・"Talking in Whispers"-The Death of Highland Helen. (1987.11.8)

・Everyday Use (Alice Walker)
・A Chip of Glass Ruby (Nadine Gordimer)

黒人女流作家A.ウォーカー、N.ゴーディマー短編小説をよみ、Everyday Use は、せりふ読みを中心にした読解、A Chip of Glass Ruby は、グループでの話しあいを通して、作中人物の理解を深める。それらをふまえ、以下の選択課題のうちひとつを行う。授業中にかく作業も行う。

2作品について、課題にかかわる姉妹ディー、マギー、両作品の家族関係を中心に、グループで話しあい。

③"Every Use" & "A Chip of Glass Ruby"-Examine the relationship between Mama, Dee & Maggie and between Mr. & Mrs. Bamigee.

— 160 —

第4章　英語（国語）科教材における文学の学習指導の具体例

期間	段階	教材	学習活動	発表形態	関連教材
一九八八年　春学期（1―3月）	精読・批評読みの準備段階2　③短編小説をよむ・かく		①*Everyday Use*では、ディとマギー（姉妹）のどちらが好きか、をかく。 ②どちらか一方の作品に描かれた家族関係についてかく。 ③両作品の家族関係を比較してかく。 短編小説の表現形式の特徴について指導者の解説をきき、2作品の学習を通して学んだことをもとに、短編小説を創作する。(H.W.1) サンデータイムス新聞に掲載される掲載記事をよむ。"A Life in the Day of..."のタイトルで始まるように、人生のありようにつき、どこまで効果的に描かれているかを、クラス全体で話しあう。"A Life in the Day of..."の横線部に自由に人物をいれて創作する。(H.W.1)	クラス全体の話しあい	・*A nice place to live?* (1989.2.29) ・*A life in the day of a nomad* (1988.3.12)
	プロジェクト・ワーク②　④多様な情報資料に親しむ	・*Confidential File*他 プリント資料多数	もっとも客観的に書かれた文章（情報・コンピュータ・データ・極秘公文書）をよみなれるところから始め、それにもとづく作業を小グループで行う、全3週間の学習。 ①学校には生徒のどのような個人データが保管されており、生徒はそれらについてどのような権利を有しているかを、下級生（第1学年）に知らせるべく、小冊子を作成する。（リーフレット形式でコースワークとして長さが充分でない場合はデータ化のプロセスについて補足説明を加えるなどしてもよい）読み手を配慮した文章をかくことが最大のねらいである。 ②社会における情報の自由についての意見をかく。題は各自自由。 ③主人公の知らぬ間に、自分のコンピュータ個人データを悪用されるような物語の創作。(H.W.2)	グループによる話しあい	
	⑤幅広い読書をする	*The Color Purple* (Alice Walker) *I know Why the Caged Bird Sings* (Maya Angelou) *Second Class Citizen* (Buchi Emecheta) *Soul Brothers and Sister Lou* (Kirsten Walker)	黒人女流作家の4作品を指導者が紹介。5―6人のグループ毎にかかれ、作品を数編よみあう。そのグループ中からグループ毎に、クラスで紹介したい本を選び、グループ発表を行う。 最終的には、4冊から好きな1冊を選び、書評をかく。より良い書評にはどうすればよいか、グループで話しあい、留意点をみあい、かく活動にはいる。作品のよみあい、作品内容についての話しあい、発表のための準備、発表会、書評について、2週間にわたる授業の主要活動である。	一貫したグループでの話しあいと発表会 詩の全学レシテーションコンテスト クラス音読発表会 ↓ 学年暗唱大会 ↓ 全学暗唱大会	③*Computer Revenge.* (1988.4.18) Book review:"I know why the Caged Bird sings" (1988.4.4) Book review:"Second Class Citizen" (1988.4.17)
	読解課題⑥未知		*The Butterfly Frolic.* (Margaret Atwood)についての読解課題を一斉記述形式で行う。		

― 161 ―

年	学期	精読・批評読みのこころみ I (一斉記述形式)の作品を用いた	内容	活動	課題解答
一九八八年	夏学期 (四〜六月)	⑦戯曲をよむ	*The Merchant of Venice* (W. Shakespeare) 劇のビデオ	「ベニスの商人」を進めながら、様々な場面でシャイロックがいかに対応したかを、グループで話しあい、読解活動(DART)を行う。その後、選択課題のうちどちらかひとつをまとめる。 ①「シャイロックの日記」——出来事の詳細だけでなく、その折々の彼の対応ぶりをあらわす。(an empathy assignment) ②「シャイロックに対して、どこまで同情できるか」(H.W.1) ポーシャ役にはどのような女優が適役か、クラス全体で話しあい、課題をまとめる。題は、「ポーシャー演出家の選択」 クラスで一斉に、指導者の援助なく作業を行った。	読解活動(DART)にともなうグループおよびクラス全体での話しあい	②How far do you feel sympathy for Shylock in "The Merchant of Venice?" (1988.6.6) Potia…the director's choice (1988.6.22)
		⑧幅広い読書活動のための個別指導(オープンスタディ)	配布プリント (1789年、某県某町の裁判所犯罪者記録。氏名、年齢、罪状(パンひとつ切れをぬすむ、魔術を使用など)、宣告刑が4名分リストになったもの)	一人ひとりの幅広い自由な読書にもとづいたレポート(オープンスタディ)の作成。題名、年齢、夏休みの課題とする。個別指導者が刑を受けるに至るまでの人生、プリントから、人物をひとりえらび、それ以後、その双方を描いた物語を創作。	自習中、グループでの話しあい	The true story of Elizabeth Williams. (1988.9.9提出)
夏休み			選択課題の配付プリント	夏休みの課題—経験作文をかく(この段階でオープンスタディにはいりにくい力の弱い生徒のための配慮) ①子どもの時代の想い出 ②夏休みの日記 ③心に残る先生 ④旅行記		The symbolism of the child in "Silas Marner, the weaver of Raveloe" by George Eliot and "The Winter's Tale" by William Shakespeare. (夏休み後提出)(オープンスタディ)

— 162 —

第4章　英語（国語）科教材における文学の学習指導の具体例

第五学年　一九八八年　秋学期（九〜一二月）	準備段階3	⑨短編小説をよむ の課題	*The Application Form* (M. McCoy) 副教材：Personal Essay（同上の随筆）	⑤（アイルランドetc）での夏休み ⑥わたしの趣味 ⑦小学校の想い出 ⑧忘れがたい日 ⑨家族の特別な出来事（結婚、祭etc） 事前に、クラス全体でゆたかな経験作文はどうすればかけるかを話しあい Laurie Lee, James Joyceの小文を例として読んでいる。 短編小説をよみ、選択課題を行う。 ①登場人物の2年後を想像してかく。 ②家庭内の言い争いというテーマで物語を創作。	グループによる話しあい	②Conflict (1988.10.22)
	精読・批評読みのこころみII	⑩長編小説をよむ	*Jane Eyre* (C. Brontë) 課題のためのてびきプリント多数	・第1章、2章をよみ、課題にもとづいてクラス全体およびグループで、話しあい、まとめる。 課題：ローウッドやゲイツヘッドはどこまでジェインの求めるものを与えたか。(H.W.1) ・読みすすめる過程で、3回、機会をもうけて課題を行う。フェアファックス夫人が、友人にソーンフィールド館での出来事をかきおくった3通の手紙をかく。その際、夫人の性格、語り口調、出来事に対する夫人の理解の限界などを考えてかく。(H.W.3) ・同様に読みすすめる過程で3回の機会をとらえ、ジェインの心情をさぐるために3編を詩をかく。それら3回の機会は、共通して、窓辺からジェインがながめているところである。 ①ジェインが『英国の鳥』の本を、ゲイツヘッド宅の窓辺で読んでいるとき。 ②ソーンフィールド館の図書館の窓辺から、ブランシェ・インググラムをみているとき。 ③つかれきって、マーシュ・エンドに到着したとき、窓辺からリバース家の家族をみているとき。 ・自由選択課題（GCSEの文学評価のために、満足のゆくコースレポートができていない生徒への配慮と、さらなる読解への指針として）	読解にともなうグループおよびクラス全体の話しあい	To what extent did Lowood and Gateshead meet Jane's needs? (1988.11.20) Mrs. Fairfax's letters to her friend. (1988.11.23第1通目、他2通) ①Alone in a window seat (1988.11.7　第1作目、他2篇)

— 163 —

	⑪未知の作品を用いた読解課題（一〇〇字記述形式）	⑫戦争をあつかった詩をよむ	⑬現代戯曲をよむ	⑭討論会をもつ
	読解課題（一〇〇字記述形式）	精読・批評読みのこころみⅢ	精読・批評読みのこころみⅣ	討論をする
一九八九年 春学期（一—三月）		*France* (Siegfried Sassoon) *Dulce et Decorum Est.* *Anthem for Doomed Youth* (Wilfred Owen) 詩集 *Men Who March Away* 各詩の課題についての配付プリント多数	*View From the Bridge* (Arthur Miller)	配付プリント（死刑再導入に関する対立意見が掲載されている）
	①ジェインとロチェスター氏との関係がどのように発展していったかを跡づける。②セント・ジョン・リバースが登場する場面を、彼を語り手とした彼の視点からみた文章をかく。・Ship from China という短い物語の前半をよみ、つづきを話を想像してかく。かいたのち、原作の結末をよみ、ちがいをまとめる。（国語一般）・The Hang man というバラッドをよみ読解設問に答える。（文学）	戦争をあつかった詩をよむ。最初の3編について、配付プリントにそって、グループで話しあう。そのあと、詩集をよみ、生徒同志、紹介しあいたいと思う詩を発表しあう。話しあいの中心テーマは、詩人の態度がいかに変わっていったかにつかれていた。以上をもとに課題をまとめる。全3週間の読解学習。(H. W. 2)	GCSEコースワークのつめの段階にはいり、生徒は、国語一般、文学の自分のフォルダーの内容を考え、戯曲中のどの場面について課題を行うか、生徒の自由な判断にまかされた。エディの死後のベアトリースまたは、キャサリンの独白に注目する、戯曲中におけるアルフィエリの役割について話しあい、2つの文化の衝突について考えを深める等、配付プリントにそった学習と課題が行われた。(H. W. 2)	イギリスの死刑再導入をめぐってディベート形式で討論会をもつ。同テーマで意見文(a discursive essay)をまとめる。(H. W. 2)
		グループによる話しあい	グループによる話しあい	討論会
		課　題　解　答		

第4章 英語（国語）科教材における文学の学習指導の具体例

一九八九年 夏学期（四―六月）	課題（一斉記述形式）	⑲未知の作品の読解	Emily Davidson's deathの読解			
		⑳GCSE最終評価のためのまとめ	自分の2年間のコースレポートを見直し、GCSE最終評価のために補足、訂正を行い、指導者の助言をうけ、もっともすぐれていると思われるレポートを、国語一般、文学、それぞれ5編ずつ選びだし、あらたにフォルダーに整理し、提出する。			

― 165 ―

元③を受け、黒人女流作家の作品を用いた読書単元となっている。①グループで作品を読みあい、感想・意見を交換する、②グループとして紹介する１冊を選ぶために話し合う、③他のグループに向けてブックトークを行う、④書評という表現形式について話し合う、⑤個々に書評をかく、という５行程からなる読書体験共有の場である。これは、第４学年夏休みを準備期間として実施された自由課題への導入でもあった。また、Ｏレベルの定席を占めていたチョーサー他、いわゆる正統派英文学に片寄ることなく、翻訳作品を含め広く材を求める教材観は、学習者の読書の眼を広げる隠れたガイドラインとなろうし、こうした教材選択の目配りこそ、従来のCSEの枠を越えて広くGCSEが定着を図る改革のひとつである。

次に、それぞれの学習単元における学習活動の流れに着目したい。一貫して小グループ（４、５人）の話し合いが授業の主たる位置を占めている。グループで読み合い、話し合われたものが、書くという作業を経て個々の学習者に定着していくというのが基本的な授業の流れであり、学習活動の組み立てである。口頭表現活動のほとんどがグループでの話し合いとなっており、評価の対象ともなっている。１クラス25名というわが国に比べ小規模の授業形態のため、グループ毎の個別指導がこの実践を効果的に支えていた。

また、コースワークの選択肢に幅があり、学習者の力、関心に応じて選びうるよう常に配慮されている。個に応じた学習の機会を保証し、かつ修了資格評価に参加しうること、英語（国語）学力の底上げを意図した新試験制度が指導者に求めるものは少なくない。

3

コースワークの実際に触れるために、小説教材を中心に組まれた学習単元を取りあげ、書く活動からみた文学作品の学習例を報告したい。

（１）短編小説を扱った学習単元③の場合

テクストは、A・ウォーカーの *Everyday Use* とN・ゴーディマーの *A Chip of Glass Ruby* の２作品で、ともに代表的な黒人女流作家の小品である。前者は、性格も生き方も正反対の姉娘と妹娘、彼らを見守り変わらぬ愛を注ぐ母の３者の心のずれを母の一人称で語りながら、異文化の中にあって民族の誇りを守り続ける意味を静かに問いかけた佳作。後者は、反政府運動に対する夫婦間の心のずれを時間軸にそって三人称で綴った短編である。中心教材はウォーカーの作品で、教材プリントが配布され、クラスで音読し、難語句のチェックをした後、グループ活動となる。３人の登場人物の心情が描かれている箇所に下線を引きながら、それぞれの思いについてグループで話し合い、クラス全体の話し合いの中でフィードバックされる。この後、三種の学習の手びきプリントと重ね読みの材料としてゴーディマーの作品が配布され、選択課題に応じた個人作業へと展開していく。

選択課題１は、ウォーカー作品の中で姉マギーと妹ディのどちらが好きか、自分の考えを丁寧に説明するよう求められる。説明文としての配慮が意図された課題ながら、自分の好みに端を発するもっとも抵抗感の少ない作業である。表９の手びきプリントを見ると、まず「以下のそれぞれの番号のところで新しい段落に入ることが出来る」とある。手びきが作品を読みこむ手順、観点を示すと同時に、書く作業の手順を示し、かつ構成表の役割を果たしているのに気づく。表９右欄の生徒作品は、指導者によれば、14、５歳の学習者としては力の弱い生徒の手によるものだという。けれども、段落意識、改行意識は希薄ながら、手びきに従

第4章　英語（国語）科教材における文学の学習指導の具体例

表9　短編小説の読みにもとづく学習課題①

選択課題1　*Everyday Use* の中でマギーとディのどちらが好きですか？あなたの考えを丁寧に説明しなさい。

　　　　　学習の手びきプリント　　　　　　　　　　　　　　生徒作品（生徒U）
（以下のそれぞれの番号のところで新しい段落に入る　　作品におけるディとマギーを比較して
ことが出来ます。）

1. まず、家族について、どんな人がいるとか、どこに住んでいるとか、どんなくらしぶりだとか、簡単に説明しましょう。10行程度に。物語をすべてだらだら書くことのないように。
2. ディについて―彼女の子ども時代について。家族についてどう思っていたのか、どのようにして家族に教育を与えようとしたか、どのようにしてきちんとした身なりを保とうとしたか、学校での様子はどうだったか。
3. ディについて―現在のくらしぶり。どこに住んでいて、何をしているのか。彼女のアパート部屋の飾りつけは？
4. ディについて―彼女の幼い頃の考え方、現在の考え方について。たとえば、人種差別、民族のルーツ、伝統などに関して。
5. マギーについて―彼女の子ども時代について。火傷の原因は。彼女の容姿は。学校での様子は。妹ディについてどう思っていたか。
6. マギーについて―彼女の母親との現在の暮らしについて。主に何をして過ごしているのか。
7. マギーについて―彼女は自分の将来になにを期待しているのか。結婚だろうか。自分の生活スタイルを変えることがあるのだろうか。
8. 姉妹の一方が気に入らないとしても、彼女の立場を理解し、思いやることができるか。理由も説明しなさい。
9. さあ、あなたはどちらが好きですか。それは、どうしてでしょう。

この作品の家族は南アメリカに住んでいます。家族はディとマギー、お母さんの3人です。でも、実際、いっしょに住んでいるのはマギーとお母さんです。ディが家から出ているからです。物語はディの帰宅についてです。マギーとお母さんは仲がよく、それは、物事について同じ考えを持っていたからです。ディは大変違っていました。お母さんの考え方が正しいとは思っていなかったからです。二人とも感傷的すぎると思っていました。
ディはきれいで、魅力的でした。
彼女はなんとか成功することができて、マギーとお母さんが住んでいる家を恥ずかしいとおもっていました。
…
（2度目の書き直し原稿）

い、家族の全体像→妹ディ→姉マギー→好きな人物とその理由という、ひとつづきの流れをもった文章を作成している。手びきに応じて一つひとつメモに取った事柄をそのままつなげていっても、ある程度まとまった文章になるよう配慮されている課題設定である。

　一方、選択課題2は、重ね読みを前提とし、どちらか一方の作品に描かれた家族関係について書くものである。表10の手びきプリントにあるように、これも5つの読みの観点がそのまま5段落構成の文章プランを示している。表10の右欄の生徒Rは平均的な力の持ち主で、段落意識、引用の用い方などに書き手としての安定感も伺える。この課題では語りのレトリックへの着目がひとつの鍵であろう。手びきの「母親の視点か

表10　短編小説の読みにもとづく学習課題②

選択課題2　どちらか一方の作品に描かれた家族関係について書く。

　　　　　　　学習の手びきプリント　　　　　　　　　　　　　　　　　　　生徒作品（生徒R）

（以下のそれぞれの番号のところで新しい段落に入る　　A．ウォーカーの *Everyday Use* のマギー、ディ、お母
ことができます。）　　　　　　　　　　　　　　　　　　さんの関係についての考察

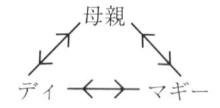

　　　　　　　　　　母親
　　　　　　　　　↙　↘　　　　　　　　　　　　　　　*EverydayUse* は、南アメリカの貧しい一家の物語で
　　　　　　　ディ ⟷ マギー　　　　　　　　　　　　　す。

1．最初の段落には、その家族についての一般的なこ　　　　娘のうち、マギーは母と暮らしていましたが、ディ
　　とから始めましょう。生活ぶりとか、各々が歩んだ　　のほうは、成功して、ずいぶんと高級な暮らしを手に
　　生き方の違いなど。ただ、作品にそってだらだら書　　していました。
　　くのは止めましょう。課題に答えることにはなりま　　　　二人の母という人は、たいへん辛抱強い女性のよう
　　せん。　　　　　　　　　　　　　　　　　　　　　　です。彼女にとって、ディはたいそう扱いにくい子で
2．さて、母親の視点から出来事をみてみましょう。　　　あったろうと思います。
　　作品は母を語り手としてつづられていますね。子ど　　「ディは、ステキなものを好んだ。高校の卒業式には
　　もの頃の娘達をそれぞれどう思っていたのでしょ　　　黄色いオーガンディのドレスを欲しがった。」
　　う。どちらかを扱いやすいと考えていたでしょう　　　　ディは母が買えそうもないようなものを欲しがった
　　か。妹のなしえたことを誇らしく思っていたでしょ　　のです。私は、これは、ディの母親への、そして、な
　　うか。二人をためを思ってただただ働いてきたので　　にひとつ欲しがりもせず、手にはいらなくて当然だと
　　しょうか。二人の容姿についてどう思っていたで　　　思いこんでいるような姉マギーに対する反抗のしるし
　　しょう。娘達は母を幸せにしたでしょうか。二人が　　だと思います。
　　成長して、変わったことはありますか。…まだ書か　　　　母親はディが黒人であることを恥ずかしく思ってい
　　ずに考えて。　　　　　　　　　　　　　　　　　　　るのを知っていましたし、自分の肌の色が比較的うす
3．さて、マギーです。子ども心に物事をどう考えて　　　いので、一層、母や姉を恥ずかしく思っていたことも
　　いたでしょう。人々の目には、マギーはどんなふう　　わかっていました。…
　　に映ったでしょう。学校ではどんな生涯でしたか。
　　家が火事で焼け落ちたとき、どう思ったでしょう。
　　妹やお母さんについてどう思っていましたか。成長
　　して変わったことはありましたか。
4．次は、ディです。マギーと同じように考えてみて
　　下さい。…まだ書かずに考えて。
5．ここまでいろいろと考えてきましたね。いよいよ
　　書き始めましょう。一番上の図を見て下さい。あな
　　たが今から書こうとしている関係を図示したもので
　　す。
　　　母 -------→ディ、ディ-------→母
　　　└-------→マギー、マギー-------┘
　　　ディ ←----→ マギー、

ら出来事を見てみましょう。作品は母を語り手としてつづられていますね。」という指摘が、生徒作品の3段落目、「彼女にとって」のディという表現を引き出していると言えようか。この生徒は、作品の終末部を捉えて、壁に飾っておかなければ民族の遺産と感じとれぬ妹と、普段使いの敷物のなかに価値を見い出し、品物が失われても作り手の思いを心に抱きうる姉を対照的に記し、読みの深まりを感じさせた。また、手び

表11　短編小説の読みにもとづく学習課題③

選択課題3　両作品の興味深い微妙な家族関係をとらえなさい。マギー、ディ、母の関係とバンジー夫婦のそれと、どちらに興味を引かれるか。

<u>学習のてびき</u>

上記の課題に答えるためには両家族のなかの関係をつぶさに調べてみなければなりません。

1. バンジー氏と奥さんとではどちらが作品の主人公だろうか。これを考えることは、かれらの関係をみる出発点として大切でしょう。どちらか一方が他より強い人物なのだろうか。初めのうちは、お互いのどんなところに魅かれあっていたのか。なにが原因で夫婦の間に緊張が芽生えたのでしょう。本当に幸せで、安定した結婚生活だったのでしょうか。——これらの他に思いつくことがあるか考えてみなさい。作品を読み返して、これらの疑問を解く手掛かりとなるところを見つけなさい。レポートをまとめるときに引用して、自分の考えを裏付けるのにつかうとよいでしょう。

2. *Everyday Use* は母親の視点で書かれています。もし、マギーの視点から書かれたとしたらどうであったろうと考えるところからはじめましょう。（家の火事のこと、ディとマギーがいっしょに学校に通っていた頃の様子、マギーの容姿について思い出しながら）次に、ディの視点から書かれたとしたらどうでしょう。

（家族のなかでただ一人読むことができるディ、一生懸命生活水準をあげようと努め、身なりにも気をくばるディ、友人を実家に連れていくことを恥ずかしいと思うディ）ここでも作品に返ってみると、3人がお互いをどう思いやっているかを考えるヒントが見つかります。それらをもとに、3者3様の関係について書いてみなさい。

3. ふたつの家族の関係を述べた最後に、どちらの家族関係に心ひかれるか書きたいと思います。どちらを選ぶかは、あなたの政治に対する考え方、ある人物にとりわけ心を寄せさせずにはおかない事情、または、作品のテーマそのものに関わってくるでしょう。

<u>生徒作品（生徒D）</u>

二作品の家族関係の考察

　黒人が差別扱いされている地域を舞台とした二つの作品は、それぞれの家庭が置かれた状況のなかにみられる家族関係を描いている。すなわち、*A Chip of Glass Rudy* では、夫と妻の、*Everyday Use* では、母親と二人の娘達の関わりである。どちらの作品においても、出来事を関係づける媒介者が存在する。*A Chip of Glass Rudy* では、夫バンジー氏、*Everyday Use* では、母親である。この二人の主な違いは、バンジー氏が当惑し、事件に対してどう対処していいものかめずにいるのに対し、母親の方は、状況を的確に把握し、よくわかっていることであろう。この違いは、物語が進むにつれてますます明らかになる。ナディン・ゴーディマーは、3人称を用いることで、バンジー氏の心の揺れを外側から覗き込み、アリス・ウォーカーは、1人称を用い、母に自らの物語を語らせたのである。（明瞭に正確に語ってみせたと私は思っている。）…

きの中に「まだ書かずに考えて」の指示が繰り返され、課題1のようにメモを順々と書き連ねるのではなく、外枠の構成表にのっとりながら、それぞれの段落のなかの構成をねる作業が求められている。

　選択課題3は、2作品の比べ読みを通して、両作品の興味深い微妙な家族関係をとらえること、ひいては親子3人の関係と夫婦の関係のどちらに興味を引かれるかを述べるよう求められる。表11の手びきは、意識

的な作品分析を可能にするために大きく２つの観点を示している。まず、ゴーディマーの作品では夫と妻のどちらが主人公だろうかと問い、夫婦関係を軸に再読を促す。他方、ウォーカーの作品を母の視点ではなく、二人の娘の立場から書くとしたらどうだろうかと問いかけ、三者の関係を読み込ませる。生徒作品を見ると、「どちらの作品においても、出来事を関係づける媒介者が存在する。」と述べ、夫バンジー氏と母親の役割を明確にし、それらが三人称と一人称とに書き分けられているところに各々の作品世界を成り立たせている基本的な仕掛けの相違を読みとろうとしている。

　最後に短編小説の創作を行う。短編小説独特の表現特徴について指導者が整理した後、自由に短編を創作。次に、*A Life in the Day of...*のタイトルで始まる新聞記事を数例紹介し、人々の生活模様、人生の断片を効果的に描きだすレトリックについてクラスで話し合う。その上で記事のタイトルを模して様々な人物の人生のひとこまを綴らせた。企業家、放浪者、母親、ユニークなものに流し台など、様々な切り口からの生徒作品が寄せられ、一連の学習活動の総仕あげは心楽しいものであったようだ。

　以上の３課題は、①登場人物に対する個人的印象の提示、②視点人物にそった人物関係の把握、③人物関係を築きあげた書き手の仕掛けを読み解く、という段階的な精読法の取り立て指導として後の学習へと発展的に関連づけられるのである。

（２）中編小説を扱った学習単元②の場合

　先の単元③は、短編の特徴を活かし、読みの方略を意識化し、ひいては文章表現を書く留意点にまで結びつけようとした集約的な活動であった。他方これは、中編を軸にある程度息のながい量の読みを体験させるとともに、多種多様な情報資料を用いて社会における象徴性、プロパガンダの意味を問うプロジェクト学習を組み上げていく。中心教材は、J・ワトソンの*Talking in Whispers*（1983）。軍部の圧迫に自由をおびやかされているチリで、国の実情を世界に公表しようとした外国報道記者に託されたフィルムを無事国外へ持ち出し、チリの真実が世界のメディアに載るまでを、少年の逃亡生活を追いながら描いていく。コリンズ社のYA小説シリーズ、Lion Teen Tracks他、数種のペーパーバック版に入っており、都市部の中等学校ではよく取りあげられる作品のひとつである。ILEAがこの作品の学習指導手引書を作成し、中等学校英語（国語）教育センターを中心にプロジェクト・ワークのための資料提供の便を図ったことも人気教材となった由縁である。全編が短文で貫かれており、テンポの良い筋運びで読みやすく、思わず量を読み通す利点はあるものの、作品の結晶度、表現の緻密さ、人物造型の厚みなど、未だしの感は否めない。P教諭は、第４学年の最初の学期に、読みの抵抗感の少ない本作品を設定し、象徴的存在に託された人々の祈りやプロパガンダの裏側に潜む作為という視点から作品を読み進めさせた。背景知識を広く多様なメディアに求めては、また作品に返るという読みの動線を演出した。グループ単位の話し合い、ペア活動、クラス討議に支えられた通読作業の最初と最後に、２種類のコースワークが用意されている。

① （第１章を読み終えたとき）主人公の少年の母が軍部に殺害された場面を想像し、少年の視点から書く。作品の政治的背景をふまえ、それが伺えるような設定にすること。

② （全編通読の後）選択課題２題

　ⓐ作品におけるイメージについて話し合い、政府側または反政府側に立った政治がポスターを作成する。

　ⓑチリ政府の要人、アムネスティのメンバー、チリからの亡命者の３者が対談するラジオ番組のシナリ

第4章　英語（国語）科教材における文学の学習指導の具体例

オを作成する。事前にグループで時間をかけて話し合い、メモをもとに下書きをまとめること。
以下に引用したのは、生徒Ｒの②－ⓑの作品の一部である。

　　司　会：牧師様の収容所に落ち着いた人々が、これまでにひどく鞭打たれたり、拷問にあってきたというのは
　　　　　　本当ですか。
　　牧　師：ええ。かれらは犯罪者ではありません。大そう身体が弱っていて、私達はベッドの用意をしたり、食
　　　　　　事の世話をしたりしています。
　　司　会：ありがとうございました。ここで、軍部ユンタのメンバーをご紹介しましょう。軍の司令官ですが、
　　　　　　お名前をふせておきたいそうです。司令官、今の牧師様のお話についてどう思われますか。
　　司令官：すべて出たら目だ。鞭打たれたり、拷問にあった者など一人もいない。われわれは、このあたりに出
　　　　　　没したテロリストについて質問しただけのことだ。（略）

　牧師と司令官のくい違いの中に、真実が真実として語られぬ状況を描きだそうと３度の書き直しを経て出
来上がったという。自分の読みを表現活動に結びつけた一例である。

（３）長編小説を扱った学習単元⑩の場合

　GCSEコースの生徒達が初めて学ぶ本格的な英文学である。19世紀の代表作『ジェイン・エア』は、従来
のＯレベルにもよく出題されており教材としても代表格。２ヶ月近くを費やして長編をじっくり読み込んで
いく精読単元である。本作品は、両親に幼くして死別し孤児となった主人公が真の安住の地を求めてさまよ
う心の遍歴物語のスタイルをとる。主人公の彷徨の旅は彼女の成長のコードで読み入ることができる。コー
スワークの課題１は、彼女の彷徨をつき動かす根本的な欲求を子ども時代のなかに確認させるところに置か
れている。「ゲイツヘッドの屋敷やローウッド寄宿学校では、ジェインの求めるものはどれほど満たされた
だろうか。第１、２章を中心にジェインの欲しているものは何か、クラスやグループで話し合った後、各
自、指定された箇所まで読み進み、メモをもとにまとめよう。」こうして、学習者は作品世界を読み解く入
り口のひとつに立たされる。
　他方、課題２は、反復表現を窓口にテクスト解釈を試みる。作品の冒頭、ジェインはおばや従兄妹の集う
団欒から遠去けられ、食堂の出窓にあがりこみ、本を相手に一人窓辺にたたずむ。カーテンと出窓に囲まれ
た小さな空間だけが幼い主人公にとって心安まるものとして印象づけられる場面である。この窓辺にたたず
むジェインのモチーフは、孤独な主人公の習慣的行動となって繰り返される。課題としては、ストーリー展
開を追いながら、先の冒頭の場面、ロチェスター家の家庭教師になった彼女がロチェスターへの恋心にゆれ
る第19章、さらには、ロチェスターを思いながらも氏の館を去り、失意のなかで窓越しにリバーズ家の人々
を見やった第28章の３箇所を取りあげ、ジェインの身上をうたった詩の創作を行った。
　表12は生徒Ｂが冒頭シーンをもとに「窓辺のジェイン」という題で創作したものである。「誰ひとり気に
とめる者もない窓辺のいす／わたしはすべての迷いごとから放たれる／どっしりと重いカーテンはわたしを
すっぽりおおい隠す／ゲイツヘッド屋敷のすべてから／家のなかにいて、なお寒さのうちにある／心つきさ
す風邪／全身にしみとおる雨。（略）」ブロンテ作品の悲劇性、暗さを演出する風土、館の冷気、幽霊、唯一
のオアシスである読書などを、作中から拾い出し詩作に活用した好例である。表13の学習の手びきにみられ
るように、作中からの取材活動を重んじ、グループでの話し合いを経て数回におよぶ下書きの練り直しをす

― 171 ―

表12 生徒作品（生徒D）

Jane at the Window

Secluded window seat,
Away from all my worries,
Heavy draped curtains,
　　　　shrouding me, thickly,
From the rest of Gateshead Hall.
I am inside, yet out in the cold,
I feel in the wind, penetrating to my heart.
I feel the rain, soaking my every pore.
Phantoms, Ghosts, things, reach for me,
Grab at me, tearing at my pretty dress.
The Land around me cold,
　　　　miserable, desolate,
Words which also describe me.
I am scared, but still want
　　　　this moment to last forever.
With the curtains keeping me safely,
Secretly from the owners of
　　　　Gateshead Hall,
I made moment upon moment last,
By taking refuge in a book.
One which showed me beautiful scenes.
Of more Phantoms, Ghosts, Things.
But worse reach for me
　　　　there at Gateshead Hall.
So here I stay, at the window.

表13 学習の手びき―第2の場面から詩を創作する

　これは2作目の「窓辺のジェイン」の詩です。第19章で、ロチェスターは「あの窓辺の椅子に腰をおろしているとき、おまえさんは、遠い先のおまえさんの学校のこと以外には、何も考えておらんかったかの？」と尋ねました。ジェインはそれに答えて「わたしはどの顔も、どの姿も、皆見ているのが好きですわ」と返答しました。

　この場面を用いて詩を作るのですが、17章、18章に書いてある事柄を活用しましょう。たとえば次の事を考えてみるといいでしょう。

・ジェインのロチェスター氏に対する思い／ジェインのブランシュ・イングラム嬢に対する思い／自分の欠点・美しさに欠ける自分を意識する思い／孤独、寂しさ、自立に対する思い／心のうちに秘めた激情／プール夫人の叫び声に対するひめられた恐れ／火事、溺死のイメージ／豪華さのイメージ

（作品本文の訳は『ジェーン・エア（上）』（新潮文庫、1967年9月15日）によった。）

表14 フェアファックス夫人がソーンフィールド館の出来事を友人に書き送ったと仮定して、3つの場面をとらえ、夫人の手紙を書く

学習の手びき　ジェインが到達した時のことを書き送った手紙を書く

1. まず夫人の友人を誰にするか考えましょう。友人のことをクリスチャン・ネームで呼びますか。
2. つぎに夫人のしゃべり口調や書きぶりはどのようでしょうか。しゃちほこばったもの言いをするでしょうか。気安い友人とのおしゃべり風でしょうか。
3. ソーンフィールド館内の夫人の住所、それから手紙の日付を考えましょう。
4. 夫人が友人に書き送りたいと思う事柄をリストアップしましょう。例えば、
　　ジェインの到着　ロチェスター氏　アデル館
　　　館での仕事　ソーンフィールド館の寂しさ
5. リストができたら、ジェインが館に到着してまもなく、夫人が出した手紙を書いてみましょう。

生徒作品（生徒R）

　　　　　　　　　　　　　　ソーンフィールド館
　　　　　　　　　　　　　　干し草通りあがる
　　　　　　　　　　　　　　ミルコート近隣
　　　　　　　　　　　　　　〇×県
　　　　　　　　　　　　　　12.11.1824

アブリルへ
　さわやかなそよ風に主の恵みあれ。この前話していた若いお嬢さんが家庭教師の口について考えて下すって、このうす暗く、寂しいソーンフィールド館にやってこられたの。
　ジェイン・エア、なんて若いお嬢さんらしい名前でしょう。知的ですてきで信じられないほど賢いの。けして妙な意味じゃなくて、あなたにしろ、私にしろ、彼女の半分も賢いとしたら運がいいというものよ。与えられた仕事に本当に申し分のない方で、アデル様にとてもよくして下さるの。いい子には違いないけれど、一方ではとても用心深い子なの。でもエアさんは大そう上手にお嬢さんを扱っているわ。（略）

第4章　英語（国語）科教材における文学の学習指導の具体例

る。丁寧な個人指導に支えられ、一人称文学の特徴を活かした表現活動である。

　課題3もまた通読の折々に組み込まれた活動で、ロチェスター家の家事を取り仕切るフェアファックス夫人を視点人物として、3つの場面をとらえて館の出来事を語らせるもの。夫人が友人に書き送った手紙の形式をとるため（表14の手びき）、学習者は、夫人の理解の限界を意識しながら、一層ジェインやロチェスターの言動や心の綾を読み込むことになる。書き綴る内容のリストアップ、書簡形式の理解とともに、夫人の文体にも目を向けさせる。

　作品は授業の中で指名音読されてゆく。が、すべてを通読するのではなく、指導者の発問、事実関係の確認、難語句のチェックをはさみながら、指導者の指示で飛ばし読みをする。作品のどの部分にポイントを定めて飛ばし読んでいくか、課題設定と相俟って、指導力の要であった。長期間にわたり同一教材を扱うことは、指導者、学習者双方にとってなかなか骨の折れる作業だと思われたが、詩の創作や手紙という形式を与えられたことで部分的な精読の場が生まれ、筋を追う以上に自分の読みを表現する楽しさを共有しえた感があった。親しくなった生徒の一人が「こんな長い本読みきったの初めて。結構おもしろかった。」と言って、ひとくさりジェイン批判をしてくれたのが印象的であった。

　90年代のイギリスの文学教育は、資格試験 GCSE とナショナル・カリキュラム、学習者の文化的・社会的背景の急速な多様化と義務教育修了時の進路の多様化という4項目と母国語教育という、時代、文化、制度、言語という魅力的で捉えがたい諸コードの交錯のなかに位置づけられていくものであろう。ひとりの教諭によるささやかな、しかし意欲的な授業実践も、そうした大きな枠組みと無関係ではない。本稿は、前期中等教育の仕上げの時期ともいえる GCSE コースのカリキュラムの一例を取りあげ、文学テクストを核に、単なるストーリーの解説を越えて、自分の読みの角度をもって物語のコードに迫りうる創造的かつ能動的な精読法を段階を追って具体化しようとした指導プログラムを報告し、考察した。

4

（1）評価基準としての GCSE 評価のめやす

　母語教育の場で試みられる〈文学体験〉は、当然のことながら、その評価のありようと深く関わっている。新しい資格試験 GCSE が積極的にコースワークを導入したことによって、指導者による評価を第一とする評価姿勢が公に位置づけられ、それによって一回限りの一斉試験から日々の学習の成果を示すコースワーク作品集へと評価の対象と評価法が移行した。最後に、評価の側面から、P 教諭が試みた〈文学体験〉の可能性を捉え直してみたい。

　A 総合中等学校の GCSE コースの場合、1989年度は、NEA（Northern Examining Association）試験局のシラバス B を採用、100％コースワークで評価する方式を採っている。いわゆる基本評価を指導者が行い、その後、地域の定められた複数の試験官がその妥当性を検討、調整し（moderation）、最終的に個々人の評価が決定される仕組みである。以下の表にあるように、文学、国語一般それぞれ5つのコースワーク作品が最終評価の対象となり、それらのうちに、一斉の記述試験の形で行ったものが一編づつ含まれていなければならない。ここでは、P 教諭を中心に A 総合中等学校の英語（国語）科が様々な試行のすえ実施した、未習の文学テクストを用いた記述問題とその評価の目安から考察を進めたい。

表15　1989年度　NEA試験局シラバスB

文学シラバスB	英語（国語）一般シラバスB
100％コースワーク 最低10のレポートをまとめ、最終評価には、その中からもっともよいものを5つ選ぶ。 レポートは、 ・学習者の最も高い到達点を示していること。 ・散文、韻文、戯曲の詳細な作品研究にもとづくものを含んでいること。 ・幅広い読書活動を跡づけていること。 ・少なくとも、1編は、未知のテクストをもちいて、一斉に指導者の援助なしで行った学習の結果（一斉記述形式）を含んでいること。	100％コースワーク 最低10のレポートをまとめ、最終評価には、その中からもっともよいものを5つ選ぶ。 レポートは、 ・学習者の最も高い到達点を示していること。 ・幅広い言語活動を跡づけていること。 ・最低1編は、テクストを精読し、内容と表現を詳細に理解し、解釈しえたことがわかるようなものであること。 ・少なくとも1編はクラス一斉に指導者の援助なく行われたものであること。 （一斉記述形式）

（2）一斉記述形式の文学コースワーク—M．オグデン作、'The Hangman'（1951）

　二年間のカリキュラムの中で、四回の一斉記述の場を設けている。1988年の夏学期（4－6月）途中に挿入されたM．アトウッドの'The Butterfly Frolic'を扱った試行、89年の春学期（1－3月）の最初に行われた、'The Ship from China'という短い物語を用いた「英語（国語）一般」向けのものと「文学」向けのM．オグデン作、'The Hangman'を用いた記述問題、夏学期最後の補助的施行である。その中で、実際のGCSE評価の中心は春学期実施の二点であった。この時期までに、短編小説8編（アリス・ウォーカー、ナディン・ゴーディマ他の小編）、中編小説1編（ジェイムス・ワトソン『ささやきの中で』）、長編1編（シャロット・ブロンテ『ジェイン・エア』）、戯曲1編（シェイクスピア『ヴェニスの商人』）他を学習しており、テーマ、人物造型、構造、レトリック、イメージなど、テクスト解釈の基礎学習が積み重ねられていた。また、詩の朗読コンテストを通して多様な詩歌に出会っている。この記述課題の後には、戦争を扱った数編の詩作品をもとに単元が組まれており、'The Hangman'の記述問題からの発展学習となっていた。

　本作品は、Maurice Ogdenの第二次世界大戦直後の1951年の作で、青少年向けの詩作品と受け止められている。1連4行から構成されるAABB型の脚韻を踏む詩形をとる。1964年に短編アニメーション化され、スイスの国際アニメーション・フェスティバルにも出品されている。

　「文学」の記述問題に取り上げられた本作品のなかから、参考として原詩の前半3分の1とあわせ、大意訳を掲げる。

　　　　The Hangman.　　by Maurice Ogden.

　　　Into our town the hangman came,　　　（1）
　　　Smelling of gold and blood and flame-
　　　And he paced our bricks with a diffident air
　　　And built his frame on the courthouse square.

The scaffold stood by the courthouse side,　　（2）
Only as wide as the door was wide;
A frame as tall, or little more,
Than the capping sill of the courthouse door.

And we wondered, whenever we had the time,　　（3）
Who the criminal, what the crime,
The Hangman judged with the yellow twist
Of knotted hemp in his busy fist.

And innocent 'though we were, with dread,　　（4）
We passed those eyes of buckshot lead;
Till one cried "Hangman! Who is he
For whom you raise the gallows tree?"

Then a twinkle grew in the buckshot eye　　（5）
And he gave us a riddle instead of reply:
"He who serves me best", said he,
"Shall earn the rope on the gallows tree".

And he stepped down and laid his hand　　（6）
On a man who came from another land-
And we breathed again, for another's grief
At the Hangman's hand was our relief.

And the gallows-frame on the courthouse lawn　　（7）
By tomorrow's sun would be struck and gone.
So we gave him way and no-one spoke
Our of respect for his hangman's cloak.

And the next day's sun looked mildly down　　（8）
On roof and street in our quiet town,
And, stark and black in the morning air,
The gallows tree on the courthouse square.

And the Hangman stood at his usual stand　　（9）
With the yellow hemp in his busy hand;

With his buckshot eye and his jaw like a pike
And his air so knowing and business-like.

And we cried, "Hangman! have you not done　　（10）
Yesterday with the alien one?"
Then he fell silent and stood amazed:
"Oh! not for him was this gallows raised... ."

首吊り役人　モーリス・オグデン

町に　首吊り役人がやって来た（1）
金貨と血と炎のにおいをただよわせ—
そうして　訝しげにゆっくり歩き
そうして　裁判所の広場に絞首台を建てた。

絞首台は裁判所の傍らに立っていた　　（2）
裁判所の入口と同じ幅しかなかった、
高さは　その入口の敷居と
同じくらいか、少し高いくらいだった

そうして我々は思った、その時はいつなのかと、（3）
だれが罪人なのか、どのような罪に問うのか、
せわしげに握りこぶしのなかで黄色い麻縄を捩じりながら
首吊り役人は裁いているのだと。

そうして　無実であっても、脅えながら、（4）
大粒の鉛の弾眼の前を通り過ぎる、
「首吊り役人、絞り首の木に吊るそうというのは誰なんだ？」
と　だれかが声をあげるまで。

そのとき　大粒の弾眼は瞳を輝かせ、　（5）
そうして　答えのかわりに謎をかけてくる、
「わたしに一番仕えた者が」と、かれは言った、
「絞り首の木の縄を手にするだろう。」

そうして　かれは下に降り、手を置いた（6）
よそからやって来た一人の男の上に—
そうして　よそ者の悲しみを糧に　我々はまた息ふきかえした
首吊り役人の手の中に　我々の安堵が握られていた。

そうして　裁判所の芝生の上の絞首台は（7）
明方までに　引き払われ　取り去られているだろう。
それゆえ　我々は彼に道を譲り、だれも口をきくものはなかった
首吊り役人の外套に敬意をはらって

第4章　英語（国語）科教材における文学の学習指導の具体例

そうして　明朝太陽はおだやかに　　　　　（8）
静かな我が町の家々の屋根や通りを見下ろしていた、
そうして、朝靄のなかに　黒々と確かに立っていた
裁判所の広場の絞首台

そうして　首吊り役人はいつものところに立っていた　　　　（9）
せわしげに手のなかで黄色い麻縄を携えて
大粒の弾眼に、槍のような顎をして
そうして　したり顔で機械的だった

そうして　我々は叫んだ、「首吊り役人、昨日、あのよそ者を　　　（10）
処刑したんじゃないのか？」
すると　彼は静かに、驚いたふうで立っていた
「あいつのためじゃない。この絞首台を建てたのは...」

かれは我々を見て、　笑いに笑った、　　　（11）
「こんなひと騒ぎをひとりの男を吊るすためにやった
と思ったのか？　あれは、新しいロープを延ばすために
やったこと。」

するとだれかが叫んだ、「人殺し！」まただれかが叫んだ、「恥を知れ！」　　　（12）
そうして　我々のただ中に首吊り役人はやって来た
その男のところに。「捕まえてくれ」と彼は言った、
「絞首台の餌食になる男を」

そうして　彼は手を男の腕に置いた、　　　（13）
そうして　我々はすばやく身を引いた、
そうして　我々は彼に道を譲り、だれも口をきくものはなかった
首吊り役人の外套に恐れをなして。

その夜　我々は驚きとともに見た　　　（14）
首吊り役人の絞首台が大きく成長したのを
落とし板の下から血の養分を取り
絞り首の木は根を張った、

今や　裁判所の入口に続く段階と　　　（15）
同じほどか、それより少し広くなった、
そうして　高さは　記録書類と同じほどか、ほとんど
裁判所の半分ほどの高さになった。

彼が捕らえた3人目は―我々みんなうわさで知っていた―　　　（16）
高利貸しで異教徒
そうして　首吊り役人は言った、「どんな関係があるんだい、
木に吊るされているのと？　彼はユダヤ人だ。」

そうして　我々は叫んだ、「この人が　　　（17）

忠実にあなたに仕える者なのか？」
首吊り役人は微笑んだ、「絞首台の梁を延ばすには
賢いやり方だ。」

４人目の男の暗く、訴えるような歌声は　　（18）
我々の安堵の思いを激しく、いつまでも掻きむしった
そうして　彼は問い掛けてきた、「有罪宣告されたやつに
どんな関わりがあるのかね？有罪宣告されたやつ、黒人に？」

５人目も、６人目のときも、我々は叫んだ、　　　　（19）
「首吊り役人、首吊り役人、この人こそ、そうですか。」
「ちょっとしたトリックさ」首吊り役人は言った、我々首吊り役人が
知っている、ゆっくり落とし板をはねさせてうまくやるための。

そうして　我々は引きさがった、もう何も聞かなかった、　（20）
彼が血ぬられた数を記録しているとき、
そうして　日毎、夜毎、
絞首台は怪物のようにその高さを増していった。

絞首台の両翼は大きく羽を広げ、　　　　　（21）
広場の端から端まで覆いこんでしまった。
そうして　怪物の梁は、見下ろすばかりに
町を横切ってその影を落としていた。

それから　町を通って首吊り役人はやって来た、　（22）
そうして　人影もない通りで私の名前を呼んだ
そうして　私は天にそびえんばかりの絞首台を見上げた
そうして思った、「だれひとり残ってはいない。」

絞り首になるものは、そうして　彼は私を呼んだ　（23）
絞り首の木を引き下ろすのを手伝うようにと、
そうして　私は正当な望みを抱いて
絞り首の木とロープのところに出向いた。

彼は微笑みかけた、静まりかえった町を通って　（24）
裁判所の広場まで　私が行くと、
そうして　彼のせわしげな手のなかでしなやかに延ばされていた
黄色い麻縄が。

そうして　落とし板を仕掛けながら彼は口笛を吹いた　　（25）
そうして　その仕掛けは用意された留め金で跳ね下ろされた
そうして　不気味な有無をいわさぬ微笑をたたえ
彼は私の手の上にその手を置いた。

「騙したのか、首吊り役人。」私はそのとき叫んだ　（26）
「おまえの絞首台は他の人間のために造られたと、

第4章　英語（国語）科教材における文学の学習指導の具体例

それに私はおまえのしもべではない。」私は泣き叫んだ、
「おまえはうそをついた、首吊り役人！　邪悪にも　うそをついた！」

すると　大粒の弾眼は瞳を輝かせ、　　　（27）
「うそをついた？騙した？」と彼は言った。「私ではない。」
なぜなら私ははっきりと返答したし、真実をおまえに語った、
絞首台は誰のためでもない　おまえのために造られたのだと。

「臆病神に憑かれたおまえ以上に　　　　（28）
私に忠実に仕えた者などいただろうか？」と彼は言った
「それに　みんなによくあれと居並ぶ人間など
どこにいるというのか？」

「死んでしまった。」と私は呟いた、親切にも　　　（29）
「殺されたのだ。」と首吊り役人は訂正した、
まずよそ者、それからユダヤ人…
私はおまえが差し向けた以上のことなど何もしてはいないと。

空を覆うばかりの梁の下　　　　（30）
ひとり私だけが立っていた─
そうして　首つり役人は私の首に縄をかけた、叫ぶ声ひとつなかった
人影の消えた広場では　私のために「待て！」と叫ぶ声など。

　極めてメッセージ性の強い、パラドキシカルな構造を孕んだバラッドである。比喩表現をはじめ、象徴手法がいくども反復され効果をあげており、眼前に繰り返される殺戮への恐怖が連を重ねるごとにいや増していく。それは、第5連で示された「わたしに一番仕えた者が」「絞り首の木の縄を手にするだろう。」という首吊り役人の謎めいた言葉のなぞときとなってこの作品の基本構造を支え、読み手の読みをつき動かしていく。それゆえ、長編のバラッドながら、15、6歳の中学生でも緊張感をとぎらすことなく読み進められる一編であろう。最終部、第28連でその意味がつまびらかにされるや、被害者から加害者への逆転が図られ、声なき殺人共犯者〈私〉の真実に立ち向かわなくてはならない。
　このバラッドに対する設問は以下の通りである。

　　まず、よく注意して、'The Hangman' という詩を読みなさい。そのうえで以下の設問に可能な限り充分に答えなさい。
　1．この詩はバラッドだが、すべてのバラッドは物語を語っている。8～10行を用い、このバラッドの物語の基本的な筋を書きなさい。
　2．モーリス・オグデンは、なぜこのバラッドを書こうと思ったと考えるか。
　3．全体をよく見て、自分にとって特におもしろいとか、効果を上げていると思われるものを、6行もしくは6つの詩句選びなさい。
　4．2、7、8、14、15、20、21連ならびに30連の詩を注意深く見なさい。絞首台について描かれ、その変化のさまも述べられている。なぜ絞首台が詩の展開とともに大きくなっていくのか、自分のことばで説明しなさい。それ以外で絞首台が変化しているところがあれば、それも説明しなさい。

5．ペンか鉛筆を持って、詩を読み返し、絞首刑執行人について述べてあると思われるところに下線を引きなさい。かれはどんな様子で、なにをしているだろう。そのうえで、自分が手掛かり（証拠）として集めたことばや詩句、行を用いて、モーリス・オグデンは読者に絞首刑執行人をどのように理解してほしいと考えたか、書きなさい。どのような彼の像を私達の心のなかに作りだそうとしただろうか。

6．この詩はいろいろいろいな意味でホラー・ストーリーのようなところがある。ホラー・ストーリーのようだと思われるところを抜き出しなさい。あなたを怖がらせ、恐れさせるその方法について述べなさい。

7．ナチ時代のドイツにおいて、もし他人にすこしも責任を感じないとしたらどのようなことが起こるか、個人的な信条のために裁判にかけられたひとりの牧師が説明している：「まずかれらは共産党を引き出しにやってきた。わたしはなにも言わなかった。党員ではなかったから。それから、労働者、組合員を引き出そうとやってきた。わたしはなにも言わなかった。組合の活動員ではなかったから。その後、カトリック信者とユダヤ人を引き出しにやってきた。わたしはなにも言わなかった。私はプロテスタントだったから。最後には、わたしを引き出しにきた、そして、もの言う者はだれも残っていなかった。」ここには、バラッドとほとんど同じメッセージがあるのに気づいただろう。両者はともに、言いたいことを伝えるのに成功しているだろうか。もしどちらか一方を選ぶなら、選んだものと、なぜそのほうを選ぶのか説明する文章を書きなさい。もし両者が異なったやり方で成功していると考えるならば、その異なるところについて書きなさい。

　これら7つの設問は、1から4の基本的課題と5から7の発展課題の二段構えになっている。設問1は、分量を限ったあら筋、第2問で、作家の創作意図を意識させ、3問目でいわゆる初発の感想にも通ずる個々の読みが問われる。

　ここまでで、少なくとも3回は作品全体を通読することが求められる。ストーリーの基本的な流れ、それを源で支える意図を押さえたうえで、はじめて、その総合体である作品を自分にとっての関心、効果のほどで読み返し、6つの部分を選び出す。そのうえで、8つの連を指定し、絞首台の様相の変化にしぼって部分の連関から読んでいかせる第4問が用意される。さらに、「それ以外で絞首台が変化しているところがあれば、それも説明しなさい。」と、角度が与えられ、学習者は自分の力でレトリックから作品構成へと迫っていくことになる。

　こうして全体から細部へとひととおり行き着いたうえで、第5問から第7問において、再び全体から部分への質の異なる角度をもった読みの活動を要求する。「ペンか鉛筆を持って」詩を再読し、首吊り役人についての叙述に下線を引かせる第5問。自分の発見した材料をもとに、作者の人物造型の仕掛けを明らかにさせようとする。第6設問では、この作品をホラー・ストーリーとして位置づけるところから出発する。指導者によって与えられた枠組みのなかで、読み手は恐怖にかられる部分を指摘し、その効果的手法にまでおりていく。テーマで文化テクストを切っていくヨーロッパの文芸学の反映が指摘できる。そして最後に、比較という思考法を用いて、作品の主たるメッセージの伝達を問う総合的課題、第7問が置かれている。三種三様に異なった角度から光を当てることによって作品を読ませようとする設問作成者の苦心のほどが忍ばれる。それはまた、多様な問題点の立て方にこそ、切り口にこそ、文学テクスト解釈の醍醐味があるとするイギリスの文学教育の伝統的姿勢でもある。彼らは自分達の解釈のなかで辿り着いたものだけを自信をもって、学習者に示し、設問としたのである。一見、誘導尋問的な設問群の背景に、注意深く読みこまれた確かな指導者の読みのあることを忘れてはなるまい。その意味で、指導者の揺るぎない自負すら感じさせられる。それはまた、評価の目安のなかにも明確に反映されている。

第4章　英語（国語）科教材における文学の学習指導の具体例

（3）評価の位置
　英語（国語）科がまとめた評価の目安は以下のとおりである。
1．物語の正確なわかりやすい言い換えができていれば、10点満点。
2．詩人が政治的、道徳的目的でこの詩を書いたことが示されていれば、10点満点。優れた解答には、詩人の考えを想像的に詩的に提示することで、一層多くの人々の心に届くという考え方にも触れるものがあるだろう。
3．ひとつの詩句についての説明に5点（合計30点）。イメージ、対話などの機能、ならびに読者への効果をはっきりと説明したものに点数が与えられる。
4．絞首台のサイズの増大がおよぼす効果が明確に説明されていれば10点満点。これが、つかみがたい抑圧感や予感のいやます力に反映されていく過程に触れるものもあるだろう。しかしまた、詩全体や文学的な意識に対して繊細に反応している解答もよいだろう。絞首台の他の表現に気づいた者には5点加算する。例えば、木の成長に似通っているところ、血によって養われていくこと、色彩表現、状況設定—最初は芝生のうえに始まり、すべてをおおいつくすこと、翼のイメージなど。
5．テクストへの生徒の感受性とその用い方によって印象評価する。(impression mark) 15点満点。
6．10点満点。同上。
7．10満点。同上。　合計　100点満点

　基本的な課題、1から4については、具体的な評価の観点、留意点が示される。これらは、NEA試験局が示した評価内容、いわゆる『GCSE英語（国語）科全国評価基準』に掲げられたそれに基づいているのがわかる。（GCSEは、評価AからFの6段階で個々人の絶対評価がなされるが、評価FとCの評価内容の目安が試験局のシラバスに明示され、実際の評価の基本となっている。）因みに、評価Cの評価内容は、
1．物語や背景を適宜、詳しく参照して、文学テクストの内容を説明する。
2．より深く文学テクストを理解し、テーマ、暗示、態度についてある程度気づいていることを示す。
3．学習した文学テクストの、作家の特殊な言語手法に目を止め、味わう。
4．学習した作家が効果を上げている（人物像や構造など）その他の手法の重要性にも目をとめ、味わう。
5．学習した文学テクストに対し、広い知識に支えられた自分の読みを示す。
となっており、4設問のねらいのなかに基本的評価事項としてすべて織り込まれている。それは『GCSE英語（国語）科全国評価基準』の〈文学〉の評価事項：
　　・通読の作品の意味内容をつかみとる力
　　・作品の表面的な意味の把握から主題、作風に関する深い理解を示すに至る多様なレベルの読解力
　　・作家の表現手法に気づき、理解する力
　　・作家が用いたその他の手法（構成、人物造型など）を見出し、理解する力・繊細で広い視野に支えられた自分の読みを行う力
これらへの配慮に他ならない。
　ところが、発展課題の3問については、「テクストへの生徒個々の感受性とその用いられ方によって印象批評（impression mark）する。」とあるばかりだ。この「印象批評」という言葉は、ともすれば曖昧で客観性に欠ける表現と受け取られがちである。けれども、先のテクスト解釈に対する指導者の基本姿勢を思い起こ

— 181 —

すとき、あながち曖昧な表現と切ってしまえぬ微妙な配慮が見てとれる。

　7題の設問の順序性は、そのまま指導者がテクスト解釈の角度を順序立てて与えていく指導の筋道と考えられる。ある特定の切り口からの読みを演出したうえで、客観的な評価要素ではくくりがたい、その子どもならではのセンスといったもの、外側からは定義しがたいそうしたものを拾いあげるには、印象批評という表し方がむしろ誠実なのではないか。一旦、切り口を与えたうえは、その枠内での切り込み方は一人ひとりの子どもの個性のたち現れる場として受け止める。そのとき印象批評という言い方しか手があるまい──ここには、文学テクストと個の関わりを〈評価〉するという行為が本来孕んでいる矛盾をしっかりと認識する評価者の態度がある。教科会議での詰めた話し合いが察せられるところでもある。

　一方、こうした評価の態度が、日々の授業に伴って行われるコースワークの評価姿勢の延長線上にあるのは言うまでもない。A校英語（国語）科が指針の一つとし、現職研修などでも多く取り上げられるSEC（Secondary Examinations Council─中等学校資格試験審議会）の『GCSE〈文学〉の評価基準案の準備と可能性に関する検討委員会レポート』[7]（*Report of Working Party: English Literature*）がある。レポートが示したコースワーク作品集の〈評価の目安（the Grade Indicators）〉の基本姿勢は、

　・ひとりの読み手としての主体性ならびに独自性の確立
　・ひとりの書き手としての主体性ならびに独自性の確立
　・文学テクスト解釈法の質的深まりとその獲得

という3点にまとめられる。これらが個別に存在するというのではなく、表現しえた文章のなかに自分の読みの独自性が息づく、読みの独自性が表現スタイルを決定する。これらが相応じあって、文学言語の独自性に迫りうる解釈の角度を立てて文学テクストと結びつくという、三者の緊密な関係がその評価観の基盤に置かれている。その詳細はコースワーク作品集の具体例とともに別の機会に譲りたい。が、先の 'The Hangman' の例を見ただけでも、A校の国語科が一斉記述形式のコースワークを通して求めようとした〈文学体験〉の質のなかに、これと共通の基盤を指摘することはできるだろう。少なくとも、三者の緊密な相関関係を基軸にすえるということは、指導─学習─評価の総体を通して、文学テクストの独自性との質的関わりの場を統合していくことなのだという指導観が浮かび上がってくる。指導者は自分の仕掛けた学習の結果を、学習者という個性（そこには到達しえた技能も含まれるであろうが）とその文学テクストとの関わりあいの動的な場のなかに求めていくことになる。つまるところ、GCSE〈文学〉の評価とは、教師の指導力の自己評価に行き着いてしまうのである。なにをもって文学テクストとの関わりあいの動的な場と〈評価〉するのか、先の三者の相関の具体を、複数のコースワーク作品集の検討と合わせてひきつづき問題としていかねばと思っている。

　90年代のイギリスの文学教育は、資格試験 GCSE と NC、学習者の文化的・社会的背景の急速な多様化と義務教育修了時の進路の多様化という4項目と母語教育という、時代、文化、制度、言語という魅力的で捉えがたい諸コードの交錯のなかに位置づけられていった。ひとりの教諭によるささやかな授業実践も、そうした大きな枠組みと無関係ではない。本稿は、前期中等教育の仕上げの時期ともいえる GCSE コースのカリキュラムの一例を取りあげ、文学テクストを核に、単なるストーリーの解説を越えて、自分の読みの角度をもって物語のコードに迫りうる創造的かつ能動的な精読法を体系的に具体化しようとした学習指導プログラムを報告した。

第4章　英語（国語）科教材における文学の学習指導の具体例

謝辞　1988年から89年にかけた半年間、授業への参加を快く承諾して下さったA中等学校の諸先生方に紹介の労を
　　とって下さり、またチューターとして1年間御指導賜わった前ロンドン大学教育学部母国語教育学科リー
　　ダー、M・ミーク博士（Dr. Margaret S. Meek）に対し、ここに記して心から感謝申し上げます。

注
1　General Certificate of Secondary Education. 従来のGCE（General Certificate of Education）OレベルとCSE
　（Certificate of Secondary Education）の一本化をねらった義務教育修了時の16歳児を主な対象とする資格試験。拙
　稿「イギリス中等教育における文学体験の可能性—テキスト『マクベス』の試み—」『学大国文』34号に概要を掲
　げている。
2　コースワークは、学力のある生徒偏重の一斉記述試験一辺倒からより多様な力の差に応えうる評価法として、
　CSE試験局を中心に模索されてきたものである。授業中の学習活動の成果をそのまま評価対象とするもので、国
　語科の場合、その中心は、授業中の多様な言語活動をともなった書く活動、いわゆる各種レポートである。書く活
　動は評価対象となる諸能力を十全に発揮しうる場として多くの教科で重視されている。コースワーク・レポートの
　評価基準は、各試験局が『GCSE国語科全国評価基準』（1985）に基づいて定めるが、89年当時、なお試行錯誤が
　つづいており、91年冬にはコースワーク評価見直しが公言された。
3　A校はイギリス女子教育の草分けともいえるF. M. バス女史の手で1871年低授業料の子女教育をモットーに創立
　された私立女学校である。1920年代に第6学年を新設、組織を拡大、1944年教育法によりロンドン地方教育局
　ILEAに維持されるグラマースクールとなった。76年学力選抜を廃止、82年総合制中学校に完全に移行した。現
　在、学校から半径800マイルに居住する者を、力のある者25％、平均的学力の者50％、力の弱い者25％の比率で受
　け入れる公立女子中等学校として、ILEA解散の後はカムデン地区教育局の管理下にある。同地区には、A校の
　他、2校の総合制中学校（男子校・共学校）と高等専門カレッジ（共学255校）の合わせて4校があり、カリキュ
　ラムの相互乗り入れなど連携をはかり、地域の社会的、人種的状況に応えうる中等教育を模索中。A校全体では、
　アングロ・サクソン系70％、アフリカ系・アジア系・アラブ系30％といった割合で、移民の増加に伴い、1987年か
　ら本格的なE2Lの授業が始められた。学校便覧には、他民族共存をはかる教育方針、性差、階級差を越えた教育
　の実現をはかる方針が明文化されており、成文化が徹底しにくい状況のなかで意識的な学校例と言えよう。教師間
　では社会階層差の問題に特に留意していたように窺えた。英語（国語）科の専任教諭は、学校長兼任、副校長兼
　任、第2外国語としての英語教育主任兼任のベテラン教諭3名、英語（国語）科主任（P教諭）、第1学年学年主
　任兼任の中堅2名、ならびに若手教諭2名から成る。非常勤教諭1名を加えた8名で、各学年4クラス（約25名平
　均）およびAレベル各学年2クラス、オックスブリッジ受験クラス、CPVE1年コースの国語、低学年E2Lのクラ
　スを担当する。（学校長担任は1〜2クラス）加えて、専任6名は担任クラスの指導、構内見まわり1時間、会議
　および国語科教科会議（ともに週1回、1時間）があり、一人当たりの平均拘束時間は20時間程度である。学年の
　担当は、指導歴の長短にかかわらず、全員が複数の学年の生徒を指導する方針で、新任教師でもAレベル、オック
　スブリッジクラスのひとコマを分担していた。尚GCSEコース英語（国語）科週4時間の授業のうち、「英語（国
　語）一般」2時間、「文学」2時間の配当となってはいるが、実際の授業においては折々の流れに応じて柔軟に対
　処されていた。
4　GCSE English: A Guide for Parents. 1989年度にもとづく。
5　表16を参照されたい。
6　GCSE English: A Guide for Parents. 1989年度にもとづく。
7　SEC（中等学校資格試験審議会）編発行、『GCSE〈文学〉の評価基準案の準備と可能性に関する検討委員会レ
　ポート』（*Report of Working Party: English Literature*）—1986年秋にSECから委託された、NATE（全国国語科教師
　連盟）のスー・ホーナーを議長とする研究者、試験局国語部スタッフ、教師ほか10名余の検討委員会報告書。発行
　年月日の記載はないが、GCSE施行に向けて、新試験を統括するSECが提示した指針書の一端を担うもので、現
　場研修等に広く用いられている。
　　補記）'The Hangman' の課題の用紙には、本文の "gallows" と "usurer" の用語説明が付されていた。

表16　A校の前期中等教育における学年編成（1989年3月現在）

前期中等教育	基礎学年	第1学年 （11－12歳）	4組の能力混合クラス （1クラス約25名） すべての教科がクラス単位で行われる。ただし、第3学年では、教科に応じたグループ分けも併行しておこなわれる。 また、英語を母国語としない生徒のための特別国語クラスもある。（1987年から）	全必修科目の学習 　第2学年から選択科目 　（古典、ラテン語、ロシア語、フランス語、ドイツ語）も始まる。
		第2学年 （12－13歳）		
		第3学年 （13－14歳）		
	GCSE受験コース	○第4学年 （14－15歳）	すべての教科ごとに、学習グループ分けがなされている。 （原則的に、能力別ではなく、担当教官数によって生徒をグループ分けする。）	必修科目：英語（週4時間） 　　　　　数学（週4時間）、理科系科目から1科目（週3時間）、宗教（週1時間）、体育（第4学年のみ必修）、PSEおよびTVEIの主要科目 選択必修：歴史、地理、ドイツ語、ギリシャ語、フランス語、ラテン語、ロシア語、古典、物理、化学、生物、美術、音楽、家庭科、児童学、ダンス、ビジネス・スタディ等から5科目を履修
		○第5学年 （15－16歳）		
後期中等教育		前期第6学年 （Lower Sixth Form） （16－17歳）	古代史、歴史、美術、美術史、生物、化学、物理、地理、社会学、英語、数学、フランス語、ラテン語、音楽 以上がAレベルコースとして開講されている。 また、オックスフォード大学・ケンブリッジ大学受験者用クラスも開講。	A校の第6学年進学以外の進路 他校のAレベルコースへ進学／高等専門学校カレッジへ進学／A校CPVE1年コース進学（1986年9月開始）／就職
		後期第6学年 （Upper Sixth Form） 17－18歳		

注1．上記の表は、A校の「保護者向け学校案内1988-89」および第5学年生徒との稿者によるインタビューをもとに作成したものである。選択科目については、非常勤講師の有無によって、多少変動があるという。
注2．Aレベルコース（第6学年）ならびに職業準備1年コース（CPVE）は、同じカムデン地区のコンプリヘンシブ中等学校（男子校1、共学校1）高等学校カレッジ、（共学校1）とA校の4校で、連関をはかり、相互に開講科目を補いあうシステム。
　　　たとえば、A校のCPVEコースの国語の授業に、他校の生徒も受講できる。
注3．第5学年の生徒の1週間の時間割は個々に異なるが、1例として掲げると…
　　生徒D——英語（4時間）、数学（4）、物理（3）、化学（3）、歴史（3）、宗教（1）、フランス語（3）、音楽（3）、自由学習時間（1）
　　生徒H——英語（4）、数学（4）、生物（3）、歴史（3）、物理（3）、宗教（1）、フランス語（3）、ビジネス・スタディ（3）、自由学習時間（1）

第4章　英語（国語）科教材における文学の学習指導の具体例

1・4　イギリス英語（国語）科教育におけるメディア解釈―新たなよみの教育の模索（1992年）―

はじめに

　ボルターは、「電子テキスト時代のエリクチュール」という副題の備わった書物のなかで、わたしたちが新たに獲得しつつある〈かく〉形態の意味をつぎのように述べている。

　　　電子テクノロジーは、二つの意味で本を作り直す。まず第一に、それは我々がどんな素材の表面に文字を書き記し、どんなリズムで読むかという点を変化させることで、新しい種類の本をもたらす。第二に、印刷書籍、手写本、さらにそれ以前から、何かを書くことがまとってきた形態に比肩する電子書籍という新たな形態を与えてくれる[1]。

　書く様相の変化は、必然的に読む様相をも変えていく。電子ライティングのばあい、それがきわめて「流動的でダイナミック」であるために、読みの場そのものを「作り直す」力は「革新的」にならざるを得ない。他方、先行するテクノロジーとの類似性を考えれば、「伝統的」進化の「系統樹」から電子書籍もまた外れることはない。ボルターは、電子書籍の到来は「印刷書籍も書くということの一つの極端な形態」であって「基準（ノルム）などではない」[2]ということをわれわれに気づかせるよすがになろうという。それは、社会における読む様相の問い直しでもある。この問いかけは、マルチ・メディア時代と言われた90年代にあって国語教育が育むこれからの読み書き能力（リタラシー）を考えるうえでも、またその教材観ならびに指導法・学習活動のいかんを再考するうえでも、示唆に富む提言となりえよう。

　当時、イギリスの母国語教育のなかに本格的にメディア・テクストを位置づけようとする動きがあった。これなども広くは新たな読み書き能力の模索にほかならない。資格試験の評価科目、文学の授業における多様なメディアを用いた再話の活用、単元学習へのＡＶ資料の導入のほか、英語（国語）科におけるメディアの活用は今に始まったことではない。けれども、NCの到達目標のなかにメディア資料ではなく、メディア・テクストという用語とともに組み入れられたことで、英語（国語）科の根幹にかかわる解釈の問題として体系的に新たな光が当てられることになった[3]。この稿では、NCに影響を与えた英国映画研究所（British Film Institute）[4]が提案したメディア・エデュケーションにおける6つの基本アスペクト（Key Aspects of Media Education）をとりあげ、メディア・テクストを媒介として英語（国語）科で求められる〈読み〉の教育の一端をあきらかにしたい。

1

（1）"media education" と "media studies"

　NC関連の文書に"media education"という用語とその具体的な定義が載ったのは、審議案『5歳から11歳の英語（国語）』（1988.11）[5]からである。試験科目やコース名として広く用いられてきた"media studies"を、

"media education"の名のもとに新たな定義をともなって読み換えた[6]。翌年の『5歳から16歳の英語（国語）』(1989.6)[7]になると、"media studies"はメディアに関する専門的教育コースおよび専門的研究をさす用語として摘用範囲を定められ[8]、義務教育段階の英語（国語）科カリキュラムがめざす学習領域には一貫して"media education"の語が用いられ、NCへと受け継がれていった。

カリキュラム関連文書の"media education"の概念規定の下敷きとなったのは、Bazalgetteを中心とする英国映画研究所の教育部門の仕事である。用語の規定が整理された『5歳から16歳の英語（国語）』の礎石となったのは、同89年1月にBazalgette編で同研究所から刊行された『初等教育におけるメディア・エデュケーション——カリキュラムに関する報告書』[9]の定義づけであった。

> media educationは、児童のメディアに対する批判的理解を増やすことを意図している。ここでいうメディアとは、テレビ、映画、ビデオ、ラジオ、写真、ポピュラー音楽、印刷物、コンピューター・ソフトなどである。これらメディアがいかに作用し、いかに意味をつくりだすか、メディアはどのようになりたっており、受容者はいかにそこから意味をよみとるのかは、media educationがあつかう課題である。（略）media educationは、メディアの分析や制作をとおして児童の批判的、創造的力を体系的にはぐくむことを目的としている。これはまた、メディアがもたらす喜びや楽しさに対する理解を深めることにもなる。media educationは、より幅広く多様なメディアを求め、かつそれに寄与しうるような能動的で批判的なメディア活用者を生みだすことを目的とする[10]。

ここで問題とされているのは、情報技術や機器の活用および情報収集・検索といった側面よりも、メディア・テクストを媒介とする意味作用としてのコミュニケーションを学習活動の中核にすえること、それによって批判的、創造的にメディアに関わっていけるメディア生活者をはぐくむことである。単にメディアの情報内容に批判的であるだけではなく、あるテレビ番組に興味を抱いたなら、それはなにによって、なぜおもしろいと思ったのかを自問し、検討する姿勢が求められる。それは「メディアがもたらす喜びや楽しさに対する理解を深める」の一行にも伺えよう。このとき対象となるのは現代的なマス・メディアばかりではない。『5歳から16歳の英語（国語）』は、この定義を引用したうえで、印刷物ならびにコンピューター化された情報を含む「すべての表現形態、コミュニケーション形態」を対象とすると述べている。

(2) 英語（国語）科と"media education"

つぎに、英語（国語）科カリキュラムにおける位置づけをみてみよう。

> 9.4　このようなmedia education（略）は、英語（国語）科の核となる目的に直接貢献するものであり、また、子どもの言語への理解と活用の幅を広げ、かれらの言語スキルを伸ばすために寄与しうるものと考え、本書の学習プログラムのなかにも取り入れることとした。それゆえ、英語（国語）科の到達評価は、情報技術やメディア機器などの知識度や運用能力よりも、基本的にこのような理解力やスキルを対象とすべきである。
>
> 9.8　media educationは、言語、解釈、意味に関する根本的課題をあつかうものである。その意味で英語（国語）教育と目的を同じくする。事実、media educationが、一般に英語（国語）科で重要とされる

概念をきわめて明快な方法であつかってみせるばあいがある。(情報や観点の) 選択、編集意識、作者と受容者、手段、ジャンル、ステレオタイプの問題などがそうである[11]。

ここに、「言語、解釈、意味の根本的課題をあつかう」という基本姿勢において英語 (国語) 科とメディア・テクストを仲立ちとした学習領域は結びあい、指導─学習─評価の過程に具現化されていくべきだというNC審議案の問題意識を見てとることができる。

（3）メディア・エデュケーション
では、このような "media education" をどう訳せばよいか。たとえば、「メディア教育」で育てる能力を「メディア・リタラシー」とし、わかる（受け手として─メディアの特性を理解し、批判的に受けとる）、つかう（使い手として）、つくる（作り手として）の三要素から捉える見方がある。「つかうことによってわかり…わかってつかい」と三者の関連性を説き、「メディアによる教育」ではなく「メディアについての教育」だとする[12]。これにならえば「わかる」領域であろうか。だが機器利用に止まる教育ではないが、メディアに「ついて」の教育とも言いきれない。また、図書館教育と結びついた情報とその手段の主体的選択と活用をめざす「情報活用能力」という用語でも、意味生成過程に切りこもうとする教育内容を包括しえない。

一方、カナダ・オンタリオ州教育省編の指導参考書[13]には、「メディア・リタラシー」という訳語で、「メディアがどのように機能し、どのようにして意味をつくりだし、どのように組織化されており、どのようにして現実を構成するかについて、子どもたちの理解と楽しみを育成する目的で行う教育」ならびに「つくりだす能力の育成」をめざす教育が紹介されている。一見して先の定義ともっとも共通項が多い。ただ気にかかるのは、限られた知見ながら Bazalgette らの著書に "media literacy" というもの言いが極めてまれであること、かれらの提言と底通しながらも微妙な違いを感ずることである。

このように、わが国で「メディア教育」「メディア・リタラシー」という用語を見聞きする機会は少なくないが、その定義はなお多様であるように思う。そこで、この稿では、"media education" をあえて訳さず〈メディア・エデュケーション〉とし、考察を進めていくことにした。

2

（1）メディア・エデュケーションを支える6つの基本アスペクト
審議案の基本姿勢を学習活動の場に具体化していくための主たる牽引車が、Bazalgette らが示した「メディア・エデュケーションにおける6つの基本アスペクト」[14]である。(表17)

「アスペクト」という用語に落ち着いたのは、英国映画研究所と放送大学の提携で企画、作成された現場研修資料[15]においてである。『初等教育におけるメディア・エデュケーション』に「知識と理解の基本領域（Key areas of knowledge and understanding）として登場して以来、英語 (国語) とメディアセンター編の『国語科カリキュラム──メディア1：第7学年〜第9学年』[16]（1991）ならびに同研究所編の『中等教育におけるメディア・エデュケーション──カリキュラムに関する報告書』[17]（1991）に継承され、NC創案に伴走するかたちで、概念的枠組みとして具体的な指針となってきた。

Bazalgette は、「概念（concepts）」「課題（issues）」ではなく、あえて「アスペクト」と言い換える理由と

して、個々の概念の境目をあまり性急に固定させてしまうことなく、概念のあつまりを表すことばであることを上げている。同じビルを個々の様相から見ると見え方はすべて異なり、全体像を知るためには様々な様相から見なければならない。つまり、「アスペクト」ということによって、メディア・エデュケーションがもたらしうる内容リストを作成するのではなく、メディアにもとづいて考える、思考活動そのものを組み立てる根本をさし示すことができると考えたのである[18]。6アスペクトの順序性は発信から受信にいたるコミュニケーションの流れに沿う形で示されており、今この階段で自分は何をしているのかを体系づけ把握しようとするとき、指導者、学習者双方にとって有効なチェック機構となりえるよう配慮が伺える。(表17)

Bazalgetteは、このように思考の体系化にかかわる基本アスペクト、必然的に相互補完的な関係にあり、個別に段階的に学習するといった性質のものではないこと、それゆえ原則的に、どの学年においてもいずれも扱いうることをくり返し強調する[19]。また、設問の形で言いかえることで、教材研究から指導案の立案、学習活動から評価にいたる実の場においての活用が意識されていることがわかる。つぎに、これらをもとに編まれた現場研修プログラムを取りあげ、冒頭単元を中心にその意図するところの具体をみてみよう。

（２）自分の既知の知識や理解からの出発

『メディア・エデュケーション入門』[20]は、資料集、ワークブック、ＡＶ資料からなる研修プログラムセットである。これは、メディアに関わる学習領域研究の指導的立場にある英国映画研究所と映像メディアを長らく教育メディアとして活用してきた放送大学が連携することで、広く全国規模で新しい学習領域を浸透させ、指導者に具体的な指針を与えようとした試みにほかならない。研修の場でのフィードバック、修正、変更、追加が予想されたが、90年代をリードする主たる指針として考察に値すると考えた。

表17　メディア・エデュケーションにおける６つの基本アスペクト

だれがコミュニケーションしているのか、それはなぜか	①メディアの発信母体（media agencies）	だれがテクストを作成するのか・作成過程における機能について・メディア発信機関について・経済的背景とイデオロギーについて・意図と結果について
どのような種類のテクストか	②メディアの類別（media categories）	様々なメディア（テレビ・ラジオ・映画ほか）・形態（ドキュメンタリー・広告ほか）・ジャンル（ＳＦ・メロドラマほか）・その他のテクスト分類、類別化と理解の関連
どのように作成されるか	③メディアの技術（media technology）	どのような技術をだれが用いうるか・使用方法・作成過程および最終作品におよぼす違いについて
どのように意味するところを把握するか	④メディアの解釈（media language）	いかにメディアは意味を作りだすか・解釈コードや慣用について・語りの構造について
だれが受けとり、どのような意味をそこに見出すか	⑤メディアの受容者（media audiences）	どのように受容者と判断され、形づくられ、語りかけられ、伝達されるのか・どのように受容者はテクストを発見し、選び、消費し、それに応じるのか
どのように主題を表すのか	⑥メディアの象徴性（media representations）	メディア・テクストと実際の場所や人物、出来事、考えとの関係について・ステレオタイプとその効果

第4章　英語（国語）科教材における文学の学習指導の具体例

　研修の基盤となる概念的枠組みを知ることを目的とする冒頭単元は、その意味で考察の手がかりを与えてくれる。冒頭単元では、メディアに対する自分の既知の事項や理解度をふり返ることに始まり、それらをいかに身につけてきたかを自問。そのうえで基本アスペクトとどう関わっているのか、検討が促される。単元活動中つねに6アスペクトを意識し、自分の批判的態度や判断にどう反映していくものか考えるよう求められる。「すでに視聴覚メディアの熟達した〈読み手〉だと認めたうえで、改めて自分の力を省み、その力の内実を明らかにできるようでありたいと考えるところから出発している」[21]という研修の基本姿勢はそのまま児童・生徒の指導、評価の指針として本書全体に一貫している。

（3）導入としての学習課題：テクストを知る

　冒頭単元は、①テクストを知る、②テクストを分析する(1)、③テクストを作成する、④テクストを分析する(2)の4項目からなる。たとえば、導入部である第1課題テクストを知る（recognising text）をみると、イ．AVテクストの読み手として、自分の読みのスキルや理解力を認識し、組み立てることができるようにする、ロ．6アスペクトの概念的構造を概観する、というねらいのもと、

①－1　ビデオを見て、メモをとる（時間配当：30～45分）
①－2　基本アスペクトを知る（〃：3時間）
①－3　基本アスペクトをもとに1枚の写真を〈よむ〉（〃：30～45分）

の三種の学習活動が用意されている。

　第一の学習活動は、意識的にビデオをみるためにメモを活用し、それによって視聴者としての自分を意識化するものである。研修用の『ワークブック』（*Media Education an introduction Workbook*）に沿ってみたい。

学習活動①－1　ビデオを見て、メモをとる

　何気なくテレビをいれたとき、どのようにしてわずかなあいだに番組を類別し、予測し、見るかどうかの決定を下すのだろう。それは、視聴経験がテレビを〈よむ〉スキルを育んできたからだ。読書経験をもとに少し目をとおしただけで判断を下せるようになるのと同じである。この課題は、これらのスキルについて考えてみるためのものである。
①教材ビデオを見て、感じたこと、思ったことをメモにとろう。
　これはまったく自由な活動で、ビデオを見ながら心にうかんだまま自在になんでも書き留めてほしい。一度といわず、何度でも見て、メモを書き加えていけばよい。
②メモの整理と再検討
　書き留めたメモを以下の項目にそって整理してみよう。
　1．見、聞きできたこと　2．ストーリーの流れ　3．つぎに起こることがら　4．充分見、聞きできなかったこと、または理解できなかったことがら　5．テクストの種類　6．テクストの原作　7．カメラ・ワーク、色彩、特殊効果　8．だれに向けて作られているか　9．自分の意見　10．テクストの送りだすメッセージのイデオロギー
　（ワークブック巻末の資料（映画の概要）を用いて、2から6の項目についての事実確認も可能。それを参考にあらたな予測を立て、ビデオを見直し、メモをさらに充実させる。）(pp.13-14)

　教材ビデオは、突然祖母の死に遭遇した女の子が怪しいものかげを感じるまでをとらえた二分ほどのもので、第二次大戦後のオーストラリアを舞台にした中編映画の冒頭に当たる。モノクロであること、死という

素材、オカルト的雰囲気など、女の子の行動を追えば展開はわかるが、随所に思わせぶりな演出があり、後の表示的、判示的意味作用のあやに留意させる学習の導入でもある。

第2課題は、これを受けて3時間とたっぷり時間をとって関連資料を読解し、自分のメモを再検討する。ここではじめて基本アスペクトについて体系的な文章—Bazalgetteの「メディア・エデュケーションの基本アスペクト」[22]に出会い、メモの項目とのかかわりを考える。『ワークブック』では、基本アスペクトとは「いかにメディア・テクストが生み出され、伝達され、理解されるか、その論理的構造のなかで、人々がテクストについて考え、対応するときにみられる特徴的なありようを体系づける手段として考案されたもの」だとまとめている。それだけに研修者にとって既知のことも多い。あえて「これは現代的な映画だ」などと意識することを無意味だと感じる者を予測し「どのようにしてそうわかったのか自問自答してみるべきだ」と自らの認識のありようこそが問題であって、そのための「手段」としての有効性をくり返し指摘する。

加えて、「無味乾燥な区分」に陥らず、「理にかなった教育の基盤を築くために、できるかぎり多くの方法でテクストから意味を見出し、考察しうる道を開こう」とすることが大切と述べて、あくまでもテクストの多義性といかに真向かうかが問題とされる。

3

（1）写真を〈よむ〉

それでは、基本アスペクトを実際に活用した具体的な第三学習活動をもとに、編者が求めるところの6アスペクトの中身に触れてみよう。

学習活動①-3　一枚の写真を6つのアスペクトをもとに〈よむ〉
①つぎの写真を注意して1分間ほど見てみよう。そして、適切な表題もしくは見出し語を書いてみよう。
②それから写真を被うか、しまうかしたのち、写真から気づいたことをすべて書き出しなさい。書き終わったら、写真を取りだし、もう一度見て気づかなかったものがないかどうか調べなさい。
③つぎに、以下の設問に応え、必要ならこたえの根拠も示しなさい。
メディア解釈：なにを意味しているか、どのようにしてわかったのか
メディアの種類：どんな種類の写真か（いくとおりにも分類しうる）
メディア発信母体：だれが、なぜつくったのか
メディア技術：どのようにつくられたのかいえるか（色彩・照明・フォーカスなど、現像の質も）
メディア受容者：だれがこの写真を見るだろう、どのような状況下で、いつ、あなたがはじめて見たときの第一印象は
メディアの象徴性：写真は意図的ポーズをとったものか、自然のスナップか、なにかメッセージをもっているか、もしそうならどんなメッセージか
この種の分析に「正しい回答」などない。本書が期待する種類の反応を示すに留めておきたい。
④考察をふまえての検討（前掲書、p.15）

教材は、理髪店らしき店先でゆったりとしたポーズでことばを交わす白人系の主人と黒人系の軍人を近景のフルショットでとらえたモノクロ写真である。

学習活動の流れは、自分の読みに気づく読みの三段構成からなる。すなわち、①第一読をことばに表現することで定義づける、②記憶をたどり自分の読みを再構成し、再び見ることで読みのフィードバックを図る、③基本アスペクトにそって自分の読みを組み立てながら分析的によむ、である。全体から部分へ、要素へと段階をふみながら自分の読みの顕在化をうながすなかで、③ではじめて基本アスペクトを持ちこみ、体系的に一挙に細部まで解釈を深めていく。設問の順番は、表17のそれとは逆に受容者の読みに始まり、発信母体へと遡り、受容者の読みにもどる流れをもつ。これは、先のメモづくりの観点の順序に呼応しており、二重の意味で研修者の思考の流れをとどめることはない。第一印象やポーズに関する設問はまったく個々人の自由な読みに委ねられていると述べるなど、つねに研修者自らの読みを出発点とする姿勢をくずさない。

そのうえで「考察をふまえての検討」では、自分の読みのよってきたるところを考えるために、まずテクストの〈精読〉の観点を説

(©1992 The Open University)

くことに始まり、解釈コードとしての類別と発信母体、仕掛けられた表現としてのメディア技術、意識された受容者と続き、最後にメディアの象徴性が取りあげられる。共通するのは、意味の生成にどう関わったかですべて判断されていくことである。

（２）「考察をふまえての検討」
a．みるという〈よみ〉―デノーテイションからコノテーションへ

　ある視覚イメージの構成要素はすべからくなんらかの意図をもっているという立場に立つならば、あなた「独自の」読みは費やした時間に応じて詳しさを増すことになる。写真家は被写体をいかに枠取りするか選ぶのみならず、現像中に刈りこむこともできる。写真の一部分を隠してみると意味が違ってくるのがわかるはずだ。このようにあなたの「独自の」読みには、被写体の姿・形、入口の様子、看板の文字などを越えた多くのものを含んでいる。人物の立つ位置、カメラとの位置関係、人物相互の配置、衣服や表情の細部、壁や階段、歩道の材質などはすべて、写真の意味するところの一要素をなしている。導入段階でこのような詳細な着目を試みるならば、「これは○○についての表現だ」とか「それに対するわたしの意見は××だ」といった性急な結論に向かうこともないだろう。

　<u>まずあなたが実際見たものを客観的に見て</u>（表示的意味作用：デノーティション）、<u>それから、見たものをあなたが（そしておそらくは他の人も）どう解釈するだろうかと考える</u>（判示的意味作用：コノテーション）。<u>この過程こそメディア・エデュケーションの基本となる行程</u>であり、あなた自身の<u>批評活動にも指導にも役立つものと</u>考える。（前掲書、pp.15-16）

メディア解釈の基本とする多様な判示的意味作用に意識的であるために、表示と判示の差異に気づくところから始め、徐々に慣用や解釈コードの発展的作業へと移っていく。これはまた、NCとも呼応する。

b．解釈行為としての類別と発信母体の特定

　　類別には、(略) 多くの可能性が開かれている。発信母体や受容者に対する応え同様、写真をいかに解釈したか、どのような予測を立てたかにすべて関わってくる。ドキュメンタリー写真と分類したとすれば、ある特定の時代と場所で、シリーズ写真の一枚として、社会的状況や人種の相関を示すために撮影されたのではと思いめぐらすことになろう。撮影の日時、場所を特定していけばPicture Post誌のような雑誌も浮かんでくる。(p.16)

　テクストを多様な角度から認知するにとどまらず、類別によっていかなる期待を形成し、解釈に影響するかを理解することに重きが置かれる。また、発信母体に着目することは必然的に類別とかかわっていくことでもある。発信母体（Agency）という用語は、作成者としての子どもを視野にいれるとき、産業や機関ではなく、幅広い年齢層の多様な活動を包括しうる単語として選ばれた。

c．仕掛けられた意味としてのメディア技術

　　技術の問題は撮影経験に左右されがちだが、この写真がモノクロ写真であること、さらに、フォーカスが鮮明なのは黒人の航空兵の顔と肩であることなら、だれしも気がつくであろう。これこそが写真の枠取りや人物の配置以上に、この航空兵を写真の中心に押しあげたものである。(p.16)

　技術的スキルの習得から概念的理解の発達へと焦点を移していくことで、この学習領域には必ずしも複雑なメディア技術を要しないことを定着させようとする。それゆえ、メディアの質や作品結果のみならず、クレヨンからコンピューターまで意味の生成に関わり影響を及ぼすものすべてを対象とする。

d．受容者意識を推しはかる

　　類別と発信母体から考えて、写真雑誌のドキュメンタリー写真だとすると40年代から50年代の英国一般大衆を念頭に入れなければならなくなる。(略) 文章が添えられていなければ、受容のいかんを判断するのは困難だ。あなたの背景知識の程度で写真に対する反応が違って来るわけだ。(p.16)

e．象徴性のあやを楽しむ

　　この写真を解釈し価値づけるうえで、テクストの象徴性は重要だ。ポーズをつけたと判断するなら、イデオロギーの読み取りと本質的に関わってくる。人種的側面から理解しようとすることも読みを培う基軸となる。人種的少数派の新旧世代がそこに見えてくる。(略) このように、見る者にとって、写真は大胆な単純化と繊細さを合わせもつものとなる。(p.16)

　メディアは現実を再構成する。思想性、典型、偏見など、現実とテクストを関係づける様相（modality）の問題として学習領域の中核に位置する。多層的意味作用への気づきはまた、多民族共存社会イギリスの英語（国語）科教育の根本でもある。

　Bazalgetteは、理論的背景として多く記号学によっているとしたうえで、メディア・エデュケーションの目的は、メディア・テクストにおける意味生成のありように気づくよう仕向けること、テクスト分析力をは

第4章　英語（国語）科教材における文学の学習指導の具体例

ぐくみ、その気づきのうえに学習領域を築きあげることだと述べた[23]。6つの基本アスペクトは相互に絡みあい、学習者既習の理解力と学習意図を結ぶために、学習状況、思考過程に応じた有益な概念を体系づけ、分配し、仮にまとめる方途として存在する。固定枠ではない、行為者のいまを反映した解釈グリッドをめざしたといえよう。

注

1／2　J.D ボルダー『ライティングスペース』産業図書、1994.6、p.6
3　DES. *English in the National Curriculum* (No.2), HMSO. 1990.3
4　イギリスにおける映画、テレビ、ビデオの発展を推進し、映像文化に対する知識、理解を深め、その楽しさを広げることを目的とする。教育部門では、現職研修の企画・開催・援助・共同研究の推進、啓蒙活動、教育資料の開発と検証をとおして映像文化に関する活発な世論をよび起こすことを意図している。近年では、大学と提携し、研究者の育成にも力を注ぐ。
5　DES. *English for Ages 5-11*. HMSO. 1988.11
6　同注5、p.62. *Teacher's Weekly* 誌（1987.9）掲載論文からの引用。
7／8／11　DES. *English for Ages 5-16*. HMSO. 1989.6、9.4項～9.8項
9　Bazalgette, C. (ed) *Primary Media Education: A Curriculum Statement*. BFI Education Department. 1989.1
10　同注9、p.3
12　たとえば、坂元昂「メディア教育のめざすもの」（「放送教育」1988.6）
13　『メディア・リテラシー』リベルタ出版、1992年11月、p.7
14　同注9、表17は、p.8とp.20のリストを合成したもの。
15／20　Bazalgette, C. (ed) *Media Education-an introduction Workbook*. Open University, 1992
16　Grahame, J, *The English Curriculum: Media 1 Years 7-9*. The English & Media Centre.1991.
17　Bowker, J. (ed) *Secondary Media Education: A Curriculum Statement*. BFI Education Department. 1991.3
18／20　Bazalgette, C. Key Aspects of Media Education, Alvarado, M. et al. (ed) *Media Education-an introduction*, Open University, 1992. p.201.
19／22　同注18、pp.199-219
21　同注15、p.13
23　同注18、pp.211-212　イギリスにおけるテレビ研究とのかかわりについては、別稿に委ねる。

第2節　シェイクスピア（イギリスの古典（伝統的言語文化））作品の学習指導

2・1　イギリス初等教育における音声表現指導
　　　—シェイクスピア・プロジェクト（1989年4月20日）の一例—

1

　80年代、イギリスの母国語教育において、教材としてのシェイクスピア作品は、以前とは異なった面差を見せている。ひとつは、画一的な受験対策指導からの解放。これは義務教育終了時の資格試験 GCSE が新しく評価法としてコースワークを導入、推進したことと深く関わっている。GCSE は、この新評価法ゆえに、学力の低下への危惧、新たなエリート主義への懸念、生徒負担の増大など、当時試行錯誤が続けられた。けれども、"reading" でも "learning" でもない "doing Shakespeare" という表現が目新しくなくなったのも80年代後半に入ってのことである。今ひとつは、シェイクスピア〔体験〕の低年令化である。NC の話し聞く力（oracy）の重視に伴って初等教育段階におけ "doing Shakespeare" の試みが各地で表面化してきた。この両者の媒介となった一つに、ケンブリッジ大学教育学部 R・ギブソン教授を中心とする研究プロジェクト〔学校におけるシェイクスピア〕がある。これは、1986年、中等教育におけるシェイクスピア文学の指導開発をめざし組織されたものであるが、広く初等から中等段階にわたる実践的研究の要となっていた。稿者は、その研究メンバーのひとり、S.ゴードン氏のワークショップの数例に同行する機会を得た。早くから初等教育段階における "doing Shakespeare" の可能性をまさぐっていた氏の実践の一端を報告し、NC 導入によって関心の高まりつつあるイギリス初等教育における音声表現指導をとらえる縁としたい。

2

　稿者が参観しえた「真夏の夜の夢」1日ワークショップの全体像をとらえたい。

（1）概要
　この実践は、1989年4月20日、ロンドン西部リッチモンドにある英国国教会系教会学校 Bishop Perrin Church of England Primary School において、いわゆる First Junior と呼ばれる初等学校第1学年（7－8歳児）36名の男女児を対象に行われた。体育館を自由自在に使っての約2時間のワークショップと、数週間後に組まれた「真夏の夜の夢」演劇鑑賞とのジョイント・プログラムである。

（2）指導者
　指導にあたったゴードン氏は、ケンブリッジ大学在学中、演劇部に所属し、まず演者としてシェイクスピア戯曲と出会っている。大学卒業後、ロンドンの公立小学校で5、6歳児の担任をしながらシェイクスピア戯曲を授業に取りいれる試みをはじめ、1986年9月から研究プロジェクト〔学校におけるシェイクスピア〕

に参加。と同時に、ギブソン教授の勧めで母校の教育学部修士課程に入学し、初等教育におけるシェイクスピア指導を研究テーマとして、ケンブリッジ周辺の学校で実践研究を重ねた。1988年以降、Stage One Drama Consultants を経営する傍ら、リッチモンドにあるオレンジの木劇団の団員として活躍している。

Stage One Drama Consultants とは、1988年に氏が始めた学校向けの演劇教育コンサルタント会社で、シェイクスピア戯曲を用いた1回もしくは数回のワークショップを企画、その概要を小学校に送り、学校からの依頼に応じてワークショップを展開する。また、演劇教育や音声表現指導のカリキュラム作りのためのアドバイスを主な仕事とする。他方、オレンジの木劇団は、定例の劇場公演のほか、中等学校向けのシェイクスピア・ワークショップを中心に活動する商業劇団である。ロイヤル・シェイクスピア劇団研究部を筆頭に、中等学校向けのシェイクスピア・ワークショップを展開する機関は少なくないが、初等教育におけるワークショップの定着をこのような形で図ったのは、極めて珍しいことだと言われる。氏の特徴は、このふたつの立場の利点を活かし、連携を図るところにある。この「真夏の夜の夢」1日ワークショップで、アテネの大工クィンスとして児童の前に現れたゴードン氏は、数週間後、舞台の上から同じクィンスとして児童に語りかける。ほとんど全員の子どもが、このとき初めて作品世界とまともに出会う。音声表現活動を通して、7、8歳児にどのような作品への導入を演出しうるか。この実践の鍵はそこに尽きる。

(3) ワークショップの展開

この実践は、アテネの大工クィンス（指導者）を舞台回しとし、彼の3つの指示に従って、町の職人達（学習者）が、シーシュースとヒポリタの婚礼の前日の昼から夜を、現実から非現実への移ろいを体験するひとつづきの一幕芝居と見ることができる。

舞台は、アテネの町の広場に始まり、森へ、さらには妖精の世界へと変化するなかで、音声表現活動を通して、学習者は日常から非日常へといざなわれ、人間と妖精がともに住まう〔森〕の不可思議さを体感するよう仕組まれている。日常と非日常、そのふたつの世界の接点に、作品の終末部のパックの独白を挟みこむ。作品の主たる層である恋人達の世界には触れず、登場人物を限定。アテネの職人の世界に絞った人間界と、妖精の王オベロンと女王ティターニアの口論に代表させた妖精の世界に限った、取り立て上演のスタイルを踏襲したと考えられる。

基本的なワークショップの流れを作り出すのは、次の3つのクィンスの指示である。

1. ここは、アテネの町の広場。明日、シーシュースとヒポリタの婚礼が行われる。そこで、アテネの町の職人としては何か結婚のお祝いの贈り物をさしあげたい。みんなも職人になったつもりで知恵を貸してくれないか。
2. 日も暮れかかり、一日も終わりだ。ところで、大切なニュースがひとつ。みんなの知っているあの森に変なうわさがある。森はどこにある？（児童、指差す。）そう、その森に入っていった人が、みんながみんなってわけではないのだけれど、変なことになってしまうらしい。妙なことを言い出したり、自分がどうなったのか、わからなくなったり、そんな困ったわけのわからない感じ。そこで、森に何が起こったのか調べにみんなもいっしょに出かけてくれないか。（児童、うなづく。）そうしてくれるか、ありがたい。そこで、みんな離れ離れにならぬよう、いっしょにかたまっているようにしよう。そうすれば心配はいらないから。日も落ちてきた。森に行くには、明かりを持っていったほうがいいね。さあ、もっと近寄って、肩寄せあって。
想像してみよう。もう、我々は森の中。まわりには、どんなものがいるだろう。
3. 実は、森のなかで起こりつつある大切なことを明かすと…。ここには妖精が住んでいるんだ。妖精の王様は、

表18　シェイクスピア・プロジェクト―第1学年「真夏の夜の夢」ワークショップの流れ

		戯曲の関連場所	指導者の指示ならびに活動	児童の反応ならびに活動
婚礼の前日の日中→（光）アテネの町→	（導入）	第1幕	ハンティング帽をかぶり自分は大工のクインスと名のる。ここはアテネの町の広場。	体育館入室　BGMの音楽 車座に座る　開始 アテネはどこの国？町の広場にはどんなものがある？等の発問に応え、シーシュース、ヒポリタの名前をついて言ったりしながら、このワークショップの設定を知る。
	舞台回しとしての大工のクインス第1のメッセージ	第1場	明日、シーシュース（Theseus）とヒポリタ（Hippolita）の婚礼が行われる。そこでアテネの町の職人としては何か結婚のお祝いの贈物をさしあげたい。みんなも職人（tradesman）になったつもりで考えてほしい。	
	婚礼 婚礼の前日 アテネの職人達の世界	第1幕 第2場	児童の端から6～7人をグループとして5つのグループに分ける。大工②機屋③指物師④仕立屋⑤ふいごなおし）のグループ分けの際、仕事の内容や難語句の確認をするとともに、5人のゆかいな名前を紹介する。 仕立屋は常にほっそりしていたいという思いが名前の由来であることなど、さりげなく知らせて興味を引く。	音楽しだいに消える。 ① Quince a carpenter ② Nick Bottom a weaver ③ Snug a joiner ④ Starveling a tailor ⑤ Flute a bellows-mender の5人の名前を知り、〈joiner〉〈weaver〉〈bellows〉等の語の意味を確認。
	（グループ活動） ・動作化中心 ・ごっこ遊び的要素		グループ毎の助言、指導 せっかく仕事に熱がはいっているところ申しわけないが、出来具合を見てまわりたい。あと5分から10分のあいだで、最後の仕上げをし、店内を片づけてほしい。 グループ毎の発表	グループ毎に職人になったつもりで贈物を用意する。（約20分） 最後の仕あげ、店内の掃除、片づけのふりをする。
	（グループ活動の発表会） ・想像の遊び		①大工グループ	①贈物の発表→実演→指導者からの質問→クラスメートからの質問

	・作業のことばによる再現		ボタンを押すと中から2体の人形が起きあがってくる木製のおもしろい仕掛け	クラスメートからの質問に答えられないとき、指導者の言った「企業秘密」の言いまわしが気に入り、その後、自慢気に何度か用いる。
			②機屋のグループ	②説明し、実際に布地を手に取り、もちあげてみせる。
			〔毛織の布地〕	指導者の「みんなさわってみたい」の声に、一同、布地をさわるふりをする。「やわらかい」「すべすべ」などという。大きな輪にまいてある糸を引き、台の下のペダルを踏んで織る等仕組の説明。
			③ふいごなおしグループ	③ふいごの口元の絞り方、圧力のかけ方を中心に説明。
			（ふいご）	実演→質疑応答
			④仕立屋グループ	④出来あがったドレスをもちあげてみせる。
			（ウェディング・ドレス、靴、小物）	クラスメート、「汚してはダメ」「慎重にさわりなさい」の声を聞きつつ、触れる真似をする。
			⑤指物師	⑤説明→実演→質疑応答
				④のグループの男子と女子の2人が、いったん⑤グループのところに行きながら自分の店へ帰り、とじまりを確かめ二重に鍵をしめるしぐさをして、⑤のグループ説明に参加。「とじまりには気をつけなくっちゃ」と後から語りかけてくる。
			みんなすばらしい出来ばえだ。そろそろ店を閉める時間。聞いてもらいたいとても大切なニュースがあるから、できるだけ静かに、手早く店閉まいをして、バイオリン（フィドルも使用）の音が鳴りだしたら、急いで、先の町の広場に集まってほしい。	道具の片づけ

オベロン。女王様は、ティターニア。このオベロンはひどい焼きもちやき。ふたりの間には言い争いが絶えない。このところ、ティターニアが"changeling boy"という半分妖精で半分人間の少年ばかりかわいがるもので、一層仲違いばかり。ひとつ我々も、オベロンとティターニアになったつもりで口論してみようじゃないか。

これら３つの指示に従い、１．婚礼のプレゼント作り→２．妙な噂の真相を確かめに森へ→３．妖精の森と知った上で妖精の王と妃となって口論、と展開する三部構成である。

以下、順に詳細をかかげたい。

(3)-1　導入—アテネの町の広場—婚礼の前日の日中—婚礼のプレゼントを作る

始まりは唐突で、なお無駄がない。子ども達はシェイクスピアについて事前になんら指導も説明も受けず、体育館に集まり、車座に座ると、見知らぬ女性が立っている。にこやかに迎えた女性が、ハンティング帽をかぶり、「わたしは、大工のクィンス。」と名乗りをあげるや、この一幕芝居の幕が上がる。

活動の中心は、体育館のスペースを最大限に活用したごっこ遊びである。たとえば、大工のグループに振り分けられた児童は、飛び箱と低めの平均台を自分達のスペースに運び集める。ああでもない、こうでもないと贈り物の中身が話し合われる。足りない材料があれば他のグループに取られないうちに掻き集めてくる。体育館は、材料集めで走り回る子らの歓声で騒然。その間、クインスは、各グループを回り、相談にのり、それぞれのアイディアを膨らませる。アイディアが固まると、職人達は仕事に入る。からくり人形を考えついた先のグループは、飛び箱の下２段を積み重ね、二人の子供がその中に入り、スイッチを押すと、むくむくと人形がせり出てくる仕掛けを飽きずに繰り返し練習していた。グループ活動が始まって、15分もした頃には、糸を紡ぐ、束ねる、機織りが始まる、ウェディング・ドレスの型紙を裁断する、縫い始める、ふいご作りが始まるといった具合に、どの職人も休むことなく体を動かし、プレゼント作りに夢中である。この後、大事な婚礼の贈り物なので出来具合を見て回らねばならないと、クインスから声が掛かると、一層作業に熱が入る。自分の工房を片づけたり、掃除を始めるものもいる。ここまで20分強、時間をたっぷりかけた楽しい作業である。

音声表現という視点から見ると、まず、Nick Bottom a weaver、Stearveling a tailor など職人の名前に注意をひき、シェイクスピア言語への導入を図る。また、ワークショップ全体を通して、登場人物の名前をていねいに反復させ、劇鑑賞への配慮が伺えたが、異文化に育った筆者の耳にも、名前が音声にのせられるや、ここちよい調べとなって一人ひとり存在感をもって定着していくのが実感された。素人の印象ながら、語られるべく選ばれた言語といった思いをいまさらながらに感じる。おそらくは、それ故、予備知識のない７、８歳児でも語られた言葉だけを頼りに作品世界に一瞬たりとも立ち入ることが出来るのかもしれない。この音印象こそ最も大切なシェイクスピア鑑賞の導入といえないだろうか。

他方、ここには、作業を伴ったグループでの話し合い、指導者とのそれの他、グループ毎の発表、それに対する質疑応答といった数種の音声表現活動が自然に組み込まれている。とりわけ、各グループの工房にみんなを集めて、作品を披露し、作り方や機械の仕組みを解説する発表会では、恥ずかしさもあり、話型は単純なものの羅列であったが、自信作をみんなに認めさせようと必死なさまが手に取るように感じられた。応答につまった折、クィンスが助言する。その言い回しが効果ありとわかるや、次のグループの児童はちゃんとそれを用いて応酬するといった、生きたやりとりの飛び交う実の場であった。

第4章　英語（国語）科教材における文学の学習指導の具体例

（3）－2　展開1―森（現実と非現実の邂逅）―婚礼の前夜（闇の世界）―音読のバリエーション

　時間の設定はこのワークショップにおいて重要である。「日も暮れかかり、一日も終わりだ。」というクインスの一言で場面は一転する。昼間の広場の喧騒と労働とは、うってかわった静の時間が告げられる。ここでクインスから第2の相談ごとが示され、職人達は、今度は、不可思議な森の探索へと出かけることになる。ここで初めて児童は、作品のテクストと出会う。非現実の世界へといざなうパックの独白である。身体感覚をともなうその多様な音読のバリエーションが、児童にとっての現実から非現実への通路として機能するように配慮されている。

　ここに見られる音声表現活動は、次の9つの段階に整理されよう。
　1　児童にせりふの紙を配る→読みの分からない表現のチェック、個別指導
　2　クィンスの一度目の範読→難語句について話し合い
　3　クィンスの二度目の範読→難語句について話し合い
　4　児童による初めての通読→クィンス、読みのチェック
　5　森中どこへいってもいいから、歩き回りながら読む→クィンス、読みのチェック
　6　森で出会った友人と握手をして、互いにせりふを読みあう→クィンスも参加
　7　車座にもどり、輪の外には洩れないような声で、順に向かいの側の人に向かって言う
　8　体育館いっぱいに広がって、崖の上から人を呼ぶような感じで順に大きな声で叫ぶ
　9　その位置から順に好きな方向に走りながら言う。言い終わった所でストップモーションのように自由な形でとまる

　一見して、空間の立体芸術を体感させるような変化のついた反復音読が組織立てられているのに気づく。一人ひとり順に分担箇所を不安げに読みついだ単声に始まり、単声のアトランダムに重なりあい、共鳴し、ときに反発しあう和声の空間へ。また一転して、声を出来るかぎり抑制した単声に、次には、出来るかぎり声を爆発させた単声の変奏曲へと、パックのせりふを媒介に体育館は不可思議な森へと休むことなく変貌する。声の強弱、大小はもとより、動線の変化を伴った緩急自在なテンポに支えられ、パックの台詞は意味から解放され、音の連鎖と交換のなかにたっぷりと遊ばれることになる。稿者も、5と6の活動に参加してみたが、体育館中にざわざわと反響する声々の只なかにいると、ゲームを越えた心地よい錯綜感にも似た思いであった。

　この思いは、9の活動のなかでクライマックスに達する。先の活動との違いは、意味の連鎖による統合感、意味のまとまりに導かれた緊張感であろう。バラバラに点在し犇めきあっていた片々が、ひとつづきの意味のまとまりとして再構築されていく。対照的に設定された7、8の作業が意味を再び意識させる再通読であるとしたら、9の作業は、個々の解釈をともなった読解活動と置き換えられようか。子ども達が描く自在の動線とストップモーションは、声と一体となってそれぞれの読みを3次元の世界に移しかえる。しかし、この作業では、個々の読みはそれほど重要ではない。実際に子ども達の中に入ってみると、身体を固くして立っている稿者の背後から、斜め前から、真正面から、次々と覆いかぶさるように子どもたちが立ち現れる。いつ、どこから現れるか予想のつかない不安と期待がいりまじる。しかも、「いまやライオンどもは飢え、」「狼どもは月に吠え、」――個々の言葉によって喚起されるイメージが、この空気の緊迫感をいや増し、かつ導かれる。イメージの喚起力は、この空気の密度の漸層的な高まりによるところが極めて大きい。

最後の児童の読み声が響きわたると、そこここに立ちすくんだ児童の姿は、個々の音声表現の残像となって、自分をとりまく空間が妖精の住まう森にほかならないと実感させられる。

しかし、これら一連の音声表現活動を支え、つき動かしているのは、初めのクィンスによる範読で会ったことは言うまでもない。意味がわからないながらも、"the hungry lion" "the wolf" "glow" といった既知の単語を手掛かりに音の連鎖と響きが作り出す森と出会う。音印象の効果はあまりにも大きい。加えて、その折、時間をかけて難語句について子ども達と話し合ったことも忘れてはなるまい。質疑応答ではなく、児童の想像力を大切にした話し合いの場であった。二度の範読と話し合いを通して、児童は、先に自分達が想像していた森のイメージ——鳥、蝙蝠、狐、ねずみ、きのこや木々のある所——とは一味違った〔森〕と向かい合う準備を終えたことになる。

（3）-3　展開2—妖精の森（王と女王の宮廷）—婚礼の前夜——台詞読みのバリエーション

第3段階にいたって初めて、話者を意識した台詞読みが登場する。妖精の王オベロンと女王ティターニアの口論の一節である。表現読みのなかでも感情の枠組みが明確な言い争いに限った取り立て活動で、児童も日常の口げんかさながらに無理なく入り込めたようであった。また、四人一組のグループで一つの台詞を担当、ペアのグループと対抗するという、活動の形態にも変化が見られ、児童を飽きさせない。

このように、展開2は、3段階の台詞読みのバリエーションから構成される。一歩足をどんと踏み出す事によって演出される攻撃的な所作と、優美な宮廷音楽による人物造型と空間設定という対照的な活動の配列がここにも見てとれる。先ほど縦横に動きまわったかの森とは、うって変わった妖精の宮廷としての森を音楽が見事に演出する。展開1がある種の高揚のなかに終わったとすれば、展開2はワークショップそのものの結びとして穏やかである。

最後に、児童は、数週間後に組まれた「真夏の夜の夢」演劇鑑賞とのジョイント・プログラムであることを知らされて終わる。このとき、続きの物語展開を問われた児童の反応がこのワークショップの成果を物語っていた。どんな魔法が息づく森かを滔々と話し出す男児、そうではないと自説を言い出す女児など、指導者の予想をはるかに越えて、時間を延長し、子ども達の話し合いが続いたのである。

3

このワークショップの主な特徴は、まず、楽しさに支えられた主体的かつ能動的な文学体験の構築であろう。なかでも、展開の中核に、カイヨワがイリンクス、眩暈の遊びと呼んだ陶酔感覚にも通ずる音声表現の場を設定したことが目をひく。これによって、児童は、不可思議な森の生成に参加し、現実から非現実への移動体験をなしえ、指導者がしぼりこんだイメージ空間である〔森〕に分け入ることとなった。実践の外枠に、「絶え間ない創作」に支えられたミミクリを用意し、その内側に質の異なる遊びを組みこむ。音声表現を軸に、遊びの重層構造をあそぶ文学体験と言えよう。それが、シェイクスピア言語に固有の音印象に支えられているのである。

具体的には、演劇鑑賞の導入として、〔森〕の重層性の体験に絞った徹底した焦点化法をとり、イメージの定着を意図した。鑑賞の事前にあらすじを聞かされたとしても、全ストーリーを追うことの困難な児童は必ずいる。職人の視点でストーリーを追えるよう配慮された実践ながら、恋人達の錯綜する段になれば、視点を見失う子どもも当然出てこよう。けれども、作品の隠れた主人公ともいえる〔森〕の雰囲気は、低年令

第4章　英語（国語）科教材における文学の学習指導の具体例

の子どもにもなんらかの形で楽しみうるのではないか。筋の流れを理解して楽しむことよりも、劇空間に創造されるイメージを追体験し、一層豊かにふくらませ、楽しむことをねらった鑑賞指導と言えるだろう。

　年令に応じたの学習者の理解力への配慮は、この他にも随所に感じられる。音声表現に対する抵抗感を少なくするための様々な心遣い——短い分担量、指導者の範読、事前の話し合い、変化をともなった反復、具体的な表現に対する指示、身体表現と音声表現の無理のない相関などである。とりわけ、表現に対する指示は、「崖の上から人を呼ぶように」といったぐあいに、子どもがすぐ実行に移せるような形でなされ、発音、発声に関する技術的なそれではなかったことが印象的であった。

　さらに学習者への動機づけという点からは、緩急、静動の変化のついた作業の連動が一貫して貫かれていること。加えて、児童の優越感を巧みにくすぐるクィンスの指示も見逃せない。導入部でも展開1においても、クィンスは指示を与えるというよりも、職人仲間に同意を求め、願いを請うという姿勢を崩さない。子どもらの反応を見ていると、職人仲間としてクィンスを放ってはおけないといった感じになっていくのがよくわかる。展開2に至る頃には、いっしょに妖精ごっこでもやろうじゃないか、といった気軽な誘い文句で充分であった。

　「少数のエリートのためにシェイクスピアは保存されてきたのではない。多種多様な能力の児童生徒に開かれたシェイクスピア、すべての能力の子どものシェイクスピアは、机にかじりつき文学から学ぶといった古い指導観に挑むことで可能となる。」[1]と、研究プロジェクトの主宰者であるギブソン教授は言う。こうした、音声表現指導を支える、児童の主体的なテクスト参加を重視するイギリスの文学教育の方向は、この国が枠組みとしての標準英語観の変革に迫られた背景と、根のところで分かちがたく結びついている。

　他方、この実践が実現した背景には、NCの話し聞く力の重視を受けて試行錯誤する学校側が、ゴードン氏の企画に関心を示し、ワークショップの場を提供したという経過がある。シェイクスピア作品を用いて児童の主体的な文学体験を初等教育の場に、というゴードン氏の試みは、児童のみならず、NCに翻弄されがちな現場の指導者にとっても、指導理論を具体的な学習形態として示してくれる貴重な現職教育の場として、大きな意義を持っている。一般に演劇というと、台詞の暗記、衣装、小道具、舞台装置と、ともすれば特別なものと大仰に考えがちだが、テクストの解釈活動のなかに無理なく組みこみうる音声表現、補助的な作業としてではなく、解釈をつき動かしていく音声表現活動を考えるうえで、氏の試みから学びうるところは少なくない。

　　注1　Gibson, R. (ed.) (1990) 'Introduction', *Secondary School Shakespeare : Classroom Practice*. Cambridge Institute of Education. pp.1-10にもとづく。
　　補記1　シェイクスピア・ワークショップへの参加を快く承諾して下さったS・ゴードン氏ならびにゴードン氏紹介の労をとって下さった前ケンブリッジ大学教育学部教授R・ギブソン博士（Dr. Rex Gibson）に対し、ここに記して感謝申し上げます。
　　　2　『真夏の夜の夢』本文の翻訳については、『真夏の夜の夢』（小田島雄志訳、白水社、1983年10月10日）に拠っている。

2・2　イギリス中等教育における文学体験の可能性―テキスト『マクベス』（1981年）の試み―

はじめに

　ある文化のなかで文学がいかにとらえられてきたかを考える上で欠くことのできぬ作品がある。シェイクスピア作品もそのひとつである。イーグルトンは、「さまざまな時代が、その目的に応じて、「さまざまな」（略）シェイクスピアを作り出し、彼らのテクストのうちに評価すべき要素とそうでない要素とを見出」[1]してきたと指摘している。それら要素は必ずしも同じものではなかったにもかかわらず、少なくとも今日まで時代を越えて価値づけられてきた作品群ということになろう。とりわけ、文学が母語教育という枠組と結びつくと、本来「不安定な現象である」[2]はずのものが、その時代と社会の志向性を敏感に感じとりつつ、〈教えるべき要素〉〈学ぶに足る要素〉からなる客観的な集合体へと読み換えられてしまう。試験制度に組みこまれた〈文学〉が子どもにとって最も身近な〈文学〉である場合もすくなくない。

　イギリス文学の正典（典型）とされるシェイクスピア作品も、イギリス中等教育の資格試験制度を如実に反映してきた。中等教育における試験制度に文学（英文学）という科目が設けられたのは20世紀に入ってからで、1917年、資格試験 SC（School Certificate）が導入されて独立した評価科目と定められて以降である。しかも、イギリスの公教育が初等→中等→高等の3段階に系統立てられ、無選抜制の総合制中等学校が提唱され、中等教育の義務化とともに、すべての11歳から16歳児にひらかれた今日の前期中等教育[3]の基礎が築かれるには、『1944年教育法』を待たなければならなかった。この1944年法から今日までの資格試験の改変とシェイクスピア作品の扱われ方を簡略にまとめたのが表19である。5教科総合評価による資格認定から教科ごとのそれへ、一斉記述試験一辺倒からコースワークの導入へと、改変のたびにより多様な能力差に応えうる評価方法が模索されてきた。このコースワークは、授業中の学習活動の成果をそのまま評価対象とするもので、具体的には授業中の多様な言語活動をともなった書く活動、いわゆる各種レポートがその中心となる。これは、限られた進学希望者のための受験対策に終始しがちであった受験学年の文学の授業形態そのものの見直しと活性化をめざした改革案であった。

　この背景にはいくつかの要因が考えられる。主なものに、(1)文学の正典と位置づけられた英文学の詳細な研究から一人ひとりの読み手のテクストとの能動的な関わりの方へと英語（国語）科教育の関心が移ったこと、(2)総合制中等学校の充実と普及、それにともなう高等教育への進学希望者の増加、(3)社会における修了資格の重視（就職の採用条件など）、(4)移民の子弟の増加により〈民族の伝統〉〈母国語で記された文化遺産〉の意味するところが多様化したことがあげられよう。折しも、新しく資格試験が一本化された1988年には、1944年法以来のもっとも特筆すべき教育法案と言われる『1988年教育改革法』が世に問われた。全国共通カリキュラムにもとづく中央集権的な教育システムが、イギリスではじめて動きださんとした時に当たる。本稿では、このイギリスの教育改革にともなう文学教育の質的変容を考察するうえで、1970年に試験の一本化案が公表され、1988年に実施される、その中間点で発表された文学用テキスト『マクベス』[4]を取りあげ、検討したい。テキスト『マクベス』が示した文学観は、教育の場で創造しうる文学体験の可能性を問いかけて、GCSE試験[5]の全国評価基準書を作成するうえで、さらには全国共通カリキュラムを創案するうえで、

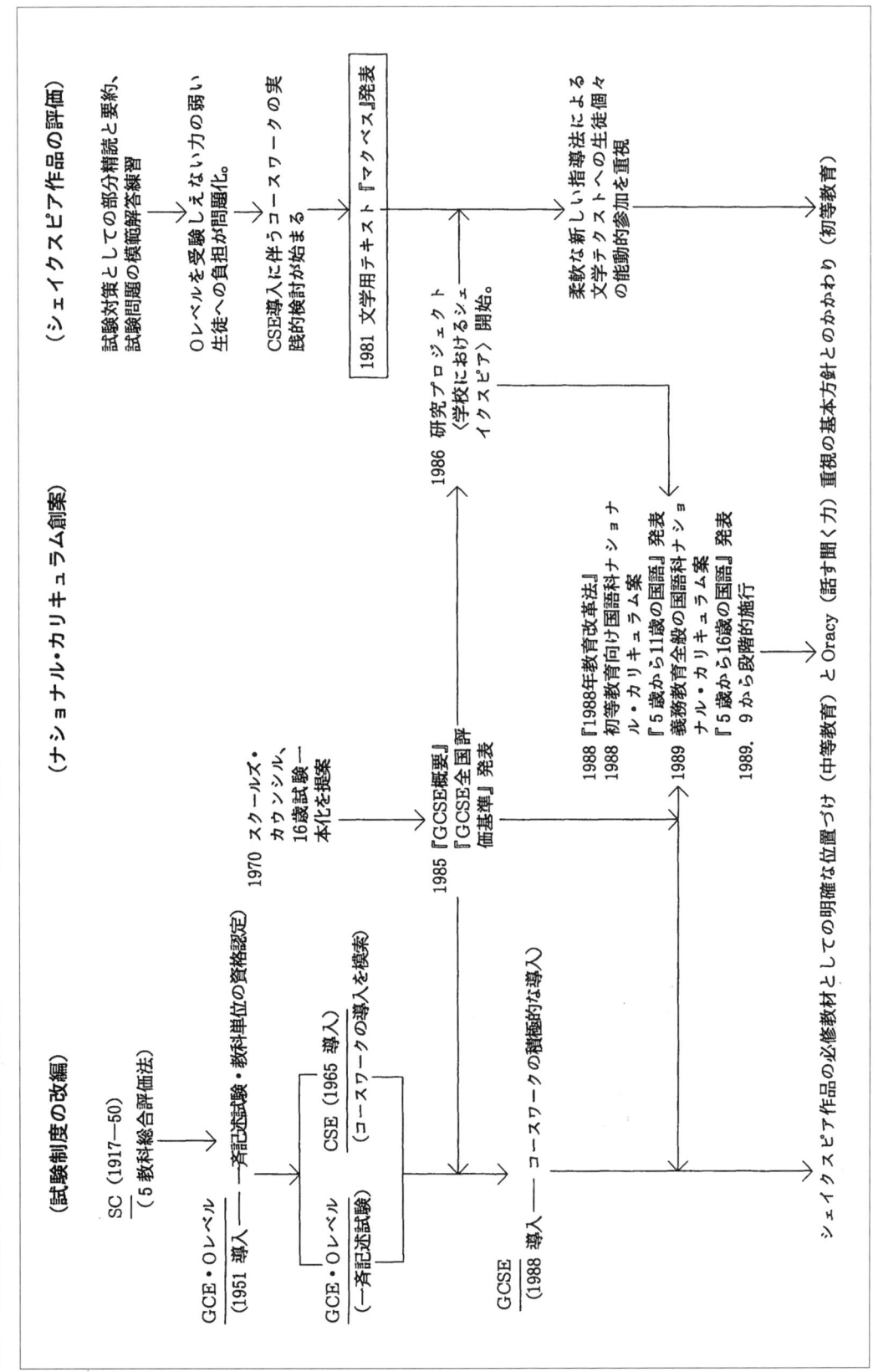

第4章　英語（国語）科教材における文学の学習指導の具体例

表19　義務教育修了時の資格試験の推移とシェイクスピア作品の学習指導

（試験制度の改編）

SC (1917—50)
（5教科総合評価法）

GCE・Oレベル
(1951 導入)──一斉記述試験・教科単位の資格認定

1970 スクールズ・カウンシル、16歳試験一本化を提案

GCE・Oレベル　CSE (1965 導入)
（一斉記述試験）（コースワークの導入を模索）

コースワークの積極的な導入

GCSE (1988 導入)

（ナショナル・カリキュラム創案）

1985 『GCSE概要』『GCSE全国評価基準』発表

1988 『1988年教育改革法』
1988 初等教育向け国語科ナショナル・カリキュラム案
『5歳から11歳の国語科』発表
1989 義務教育全般の国語科ナショナル・カリキュラム案
『5歳から16歳の国語』発表
1989. 9から段階的施行

（シェイクスピア作品の評価）

試験対策としての部分精読と要約、試験問題の模範解答練習

Oレベルを受験しえない力の弱い生徒への負担が問題化

CSE導入に伴うコースワークの実践的な検討が始まる

1981 文学用テキスト『マクベス』発表

1986 研究プロジェクト〈学校におけるシェイクスピア〉開始

柔軟な新しい指導法による文学テキストへの生徒個々の能動的参加を重視

シェイクスピア作品の必修教材としての明確な位置づけ（中等教育）とOracy（話す聞く力）重視の基本方針とのかかわり（初等教育）

— 203 —

少なからず影響を与えた先駆的な実践研究の成果のひとつである。

（1）GCSE「英語（国語）科」における〈文学〉

『GCSE全国評価基準』[6]には、英語（国語）科が育むべき能力として、

・話すこと、書くことを通して、正確に、適切に、効果的に伝達する力
・多様なメディアを通じ、聞いたこと、読んだこと、体験したことを理解し、想像力ゆたかに対応する力
・文学を楽しみ、味わう力
・自分を知り、他者を知る力[7]

の4項目が掲げられている。多様な情報化社会に生きるひとりの言語生活者として身につけるべき表現・理解の基礎力とともに、文学との出会いを通して人生のゆたかさに触れえる力が重んじられ、それらを通じて自らをかえりみ、他者をも再認識する。義務教育の終了時に、それらの総合力を英語（国語）の力として求めたのである。具体的な評価は、

　英語（国語）一般（English）
　　　（口頭表現（Oral communication）を含む）
　文学（English literature）

の3領域をもって行われる。なかでも本稿でとりあげる文学の評価事項ならびに評価方法を表20[8]にまとめた。その詳細を、全国評価基準書にもとづいて作成されたロンドン／イースト・アングリアン試験作成グループ（通称LEAG）の1988年度用GCSE「英語（国語）科」試験要網のなかから「文学」のシラバス[9]と合わせて見ていきたい。

　ペーパー1から3まで3種の評価法が提案されているが、配点比率のもっとも大きい必須課題にはすべてコースワークが当てられているのに気づく。そのペーパー1スタディ(1)には戯曲とあり、下段の韻文、散文に対する明確なジャンル設定が見てとれよう。その戯曲のうちから「1ないし2作品を選び」、提出された学習成果には「作品のプロット、背景、人物、行動、テーマについての詳細な学習のあとが示されていること」が求められている。これは、表20の評価事項の下線(1)「文学的文章の詳細な研究」に対応すると考えられる。

　他方、ペーパー1のスタディ(2)には、「特に自分が関心を抱いた文学作品の特色について書く。作品は受験者の自由選択。」とあり、表20の評価事項、下線(2)「幅広い読書体験」をオープンスタディという自由課題学習として具体化したことがわかる。これら2点、詳細な作品研究と幅広い読書体験という深さと広さの双方を明確に位置づけたこと。批評読みの観点も幅広い読書体験のなかに組みこまれてこそ真の意味をもつという姿勢を評価基準と評価法の両面において明示したことが、GCSE「文学」の評価のもっとも際立った特徴であろう。

　表20の中で、「文学」の有効な評価方法として広範な記述活動が求められ、「まとまった長さの文章表現は、試験全体の50％以上を占めていなければならない。」とある。コースワークの導入は、「従来の試験方式と比べ、幅広い言語能力を駆使した多岐にわたる活動の機会を生み」「適宜自在に評価しうる」ものとして明確に位置づけられ、書く活動はその「評価対象となるすべての能力を」十全に発揮しうる場として重視されている。表21のLEAG試験要網の選択必修にもコースワークが設けられており、新しい資格試験制度の評価法の主たるところがコースワークに置かれているのが明らかだ。そこで、すべての学習活動が書く活動

第4章 英語（国語）科教材における文学の学習指導の具体例

表20 GCSE「英語（国語）科」における「文学」の評価（下線は引用者）

2-1 評価事項

「文学」
　評価は、(1) 文学的文章の詳細な研究と(2) 幅広い読書体験の両面にわたって、以下の能力が発揮されうるかを試されねばならない。
・通読して作品の意味内容をつかみとる力
・作品の表面的な意味の把握から主題、作風に関する深い理解を示すにいたる多様なレベルの読解力
・作家の表現方法に気づき、理解する力
・作家が効果的に用いたその他の手法（構成、人物造型など）を見いだし、理解する力
・読みとった事柄について、鋭敏にかつ広い視野に支えられた私見を伝達する力

2-2 評価に関する留意事項

「文学」
・書く活動を幅広く活用することは、「文学」の評価において効果的である。短答を求める設問形式が、部分的な読解や鑑賞にかぎって判断するのに適しているのに対し、広範な記述作業は評価対象となるすべての能力を発揮することができる。まとまった長さの文章表現は、試験全体の50％以上を占めていなければならない。
・授業で既習の作品のみならず、注意深く選びだされた未知の作品に取り組ませることも重要である。作品の意味内容を通読して、即座につかみうるかどうかの判断の、基準になろう。また既習の作品の内容把握を問う場合、単に読みとった事柄の再確認に終始してはならない。
・とりわけ「文学」の評価には、コースワークは児童の幅広い読書活動を評価するために効果的である。一回の試験で判断しようとしても、満足のいく設問をなげかけるのは、困難である。

・「英語（国語）一般」および「文学の評価において、コースワークは有効な手段である。従来の試験方式と比べ、幅広い言語能力を駆使した多岐にわたる活動の機会を生みだし、かつ、多数の参加者の広範な活動を適宜自在に評価しうる。コースワークは学校内で評価されるべき性質のものである。
・「英語（国語）一般」「文学」ともに、コースワークと最終試験を組あわせた折衷法が望まれる。試験要網において、少なくとも配点の20％はコースワークに当てること。すべての評価を行う場合は、一定の条件のもとで評価しうるような活動をいくつか含んでいなければならない。

表21 LEAGのGCSEシラバス

必修	ペーパー1	コースワーク（指導者が評価）	スタディ(1) 戯曲	―1ないし2作品を選ぶ。提出されたレポートには、作品のプロット、背景、人物、行動、テーマについての詳細な学習のあとがしめされていること。	計5課題提出。各スタディとも最低2課題提出。5課題中1つは一斉記述。	50%
			スタディ(2) オープンスタディ	―特に自分が関心を抱いた文学作品の特色について書く。作品は受験者の自由選択。		
選択必修	ペーパー2	筆記試験	セクションA 韻文	―はじめて読む詩について、すべて質問に回答。	所要時間2時間。15分の延長可能。	50%
			セクションB 散文	―推薦図書リスト中より既習の2作品について解答。		
	ペーパー3	コースワーク（指導者が評価）	スタディ(3) 韻文	―複数の作品のなかから1ないし2作品を中心に書く。最低1作品は未学習のものであること。	計5課題提出。各スタディとも最低2課題提出。	
			スタディ(4) 散文	―1ないし2作品を選ぶ。		

へと収斂していくコースワークのありようを見るために、スタディ(1)の戯曲作品として『マクベス』を選んだ場合を想定し、文学用テキスト『マクベス』に沿いながらコースワークにおける文学体験の実際を検討する。

（2）文学用テキスト『マクベス』の試み

テキスト『マクベス』Ashton, P & Bethell, A. (1981) *Macbeth*. the ILEA English Centre. は、内ロンドン地方教育局（ILEA）の中等学校英語（国語）教育センターのリーディング・アドヴァイザーら専門委員が中心となり、センター主催の現職者研修コース〈マクベス〉に参加した現場教師との共同研究の成果として1981年発表された。現場実践と共同研究のあいだで時間をかけて練りあげられた指導法が具体的なテキストの形をとって広く学習者に手渡されたのである。このILEA教科教育センターは、ロンドン大学教育学部等とともにロンドン地区のGCSE試験要綱作成グループの一員として新しいシステムの開発を推進してきた指導的現職教育機関のひとつである。1980年、政府見解として新試験導入の意向が公表されるや、既存のGCE・OレベルとCSEの合同試験作成グループが各地域に誕生。全国評価基準を模索し、試験要綱をまさぐり、現場の学習活動のあり方を探った一連の諸活動が表面化した。水面下の諸研究は、1970年にスクールズ・カウンシル[10]が16歳試験の一本化を打ちだしたときから始まっているわけで、新試験GCSEの諸基準は約15年にわたる経験的つみあげが制度化されたものと言ってよい。その意味で、文学用テキスト『マクベス』は、先の試験要綱のスタディ(1)が求めるコースワークを具体化する典型例とみることができる。

（2）－1　構成

テキストの主な編集方針は、シェイクスピア作品の表現と内容双方に対する抵抗観を取り去り、授業で作品を読み味わう指針となり、あわせて観劇の手びきともなることに置かれている。その意図に沿って、

　A．『マクベス』を読む前に
　B．『マクベス』を読む
　C．『マクベス』について書く

の3部から構成される。導入→基本的読解→精読をともなう表現活動という3段構えである。しかも、すぐれたテキストがおしなべてそうであるように、本テキストもBからAへ、CからB、Aへ、またその逆へと自在なフィードバックが期待された構成となっている。全体の流れを追いながら見ていこう。

（2）－2　A．『マクベス』を読む前に

まずAでは、作品の執筆当時の史的、社会的背景とシェイクスピア言語——古語の韻文体についての興味づけと基本知識を提供する。

　A－①シェイクスピア戯曲の言語表現——読みの抵抗感を取りのぞくために、古語と韻文体に着目させる。『マクベス』が発表された数年前（17世紀初頭）に書かれたベン・ジョンソンの文章（当時の喫煙の流行を皮肉った小文）を諷刺画とともに引用。音読を促し、むずかしくはあるが、おおよその意味はとれることに気づかせる。さらに韻文体であることに着目させ、作者が最も好ましいと信じて選びとった表現法であることを指摘する。

　A－②4通りの書きかえ——マクベスの戦場での活躍を国王に報告する将校のセリフを（第1幕2場）、まず説明文で意味をとらせ、次に西インド諸島系移民の口語体（クレオール語）とロンドン方言コックニーで書いたものを読ませる。最後に戯曲本文を読み、説明文と韻文体の違いに留意させながら音読をうながす。

その後、レノックスのせりふ（国王殺害の夜の異様さを述べたもの）を説明文に書きなおし、次に生徒にとって最も身近な地域語で書く書きかえ練習を行う。

　A－③16、7世紀の魔女伝説について——当時の石版画を用いて魔女伝説を解説。作品発表当時の君主、ジェイムズⅠ世が出した魔女狩りの触れ書きを示して、当時の人々の迷信と恐怖心について理解を深める。

　A－④ジェイムズⅠ世暗殺未遂事件——火薬陰謀事件として有名な、時の王ジェイムズⅠ世の暗殺未遂事件（今日でも、ガイ・フォークス・デイと呼ばれ、子どもの祭りのひとつとして残っている）のあらましを解説。『マクベス』初演当時の観客にとって、魔女も国王暗殺も身近な内容であったことに着目させる。

　これら4項目の学習活動が、それぞれ見開き1枚2頁に、図表や写真を用いて視覚的効果をねらったレイアウトで展開される。

（2）－3　B．『マクベス』を読む

　つづくBとCは、いよいよ作品本文へと読みいるときの二つの観点を示してくれる。Bは各場面ごとの読む観点、Cは書くことの観点である。コースワークの中心はCにあるが、Cに用意された13の課題をやることが、同時にBの4つの読みの観点を有機的に結びつけることになる。つまり、Cの学習活動は読みのプロセスがそのまま書く活動に一致するよう仕組まれた指導過程の流れを示しているのである。

　表22[11]は、B『マクベス』を読むの中から第1幕の初め、魔女の登場する2場面を訳出したものである。そこには、Cに連動する4つの読みの観点として、内容把握、文章表現への着目、考察と話し合いの観点、写真にもとづく考察が用意されている。これらは、授業中の読解活動や録音テープ等を用いた通読の際の指針となるよう配慮されている。内容把握と文章表現への着目の2項は、それぞれアルファベットが対応しており、力の弱い生徒でも基本的なストーリー展開とキィーワードが整理されたガイドブックを片手に本文が読み通せる仕組である。さらに、各場面に添えられた写真は、ロイヤル・シェイクスピア劇団公演からより抜いたもので、多くを語りかけてくるすぐれた写真によって読み手の想像力に働きかける効果は測りしれない。単なる視覚的効果をはるかに越えた精読への手びきとなっている。考察と話し合いの観点も、核となる表現群とともに写真を通してはじめて活かされてくる。Bの読みは、より深さと角度をもった読解をともなう表現活動への広範な取材活動の場であるとともに、Cの表現活動によって常にフィードバックされる関係と言えよう。

（2）－4　C．『マクベス』について書く

　いうまでもなく、『マクベス』は、スコットランドを舞台に、3人の魔女の予言にまどわされ、次々と非常な殺人を重ね、ついにはおのが罪の代償をみずからの血であがなうにいたるひとりの貴族の転落のドラマである。その全編を丸ごと扱う場合、作品世界全体を見わたせるという読みの醍醐味と息切れという矛盾を孕んでいる。こうした丸本形式の場合、部分の精読と全体に光をあてる作業をたくみにからみ合わせ、立体的な文学体験を可能にするために一層の配慮が求められるものだ。次にCの13の学習活動を整理してみた。

①本音とたてまえの重層性——作品の主要な表現（人物の二面性のあや）に着目し、物語文を書く。
②説得法——マクベス夫人の説得術を模して、説得の場面を書く。
③罪悪感——マクベスの罪の意識と恐れに着目し、罪悪感にさいなまれる人物の物語を書く。
④予言——甘いことばでささやかれた予言が招く破綻を題材とした物語を書く。
⑤星占い——身近な星占いの婉曲的で思わせぶりな説得法を用いて、作品中の主要人物の星占いを書く。
⑥仮想裁判——仮想裁判の法定陳述の草稿を書く。

表22　B．『マクベス』を読む（3人の魔女登場の場面のみ抜粋）

場面	内容把握	文章表現への着目	考察と話し合いの観点	写真にもとづく考察
1幕1場 魔女の密会 （P.10）	3人の魔女は、戦いから帰還するマクベスに会うことにする。	a．戦に勝って負けたとき。 b．いいは悪いで悪いはいい。	・シェイクスピアは、どうしてこの作品を魔女の登場ではじめたと思うか。 ・この第1場面から、今後どのような筋の展開が知られるか。 ・全体としてどのような劇を予想するか。	年上の魔女が妹の魔女にたずねている。本文のどのせりふを言っている場面だろうか。妹の魔女が恍惚とした表情でいるのはどうしてだか、説明できないか。この写真はあなたの思っていた魔女像そのものか。
1幕3場 マクベスとバンクォーが彼らの未来を知る―それは良い知らせか、悪い知らせか― （P.11）	a．再び魔女達は集まり、呪文を結ぶ。 b．マクベスとバンクォーは、戦場から帰還の途中である。 c．彼らは、魔女達と出あう。 d．魔女は、マクベスに、彼がグラームスの領主に、（すでにそうである）コーダーの領主に、（より大きな権力をもつ高い地位）将来の国王に（最高の権威）なると告げる。 e．バンクォーへの知らせは、それと異なり、彼は王にはならぬが、王の父君となるというものであった。 f．マクベスは、コーダー領主は現に生きて元気でおられることを思って戸惑った。ましてや、王になるなぞ想像することすらむずかしい。 魔女達消えさる。 ロスが登場。マクベスが新しいコーダー領主となったことを告げる。（今の領主は裏切り者として処刑される運命にある。）魔女の知らせは正しかった！3つのうち2つも！ g．マクベスは呆然自失。現在の地位を喜びながらも、将来に不安を覚える。国王になる道など全く閉ざされているかに思える。	a．しーっ。これで呪文が結ばれた。 b．こんないいとも悪いとも言える日ははじめてだ。 c．なんだ、あれは、ひねこびた姿、気がいじみたなりふり、 d．万歳、マクベス、将来の国王！ e．マクベスほど偉大ではないがずっと偉いかた。 f．コーダーの領主は生きておる、いまをときめく男盛りだ。いわんや将来、国王になるなどとは、コーダーの話以上に信じられぬ話だ。 g．あの不可思議ないざないは悪いはずはない、いいはずもない。	・この場面のなかで、悪いこと（foul）とはどのようなことか述べなさい。 ・同様に良いこと（fair）とは、どういうことだろうか。 ・この場面の最後には、マクベスはどのように思っていたと考えるか。 ・「よく聞く話しだが、地獄の手先どもはわれわれを破滅に導くために、まず真実を語り、」と、バンクォーは、魔女の予言が実現したあとで語った。彼は、マクベスにどのような助言を与えようとしていたと思うか。	（写真1） この場合、バンクォーは何を言っているかわかるか。 マクベスのこの表情から、魔女に対するどんな反応が読みとれるか。 （写真2） この画面にあるせりふを見つけだせるか。 なぜ、マクベスはまっすぐわれわれの方へ見つめているのだろう。写真1の彼の表情と比べて、写真2のそれはどんなところが違うか。

⑦『マクベス』上演にむけて——演出ノートを書く。
⑧インタビュー——登場人物とのインタビューを書く。
⑨マクベスは英雄か悪漢か？——作品におけるマクベスの役割を考察する批評文をかくための話し合い。
⑩人間の表と裏——作品の中からものごとおよび人物の表裏を表した部分をぬきだし、リストを作る。
⑪闇と病のイメージ——『マクベス』のイメージについての批評文を書くために、闇と病のイメージ群に着目し、話し合ったり、表現をぬき書きする。
⑫１場面を詳しく読む——夢遊状態でマクベス夫人が語る告白を軸に、第５幕第１場を精読し、この場面づくりの効果について批評文を書く。
⑬クイズ——20の設問によるまとめ読み。

　共通して、グループまたはペアによる話し合いが読みを深め、書く作業へと連動するよう配慮された学習活動となっている。ここで扱われる文章には、①③④の物語創作、娯楽性をもたせた⑤の星占いづくり、⑥のような弁護側、検事側にたった法廷陳述の草稿、⑦に見られるような『マクベス』上演の演出ノートの作成、⑧登場人物とのインタビューを想定した対話文、さらには⑫のように作品分析をふまえた批評文といった多彩な文章表現が見てとれる。他方、これら多様な学習活動が、相互の有機的な関連性に支えられながら、ゆるやかな難易度の順に並べられ、仕あげとも言える批評文が最後に置かれているのに気づく。

　例えば、表現手法のつながりから②－⑤－⑥のまとまりが意識されよう。（表23）[12] ②では、夫にダンカン王暗殺を説きふせるマクベス夫人のおだてる、なじる、価値をいぶかしがる、元気づけるという４段階法の説得術に着目させ、ある劇中の説得の場面を創作した。⑤では星占い独特の思わせぶりな婉曲手法が取りたてられ、⑥の仮想裁判におけるスピーチ原稿づくりの表現技法として二者が活かされていく。マクベス夫妻の裁判を想定し、マクベスの弁護、夫人の有罪追求の陳述草稿を作成するために、論証に有利な部分をメモしながら第２幕２場（王を殺し自室へ戻る）までを再読。メモづくりを伴う部分精読と説得の手法を用いた創作が巧みに組み合わされている。⑥の作業はまた次の⑧のインタビューに関する話し合いで更に深められることとなる。

表23　表現手法への着目―説得法

②説得法
　マクベス夫人は、マクベスに国王を暗殺するように説きふせ、三人の魔女の予言を実現させなければならない。そのために、夫人がどのようにはからったか覚えているだろうか。つぎに、彼女が用いた説得術の数例をあげよう。(1.7.35〜61を中心に引用)
　　＊<u>おだてる</u>：ああ、グラームズ、コーダー／いえ、予言のあいさつによればそれよりもっと偉大なかた、
　　＊<u>臆病さをなじる</u>：ご自分で臆病者と思い定めて生きていこうというのね？（略）「やるぞ」と言っては「やれないと」嘆くのね？
　　＊<u>男としての価値を問う</u>：あの勇気のあったあなたこそ／真の男、
　　＊<u>元気づける</u>：勇気をふりしぼるのです、／そうすればやりそこなうものですか。

【やってみよう】
　誰かが、他人に何かよからぬことをさせるよう説きふせている劇の場面を書く。たとえば、
　　——保険金めあてに殺人を犯させる
　　——商店に押しいらせる
　　——試験でカンニングをやらせる

相手はいったんはその気になったのだが、決心を変えてしまう。そこで口にする最初のせりふは、マクベスの「このことはもううちきることにしよう。」を言いかえてみてはどうだろう。
　マクベス夫人が用いた４種類の説得術をすべて使ってみよう。物語の筋そのものにあまりこだわらず、説得の様をできるかぎり生き生きと表すことに集中しなさい。

⑤星占い
　　＊さそり座（11月23日〜12月20日）
　　　　昇進の機会にめぐまれたり、これまでの努力がむくわれるかもしれない。
　　＊天びん座（9月23日〜10月22日）
　　　　まったく違う仕事についたほうがいいのではないかと思うこともあるだろう。
　　　　（略）

【やってみよう】
　上にあげたのは、1979年7月3日付「ディリーミラー」紙に載った星占いである。
けれども：これらの多くは『マクベス』の登場人物の性格に当てはめることができそうだ。
　　・どの占いがどの人物に当てはまるか考え、劇中で実現したと言える星占いを示しなさい。
　　・魔女の予言と、あなたが劇の事件の展開について、知っていることがらをもとに、それぞれの人の星占いを書こう。
　　①マクベス　　　②マクベス夫人　　③マルカム
　　④バンクォー　　⑤マクダフ夫人　　⑥ダンカン王
　少なくとも２人分は書こう。上の星占いの例や身近な星占いの文体をよく調べたうえで書くこと。けっして、必要以上に言いきらない表現をつかう。だから、ダンカン王の場合なら、「明日、あなたはころされるでしょう。」ではなくて、「あなたの人生に急激な変化があるかもしれません。」という表現であろう。

⑥仮想裁判
〈マクベスとマクベス夫人を裁く〉
　ダンカン王暗殺後、マクベスとその夫人が逮捕されたと考えてみる。裁判となったとき、マクベスは、殺害の罪を認めるが、夫人は認めようとしない。
　ここで、二人の法律家が必要となる。ひとりは、弁護人でマクベスより軽い刑となるよう、殺人は犯したものの考慮すべき点のあることを示す。もうひとりは、検事として、みずから手を下してはいないものの、マクベス夫人の行いは重い刑に値することを証明しようとする。

【やってみよう】（二人でひと組になって作業する）
1．マクベスの弁護にあたるか、それとも夫人の罪を追求するか決める。
2．記憶を手がかりに、自分の立場に有利な事柄をすべて見つけだす。そのとき、つぎのような問いかけをしてみるといい。
　マクベスについて
　　a．暗殺を犯すまえは、彼はどのような人物だったのか。（高い評価をえていたか。）
　　b．誰か、彼に強い圧力をかけた者がいたか。いたとしたら、それはどのようにしてだったろう。
　　c．正常な精神状態だったろうか。（奇怪な体験、幻覚などは？）
　　d．ダンカン王を殺すことは、たやすいことだったのか。
　　e．ダンカン王を殺したことを悔やんだか。（良心の呵責を示すことがらや自己嫌悪のあらわれは？）
　マクベス夫人について
　　a．夫に殺人をほのめかしたか。
　　b．殺人をおこなうよう仕向けたか。
　　c．殺人を犯すよう夫を威圧したか。
　　d．殺人を計画するのを助けたか。
　　e．殺人を実行に移すにあたって手助けしたか。
　　f．殺人をかくそうとしたか。
　　g．そのあと、殺人についてどのように感じていたのか。

第4章　英語（国語）科教材における文学の学習指導の具体例

> 3．戯曲にもどって見てみよう。（第2幕第2場面の終わりまで）そして、マクベスや夫人のことばのなかで自分の論点を証明するために引用するものを見つけなさい。たとえば、
> 　a．ダンカン王は、マクベスのことを「おお、身内ながらあっぱれ勇敢な男だ。」と称し、コーダーの領主にすることを約束した。将校は、戦いのあり様を悟りながら、「勇将の名の高いマクベスが」と言った。（第1幕第2場面）
> 　b．マクベスがダンカン王の来訪と一夜の宿泊を告げたとき、マクベス夫人は、「いいえ、その明日はけっして日の目をみないでしょう！」と言った。そして、暗殺について話した後、彼女は、「後のことは私が引き受けます。」とも言った。
> 4．メモした事柄を用いて、法廷陳述の草稿を書く。この場合、検事もしくは弁護人であるかぎり、自分の側に不利なこと柄にはふれず、有利な点を述べたてることに専念すればいいことを忘れずに。
>
> 　被告マクベスは、ダンカン王殺害の真実を認めております。しかしながら、本件はそれですむほど単純な事件ではないことを、この場で申し述べてみたいと思います。

　一方、作品世界を読み解くという観点から13の活動を見渡すと、『マクベス』全体を貫く二重性――人の世の裏表や人間の本音とたて前のずれ・対立、さらにはそれ故の内なる葛藤や心ばえ、機敏に着目させるべく、①－③－⑥－⑨－⑩（表24）[13]と繰り返しとりあげられ、作品の反復熟読の観点となっているのに気がつく。①において、「うわべは無心の花と見せて、そのかげに蛇をひそませる」人物の物語を創作することで、作品精読の観点として見かけと本質、本音とたて前といった矛盾を抱きこんだ重層性が意識される。これは、③において作品の内的プロットであるマクベスの罪意識に目を向けさせ、⑥の仮想裁判では弁護側の眼でマクベスの行動や心理を見つめ直すことへと関連していく。⑨の話し合いは、まさにマクベスは英雄なのか、悪漢なのかをテーマに再読を促し、⑩に至って、人間の表と裏という観点で再び作品全編を読み通す。この時、「短剣・森・みせかけの約束・亡霊・「いいとも悪いとも言える」日」等が、A観客が、登場人物より早く真実とは異なる側面がしめされたものだとわかる場合とB登場人物ともどもわけがわからず、後になってやっと真相がつかめる場合のどちらに属するか調べながら読ませる。真実をいかに読み手から包み隠し、いかに暴きだすかという作家の作家たる仕掛けを意識させ、複数の観点が有機的にからみあった一層角度のついた読みの体験が目ざされる。表現された二重性を読みとろうとしていた学習者は、実は作家が仕組んだテクストそのものが、自分の読みの体験そのものが重層性の立体的な統合であったことに思いあたる。

表24　作品を貫く対立概念の反復―本音とたて前

> ①本音とたてまえの重層性
> 　　　「うわべは無心の花と見せて、／そのかげに蛇をひそませるのです。」（Ⅰ.5.64）
> これはダンカン王をマクベス城にむかえる準備をしている際、マクベス夫人がマクベスに言った助言のことばである。ダンカン王は、すでに、信頼をよせていた者にあざむかれ、人間の本音（their private thoughts）たてまえ（a person's public face）は、必ずしも一致しないことを学んだ。
>
> 　顔をみて／人の心のありようを知るすべはない。／あの男にはわしも絶対の信頼をおいていたのだが。（Ⅰ.4.12）
> 〈ものごとは見かけと一致しない〉という考えは、『マクベス』の全体を通してくり返し示されるものである。
> 　――魔女の予言は、よき知らせに思えたが、実はそうではない。
> 　――マクベス城は安全な場所と思えたが、実はそうではない。
> 　――森と思えたものが、実は軍勢であった。

そして当然のことながら、いったん主君暗殺のたくらみが芽生えるや、マクベスも夫人も、終生、忠義をよそおいながら、罪の意識をもちつづけることになる。

以下は、たてまえと本音のずれを示した箇所の引用である。
　　偽りの心をかくすのは偽りの顔しかないのだ。（Ⅰ.7.83）
　　心にもない悲しみを示すのは、偽りの心もつものの／お手のものだ。（Ⅱ.3.138）
　　自分で倒しておいて（やつの死を嘆いて見せねばならんのだ。）（Ⅲ.1.122）
　　あなた。そんなこわい顔をなさらないでください。／今夜はお客様のなかであかるくふるまわねば。
　　（Ⅳ.2.28）
　　作り顔を心の反面として、本心をかくさねばならぬ。（Ⅴ.2.34）

【やってみよう】
　中心人物が「うわべは無心の花と見せて、そのかげに蛇をひそませる」ような物語を書く。かならずしも、現代版『マクベス』である必要はないが、かかわりをもたせることで、物語を一層おもしろいものにすることができるはずだ。
　　a）先に揚げた引用文を、章や節の冒頭にもちいるのもいい。たとえば、悪漢がカモを見つけて、善良そうにみせなければいけないといったはじまりの部分なら、「偽りの心をかくすのは偽りの顔しかないのだ。」を引いてタイトルにするのもいいだろう。
　　b）戯曲『マクベス』と全く同様の構成を用いて、物語を組みたててもよい。
　　　1．いつわりの歓迎
　　　2．裏切り行為
　　　3．空涙
　　　4．潔白をよそおう
こんなアイディアは：
　　――学校のチームの中心選手
　　　　チームから追いだされた者が仕組んだ事故
　　――皆からしたわれているギャング（または石油会社？）のボス
　　　　次期ボスの座をねらう者が仕組んだむごたらしい事故

一方、『マクベス』は、魔女の予言の実現と破綻という基本的なプロットをもつ。3人の魔女の予言にひそむ二面性を読むことは、作品の基本的プロットを想起させることに通じる。先のマクベス夫人の説得術に目をむけた②の場面は、予言の実現にむかって夫人が重要なモメントとなるところである。ここで予言を軸としてストーリー展開を読みこむ視点を得た学習者は、④（表25）[14]で作品全体をつき動かす魔女の5つの予言と出会う。それぞれが孕む矛盾に留意したうえで、同じプロットをもつ物語文を創作し、『マクベス』の基本となるドラマづくりを体感するよう仕組まれている。

表25　プロットとしての冒頭の予言のはたらき

④予言
　1．万歳、マクベス、コーダーの領主！
　2．万歳、マクベス、将来の国王！
　3．マクベス！気をつけるのはマクダフだ、
　4．たかが人間の力など恐れずに笑い飛ばすがいい、／女が産んだものにマクベスを倒す力はない。
　5．マクベスはけっして滅びはせぬ、バーナムの大森林が／ダンシネーンの丘に立つ彼に向かって大進撃をせぬかぎり。
魔女たちは、5つの異なる予言を告げた。そして、そのすべてが実現した。
バンクォーは、彼女らの予言にうたがいを抱いていた。なぜなら、「地獄の手先どもは」われわれを「大事において裏切る」べく、まず真実を語るものだと考えていたからである。予言のなかには幸福を招くものもあるや

もしれぬが、最後に得たものは幸せとはほど遠いものであった。

【やってみよう】
　主人公が一見よさそうな予言を告げられるのだが、結局は破たんしてしまうといった物語を書こう。物語をつぎのように始めてもいい。
　「年老いた占い師が彼女の将来を占ってくれたときには、あまりに良いことすぎて実現不可能に感じられた。今では、占い師のテントに近づかなければよかったと思っている。占い師のおばあさんは、私の手のひらを見て、こういったのだ。……」

　作品全体を読みとおすその他の観点として、⑧登場人物とのインタビューがある。人物から作品へというアプローチであるが、対談の相手に医師を加えたことで、事件の圏外にいた人物の客観的な視点が意識され、批評読みへの導入ともなっている。
　さらに精読の仕あげの段階では、作品のイメージ、雰囲気への着目がある。⑪の闇と病のイメージがそれである。（下線は引用者）

表26　雰囲気への着眼

| ⑪闇と病のイメージ

ここで行う作業を通して、<u>シェイクスピアの用いた表現が、いかに戯曲中の事件や観客に影響を与えているか</u>をより詳しくみていくことができる。
1．『マクベス』の初演は屋内で、少人数の観客のまえで演じられた。
2．シェイクスピアの時代には、もちろん電灯などなかったから、劇を演じた室内は、ろうそくがともされていたのであろう。ろうそくの明かりだけの場所を体験してみると、ろうそくが明るく照らし出したところと、ろうそくの前を横切ると、それにともなってゆれ動く深い影の両方を作り出すことがわかる。（また、ろうそくの光は顔の表情にも影響する。顔の半分が照らしだされ、半分が影にしずむように）
3．『マクベス』の重要な事件のうち、闇の中で起こったものをいくつか思い出してみよう。ダンカン王の殺害、マクベスが魔女を訪問した場面、マクベス夫人が夢遊病におかされる場面。シェイクスピアは意図的にそうしているわけだが、そのわけを考えてみることは、そうむずかしい作業ではない。
4．<u>劇が進むにつれ、多くの登場人物が闇について言及する。闇と夜という言葉のイメージは反復され、わたしたちの想像力をかきたてる。</u>そのため、たとえ昼日中読んでいたとしても、闇が作品全体をおおっていることを忘れることはない。つぎに幾例か示そう。
　（マクベス夫人、国王暗殺を思いめぐらす―第1幕第5場面、50行〜）
　「きておくれ、暗闇の夜、／どす黒い地獄の煙に身を包んで、早く、ここへ／わたしの鋭い剣先がおのれの作る傷口を見ないですむように、／そして夫が闇の帳から顔を出し、「待て」と叫んだりしないように。」
　（殺害される寸前のバンクォー―第2幕第1場面、5行）
　「天も倹約するのか、／夜空の燈火がきえはてた。」
5．<u>シェイクスピアはまた、闇と光がせめぎあい、闇がうち勝つといった言葉によって導かれるイメージをも与えてくれた。くり返し表されるたびに、たとえその言葉を忘れたとしても消し去ることのできない感情、もしくは雰囲気をつくりだす。</u>
　（マクベス、国王暗殺を思いめぐらす―第1幕第4場面、50行）
　「火を消せ、星よ、／おれの胸底の黒い野望に光をあてないでほしい。」 | 『マクベス』における闇に関するメモ

屋内―少人数の観客

ろうそくの光―深い影
気味悪い！

闇の中で行った重要な場面
ダンカン王の殺害
バンクォーの殺害
魔女の訪問
シェイクスピア、意図的―闇の中の劇。闇は多くを示唆。
反復表現―夜と闇のイメージ―想像力をそそる
マクベス夫人
（Ⅰ.5.50）
「きておくれ、暗闇の夜、……」

光と闇のせめぎあい
雰囲気
―反復されるから。
「火を消せ、…」
（略） |

【やってみよう】
これらのイメージについて話しあう。どのようなイメージかわかっているだろうか。たとえば、「それなのに闇夜が空を旅する明かりの首を締めている。」とはどういうことか。わかるだろうか。「光が浅くなる」は、どうだろう。話しあってみよう。その際、引用箇所を写しだし、話しあいのなかで明らかになった意味をメモしておくこと。

今ひとつ、病にまつわる一連のイメージがある。それも又、ある雰囲気をかもし出し、そこではスコットランドは、内に重い病をはらみ—自滅の日を待つ日を待つマクベスをかかえこんで表面上の平穏を保っているように思える。このイメージに関する留意すべき箇所には、つぎのようなところがある。
第1幕第3場面23行—誰がこの病をひきおこしたのか。
第2幕第2場面45行—なぜ、夫人はマクベスに頭がおかしくなったと言ったのか。
（略）

【やってみよう】
A．上に揚げた箇所を見て、病のイメージを表す表現をぬき出す。
B．話しあいを通してそれぞれの意味をしっかりおさえる。話しあいの際、前の作業と同様メモをとること。
C．「マクベス」のイメージに関するレポートを書くために、メモを活用する。

　戯曲に見られる病のイメージについて書きなさい。例を揚げながら、繰り返されるイメージが観客にどのような影響をおよぼしているか示しなさい。
　　（例文）
　シェイクスピアが「マクベス」を書いた時代には医学についての充分な知識がなかった。人々は病をひどく恐れた。病の実体がつかめなかったからである。病は悪魔の仕業と信じられていて、魔女ばらいも行われた。「マクベス」でも、病について口にした者は魔女が最初である。彼女らは人々を病におとしいれては楽しんでいるのだ。
　「そのまま七日七晩の九九八十一倍までほっとけば、／やつめの五体は目に見えてしなびてやつれ衰える。」
（第1幕第3場面、23行）
　最初の魔女は、栗をひとつもくれようとしなかった女の夫を罰しようとする。干草同然に干あがって、眠ることもできないように。マクベス夫人もついには病に犯され、眠れなくなってしまう。つまり、魔女は、マクベスの妻を病におとしいれることで、……（文学用テキスト『マクベス』pp.44〜45）

　Aの段階で興味づけが行われた韻文体とBで着目した個々の表現が、闇と病のイメージという新たな観点を通して、作品独特の雰囲気とそれを作りだすイメージ群の精読のなかに結びつけられていく。学習の中心は話し合いとメモ作り、それに伴う反復熟読で、レポートの記述以前の段階に充分な時間が費やされる。右端にそえられたメモの例やレポートの例文は、記述のサンプルであると同時に、話し合いの指針でもある。
　⑫⑬の学習活動は、以上の①から⑪の課題を受けた2種類のまとめ読みである。

表27　場面の精読

⑫1場面を詳しく読む
　劇中、マクベスはなんとか眠りにつくものの、ダンカン王暗殺後は「恐ろしい悪夢」にさいなまれていた。彼ばかりではない。妻もまた同様で、夢遊病にかかり、夜中徘徊したり、自分の罪深い行いを幾度も思いえがいたりする。たとえ眠っている間でも、彼女の行いは頭から離れないのである。
　マクベス夫人の夢遊病症状は、医師や侍女にとっては理解しがたいものに思えた。だが、劇中のさまざまな出来事が、そこにつぶさに読みとれる。夫人は、夢うつつに声高に話しだす。つぎにあげるのは、その数例である。
a．「一つ、二つ。さあ、いよいよやるべき時刻—」
b．「なんです、あなた、なんですか！軍人だというのに、恐れたりして！」
c．「—それにしても思いもよらなかった、あの老人にあれほどの血があろうとは。」
d．「ファイフの領主には妻があった、いまどこ？」

e．「もうたくさんです、あなた、たくさんです。そんなにびくびくなさっては、なにもかもだいなしです。」
f．「—もう一度言いますが、バンクォーはもう土の下、墓から出てこられるはずないでしょう。」
g．「寝室へ、いそいで！門をたたく音が。」
h．「やってしまったことはとりかえしがつきません
　—寝室へ、寝室へ、いそいで！」

夫人の顔のクローズアップ写真

【やってみよう】
1．上に掲げた夫人のことばは、劇中のどのような出来事を言っているのだろうか。たとえば、aなら、マクベスがダンカン王を殺害したことを示す鐘の音を表しているといったように。
2．また、劇中のあてはまる箇所を指摘できるだろうか。夫人が言う出来事のほとんどが、第1幕第7場面と第2幕第2場面で起こっているが、それ以外の場合も含まれている。たとえば、aの場合、第2幕第1場面31〜32行、「おい、奥へ行って妻に伝えてくれ、寝酒の用意ができてたら鐘を鳴らせと。」も関係があるだろう。
3．なぜ、シェイクスピアは、この場面（第5幕第1場面　引用者注）でこれらの事柄をくり返し述べたのだろう。なぜ、医者と侍女をこの場面に登場させたと考えるか。
　　　　　　　　　　　　　　　（文学用テキスト『マクベス』p.46）

　マクベス夫人の罪悪感は彼女を夢遊病へと陥れる。夢うつつに語ることばの端々に国王暗殺にはじまる殺人の事実が明かされる。⑫の活動は、第5幕第1場の精読を通して再び事件の来し方をふり返らせるものである。「やってみよう」の3は、再読をふまえ、作品全体における夫人の告白の機能をその場に居あわせた第3者の存在とからめて考察させる高度な読みである。この医師への着目は、⑧のインタビュー作りで留意された客観的視点の応用である。言い換えれば、⑧-⑨-⑩-⑪-⑫は、人物分析、作品を貫く重層性、イメージ、雰囲気といった読みの観点をはっきりと意識した精読の試みであったとともに、取材からその深まり、叙述へというひとつづきの表現指導過程と見てとることもできるだろう。そして最後に、遊びの要素が加わったクイズ形式のまとめ読み⑬があって、テキストの全課題が締めくくられるのである。

　今ひとつ、戯曲ならではの学習活動として⑦演出ノートをかくが設定されている。演出ノートの実際を見、ディレクターの役割、脚色のポイントを学んだうえで、劇場の見取図をたずさえ自分の演習ノートを作成する。脚色場面として掲げられた3箇所が課題①、③、⑫と関連づけられていることにも配慮が伺える。これは、写真をもとにディレクターの意図を考察したBの作業をふまえた発展学習でもある。

　このように、テキスト『マクベス』が試みたコースワークは、葛藤、イメージ、雰囲気などの分析批評の観点を組織立てて意図的に与え、ときに反復熟読を促し、ときにある角度に絞った部分精読を可能にし、変化をつけた組み合わせとなっていた。これら批評の観点は、人物の心理にわけいり、ドラマの仕組に目をむけ、さらには作品の基調となる雰囲気をも体感するといった『マクベス』全編のゆたかな精読の観点である。それが書く活動の観点として無理なく関連づけられ、コースワークとなって結実していくよう図られている。

　文学用テキスト『マクベス』はまた、通常の読本テキストとしては当時異例の大版パンフレット形態をとっており、AからCのほとんど毎頁ごとに写真や図表を効果的に配し、学習者の関心をよびつつ、イギリスの代表的古典劇を立体的に読ませてしまうサンプルを示した。

　はじめに、本テキストは現場の実証的な研究が包括されていると述べたが、このようなコースワークの授業化の試みがいく例も重なりあって新試験GCSEの評価基準が煮つめられ、試験要網が形づくられてきたことを再び確認しておきたい。LEAG試験局の試験要網には、スタディ(1)のコースワークのなかに単なる要

約作業や平板な感想文は認められないという添え書きがついている。そうした添え書きも、このテキストのような実証的な共同研究の積みかさねがあってのことだと言えるだろう。イギリスの経験主義が見事に貫かれている一面である。

（3）〈伝統〉を越えて

　1975年に出された *Bullock Report* は、受験学年の文学の授業が指定読本の要約練習と画一的な読解設問の解答づくりに終始していること、従って、ゆたかな文学との出会いの場が受験グループにも非受験グループにも保証されていない点を指摘した[15]。GCSEがコースワークを導入した背景には、このレポートの提言に対する教育制度としての解答という側面もあった。書く活動の広がりを通して、暗記学習中心の文学の授業から脱皮し、自分の読みを自在に書きことばの上に展開しうる力を発揮できる場をつくり出そうと図ったのである。J・ディクソンは、コースワークの書く活動の質を高め、ひいては文学の授業の質を向上させるために、生徒のコースワークの実例とその評価コメントが付いたアンソロジーを早急に作成し、評価に携わる現場教師のよき指針と動機づけに活用すべきだと提案した[16]。現在、彼の提案は、現場研修の充実と相俟って、各試験局により実行に移され、コースワークの周辺が整いつつある。コースワークは、このような自己表現の確立への熱い願いをも担っているのである。

　1990年、GCSEは3年目を迎えた。今日の眼で改めてGCSEを促進してきた人々の真のねらいを考えてみると、客観的な試験システムの整備・確立もさることながら、なによりも基本的学力の底上げ、底辺の学習者をいかにレベルアップするかという英語（国語）科教育改革にあっても最も根本的かつ実際的なところに置かれていたことに気づく。教育科学省が、GCSE設立にあたり、その主な目的は80％から90％の生徒の学力を平均的水準にまで高めることだと明言している[17]ところにも如実に伺えよう。そのためには当然のことながら、一人ひとりの学習者に出発した教育を模索するという基本にたち返らざるを得ない。コースワークによって求められる文学教育が、個々の主体的な文学体験に端を発しているのも当然と言えるかもしれない。先のLEAG試験要網によれば100％コースワークで文学の力を発揮する生徒も可能なわけで、文学用テキスト『マクベス』の試みも、一人ひとりの英語（国語）科学力の底上げをめざし、イギリスの英語（国語）科科教育の改革において最もラディカルなところを反映していると言ってよいだろう。

　90年代以降は、文学の授業はNCが軸となる。その前期中等教育の文学に対する基本姿勢は、なによりも文学作品を楽しむ経験を優先すること。ひとりの読み手として、主体的に作品とかかわることができて初めて理解を深めることも可能になるという考えが貫かれる[18]。そこでは、シェイクスピア作品は次のように扱われている。――「すべての生徒がシェイクスピアの戯曲や詩にいくばくなりとも触れえる機会を保証すること。シェイクスピア文学はゆたかな作品世界を有し、どの時代の読者もそこに意味を見いだすことができる。」[19] かつてエリート主義のGCE・Oレベルの行き方への反動で、CSEの試験要網のなかにはシェイクスピアを除外する動きすらあった。様々な揺りもどしを経て、シェイクスピア作品は、文学体験の楽しみを保証することを大前提に義務教育の文学の枠組のなかに定席を得たのである。

　しかも、これが具体的な指導方法の開発研究に支えられていることが大きい。1986年から始まったケンブリッジ大学教育学部を中心とする実践共同研究プロジェクト[20]など、その好例である。NCは、このプロジェクトを次のように評価した。

　ケンブリッジ大学の研究プロジェクト〈学校におけるシェイクスピア〉は、各々の力の差にかかわらず、

― 216 ―

第4章　英語（国語）科教材における文学の学習指導の具体例

中等学校の生徒がシェイクスピアを身近に感じ、おもしろいと思い、出会ってよかったと思えることを示してみせた。机にかじりついて教科書を読むといった伝統的とされてきた指導方法のかわりに、想像的かつ社会的で身体感覚をともなった心楽しい方法を展開したのである。このように文学作品に自ら参加し、開拓していく経験をもった生徒は、次の段階としてより高度な作品との関わりを培っていくための確固とした基盤をえたことになる[21]。

　イギリスは多民族共存社会である。さまざまな社会的文化的背景を担った子どもが学校教育の場でシェイクスピア文学と出会う必然性は、必ずしも母国イギリスの伝統文化の継承ではないだろう。作品世界とどれほど豊かに出会いうるか、いかにテクストのうちに遊びえたか。今日、シェイクスピア作品がイギリスの文学教育の中で読みつがれていく意味は、そこに求められようとしている。文学用テキスト『マクベス』の導入部に見られたクレオール語やコックニーでの書き換えなどに、こうした新たな文学観をつくりあげていこうとする姿勢が、80年代初頭にすでに学習指導プログラムとして形をなしていたのである。

　補記　テキスト『マクベス』中の引用された作品本文の訳は、「マクベス」（『シェイクスピア全集Ⅱ』第7巻、小田島雄志訳、白水社、1974年5月25日、所収）によった。

注
1／2　T. イーグルトン『文学とは何か』、岩波書店、1985年10月22日、pp.19-20
3　『1944年教育法』では義務教育は15歳までとされ、1972年、16歳までに延長され、今日に至る。
4　Ashton, p. & Bethell, A. *Macbeth*. The ILEA English Centre, London. 1981.
5　General Certificate of Secondary Education. 従来のGCE・OレベルとCSEの一本化を図った新試験制度で、義務教育修了時の16歳児を主な対象とするが、16歳以上の希望者にも広く受験の道が開かれている。評価方法は、GCEが上位20％、CSEがそれにつづく40％の生徒の能力差に応じた試験方法をとっていたのに対し、能力枠をはずし、全国評価基準を作成、それをもとにAからGの段階評価を行う。GCSE実施にあたっては、CSEが導入したモード制が受けつがれる。各地方試験局（従来のOレベルとCSE試験局の連合、再編した5団体）によって試験要網が作成され、中等教育試験制度委員会の承認をえて試験の実施、評価にあたる方法と（モード1もしくは試験局主導型と呼ばれる）、学校が独自の試験要網を作成し、委員会の承認をえて行う方法（モード3もしくは学校主導型と呼ばれる）、それらの折衷法がとられる。ただし、いずれにせよ、『GCSE全国評価基準』にそって作成、実施されることが求められており、中等教育試験制度委員会がその監督、指導にあたっている。従来通りの教科別試験で、受験者は希望科目を選び受験する。
6　DES. *GCSE. The National Criteria : English*. HMSO. 1985.
7　同上、p.1
8　同上、pp.5-6
9　London & East Anglian Group for GCSE. *English Literature: Syllabuses as approved by the Secondary Examinations Council with Specimen Question Papers and Marking Schemes.* の pp.1-3を要約したものである。
10　スクールズ・カウンシルとは、イングランドとウェールズの初等・中等学校におけるカリキュラムと試験の編成に関与する独立した協議会をいう。地方当局と教育科学者から財政援助を受けて運営され、1970年に16歳試験の一本化を提案し、71年には1977年実施を目ざした新試験の具体案を発表。74年には1980年実施を目ざして模擬試験を実施する等、GCSE実施に向けて中心的な役割を果たした。1980年新試験導入の意向が政府見解として公表され、本格的な検討が各地ではじまったのを受けて、1982年、解散、再編成され、2団体となった。2団体のうちの試験制度委員会（the Examination Council）がGCSE実施の推進、管理、承認にあたった。
11　同注9、pp.10-11
12　同注9、p.32、p.35、p.36

13　同注9、pp.30-31、p.33、pp.42-43
14　同注9、p.34
15　DES. *A language for life* (Bullock Report). London. HMSO. 1975. pp. 130-133. 本レポートは国語の実態調査報告として70年代半ばに公表されて以来、今日までのイギリスの英語（国語）科教育に多大な影響力を及ぼしている。
16　Dixon, J. English Literature-a course in writing. *Timely voices.* Arnold, R (ed.). O. U. P. 1983. pp. 62-63
17　DES. *GCSE: A General Introduction.* HMSO. 1985. p.2
18／19　DES & the Welsh office. *English for ages 5 to 16.* (London. HMSO. 1989) の第7章 Literature の項にもとづく。
20　研究プロジェクト〈学校におけるシェイクスピア〉は、中等教育のシェイクスピア指導の開発のために組織された研究プロジェクトであるが、後に初等教育における可能性についても積極的な実践研究が積まれていった。プロジェクトのメンバーは、R. Gibson ケンブリッジ大学教育学部教授を中心に、他の高等教育機関の教員、初等・中等学校の教員、ロイヤル・シェイクスピア劇団研修部門のメンバー（RSC は第6学年や GCSE コースを中心にシェイクスピア・ワークショップを実施している。）その他劇団員などから構成される。実践研究報告は、学期毎に刊行される小冊子 *Shakespeare and Schools* に概略が掲載され、現場研修プログラムにも多大な影響を与えた。詳細は別稿にゆずりたい。
21　同注18、パラグラフ7.16

掲載図表リスト

第1章

表1	イギリス初等英語（国語）科教育関連年譜　70年代	p.2
表2	*Bullock Report* の構成と内容の概観	p.6
表3	就学前教育在籍率	p.8
表4	6歳児の読むことの指導法	p.15
表5	使用読本の年齢別利用度	p.15
表6	教材別利用度	p.16
図1	本を媒介とした就学前児童・保護者・教育関係者の相関図	p.10
図2	単語認識過程で生ずる視覚認識のずれ	p.12

第2章

表1	イギリス初等英語（国語）科教育関連年譜　80年代	p.26
表2	20分間に観察された学習活動（1年生平均的女児）	p.34
表3	20分間に観察された指導事項	p.35
表4	20分間に観察された学習活動の傾向	p.37
表5	7歳児／11歳児の読むことと書くことの学習指導目的	p.43

第3章

表1	80年代および90年以降の動向	p.47
表2	イギリス初等英語（国語）科教育関連年譜　90年代	p.48
表3	領域一覧表	p.48
表4	学習指導対象テクストの分類	p.50
表5-1	物語構造を意識した書くことの推奨指導事項（「1989年指針」）	p.52
表5-2	状況設定／人物造型を意識した書くことの推奨指導事項	p.53
表6	教育段階と到達レベル	p.54
表7	第3・第4レベルの読むことの到達目標の推移	p.55
表8	学年と中心となる児童年齢	p.56
表9	第3レベル到達目標　1990	p.57
表10	標準英語にかかわる *Cox Report* ①／②の項目一覧	p.64
表11	イギリスにおける英語（国語）科教育の枠組み（1990年～1999年）	p.70
表12	「リテラシーの時間」の構成	p.72
表13	「99年改訂版NC」と「1998年指針」の対応関係の概観	p.74
表14	「99年改訂版NC」と「1998年指針」の学習対象（文学テクストの場合）	p.76
表15	2003年改訂到達度テスト共通評価観点	p.78
表16-1	第1教育段階到達度試験の評価に関する留意点	p.78
表16-2	第2教育段階到達度試験の評価に関する留意点	p.78
表17	語レベル対照表（R（レセプション・クラス）～第2学年）	p.80
表18	文レベル対照表（R（レセプション・クラス）～第2学年）	p.84
表19	学習指導対象テクストの分類表	p.86
表20	テクストレベル対照表（R（レセプション・クラス）～第2学年）	p.88
表21	第1教育段階から第2教育段階への回帰的連携—第2・第3学年テクストレベル観点別整理表	p.95

表22	「99年改訂版NC」第3／4／5レベルの読むことの到達目標	p.105
表23	第2教育段階全国テスト評価観点	p.106
表24-1	語レベル対照表（第3学年～第6学年1学期）	p.108
表24-2	文レベル対照表（第3学年～第6学年1学期）	p.110
表24-3	学習指導対象テクストの分類表	p.115
表24-4	テクストレベル対照表（第3学年～第6学年1学期）	p.116
表25	第6学年1学期テクストレベル　フィクションと詩領域　A読解	p.124
資料1	web上のワークシートモデル例	p.93

第4章

表1	児童の選びだした本を教師がよみきかせている間に、見聞きしたことをもとに児童も〈読者〉としての〈よむ〉行為を見習っていく学習方法（the apprenticeship approach）	p.137
表2	観察しうる読みの態度	p.140
表3	初等教育における読みの発達記録（reading experience record）	p.141
表4	家庭への手引き	p.146
表5	*Oxford Primary English* の全体構成	p.150
表6	文学テクストを用いた指導事項	p.152
表7	1989年度GCSE試験要綱—NEAシラバス	p.158
表8	文学を核にすえた英語（国語）科カリキュラム（P先生の実践）—GCSEコース（1988.9-1989.6）	p.160
表9	短編小説の読みにもとづく学習課題①	p.167
表10	短編小説の読みにもとづく学習課題②	p.168
表11	短編小説の読みにもとづく学習課題③	p.169
表12	生徒作品（生徒D）	p.172
表13	学習の手引き—第2の場面から詩を創作する	p.172
表14	フェアファックス夫人がソーンフィールド館の出来事を友人に書き送ったと仮定して、3つの場面をとらえ、夫人の手紙を書く	p.172
表15	1989年度　NEA試験局シラバスB	p.174
表16	A校の前期中等教育における学年編成（1989年3月現在）	p.184
表17	メディア・エデュケーションにおける6つの基本アスペクト	p.188
表18	シェイクスピア・プロジェクト—第1学年「真夏の夜の夢」ワークショップの流れ	p.196
表19	義務教育修了時の資格試験の推移とシェイクスピア作品の学習指導	p.203
表20	GCSE「英語（国語）科」における「文学」の評価	p.205
表21	LEAGのGCSEシラバス	p.205
表22	B.『マクベス』を読む（3人の魔女登場の場面のみ抜粋）	p.208
表23	表現手法への着目—説得法	p.209
表24	作品を貫く対立概念の反復—本音とたて前	p.211
表25	プロットとしての冒頭の予言のはたらき	p.212
表26	雰囲気への着眼	p.213
表27	場面の精読	p.214

参考文献

Alexander, R (1992) *Policy and Practice in Primary Education,* Routledge

Alexander, R. J. & Flutter, J (2009) *Towards a New Primary Curriculum:A report from the Cambridge Primary Review,* University of Cambridge Fuculty of Education

Ashcroft, K. & Palaco, D. (ed) (1995) *The Primary Teacher's Guide to the New National Curriculum,* Falmer Press

Baldwin, P & Fleming Kate (2003) *Teaching Literacy through Drama: creative approaches,* RoutledgeFalmer

Bunting, R. (1997) *Teaching About language in the Primary Years.,* David Fulton publishers

Conner, C with Lofthouse, B(compiled) (1990) *The Study of Primary Education: A Source Book Volume1 Perspectives 2nd ed.,* The Falmer Press

Dadds, m. with Lofthouse, B (compiled) (1990) *The Study of Primary Education: A Source Book Volume4 Classroom and Teaching Studies 2nd ed.,* The Falmer Press

DES (1967) *Children and their primary schools: a report of the Central Advisory Council for Education*（England）（通称、*Plowden Report*）, HMSO.

DES (1975) *A language for life: report of the Committee of Inquiry appointed by the Secretary of State for Education and Science under the Chairmanship of Sir Alan Bullock, H.M.S.O., London.*（通称、*Bullock Report*）, HMSO.

DES (1984) *English from 5 to 16: Curriculum matters 1 AnHMI Series.,* HMSO.

DES (1985) *The Curriculum from 5 to 16: Curriculum matters 2 AnHMI Series.,* HMSO.

DES (1988) *Report of the Committee of Inquiry into the Teaching of English Language*（通称　Kingman Report）, HMSO.

DES (1989) *National Curriculum: From Policy to practice,* DES

DES & W/O (1988) *English for ages 5 to 11: Proposals of the Secretary of State for Education and Science and the Secretary of State for Wales,* HMSO.

DES & W/O (1989) *English for ages 5 to 16: Proposals of the Secretary of State for Education and Science and the Secretary of State for Wales,* HMSO.

DFE /WO. (1995) *English in the National Curriculum,* HMSO

DfEE. (1998) *The National Literacy Strategy: Framework for Teaching: YR to Y6.,* DfEE.

DfCSF (2008) *Independent Review of the Primary Curriculum: Interim report,* http://publications.teachernet.gov.uk

DfCSF (Department for Children, School and Families) (2008) *Departmental Report 2008,* HMSO.

DfES (2003) *Excllence and Enjoyment: A Strategy for Primary Schools,* http://www.teachernet.gov.uk/remodelling

DfES (2003) *Departmental Report 2003,* HMSO.

DfES (2004) *Departmental Report 2004,* HMSO.

DfES (2005) *Autumn Performance Report 2005,* HMSO.

DfES (2005) *Departmental Report 2005,* HMSO.

DfES (2006) *Departmental Report 2006,* HMSO.

DfES (2007) *Departmental Report 2007,* HMSO.

DfES (Department for Education and Skills) (2004) *Departmental Report 2004,* HMSO.

Driscoll, P. Lambirth, A & Roden, J (2012) *The Primary Curriculum: a Creatixe Approach,* Sage

Galton, M et al. (1980) *Inside the Primary Classroom,* Routledge & Kegan Paul

Gibson, R. (1998) *Teaching Shakespeare,* Cambridge University Press

Holdaway, D (1979) *The Foundations of Literacy,* Ashton Scholastic

Holdaway, D (1980) *Independece in Reading 2nd edition,* Ashton Scholastic

ILEA Research and Statistics Branch (1984) *Catalogue of languages spoken by ILEA school pupils,* ILEA

Larson, J. & Marsh, J (2005) *Making Literacy Real: theories and paractices for learning and teaching,* SAGE Publications

Lofthouse, B (compiled) (1990) *The Study of Primary Education: A Source Book Volume2 The Curriculum 2nd ed.*, The Falmer Press

Maclure, S. (1970) *A History of Education in London 1870-1990*, Allen Lane/The Penguin Press

LunZer, E.. & Gardner, K. (ed.) (1979) *The Effective Use of Reading*, Heinemann Educational Books

Mallett, M. (2008) *The Primary English Encyclopedia: the Heart of the Curriculum* (3rd ed), David Fulton / Routledge

McKenzie, M & Kernig, W. (1975) *The Challenge of Informal Education: Extending Young Children's learning in the Open Classroom*, Darton.Longman and Todd

Meek, M (1982) *Learning to read*, The Bodley Head

Meek, M (1991) *On Being Literate*, Heinemann

Mins, H. & Dombey, H (1988) *National Curriculum in English for ages 5 to 11: A Summary and Commentary on the Recommendations of the Cox Committee and the Proposals of the Secretaries of State for Education And Science, and for Wales*, NATE

NATE (1985) *"English from 5 to 16": A Response from the National Association for the Teaching of English.*, NATE

Ofsted (2002) *The National Literacy Strategy: the first four years 1998-2002*, Ofsted

Ofsted (2004) *Reading for purpose and pleasure: An evaluation of the teaching of reading in primary schools*, Ofsted

Ofsted (Office for Standards in Education) (2001) *The National Literacy Strategy: the third years: An evaluation by HMI*, Ofsted

Pahl, K. & Rowsell, J. (2005) *Literacy and Education:understanding the New Literacy Studies in the Classroom.*, Sage

QCA, *English 21 Topics*, http://www.qca.org.uk/11782.html

QCA (Qualification and Curriculum Authority) (2007) *Annual Review 2006: Quality Confidence Aspiration*, QCA

Rosen, H (1982) *The Language Moniors: A Critique of the APU's Primary Survey Report Language Performance in Schools. (Bedford Way Papers 11)*, The Institute of Education, London University

Safford, K & Barrs, M (2005) *Creativity and Literacy :many routes to meaning Children's language and literacy learning in creative arts projects A research report from the Centre for Literacy in Primary Education*, http://www..clpe.co.uk

Smith, F. (1978) *Reading*, Cambridge University Press

Smith, F. (1982) *Writing and the Writer*, Heinemann Educational Books,

Southgate. V. et al. (1981) *Extending Beginning Reading.*, Heinemann Educational Books,

Southworth, g with Lofthouse, B (compiled) (1990) *The Study of Primary Education: A Source Book Volume3School Organization and Management 2nd ed.*, The Falmer Press

TDA (2009) PPD Impact evaluation summary report（2008年 CLPE 参加者評価），TDAhttp://www.tda.gov.uk/partners/cpd/ppd/evaluating_impact.aspx.

TDA (Training and Development agency for schools (2009) PPD (postgraduate professional development) Impact evaluation y report: Academic year 2007/08, TDA http://www.tda.gov.uk/partners/cpd/ppd/evaluating_impact.aspx.

Thomas, N. (1990) *Primary Education from Plowden to the 1990s*, The Falmer Press

Waugh, D & Jolliffe, W (2008) *English 3-11: a guide for teachers*, Routledge

Ａ．ウィルソン（2009）『英国初等学校の創造性教育（上）／（下）』（弓野憲一・渋谷恵　監訳）静岡学術出版

Ｃ．Ｖ．ギップス（2001）『新しい評価を求めて—テスト教育の終焉』（鈴木秀幸　訳）論創社

Ｇ．マックロッホ、Ｇ．ヘルスビー、Ｐ．イト（2003）『国民のための教育改革とは—英国の「カリキュラム改革と教師の対応」に学ぶ』（後洋一　訳）学文社

Ｊ．カラー（2011）『文学と文学理論』（折島正司　訳）岩波書店

Ｊ．ブルーナー（2007）『ストーリーの心理学』（岡本夏木他　訳）ミネルヴァ書房

Ｍ．Ａ．Ｋハリデー、Ａ．マッキントッシュ、Ｐ．ストレブンズ（1977）『言語理論と言語教育』（増山節夫　訳注）大修館書店

Ｍ．ミーク（2003）『読む力を育てる—マーガレット・ミークの読書教育論』（こだまともこ　訳）柏書房

Ｐ．クラーク（2004）『イギリス現代史』（西沢保　他　訳）名古屋大学出版会

参考文献

P．カニンガム（2006）『イギリスの初等学校カリキュラム改革―1945年以降の進歩主義的理想の普及』（山崎洋子・木村裕三　監訳）つなん出版

R．マクラム、W．クラン、R．マクニール（1989）『英語物語』（岩崎春雄　他訳）文藝春秋

T．イーグルトン（2006）『文化とは何か』（大橋洋一　訳）松柏社

ヴィゴツキー（2001）『言葉と思想』（新訳版）（柴田義松　訳）岩波書店

有澤俊太郎（2008）『国語教育実践学の研究』風間書房

大田直子（2010）『現代イギリス「品質保証国家」の教育改革』世織書房

大槻和夫（2005）『大槻和夫著作集第8巻　ドイツ国語教育の研究』渓水社

木村浩（2006）『イギリスの教育課程改革―その軌跡と課題』東信堂

黒柳修一（2011）『現代イギリスの教育論―系譜と構造』クレス出版

志水宏吉（1994）『変わりゆくイギリスの学校』東洋館出版社

志水宏吉（2002）『学校文化の比較社会学―日本とイギリスの中等教育』東京大学出版会

丹生裕一（2011）『イングランドの小学校国語の授業―教育改革下の実践事例を分析する』私家版

志水宏吉・鈴木勇（2012）『学力政策の比較社会学　国際編』明石書店

津田幸男（編）（1993）『英語支配への異論』第三書館

中西一弘（1997）『1960年代の初等国語科教育素描』渓水社

西本喜久子（2005）『アメリカの話し言葉教育』渓水社

日本経済新聞社（編）（2007）『イギリス経済　再生の真実』日本経済新聞出版社

野地潤家（1974）『世界の作文教育』文化評論出版

浜本純逸（2008）『ロシア・ソビエト文学教育史』渓水社

藤村和男（研究代表者）（2008）「初等中等教育の国語科の教科書及び補助教材の内容構成に関する総合的，比較教育的研究―学力の基礎をなす言語能力の形成を中心として―」課題番号 18330196　平成18年度～平成19年度科学研究費補助金（基盤研究（B））研究成果報告書

藤原和好（1999）『近代初等国語科教育成立の条件―ロシア共和国の場合』三重大大学出版会

藤原和好（2002）「Ⅶ（3）比較国語教育学的研究の方法論」『国語科教育学研究の成果と展望』全国大学国語教育学会編、明治図書、pp.460-465

堀江祐爾（2013）「Ⅷ（2）比較国語教育学研究に関する成果と展望」『国語科教育学研究の成果と展望Ⅱ』全国大学国語教育学会編、学芸図書、pp.475-482

前田真証（2011）『ドイツ作文教育受容史の研究―シュミーダー説の摂取と活用　上巻・下巻』渓水社

松井清（1993）「スワン・レポートとその周辺―イギリスのマイノリティの子どもたちの「学業不振」をめぐって―」『明治学院論叢』第514号、pp.101-164

水野國利（編著）（1991）『各年史イギリス戦後教育の展開1960年版-1991年版まで』エムティ出版

森田信義（編著）（1992）『アメリカの国語教育』渓水社

文部科学省（2009）『諸外国の教育動向　2008年度版』明石書店

文部科学省生涯学習制作局調査企画課（編）（2010）『諸外国の教育改革の動向―6か国における21世紀の新たな潮流を読む』ぎょうせい

安　直哉（2005）『イギリス中等音声国語教育研究史研究』東洋館出版社

山本麻子（2006）『ことばを使いこなすイギリスの社会』岩波書店

山本麻子（2003）『ことばを鍛えるイギリスの学校』岩波書店

山本麻子（1999）『英国の国語教育』リーベル出版

山元隆春（1990）「イギリスの文学教育（5）―『キングマン報告』（1988）を中心に」中四国教育学会編、『教育学研究紀要』35巻2号、pp.55-60

あ と が き

　本書は、70年代後半から80年代、90年代と、その折々に入手しえた資料に、後先もわからず遮二無二取り組んでいた拙稿が下敷きとなっている。それらをもとに、ナショナル・カリキュラム制定への道程と制定以後の史的展開という観点から、あらたに加筆修正を加え、まとめたものである。もとより、十全な歴史的素描ではない。比較国語教育を志して以来、自分がどのような資料に関心を抱いたのか、それを再整理しながら70年代から2000年代までを跡付けようと試みた。今後研究を続けていくために、これまでを一度見つめておきたかったという意味で、私的な意味合いの本でもある。

　ナショナル・カリキュラムが導入されて以降は、多種多様な書物やwebデータがあふれ、イギリス英語（国語）科教育研究の裾野の拡がりは、導入以前に比べ、覚醒の感がある。それでも、中央集権国家の教育なら当然あるような書物が揃っているわけではない。経験主義イギリスのあり方は、実のところ、本質的にそれほど変わっていないようにも思う。反対に、資料が手軽に入手できればできるほど、この国の母語教育の核心はますます見えにくくなっているとさえ思う。潤沢な資料を収集し、学会に参加し、教育現場の参観をすれば、なにかわかった気がする。けれども、イギリスの〈英語〉という言語に対する構えは、そう簡単には掴みがたいものではないのか。そんなにあからさまに言葉にしない気質すら感じてしまう。

　80年代にやっと1冊手に入れた教科書『マクベス』がある。そのころは、具体を知る貴重な1冊であった。ケンブリッジ大学のギブソン博士がシェイクスピア・プロジェクトを始められる以前のことで、多言語文化背景の児童・生徒にシェイクスピアはどのような新たな教材価値をもつのか、どのような言語能力に集約していくことが期待されているのか、まとまった文献が見当たらず、着地点をどこに置くべきかわからないままに、その単元展開の斬新さと面白さにただただのめり込んでいったのを覚えている。相対化の観点もなく、今読むと、時代のコンテクストの中に置きなおさなければならないと猛省したが、1つの資料との出会いに心躍らせた思いのままに、第4章に掲載している。

　当時、ロンドンのEnglish & Media Centre（中等学校英語（国語）科教育センター）の職員方の雑談のなかに、この教科書がオーストラリアの中等学校の意識的な教師の発案、実践に源があることを耳にしたときは、正直驚いた。それよりも、そこから吸収し、ロンドンにおいての活路を探ろうとする職員の構えの軽やかさと柔軟さに驚かされた。

　長らく、この国の文学教育の要にシェイクスピアは座してきた。熱く英文学の伝統を語っているかと思えば、いいものはいいと、オーストラリア実践に学び、ロンドン中等学校の教師とセンター職員が共同で、パイロット実践を重ね、1冊の実践的な教科書としてシェイクスピアを、多言語文化社会ロンドンの中学校に投入していったのである。ロンドン大学教育研究所の教員も指導助言として深くかかわっている。こうした時間をかけた開発、実践調査のプロセスが、そのままシェイクスピア作品の普遍的であって今日的な教材価値と学習指導法の開拓の実践研究の道程でもあった。当時は、あたかも、その営みについて説明言語を駆使して位置づける必要性を感じていないようにすら見えた。「マクベス」が、英語を母語とする生徒にも、しない生徒にも、ひとつの文学体験として供される。その授業実現こそが、その質こそがすべてであるとでも言いたげに見えた。開発共同プロジェクトの過程で次の実践研究課題が見つかっており、関心は、次のター

ゲットへと移っていったのである。

　イギリスには、とくに中核のロンドンには、文教政策立案者と学校現場のただなかで両者を媒介する教科教育センターの職員の果たす役割がきわめて大きい。実践科学研究の体現者として、内側から教育改革を支えるかれらの存在を抜きにして、英語（国語）科教育の史的展開をとらえることは難しい。本書が取り上げた資料群は、媒介者であるかれらが関心を寄せ、深くかかわったものとして選出している。

　イギリスの英語（国語）科教育をとらえるためには、どのような説明言語がふさわしいのか、どういう距離感の取り方が求められるのか、答えは容易に見つからない。見つからない答えに魅せられて、イギリスという社会文化に根ざした母語教育のありようを、とりわけ文学教育を見つめ続けてきた。その意味で、興味を失ったことは一度もない。

　このような私的な思いにかられた本書にもかかわらず、大阪教育大学名誉教授中西一弘先生から序文を賜った。心からありがたく、感謝申し上げたい。なかなか恩師の見ておられるところへは行き着けないわが身ではあるが、一歩一歩たゆまず歩みを続けていかなければと思う。師は、よく君の文章はくらくらするとおっしゃられる。まずは、その悪文を直す努力から始めなければなるまい。

　最後に、本書が形をなしたのは、渓水社の木村逸司氏の忍耐強いお励ましのおかげである。西岡真奈美氏には、校正段階でさまざまに支えていただいた。ここに記して、深謝申し上げたい。

平成25年10月

著　者

　補記　本書は、科学研究費助成研究基盤（C）「現職教育にみる1970年以降の英国初等教育におけるリテラ
　　　シー教授の研究」（平成24年度〜26年度・No. 24531122）の助成を得た。記して、感謝申し上げたい。

索　引

APU（The Assessment of Performance Unit 教育・科学省学力調査）　3
Bullock Report（バロック・レポート）　3, 4, 5, 17, 31
C. & H. Rosen　3
C. Bazalgette　186, 192
Centre for Language in Primary Education（小学校英語（国語）科教育センター、CLPE ①）　iii, 1, 21, 23
Centre for Literacy in Primary Education（小学校リテラシー教育センター、CLPE ②）　iii, 21, 23
Cox Report ②（English for Ages 5-16）　48, 63, 66
Cox Report ①（English for Ages 5-11）　48, 63
Excellence and Enjoyment: a Strategy for Primary Schools（2003）　131
GCSE　48, 157, 204
guided reading、guided writing　73, 86, 94, 130
ILEA（内ロンドン教育局）　iii
Kingman Report（キングマン・レポート）　41
LEAG（London & East Anglian Group）試験局　205
L. Waterland　135
M. Meek　21, 136
NEA（Northern Examining Association）試験局　173
Plowden Report（プローデン・レポート）　1, 3, 18, 19, 20
shared reading、shared writing　73, 86, 94, 130
The Primary National Strategy（「全国初等教育水準向上策」）　131
『イギリスの小学校教育（Primary Education in England（1978））』　29, 30
英国映画研究所（British Film Institute）　185
オックスフォード小学校教科書（Oxford Primary English）　148
「95年 NC 改訂審議案」　67
教育大討論会（Great Debate）　3, 27
現実にある本（real book）　20, 135

『5歳から16歳の英語（国語）（English for 5 to 16（1984））』　39, 42
語レベル　80, 107
シェイクスピア　194, 202
就学前教育　2, 7, 8-11
『小学校児童の言語（The Language of Primary School Children）』　26
「1999年改訂版 NC」　54, 68, 74, 76, 104
「1988年教育法（Education Act 1988）」　202
「全国共通リテラシー指導方略指針」（「1998年リテラシー指針」、The National Literacy Strategy: Framework for Teaching: YR to Y6.）　71, 129
創造性　125
第1教育段階（Key Stage 1）　49, 80, 101
第2教育段階（Key Stage 2）　49, 94, 106
『中等学校のカリキュラムにおける情報学習能力（Information Skills in the secondary curriculum）』　38
テクストレベル　85, 94, 114
ナショナル・カリキュラム（NC）　41, 48, 49
『入門期読書の展開（Extending Beginning Reading（1981））』　31
入門期　7, 12-17
標準英語　59, 66
文学教育　157
文レベル　83, 113
『マクベス』　206
「真夏の夜の夢」　194
6つの基本アスペクト（Key Aspects of Media Education）　187
メディア・エデュケーション　185
『メディア・エデュケーション入門（Media Education: an introduction）』　188
「リテラシーの時間（a literacy hour）」　72

【著者】

松 山 雅 子（まつやま まさこ）

神戸生。大阪教育大学教授。
主な研究領域―日英比較国語科教育、日英比較児童文学、国語科メディア教育。
主編著に、『日本児童文学史上の7作家3 宮沢賢治 千葉省三』（千葉省三担当、大日本図書、1986）、『新版 物語の放送形態論―仕掛けられたテレビ・アニメーション』（共著、世界思想社、2006）、『自己認識としてのメディア・リテラシー ―文化的アプローチによる国語科メディア学習プログラムの開発』（編著、教育出版、2005）、『自己認識としてのメディア・リテラシー PART II』（同、2008）他。

連絡先　matuyama@cc.osaka-kyoiku.ac.jp

イギリス初等教育における
英語（国語）科教育改革の史的展開
―ナショナル・カリキュラム制定への諸状況の素描―

平成25年11月25日　発行

著　者　松 山 雅 子
発行者　株式会社　溪水社
　　　　広島市中区小町1-4（〒730-0041）
　　　　電　話（082）246-7909
　　　　ＦＡＸ（082）246-7876
　　　　E-mail: info@keisui.co.jp
製　版　広島入力情報処理センター
印刷・製本　株式会社　平河工業社

ISBN978-4-86327-238-5 C3037